중국 이주 한민족의 언어와 생활(1)

중국 이주 한민족의 언어와 생활(1)

-중국 길림성 도문시 양수진 정암촌-

박 경 래

역락

이 책은 2019년도 한국연구재단의 지원에 의해 연구되었음
(과제번호: 2019S1A5A2A01044656)

이 책은 중국에 이주한 동포들 가운데 충청북도에서 이주한 언어 집단의 화자들에게 조사한 자료를 바탕으로 이루어졌다. 국립국어원에서는 2007년부터 재외동포 언어 조사 사업을 실시하였다. 이 사업은 중국과 중앙아시아 등에 거주하는 재외동포들이 사용하고 있는 한국어를 연차적으로 조사하여 음성 파일과 함께 언어 자료를 영구적으로 보존하는 데 그 목적이 있었다. 저자는 소멸 위기에 처한 중국 동포의 한국어 가운데 충청북도에서 이주한 충북 출신 집단촌의 한국어를 조사하기로 정하고 조사 대상 지역을 중국 길림성 도문시 양수진 정암촌으로 정하였다. 양수진 정암촌에는 충청북도에서 이주한 1세대가 한 손으로 꼽을 정도밖에 남아 있지 않았기 때문에 이들의 언어를 체계적이고 종합적으로 조사하여 보존하는 일이 매우 시급하다고 판단했기 때문이다. 이에 따라 2011년 중국 도문시 양수진에서 충북 출신 제보자를 대상으로 방언 조사를 실시하였다. 이 책은 이때 조사된 자료를 음소 전사한 다음 표준어 대역을 하고 여기에 주석을 달고 색인을 붙여 깁고 다듬어서 『중국 이주 한민족의 언어와 생활(1)-중국 길림성 도문시 양수진 정암촌-』이라는 이름으로 이 세상에 나오게 되었다.

저자는 학창 시절이던 1977년 여름 학술 답사를 통해 방언 조사를 처음 접한 이래 지금까지 수없이 많은 방언 조사를 해왔다. 필자가 방언 조사를 할 때마다 느낀 점은 묵묵히 고향을 지키며 살아오신 어르신들의 훈훈하고 따뜻한 정과 마음씨에서 우러나는 우리말의 정겨움이었다. 이분들의 너그럽고 넉넉한 삶이 반영되어 있는 우리말의 정겨움을 구술 자료로 남긴다는 것은 살아있는 언어 자료로서 뿐만이 아니라 이분들의 삶의 모습을 그대로 보여준다는 점에서 소중한 가치가 있다. 그동안 어렵고 지루하게 느껴졌을 방언 조사에 응해 주시면서 늘 살갑게 대해주시던 제보자의 끈기와 배려가 없었다면 이 책은 세상에 나오지 못했을 것이다.

구술 자료 총서를 낼 때마다 늘 감회가 새롭지만 이 책에 대하여는 특별히 감회가 남다르다. 이 책의 내용을 통하여 제보자의 파란만장한 인생 역정과 우리나라 현대사뿐만 아니라 중국 현대사의 한 단면을 생생하게 살펴볼 수 있었기 때문이기도 하다. 이 책은 충청북도 청원군(현재는 청주시) 오송면 동평리에서 1938년 2월에 중국 길림성 도문시 양수진 정암촌으로 이주한 이주 1.5세대인 이용안 할아버지(조사 당시 여든네 살, 1928년생, 이주 당시 열 살)의 구술발화를 녹취하여 정리한 것이다.

이 책에 반영된 구술 내용은 조사 마을의 생활환경과 제보자가 중국으로 이주한 동기와 정착 과정 등 조사 마을에 관련된 이야기와 제보자의 어린 시절 이야기 그리고 중국에 정착한 후 인민해방군 입대와 활동, 6·25 참전, 제대 후 생활과 문화혁명, 큰아들 화상 입은 이야기 등 제보자의 일생에 대한 내용과 논농사, 밭농사, 벌치기 등 생업활동과 관련된 내용, 목화와 삼 재배, 누에치기 및 옷감 짜기 등 의생활과 관련된 내용들이다. 따라서 구술발화 자료에는 이들 내용과 관련된 수많은 언어 자료들이 생생하게 반영되어 있다. 특히 80호가 정착한 초기 정암촌 주민들은 모두 충청북도에서 이주한 사람들이었다는 점이 중국의 다른 동포 집단과 차이가 있다. 이 때문에 정암촌은 주로 함경도 출신 주민들로 이루어진 주변 지역에 둘러싸여 있어 지금까지도 언어의 섬을 이루고 있는 지역이다. 1961년에 처음으로 함경북도 길주 출신 가족이 이 마을에 이주한 이래 몇몇 외지 출신들이 더 이주했지만 여전히 충청북도 방언에 기반한 언어가 사용되고 있는 곳이다.

이 책에 수록된 구술발화의 원자료는 국립국어원에서 2005년부터 10년 동안 실시한 지역어 조사사업의 2011년도 결과물이다. 국립국어원의 지역어 조사사업은 급격한 사회 변화로 소멸 위기에 있는 지역어를 어휘, 음운, 문법의 고유 어형뿐만 아니라 문장과 담화 차원까지 온전히 보전하기 위해 수행한 것이다. 전체 조사한 자료 가운데 여섯 시간 정도 분량의 구술발화 자료만 따로 떼어 음성 전사한 다음 표준어로 대역하고 주석을 달고 색인을 더하여 단행본으로 펴내게 되었다. 독자들의 이해를 돕기 위해서 지역어가 가지는 특유의 용법과 의미, 어휘나 형태소 등에 대한 주석을 덧붙였다.

구술 내용 가운데 공통되는 내용들은 한자리에 모이도록 편집하였다. 가급적이면 내용상 같은 주제를 한곳에 모아 같은 목차 아래 묶이도록 하기 위한 조처였다. 그러나 하나의 목차로 삼기 어려울 만큼 내용이 적은 경우에는 이야기의 흐름을 깨지 않기 위해 그대로 두기도 하였다. 구술발화 자료는 제보자가 자연스럽게 이야기하면서 구술하는 발음과 내용을 그대로 전사하였다. 그렇기 때문에 전사된 구술 자료를 통하여 조사 지역의 어휘는 물론이고 음운과 문법, 담화 등 언어뿐만 아니라 제보자의 생애사와 생활사는 물론이고 경제와 정치 등 한국과 중국 근현대사의 이면을 생생하게 들여다 볼 수 있다는 점에서도 매우 값진 자료가 될 것이다.

이들의 언어 자료에는 이주 이전의 충북 방언과 이주 후 중국 현지의 조선말은 물론이고 한어가 혼재되어 사용되는 특징을 보인다. 이에 따라 이 책에서는 이들 언어 자료에 대한 정보를 가능한 상세하게 제공하고자 하였다. 따라서 중국으로 이주한 충북 출신 이주민들이 사용하는 어휘를 비롯하여 음운과 문법에 대한 이해뿐만 아니라 이 지역 토박이 화자들의 말하기 방식을 파악하는 데에도 매우 유용한 자료가 될 것이다. 더구나 말하기의 방식은 함경도 방언에 기반을 둔 연변 조선족들의 말에 영향을 받아 현재의 충북 방언과는 상당한 차이를 보이고 있어 이들의 말이 변화하는 과정을 이해하는 데에도 도움이 될 것이다.

2011년에 조사한 자료를 전사한 다음 여기에 주석과 색인 등을 덧붙이는 작업은 애초에 예상했던 것 이상으로 엄청난 시간과 노력을 들여야 했다. 이런 고되고 험난한 작업을 수행할 수 있었던 것은 오로지 자료를 제공해주신 제보자들의 너그러운 마음이었다. 그리고 지역어 조사에 함께 했던 지역어 조사위원들 간의 연대감도 이번 자료 총서가 나오는 데 한몫 했다.

이 총서는 2004년부터 10년 동안 진행한 지역어 조사와 전사 사업의 연장선에서 이루어진 결과물의 하나로 간행되는 것이다. 그 동안 조사 질문지를 만들고 지역어 조사 사업의 틀을 짜기 위해 지역어 조사위원들과 함께 했던 시간과 수많은 일들이 머릿속에서 영상으로 스쳐간다. 이 사업을 수행하는 동안에 직간접적으로 도움을 주신 모든 분들께 이 자리를 빌려 감사드린다.

그러나 누구보다도 감사해야 할 분들은 제보자인 이용안(李龍安) 할아버지와 신명옥(申明玉) 할머님 내외분이시다. 그동안 자료 조사를 위해 중국 현지를 방문하여 궁금한 내용을 여쭐 때마다 늘 친절하게 대답해 주시던 할아버지 내외의 아량과 가르침이 없었더라면 이 책은 세상에 나오지 못했을 것이다. 2011년 7월 조사를 모두 마치고 나서 보충조사를 위해 2012년 여름 다시 찾아뵈었을 때까지만 해도 두 분 모두 건강해 보였다. 그러나 이 단행본을 준비하면서 2013년 11월 잠시 찾아뵈었을 때는 거동을 못하시는 할머니를 할아버지께서 노인 요양원에서 돌보고 계셨다. 할머니께서는 다시 못 볼 것을 직감하셨는지 저자의 손을 꼭 잡고 눈물을 보이셨다. 2014년 8월에 할아버지를 다시 방문했을 때 할머니는 이미 이 세상 분이 아니셨다. 조사를 진행할 때와 같이 더운 여름 할아버지는 할머니가 떠나신 양수진 집에서 큰아들과 둘째 아들 내외와 함께 집에 계셨다. 할아버지는 겨울에 다친 고관절 때문에 걸음을 잘 걷지 못하셨다. 발걸음을 불편하게 떼시는 모습이 안쓰러웠다. 할머니를 떠나보내신 다음 할아버지는 두 아들과 함께 한국에 오셔서 생활하시다가 2019년 다시 중국 훈춘으로 돌아가셨고 거기에서 딸과 함께 여생을 보내시다가 2020년 12월에 돌아가셨다는 할아버지의 부음을 들으니 만감이 교차한다. 코로나 19로 인한 펜데믹 상황이 종식되면 할아버지를 뵈러 가려 했는데 이제는 사진으로밖에 볼 수 없게 되었다.

잠시 눈을 감으니 2018년 할아버지를 마지막으로 뵈었을 때, 할아버지를 처음 뵈었던 1999년의 정정하시던 모습 대신 다가올 미래를 걱정하시던 작은 체구의 백발노인이 눈앞에 아른거린다. 여태까지 한국과 중국 근현대사의 산증인으로 꿋꿋하게 살아오셨던 것처럼 늘 건강하시기를 바랐었는데 ……

■ 조사 지역의 역사와 환경

2010년 국외 지역 조사가 충청남도에서 중국으로 이주한 이민자를 대상으로 하였고, 2011년의 해외 지역어 조사는 충청북도에서 중국으로 이주한 이주민을 대상으로 하였다. 2011년 국외 지역 이주 동포를 대상으로 한 충청도 지역어 조사도 2010년 국외 지역 이주 동포를 대상으로 한 충청도 지역어 조사와 마찬가지로 사전에 조사 대상 지역과 제보자가 파악되어 있었다. 조사 대상 지역은 중국 길림성 도문시 양수진이고, 제보자는 양수진 정암촌에서 양수로 이주하여 살고 계시는 이용안 할아버지였다.

〈중국 지도〉

〈길림성 지도〉

〈옌벤 조선족 자치주 지도〉

도문시 양수진은 중국의 길림성에 속하는 곳으로 중국의 동북쪽에 위치해 있고 한반도의 북단인 함경북도와 맞닿아 있는 곳이다. 중국의 길림성 도문시에 속하는 양수진은 중국 조선족 자치주에 속한다. 연길에서 도문을 거쳐 훈춘으로 이어지는 길목에 위치한 곳이다. 양수진은 백두산에서 발원한 두만강이 흐르는 곳으로 과거 육진 지역이었던 함경북도 온성과 두만강을 사이에 두고 마주하고 있다. 1945년 일제가 패망하여 철수하면서 끊어놓은 온성 다리가 중국의 양수진과 북한의 온성을 오가던 역사적인 흔적만 남기고 있을 뿐이다. 제보자는 매서운 겨울바람이 부는 1938년 2월 부모님과 함께 이 다리를 건너 중국으로 이주한 후 지금까지 이곳에서 살았다. 지형적으로 두만강 주변으로만 약간의 평야가 발달되어 있을 뿐 산이 많은 곳이다. 두만강 주변의 평야 지대에서는 벼농사를 주로 하지

11

만 인접한 산자락에서는 옥수수나 콩 농사를 주로 한다.

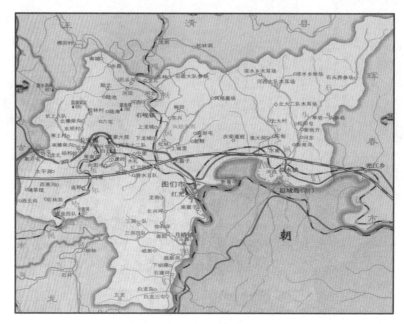

〈도문시 지도〉

길림성 도문시 양수진에는 정암촌이라는 마을이 있다. 정암촌은 양수진
에서 북쪽으로 약 30리 정도 떨어진 곳에 위치해 있는 마을이다. 이 정암
촌과 양수진 중간에는 석두라는 마을이 있는데 장춘에서 도문을 거쳐 훈
춘으로 이어지는 고속도로의 인터체인지가 있다. 양수진에서 왕청으로 통
하는 깊은 산골짜기에 위치한 정암촌은 1938년에 일제에 의해 이주한 충
청북도 출신 조선족들이 개척하여 이루어진 마을이다. 1960년까지는 이곳
에 충청북도 출신 이외의 조선족은 한 명도 없었다가 1961년 처음으로 함
경도 출신 한 가족이 들어와 살았다고 한다. 따라서 이주 초기에서부터
1960년까지의 정암촌은 충청북도 출신 이주자로만 80호가 모여 사는 중
국 속의 충청북도 마을이었다. 2000년까지만 해도 이 마을에는 충청북도

에서 이주한 30여 명의 조선족 1.5세와 충청북도 출신 조선족 2세 그리고 1961년 이후 이 마을로 이주한 몇 세대의 함경북도 출신 이주자들로 이루어진 마을이었다. 그러나 2011년 현재의 정암촌에는 충청북도 출신 1.5세가 몇 분만 생존해 있었는데 그나마 고령이어서 대부분 거동이 불편하거나 기억을 거의 잃었다. 충청북도 출신 2세들 대부분은 중국 내 대도시나 한국 등으로 이주하였고 이렇게 생긴 빈자리의 일부를 함경도 출신들이 채우고 있지만 한족은 단 한 가구도 없었다. 2019년 8월에 이 마을을 다시 방문했을 때는 문구(게이트볼)를 하는 10여 명의 주민들과 거동이 불편하거나 요양차 마을에 다시 들어와 있는 몇 분밖에 없어서 마을이 썰렁해 보였다. 양수진에 속하는 대부분의 마을은 다수의 함경도 출신 이민자들과 일부 한족이 거주하는 데 반해 정암촌에는 한족이 하나도 없다. 다른 마을과 달리 한족이 이 마을에 하나도 없는 것은 마을 주민들의 결의에 의해 한족에게는 집이나 농토를 팔지 않기로 했기 때문이라고 한다. 그러나 한·중 수교 이후 젊은 사람들이 대부분 대도시로 나가거나 돈을 벌기 위해 한국으로 떠나면서 현재 정암촌에는 한 집만이 농사를 짓고 있다고 한다. 나머지는 한족들에게 임대를 했거나 한족들을 고용하여 농사를 짓고 있다고 한다. 정암촌과 석두는 조선족들이 다수를 차지하고 있지만 양수진에는 한족들이 상당수 살고 있다. 양수는 우리나라의 면소재지 정도의 행정구역 중심지인데 가게나 대부분의 상권을 한족이 잡고 있다. 양수에는 조선족 노인들이 상당수 있어서 여름철이면 게이트볼을 즐기거나 마작 등을 하면서 소일하고 있다.

역사적으로 볼 때 조선족들이 한반도에서 중국으로 유입된 시기는 크게 셋으로 나눌 수 있다. 첫 번째는 19세기 이전에 정치적 경제적 사회적인 이유 등으로 중국으로 이주한 시기라고 할 수 있다. 특히 18세기 이전에 이주한 시기가 여기에 해당한다. 이 시기는 17세기에 병자호란(1626)과 정묘호란(1636)으로 강제 이주되어 수만 명의 조선인이 서북부지역에서 요동

일대로 이주한 것과 17세기 말 재해로 인해 국경을 넘어 중국으로 이주한 조선족들이 만주족이나 몽골족 등 다른 민족에 동화되어 조선족으로서의 정체성을 유지하지 못하던 때라고 할 수 있다. 두 번째는 19세기 후반(대략 1860년)부터 일본이 조선을 강제로 병합한 전후까지에 해당하는데 19세기 후반부터 20세기 초까지 주로 경제적인 이유 때문에 자생적으로 이주한 시기라고 할 수 있다. 19세기 후반 계속해서 극심한 기근이 들자 한반도 북부 지역 주민들이 대거 두만강과 압록강을 넘어 중국 동북부에 정착하였고 이후 일본의 식민정책으로 땅을 잃은 농민들과 식민지의 노예가 되기를 거부한 사람들이 대거 만주로 이주한 시기다. 세 번째는 일제 강점기 때 일제에 의해 반강제로 이주한 시기라고 할 수 있다. 일본이 중국의 동북 지역을 점령한 후에 계획적이고 반강제적으로 이주를 실행한 시기다. 1930년대 후반부터 해방되기 전까지로 조선의 남부 지역에서도 많이 이주하였다. 두만강 북쪽으로의 중국 이주는 주로 두 번째와 세 번째 시기에 이루어졌는데 정암촌이나 양수진의 충청북도 출신 이주자들은 세 번째 시기에 이주한 경우에 해당한다. 이렇게 정착한 이주민들이 중국의 개혁개방으로 인하여 1980년대에 인구의 지역적 분산이 시작되고 1990대 이후 그 추세가 더욱 강화되었는데 정암촌과 양수진의 경우도 예외는 아니었다.

■ 조사 과정

2011년 국외 지역어 조사 지점은 중국 길림성 도문시 양수진 정암촌이었다. 정암촌은 충청북도 출신 이민자들로 구성된 마을이다. 정암촌의 존재가 알려진 것은 중국과 수교하기 전인 1992년이었고 정암촌과의 공식적인 교류가 시작된 것은 1994년 수교와 함께 충북대학교와 연변대학교가 교류협정을 맺으면서부터였다. 충청북도 출신 이주민 마을인 정암촌이 관심 지역이 된 것도 충북대학교와 연변대학교가 교류협정을 맺은 것과 무관하지 않다. 특히 당시부터 정암촌을 자주 오가면서 정암촌에 물심양면으로 많은 도움을 주셨던 전 충북대학교 총장이셨던 임동철 교수님의 역할이 컸다. 1994년 충북대학교 교수와 대학원생들이 정암촌을 방문하고 나서 정암촌이 주변 지역과는 다른 언어적 특징을 보인다는 사실이 확인되었다. 이를 계기로 저자도 정암촌에 대한 방언 조사 계획을 수립하게 되었다.

이후 1999년 7월 20일 정암촌의 충북 방언을 조사하기 위해 중국행 비행기를 탔다. 당시에는 연길을 가려면 심양 공항에서 국내선으로 비행기를 갈아타야 했다. 돌아올 때도 심양에서 하루를 묵어야 하는 불편함이 있는 때였다. 심양 공항에서 연길행 비행기를 타고 연길 공항에 내렸더니 연변대학교에서 우리나라 독립운동사를 전공하는 석사 과정의 박광성 학생(현재는 중국 원난대학교 교수)이 마중을 나와 안내해 주었다. 다음날 박광성 학생의 도움으로 택시를 타고 정암촌으로 향했다. 가는 길에 미루나무 그늘에 앉아 쉬는 노인들에게 우리말로 정암촌을 물으니 친절하게 길을 알려주었다. 당시에는 이 지역에서 아무나 붙잡고 우리말로 물어도 말이 통한다는 사실이 이 지역의 언어적 특성을 말해주는 것 같았다. 나중에 알고 보니 노인들이 가르쳐준 길은 도문에서 양수진을 거치지 않고 중간에 석두를 지나 정암촌으로 가는 지름길이었다.

점심 무렵에 정암촌에 도착하여 정암촌 촌장을 찾아 찾아온 경위를 설명하자 바로 동네 중간쯤에 있는 어느 집으로 안내하였다. 집은 남향으로 앉혀 있었는데 집에 들어서자마자 낯선 가옥 구조가 눈에 들어왔다. 이제까지 저자가 본 적이 없는 일자(一字)형 집이었는데 부엌과 방 사이에 벽이 없는 구조였다. 더욱 신기했던 것은 문을 열자마자 바로 앞에 세 개의 크고 작은 가마솥이 일렬종대로 나란히 걸려 있는 모습이었다. 맨 뒤에 있는 가마솥 뒤의 부엌 끝으로 물을 긷는 펌프도 하나 있었다. 방 안에는 남쪽으로 난 창문과 마주한 반대쪽 벽에 나무로 만든 찬장이 하나 놓여 있었고 왼쪽인 서쪽에는 옷장이 하나 놓여 있는 전형적인 함경도식 집이었다. 방으로 들어서자 방에는 할아버지 내외와 할아버지의 손자가 하나 있었다. 주인 할아버지께 인사를 하고 찾아온 경위를 설명하였더니 '무슨 공작을 하러 왔느냐?'고 묻기에 머뭇거렸더니 다시 '무슨 공작을 하느냐'고 물으셨다. 순간 '공작'이라는 말에 어리둥절하여 대답을 못하고 있는 저자의 처지를 파악하시고는 이내 '무슨 일로 왔느냐?'고 다시 물으셨다. 충청북도에서 이주하신 분들에게 충청도 방언을 배우러 왔다고 했더니 당신은 아는 것이 없는 사람이라고 겸손해 하시고는 저자에게 다시 '남조선에서는 무슨 일을 하고 있느냐'고 물으셨다. 학교에서 학생들을 가르치고 있다고 하자 '그러면 선생질을 하고 있는 것이냐'고 확인하셨다. '선생질'이라는 단어가 어색하게 들렸지만 그렇다고 말씀드리고 찾아온 목적을 이야기하는 사이 점심때가 되어서 할아버지 댁에서 점심 식사를 하였다.

점심 식사 후에 주인 할아버지의 성함과 고향, 그리고 정암촌 마을의 인구 구성 현황에 대하여 간단히 여쭈어 보았다. 할아버지의 성함은 이용안(李龍安)이었고 당시(1999년) 연세가 72세였다. 고향은 충청북도 청원군 강외면 동평리이고 이주 당시 열 살이었다고 한다. 할아버지의 설명에 의하면 저자가 조사를 위해 정암촌을 방문했을 당시에 정암촌에는 함경도 출신이 두 가구가 있었고 나머지는 모두 충청북도 출신 이주자들이었다. 두 가구를 제외한 마을 주민들은 충청북도 보은군, 옥천군, 청원군(현재의 청주시), 중원군(현재의 충주시) 출신들이었다. 이들이 처음 도착한 곳은 집이 한 채도 없는 하천변의 버드나무 숲이었는데 이곳을 정비하고 다듬어 80호의 마을을 이루었다고 한다. 마을의 규모가 80호였던 것은 기차 한량에 타고 온 가구의 수가 80가구였기 때문이라고 한다. 마을 이름은 동네 뒤편의 산꼭대기 바위가 정자 모양이어서 정암(亭巖)이라고 지었다고 한다. 현재의 정암촌은 모두 시멘트 벽돌로 지은 기와집이지만 1999년 당시에는 서너 채의 기와집을 제외하고는 모두 초가집이었다.

1999년부터 2015년까지 저자의 원 충북방언 제보자였던 이용안 할아버지를 『한민족의 언어와 생활』을 위한 제보자로 삼아 조사하였다. 제보자 이용안 할아버지는 정암촌에서 거주하다가 2001년 양수진으로 이주하여 살았고, 아들을 따라 잠시 한국에 와서 살기도 했으나 2019년 이후 다시 중국의 훈춘으로 돌아가서 딸 내외와 함께 살다가 2020년 12월에 타계하셨다. 1980년 개혁개방 이전까지는 거주 이전이 자유롭지 못했고 정암촌 외의 주변 지역은 함경도 출신 이주자들로 둘러싸여 있어 정암촌은 마치 충청북도 방언을 쓰는 언어섬이었다. 이 때문에 정암촌 주민들은 중국으로 이주해서도 충청북도 방언을 간직하며 사용할 수 있었고, 그로 인해 중국의 연변대학교 조선어과 학생들의 한국어 실습지로 이용되기도 했다고 한다.

2010년 중국 길림성 돈화시 현유진의 충청남도 출신 이주자들의 언어 조사를 마치고 돌아오는 길에 2011년 해외 지역어 조사를 위한 제보자로 정한 이용안 할아버지의 건강상태를 확인하기 위해 양수진에 들렀었다. 할아버지 내외분은 모두 건강하셨다. 할아버지 내외분께 다음 해에 꼭 다시 와서 언어 조사를 하겠다고 약속하고 한국으로 돌아왔다.

중국 현지 조사는 2011년 7월 13일부터 7월 29일까지 도문시 양수진에서 이루어졌다. 2011년에는 국내 지역어도 조사해야 했기에 7월 6일까지는 충북 영동 지역어 조사를 하였다. 이어 7월 13일 중국 해외 지역어 조사를 위해 중국 길림성의 연길시로 출국하였다. 연길 공항에 오전 11시 45분에 도착하니 전주대학교 소강춘 교수와 조선족 잡지사의 김계화 기자가 승용차로 마중을 나와 주셨다. 점심 식사를 함께하고 김계화 기자가 근무하는 잡지사에 들러 소강춘 교수로부터 현지 조사 상황에 대한 정보를 듣고 미리 정해놓은 연변대학 근처의 숙소로 갔다. 숙소는 한국에 유학하고 있는 조선족의 아파트를 빌려 쓰기로 하였다.

저녁에 연변대학교 김철준 교수를 만나 김 교수의 근황과 중국에서의 한국어 연구에 대한 최근 동향에 대한 이야기를 듣고 저녁 식사를 함께 하였다. 김철준 교수는 연길에 온 목적을 듣고 다음날 도문시 양수진까지 동행해 주기로 하였다. 숙소에 돌아와 양수진에 있는 이용안 할아버지 댁으로 전화를 해서 할머니와 반갑게 통화를 했다. 할아버지의 안부를 묻고 다음날 가겠노라고 약속하였다.

7월 14일 아침에 수박과 포도 등 과일을 사서 김철준 교수의 승용차를 타고 장춘-훈춘 간 고속도로를 이용하여 연길에서 양수진의 이용안 할아버지 댁으로 갔다. 연길시에서 양수진까지의 거리는 75km이고 양수진에서 정암촌까지는 10km 정도였다. 11시 무렵에 할아버지 댁에 도착하니 문이 잠겨 있었다. 순간적으로 아침에 떠나면서 전화를 드리지 않은 것에 대하여 후회를 하였다. 성미가 급하신 할아버지가 조사의 지루함을 알고 자리를 피한 것이 아닌가 하는 불길한 예감이 들기도 했고, 낮 시간이어서 노인회관(중국에서는 '독보조'라고 함)에 게이트볼(중국에서는 '문구'라고 함)을 하러 가신 것은 아닐까 하는 생각이 들기도 했으나 할머니까지 댁에 안 계신 것은 뭔가 불안하였다. 하는 수 없이 할아버지 댁에서 한참 떨어진 양수진 노인정에 가서 할아버지의 행방을 물으니 할아버지 동생이라는 분을 소개해 주었다. 여러 차례 중국에 다녔으나 처음 뵙는 분이셨다. 동생 분은 형님이 늘 노인회관에 나와 문구를 즐기셨는데 오늘은 보이지 않는다고 하시면서 집으로 가보자고 하셨다. 함께 승용차를 타고 다시 이용안 할아버지 댁으로 돌아왔으나 역시 문은 굳게 잠겨 있었다. 하는 수 없이 다시 할아버지 동생 분을 모셔다 드리러 집 앞을 나서는데 할머니께서 오토바이를 개조하여 만든 삼륜차에서 내리면서 반갑게 맞이해 주셨다. 이 삼륜차는 양수진 안에서는 한 번 타는 데 요금이 2위안이다. 할머니는 건강이 좋지 않아 병원에 들러 링거를 맞고 오는 길이라고 하셨다. 집에 들어가 그간의 안부를 간단히 여쭙고 할아버지의 행방을 물으니 이를 치료하기 위해 연길에 가셨는데 저녁에나 돌아올 것이라고 하셨다. 잠시 이야기를 하는 동안 김철준 교수는 일이 있다고 하면서 연길로 돌아갔고, 저녁에나 오실 것이라던 할아버지께서 일찍 돌아오셨다. 할머니가 점심 준비를 하는 동안 제보자인 이용안 할아버지와 약 한 시간 반가량 농경 용품과 생활용품 관련 어휘 항목, 그리고 인체 관련 어휘 항목을 조사하였다. 요리하는 소리와 텔레비전 소리의 소음이 크게 들렸다. 점심 식사 후에는 이웃사람들이 화투놀이를 하기 위해 모여들었다. 약 세 시간가량 화투놀이를 하고는 모두 집으로 돌아갔다. 화투놀이는 이웃 할머니 두 분과 장년의 남자까지 모두 넷이 하였다. 매일 같은 시간에 모여 논다고 하였다. 화투 놀이를 하는 동안 옆에서 구경하며 기다렸다. 오후 세 시 반쯤 화투놀이가 끝나고 본격적인 조사를 시작하였다.

7월 15일 아침 일찍 식사를 마치고 인체와 관련된 어휘 항목을 한 시간 남짓 조사하였다. 문구장에 사람들이 모일 시간이 되자 할아버지는 오토바이를 타고 문구를 치러 나가셨다. 설거지를 마치고 할머니(신명옥)께서 가족관계 이야기를 구술해 주셨다. 점심 식사 후에는 이날도 예외 없이 화투놀이를 하기 위해 이웃에서 놀러왔다가 저녁 무렵이 되어 돌아갔다. 문구장에서 돌아오신 이용안 할아버지께서 현재 중국의 생활상과 할아버지 가족이 중국으로 이주하게 된 동기, 그리고 할아버지의 젊은 시절과 할아버지가 연금을 받게 된 과정 등에 대하여 구술해 주셨다. 저녁 식사 후 인체의 하체와 관련된 어휘 항목에서부터 친족 관련 어휘 항목까지 조사하는 것으로 하루를 마무리하였다.

7월 16일 아침 일찍 식사를 마친 제보자 할아버지가 이를 치료하기 위해 연길에 있는 치과에 가셨다가 오후에 돌아오시는 바람에 오전에는 조사를 하지 못하고 쉬었다. 가옥구조 때문인지 아니면 사회주의 정책 때문이었는지 중국 조선족들은 가족들끼리 나이와 성별을 불문하고 한 방에서 눕거나 담배 피우는 일이 자연스러워 보였다. 아들이 아버지와 함께 앉아 담배를 피운다거나 시아버지가 방에 있는데도 며느리가 한쪽에 누워도 흉이 되지 않았다. 이러한 자유로움(?)이 허리가 불편했던 저자에게는 가끔씩 누워서 마음 편하게 쉴 수 있는 위안이 되었다. 이러한 문화 덕(?)에 저자도 조사기간 동안 허리가 아플 때마다 자주 누워 허리를 펼 수 있었다. 저녁 무렵에 할아버지가 돌아오셔서 동물과 식물에 관련된 어휘 항목에 대하여 조사하였다.

7월 17일 아침 식사 후 오전에 음운편의 음운목록과 음운과정에 대하여 조사한 후 잠시 쉬었다가 제보자 할아버지 내외와 제보자의 둘째 아들 그리고 제보자의 동생 내외를 모시고 양수진 읍내에 있는 식당에 가서 점심 식사를 함께 하였다. 점심 식사 후 집에 돌아오니 이날도 화투꾼들이 모여들었다. 화투놀이를 하는 동안 뒤에서 조사 내용을 정리하면서 잠깐씩 누워 허리를 펴고 쉬었다. 제보자 할아버지는 문구를 치러 가셨다가 저녁 무렵에 오셨다. 음운 과정 항목에 대한 조사에 이어 텃밭에 관한 내용과 논농사에 관한 내용의 구술조사도 하였다.

7월 18일 이날도 오전에 두 시간가량 음운 과정 항목에 대한 조사를 하였다. 이웃 주민이 놀러 와서 대화하는 내용도 잠시 녹음하였다. 점심 식사 후에는 화투놀이 때문에 조사를 쉬었다. 제보자 할아버지는 그 시간 동안에 문구장에 다녀오셨다. 저녁 무렵에 돌아오신 제보자에게 음운 과정 항목에 대한 조사를 계속하였다.

7월 19일 오전에 약 두 시간가량의 음운 과정 항목에 대한 조사로 음운편 조사를 모두 마쳤다. 점심 식사 후 할머니와 이웃 사람들이 화투놀이를 하는 동안 자료 정리를 하면서 쉬었다. 오후 조사는 할아버지께서 쉬자고 하셔서 다음날 하기로 하였다.

7월 20일 아침 식사 후 약 두 시간가량 문법편의 대명사와 조사에 대한 항목을 조사하였다. 이어 어휘편 농경 관련 항목에서부터 가옥 관련 항목까지 조사하였고 도량형 관련 내용과 기타 어휘와 지역사회 관련 내용의 구술발화를 조사하였다.

7월 21일 제보자 할아버지가 외출하신 사이 할아버지의 부인이자 보조 제보자인 신명옥 할머니와 할머니의 둘째 아들(이덕재) 그리고 이웃집 할머니의 대화를 녹음하였다. 제보자로부터 귀를 잘못 관리하여 고생한 이야기, 정암촌 관련 이야기, 산삼 이야기 등의 구술발화를 조사하였다. 이어 보조사에서부터 연결 어미, 종결어미, 보조용언을 비롯하여 부사와 속담까지 문법편 전체의 조사를 마쳤다. 오후에 의복과 민속 관련 어휘 항목까지 조사함으로써 어휘, 음운, 문법 항목의 조사를 모두 마쳤다. 저녁 무렵에 질문지 그림책을 놓고 약 반 시간가량 무작위로 어휘 항목에 대한 확인 및 보충 조사를 하였다.

저녁을 먹고 마당가에 앉아서 예전에 청주 MBC 방송국에서 정암촌을 취재한 이야기, 문화혁명과 대약진운동에 대한 이야기, 큰아들이 화상을 입게 된 이야기, 벌치는 이야기 등에 대한 구술발화 조사를 녹음하였고 민요도 몇 자락 녹음하였다.

7월 22일은 양수진 장날이었다. 이날은 어휘와, 음운, 문법 항목 조사에 대한 부담을 떨치고 자연스럽게 구술발화를 조사할 수 있었다. 아침에 전통 혼례식과 가축, 동물에 관한 내용과 장례 및 제사, 벼농사와 관련된 내용의 구술발화 조사를 마친 다음 제보자 할아버지는 독보조(노인회관)에 놀러 가셨다. 보조 제보자인 신명옥 할머니와 시장을 돌아보고 닭과 과일 등을 사서 오토바이를 개조한 3륜차를 타고 집으로 돌아왔다. 점심을 먹고 잠시 쉰 다음 저녁 무렵에는 밭농사, 논농사, 가을걷이와 겨우살이, 소 기르기 등 생업활동과 관련된 내용과 목화와 삼 기르기, 누에치기 등 의생활과 관련된 내용의 구술발화를 조사하였다.

7월 23일에는 공동체 생활과 관련된 내용과 옷 만들기를 비롯하여 의생활 관련 내용의 구술발화를 조사하였다. 질병과 민간요법, 거주생활, 세시풍속 등에 대한 내용의 구술발화도 조사하였다.

7월 24일 아침 일찍 제보자와 함께 두만강으로 합류하는 양수진 하천가

에 나가 산책하며 신선한 바람을 쐬었다. 가족 관련 이야기며 질병과 민간 요법에 대한 구술발화, 두만강과 관련된 이야기, 북한의 온성에 있는 조카 딸을 방문했던 때의 이야기를 비롯하여 몇 자락의 민요도 자연스럽게 녹음하였다. 한여름이었지만 아침 바람이 서늘하였다. 민요를 부르시는 제보자의 목청이 좋았다. 노래를 잘 부르시기 때문에 저자에게 은근히 자랑하시고 싶은 욕구가 있으셨던 것으로 보였다.

아침 식사 후 제보자의 둘째 아들인 이덕재의 친구 최림 이라는 사람이 승용차를 가지고 왔다. 제보자 내외와 둘째 아들과 함께 훈춘, 권하, 방천, 장영자 세관 등을 둘러보고 훈춘에서 점심식사를 하였다. 훈춘 일대, 특히 방천은 북한, 중국, 러시아가 국경을 맞대고 있는 곳으로 1999년 7월 할아버지를 처음 뵌 이래 줄곧 한번 가보라고 추천하신 곳이다. 오후 세시 반 경에 양수진에 도착하였다. 네 시경에 양수 노인 활동실에서 충북대학교 해외봉사단 학생들을 만나 함께 저녁을 먹고 중국 조선족들의 삶과 언어에 대하여 이야기를 해주었다.

7월 25일 아침 일찍 강원도 영월이 고향인 박병칠 할아버지(1929.12.28, 83세)가 제보자 댁으로 놀러 오셨다. 박병칠 할아버지와의 대화를 녹음하고 이용안 할아버지의 가축 기르기 관련 구술발화도 녹음하였다. 오전에 모든 조사 일정을 마치고 연길에 마련해 두었던 숙소로 옮겼다. 연길에서 점심 식사를 마치고 오후에는 자료를 정리하면서 숙소에서 쉬었다.

7월 26일 연길과 용정 사이에 있는 모아산, 용정에 있는 대성학교, 용정 우물터, 일송정 등을 둘러보고 북한과 중국이 국경을 마주하고 있는 조선족 집거촌인 개산툰과 도문을 거쳐 일본 제국주의 시대 때 함경북도 온성으로 통하던 양수진의 끊어진 다리를 둘러보고 연길 숙소로 돌아왔다. 조선족 집거촌에는 하나같이 노인들 일색이었고 활기가 없어 보여 안타까웠다.

7월 27일 아침 식사 후 1999년 연길에 처음 갔을 때 적어두었던 연길시 중심 지역의 간판 내용이 어떻게 변화했는지 비교해 보기 위해 카메라를 들고 나섰다. 1999년에는 일일이 손으로 간판 이름을 적었는데 중국어 표기가 익숙하지 않아 적느라고 고생했었는데 이번에는 쓰는 시간을 절약하기 위해 간판을 사진으로 찍었다. 사진으로 찍어두면 한국에 돌아가서 여유를 가지고 정리할 수 있고, 간판의 디자인도 볼 수 있는 장점이 있기 때문이다. 카메라로 간판을 찍는 동안 가게 주인이 욕을 하거나 위협적인 언행을 하는 경우도 있었다. 사진을 다 찍고 신화서점에 가서 중국 지도와 길림성 및 연변 지도를 한 장씩 구입하고 하루 일과를 마무리하였다.

7월 28일 가볍게 아침 식사를 하고 오전에 쉬었다가 연변대학교 김철준 교수와 점심식사를 함께 하였다. 점심 식사 후 귀국 준비를 하였다.

7월 29일 김철준 교수가 연길 공항까지 배웅해 주었다. 해외동포 언어 조사 기간 동안 현지에 계신 여러분들에게 많은 도움을 받았다. 모두에게 고마움을 전하며 어떤 형태로든 보답할 기회가 있었으면 한다.

〈정암촌 이정표〉

〈정암촌의 유래가 된 바위 정암〉

〈정암촌 전경1〉

〈정암촌 전경2〉

〈정암과 정암촌 전경3〉

〈정암촌의 겨울1〉

〈정암촌의 겨울2〉

〈이용안 할아버지댁 전경: 길림성 도문시 양수진〉

〈제보자 이용안 할아버지와 저자, 겨울 조사〉

〈제보자 이용안 할아버지와 저자. 여름 조사〉

〈이용안 할아버지1〉

〈이용안 할아버지2〉

〈이용안 할아버지 내외와 작은아들; 조사를 마치고 훈춘에서〉

■ 전사

 이 책의 내용은 중국 길림성 도문시 양수진의 충청북도 출신 제보자에
게 조사한 구술발화 자료에 바탕을 두고 있다. 구술발화 자료는 다섯 시간
26분 정도의 분량을 전사하였다. 구술발화는 조사자의 말과 제보자의 말
을 모두 음소 전사하는 것을 원칙으로 하였다. 구술발화는 문장 단위로 분
절(segmentation)하여 전사하는 것을 원칙으로 하되 내용에 따라 하나의 이
야기 단위로 분절하여 전사하기도 하였다. 따라서 각 분절 단위의 끝은 반
드시 문장 종결 부호(마침표, 물음표, 느낌표)로 마무리하였다. 제보자의 이
야기 중에 조사자의 말이 들어가 겹치는 경우에는 제보자의 말과 조사자
의 말을 각각의 문장으로 나누어 전사하였다. 구술 내용이 전환될 경우에
도 조사자의 말과 제보자의 말을 모두 전사하였다. 이야기가 중간에 끊겨
내용이 전환되면 문장이 완전히 끝나지 않았더라도 문장부호를 사용하여
문장을 마무리하였다. 의미 내용상 분절이 어려운 경우에는 같은 분절 내
에서 문장이 끝날 때까지 전사하고 문장 종결 부호를 넣어 마무리하였다.
전사한 각 분절 단위별로 문장 종결 부호를 넣어 마무리한 다음 이어서 { }
안에 전사한 지역어에 대응하는 표준어 문장을 대역하여 넣고 문장 종결
부호를 넣었다. 하나의 문장 안에서 단어의 일부가 생략되었지만 추정이
가능한 경우 ( ) 안에 생략된 부분을 넣어 의미 파악이 용이하게 하였다.
 표준어에 대응되는 어휘나 표현이 없거나 어감이 달라서 설명을 필요로
하는 경우에는 표준어 대역에 지역어를 그대로 사용하였다. 발화자 표시
는 문장 맨 앞에 조사자의 말은 고딕체로, 제1 제보자는 구별 부호 −로 제
2 제보자는 =로 표시하였다. 제보자가 다른 사람의 말을 간접인용하여 말
한 경우에는 해당 인용 부분을 따옴표(' ')로 표시하였다. 중국 길림성 도
문시 양수진 지역어 조사의 제보자는 모두 세 명이었다. 두 명은 이용안
할아버지 부부였고 한 분은 이용안 할아버지 댁에 놀러 오셨던 이웃의 박

병칠 할아버지였다.

　음성 전사의 경우 잘 들리지 않는 부분이 있을 때, 또는 들리더라도 무슨 소리인지 모를 경우에는 음절 수 또는 모라(mora) 수만큼 * 부호를 넣었고, 잘 들리지 않는 부분이 있더라도 추측 가능하거나 생략되었더라도 추측이 가능한 경우에는 추측할 수 있는 말이나 생략된 말을 (　) 안에 표기하였다. 표준어 대역에서도 같은 방법으로 표시하였다. 음절이나 형태소 경계에서 제보자가 휴지를 두어 발음한 경우에는 음절 사이에 "-"를 넣어 표시하였다. 구술발화 질문지와 전혀 무관한 내용은 발화된 내용에 따라 문장 단위로 전사하였다. 동일한 주제의 구술발화 내용은 하나의 소제목 아래에 묶이게 배열하였다.

■ 표기 방법

고딕체	조사자
명조체	제보자
-	제1 제보자
=	제2 제보자
:	장음 표시, 인상적으로 특히 긴 장음은 ::와 같이 장음 표시를 겹쳐 사용하였다.
위[ü]	단모음으로 실현되는 '위' 표기
위[wi]	이중모음으로 실현되는 '위' 표기
외[ø]	단모음으로 실현되는 '외' 표기
웨[we]	이중모음으로 실현되는 '외' 표기
왜[wɛ]	이중모음으로 실현되는 '외' 표기로 '왜'와 '웨'가 구별되지 않을 때
애	'에(e)'와 '애(ɛ)'가 변별적 기능을 가지지 못하는 경우
~	비모음으로 발음되는 경우

	단어 내에서 음절 사이에 휴지가 있는 경우
...	말을 생략한 경우
*	청취 불가능한 부분 또는 표준어로의 번역이 불가능한 경우
+	색인에서 방언과 대응 표준어 간에 의미 차이가 있는 경우
++	색인에서 방언에 대응하는 표준어가 없는 경우
≒	색인에서 대응 표준어가 없는 방언의 의미가 표준어와 비슷한 경우

■ 주석

주석은 각 장마다 미주(尾註)를 달았다. 이 자료를 이용할 독자들에게는 각주(脚註)가 편리하겠지만 책의 편집상 불가피하게 미주로 처리해야 했다. 주석은 가능한 한 친절하게 제공하려 하였다. 새로운 어휘나 이해하기 어려운 어휘와 표현 등에 대하여는 설명과 풀이를 하였고, 형태에 대한 음운론적 해석과 설명을 부가함으로써 해당 방언형에 대한 독자의 이해를 돕도록 하였다. 문법 형태의 경우 그 기능에 대한 설명을 간략하게 부기하기도 하였고, 경우에 따라서는 같은 지역 또는 충북의 다른 지역에서 사용되는 이형태를 제시하기도 하였다. 어휘에 따라서는 미세한 의미 차이나 문법적인 기능 차이를 설명하기도 하고, 충북의 다른 지역에서 방언형의 이형태가 사용될 경우에도 이를 밝혀 놓았다. 독자의 편의를 위해서 동일한 내용이나 비슷한 내용의 주석을 다른 페이지에 반복하여 달아 놓은 경우도 있다.

■ 표준어 대역

전사한 방언 자료에 대하여는 모두 표준어로 대역하여 제시하였다. 원칙적으로 문장 단위로 표준어 대역을 붙였으나 여기에서는 문장보다 크거나 작은 단위로 대역을 붙인 경우도 있다. 표준어 대역을 별도의 쪽에 배치한 것도 순전히 독자들이 쉽게 읽을 수 있도록 하여 방언 자료를 이해하는 데 편의를 제공하기 위한 조처였다.

전사한 방언 자료에 대한 표준어 대역은 직역하는 것을 원칙으로 하였다. 문장 중간중간에 들어간 '어', '저', '그', '저저저', '저기', '게' 등과 같은 군말이나 담화표지 등도 표준어 대역 부분에 반영하려고 노력하였다. 문맥으로 볼 때 전사한 방언 자료가 잘못되었다고 판단되는 것과 빠진 것은 독서의 편의를 위해 표준어에 살려 넣기도 하였다. 대응 표준어가 없는 어휘의 경우는 방언형을 그대로 표준어 대역에 사용하였다. 전사가 불가능한 발음이나 전사한 방언 표현의 의미가 불확실한 경우 전사 부분과 표준어 대역 부분에 음절의 수만큼 * 부호를 넣었다.

■ 색인

또한 지역어 자료라는 점을 고려하여 말미에 방언형에 대응하는 표준어를 색인으로 첨부하였다. 색인은 표준어형을 제시하고 그에 대응하는 방언형들을 나열하였다. 체언은 방언형을 형태음소적으로 표기하였고, 용언은 예문에 사용된 활용형을 그대로 제시하였다. 이때 표기와 발음을 구별할 필요가 있는 경우는 대괄호([ ]) 속에 음성형을 따로 제시하였다. 표준어를 제시할 수 없는 지역어 특유의 어형에 대하여는 간략한 뜻풀이를 부기하기도 하였다.

목차

01 조사 마을의 환경과 배경

1.1. 마을 들여다보기

송아지 사능 거는 자기가 사구…
- 으:.
그걸 가따가 …
- 배알, 저 배궈니나 양배권[1] 주구 인재 메겨 달라.[2]
- 그 목축짱애다[3] 여치.[4]
- 게 여쿠서는 가으래, 가으래 ** 그: 제 송아지 차저오지.[5]
- 차저오먼 처눤[6] 하나넌 떠러저.[7]
- 게 열 마리 사먼 마눤 하난 떠러지지.
- 게 봉감 내노쿠[8] 마눤 하난 떠러지지.
으:.
- 그래 이르키[9] 돼 지금.
- 여기 똔 마:눠니먼 마:는 도니여.
- 여기 차 팔러 완넌데 에:: 그르니까 그만[10] 모:타지 머.
- 박 선생 가주구 인는 차만 모:타지.
- 그 가주구 완넌데 메 때가 완능가 하니까[11] 일곱 때가 와떤지 여기 팔러, 장나래.
- 일곱 때가 완넌대 한 대애 최저 한도가 얼마 다나 삼마눤.
- 그 다매 좀 비쌍 게 융마눤, 칠마눤 그 다매 그 우애 천마눤까지 가지.
- 그래 저 종 거뚜 가주 와끼는 가주 와뜽구만 누가 몰:[12] 싸라미 하나 나 이써?
- 우리야 하나두 몰: 싸라미 웁찌.
- 게 그거 보구 에:이 차 싸서[13] 아무두 몰: 싸람 엄능 거 머하능가.

송아지 사는 것은 자기가 사고…

- 응.

그걸 갖다가…

- 백 원, 저 백 원이나 이백 원 주고 이제 먹여 달라.

- 그 목축장에다 넣지.

- 그래 넣고는 가을에, 가을에 ** 그 제 송아지 찾아오지.

- 찾아오면 천 원 하나는 떨어져.

- 그래 열 마리 사면 만 원 하나는 떨어지지.

- 그래 본값 내놓고 만 원 하나는 떨어지지.

아.

- 그래 이렇게 돼 지금.

- 여기 돈 만 원이면 많은 돈이야.

- 여기 차 팔러 왔는데 에 그러니까 그보다 못하지 뭐.

- 박 선생 가지고 있는 차보다 못하지.

- 그 가지고 왔는데 몇 대가 왔는가 하면 일곱 대가 왔던지 여기 팔러, 장날에.

- 일곱 대가 왔는데 한 대에 최저 한도가 얼마 달라느냐 (하면) 삼만 원.

- 그 다음에 좀 비싼 게 육만 원, 칠만 원, 그 다음에 그 위에 천만 원까지 가지.

- 그래 저 좋은 것도 가지고 왔기는 가지고 왔더구만 누가 몰 사람이 하나나 있어?

- 우리야 하나도 몰 사람이 없지.

- 그래 그거 보고 에이 차를 사서 아무도 몰 사람이 없는 거 뭐하는가.

- 게 추수차를14) 해두 버:는데 이재가15) 추수차럴 몰:먼 버:넌데 갸: 차 모: 빼워꺼덩.16)

- 그래서, 그래서 안 신, 안 싸구 마러찌.

- 게 저: 지그매 여기서 돈뻐리 하넌 사람드리 지금 상점 하넌 사라미 한족떨배끼17) 업써.

- 상점 하능 게 거신18) 다: 한조기여.

- 게 조선싸라믄19) 그르캐 크개 하능 거기 하나두 업써.

- 식땅 그에 식땅애 여기 버:능 거뚜 한때 안즈면20) 그저 보:통, 보:통 그저 배고시붠 양배권 한내, 두:리 안즈면 그저 한 그저 배고시붠 그저 이르키 드르가지.

- 채손 너무 마:너서 채소가21) 마:니 남찌 머.

- 여기 남는 채소가 엄:청해.

- 그래서 이 항국처럼 이래 쪼꼼쪼꼼 요망큼 다머서 주넝 게 아니라 한 사래만22) 한 사래, 요거 시보워니다 하면 시보원, 이시버니다 하면 이시번이구.

- 게 배권짜리 채23) 하나 사:, 사게 되면 배권짜리 채 하나 사게 되면 그저 거뚜 가주구 머꾸.

- 게 보:통 일고 야들 까지24) 채를 싸게 되문 한 삼사배권 드르가요.
뭘 그르캐 마니: 사요, 머글 망큼만 하면 될 껄.

- 머글 망큼만 하자니까25) 사라미 어데 어네:, "야, 내가 오널 한텅 낸다." 할 쩌개는 그 다매 거기 만조걸 씨겨주기 위애서 마:이 싸지.

- 짜투리두 먹따 보면 다: 먹찌 모타지. 마:이 머거라, 마:이 머거라 해두.

- 그기 마:이 먹-따능 게 그저 절반치 차지 채 절반씩 멍는, 다: 남찌 머.

- 그래서 그게 나무면 게 너무 아까웅 건, 아까웅 건 쏠료26) 봉지다 싸서27) 가주 가지.

- 그래 택시를 해도 버는데 의재(義載)가 택시를 몰면 버는데 개가 차를 못 배웠거든.
- 그래서, 그래서 안 사, 안 사고 말았지.
- 그래 저 지금은 여기서 돈벌이 하는 사람들이 지금 상점 하는 사람이 한족들밖에 없어.
- 상점 하는 게 거의 다 한족이야.
- 그래 조선사람은 그렇게 크게 하는 게 하나도 없어.
- 식당 그래 식당에 여기서 버는 것도 한 때 앉으면 그저 보통, 보통 그저 백오십 원 이백 원 하는데, 둘이 앉으면 그저 한 그저 백오십 원 그저 이렇게 들어가지.
- 요리는 너무 많아서 요리가 많이 남지 뭐.
- 여기는 남는 요리가 엄청나.
- 그래서 이 한국처럼 이렇게 조금조금 요만큼 담아서 주는 게 아니라 한 접시면 한 접시, 요게 십오 원이다 하면 십오 원, 이십 원이다 하면 이십 원이고.
- 그래 백 원짜리 요리 하나 사, 사게 되면 백 원짜리 요리 하나 사게 되면 그저 그것도 가지고 먹고.
- 그래 보통 일곱 여덟 가지 요리를 사게 되면 한 삼사백 원 들어가요. **뭘 그렇게 많이 사요, 먹을 만큼만 하면 될 걸.**
- 먹을 만큼만 하려니까 사람이 어디 어디, "야, 내가 오늘 한 턱 낸다." 할 적에는 그 다음에 거기에 만족을 시켜주기 위해서 많이 사지.
- 자투리도 먹다 보면 다 먹지 못하지. 많이 먹어라, 많이 먹어라 해도.
- 그게 많이 먹는다는 게 그저 절반만큼 차지 요리를 절반씩(절반 정도) 먹는(먹고는), 다 남지 뭐.
- 그래서 그게 남으면 그래 너무 아까운 건, 아까운 건 비닐봉지에다 싸서 가지고 가지.

- 게 이르키두 하구.

- 하이튼 여기 흔해여 차.

- 자유가 망:쿠 그 다매 돈 이씨면 무시기나[28] 맘:대루 싸 머글 쑤 이꾸.

- 교통이 어디나 갈 쑤 이꾸.

- 그저 머 주민등록쪼이고 어디 머 보지두 앙쿠 다: 아무데나…

- 여기서 부껭[29] 갈라면 가구, 머 대:련[30] 갈라면 가구, 아:무데나 가지.

- 그 다매 여기 지금 선생니미 오다가 산 봐:따구 안 해써요?

- 저: 목딴강서부터[31] 시작해 가주, 목딴강 뒤애는 그래두 사니 이꺼덩.

- 목딴강서 시자걸 해 가주구 활빈,[32] 가목싸[33] 그 다매 이짜개 저: 지지할:,[34] 하이라루[35] 사니 하:나두 움써.

- 한: 그 해 뜨능 게, 해 뜨능 게 어디서 뜨능가 하게 되면 그: 바담물 평되문 바담물 아래서 해 올러오능 거 그거 가치 또:까태, 해 뜨능 기.

- 그르키 되:구, 다: 댕기머 봔:는데 게서 게 그런데 다: 도러댕기머 봐:찌 머.

- 그 다매 거기 무수개[36] 주로 농삼무링가 하게 되면 주:로 밀:, 옥씨기 그저 이기 주로 중시미지.

- 그 베두[37] 만치 아이여.[38]

- 베두, 베두 그르키 만:치 아이여.

- 논바트[39] 망:키는 하지만 이쪽 활빈서버터 목땅강 어가내 거기넌 다:, 다: 수저이지[40] 머 거기는, 몽땅.

- 그 우루는[41] 또 업따 마리여.

- 여기 사:방 삼, 길림성애[42] 사:방 삼뱅니 사:방 삼뱅니애 삼뱅니애 느피 콩::개 이찌.

- 느피.

느파나가?

- 그래 이렇게도 하고.
- 하여튼 여기 흔해 참.
- 자유가 많고 그 다음에 돈이 있으면 무엇이나 마음대로 사 먹을 수 있고.
- 교통이 어디나 갈 수 있고.
- 그저 뭐 주민등록증이고 어디 뭐 보지도 않고 다 아무데나…
- 여기에서 북경 가려면 가고, 뭐 대련 가려면 가고, 아무데나 가지.
- 그 다음에 여기 지금 선생님이 오다가 산 봤다고 안 했어요?
- 저 목단강에서부터 시작해 가지고, 목단강 뒤에는 그래도 산이 있거든.
- 목단강에서 시작을 해 가지고 하얼빈, 가목사 그 다음에 이쪽에 저 치치할, 하이랄 산이 하나도 없어.
- 한 그 해 뜨는 게, 해 뜨는 게 어디에서 뜨느냐 하면 그 바닷물이 수평이 되면 바닷물 아래에서 해가 올라오는 것 그거 같이 똑같아, 해 뜨는 게.
- 그렇게 되고, 다 다니며 봤는데 그래서 그래 그런데 다 돌아다니며 봤지 뭐.
- 그 다음에 거기 주로 무슨 농산물인가 하면 주로 밀, 옥수수 그저 이게 주로 중심이지.
- 그 벼도 많지 않아.
- 벼도, 벼도 그렇게 많지 않아.
- 논밭은 많기는 하지만 이쪽 하얼빈에서부터 목단강 어간에 거기는 다, 다 논이지 뭐 거기는, 몽땅.
- 그 위로는 또 없단 말이야.
- 여기 사방 삼, 길림성에 사방 삼백 리, 사방 삼백 리에 삼백 리에 늪이 큰 게 있지.
- 늪이.

늪 하나가?

- 으: 느파나가 사:방 삼뱅니지.

그게 어디 이써요?

- 그 길림성 더캐⁴³⁾ 인넌데.

- 더캐라구 인넌데.

더캐?

- 에: 거기 이찌.

- 거긴데 그 늡 갸:애는, 가애는 몽::땅 깔때란⁴⁴⁾ 마리여, 깔때.

- 게 깔때: 깔땐:데 여기 남방애서⁴⁵⁾ 기러기가 날라 거기 간다 마리여.

- 거: 가서는 그 깔때 쏘바개⁴⁶⁾, 깔때 쏘바개 가서 아럴 나치.

- 거기서 기러기 새끼럴 처 가주구 거기서 머꾸서넌 키워 가주구서넌 그 다매 또 갸:으리 되먼 또 나간다 마리여 남방으루.

- 이르기 와따: 가따 하지.

- 그래 거기 그르키 마:는데가 이써.

- 거기: 야:거가 만:치.

아거요?

- 야:거.

- 그래 여 오:리 자버머꾸 그저 고기 자버머꾸 그저 이러지.

겨우래 추우면 어트개요?

- 물 쏘개 드르가지.

- 물 쏘개서 고기 자버먹찌, 겨우래 추우면.

- 기:퍼요, 거기.

- 여기서 사:방 삼뱅니.

- 널버요, 삼뱅니. 여기서 훈춘 가기만⁴⁷⁾ 널비 여기서. 더운 날씨가 이르키 다: 되지.

- 이:리루 이: 함 파내서 이리 누버 함 파내서 이리두 삼뱅니 이:리두 삼뱅니 이리두 삼뱅니라 마리여.

- 응, 늪 하나가 사방 삼백 리지.

그게 어디에 있어요?

- 그 길림성의 덕해에 있는데.
- 덕해라고 있는데.

덕해?

- 예, 거기 있지.
- 거긴데 그 늪 가에는, 가에는 몽땅 갈대란 말이야, 갈대.
- 그래 갈대 갈대인데 여기 남방에서 기러기가 날아 거기로 간다 말이야.
- 거기에 가서는 그 갈대 속에, 갈대 속에 가서 알을 낳지.
- 거기서 기러기 새끼를 쳐 가지고 거기에서 먹고는 키워 가지고는 그 다음에 또 가을이 되면 또 나간단 말이야 남방으로.
- 이렇게 왔다 갔다 하지.
- 그래 거기 그렇게 많은 데가 있어.
- 거기에 악어가 많지.

악어요?

- 악어.
- 그래 여 오리 잡아먹고 그저 고기 잡아먹고 그저 이러지.

겨울에 추우면 어떻게 해요?

- 물 속에 들어가지.
- 물속에서 고기 잡아먹지, 겨울에 추우면.
- 깊어요, 거기.
- 여기서 사방 삼백 리.
- 넓어요, 삼백 리. 여기서 훈춘 가기보다 넓이가 여기서. 더운 날씨가 이렇게 다 되지.
- 이리로 이 한 판에서 이리 누워 한 판에서 이리도 삼백 리 이리도 삼 백 리란 말이야.

- 커:요 그거.

- 느피 그르키 커.

거기는 언제 가셨어요?

- 그저네 댕길 때 거기 가봐:찌, 부대애48) 대애서 부대서 댕길 찌개.

- 그래서 거기 가서 그 느푸49) 구경하면 아::처라캐50) 뵈이지51) 머 그저. 예 어트개 뵈요?

- 아치라캐52) 뵈인다구.

- 그저 가물가무라개 뵈이지. <u>흐흐흐</u>

- 헤헤헤.

예:.

- 그 사라미 다: 도러댕기구 대:런,53) 대:런 여기서 동부개서54) 저: 광, 저:: 광동까지55) 거:러가찌.

- 거러가는데 여기가 지금 메 철링가 되게 되면 한 팔철 리, 팔철 리 거의 되요.

- 그래두 그 다맨 이애 동부개서부터 그냥:: 거러서 행군해서 거러서 광동까지 가때써.56)

- 게 중화임민공화국 성립57) 후애 여기 나와찌.

그때:는 군대 이쓸 때는 마:른 중궁말만 하셔찌요?

중궁말루 하셔찌요?

- 몽::땅 중궁마리지 머.

- 내게 중궁말루 조섬말루 옘:말 하드끼58) 과:거애 그 옘:말 하드끼 이르캐 해땐는데59) 아이 쓰니까60) 이저멍넌다61) 마리여.

- 그래 다: 이저머거찌.

- 그래 그 다: 그래 그: 한족 뿌대애:62) 내 혼자 이쓰니까.

- 항 개 바:니먼, 항 개 부대면 항 개 부대 나 혼자 이씨니까.

- 아무래두 중궁말 아나만 안 된다 마리여.

- 커요 그거.

- 늪이 그렇게 커.

거기는 언제 가셨어요?

- 그전에 다닐 때 거기에 가봤지, 부대에, (부)대에서 부대에서 다닐 적에.

- 그래서 거기 가서 그 늪을 구경하면 까마득하게 보이지 뭐 그저.

예, 어떻게 보여요?

- 까마득하게 보인다고.

- 그저 가물가물하게 보이지. 흐흐흐.

- 헤헤헤.

예.

- 그 사람이 다 돌아다니고 대련, 대련 여기에서 동북에서 저 광(동), 저 광동까지 걸어갔지.

- 걸어가는데 여기에서 지금 몇 천리인가 하면 한 팔천 리, 팔천 리 거의 되요.

- 그래도 그 다음에는 여기 동북에서부터 그냥 걸어서 행군해서 걸어서 광동까지 갔었어.

- 그래 중화인민공화국 성립 후에 여기로 나왔지.

그때는 군대 있을 때는 말은 중국말만 하셨지요?

중국말로 하셨지요?

- 몽땅 중국말이지 뭐.

- 나한테 중국말로 조선말로 옛말 하듯이 과거에 그 옛말 하듯이 이렇게 했었는데 안 쓰니까 잊어버린다 말이야.

- 그래 다 잊어버렸지.

- 그래 그 다 그래 그 한족 부대에 나 혼자 있으니까.

- 한 개 반이면, 한 개 부대면 한 개 부대에 나 혼자 있으니까.

- 아무래도 중국말 안 하면 안 된다 말이야.

‒ 게 삼녀널 버버리지대찌⁶³⁾ 삼 년을.

‒ 처:매 가 한종마럴⁶⁴⁾ 몰라.

‒ 주기래 주그라구 해두 모르구 밤 머그라구 해두 모르구 거저:, 그저 눈치망 가주구서 생화래찌, 처:매.

‒ 그래서 그 다매는 한 오롱 년 지내니까 그 다매 마르⁶⁵⁾ 배우기 시자가지.⁶⁶⁾

‒ 그래 어트개 하능가 하니까⁶⁷⁾ 그르키:: 모빼운 사람드른, 마:르 모르거나 그럴 모르거나 이르캐 한 사람드른 내 아푸루 그 부대서 조장얼 하나 선태개서 주지.

‒ 너 임무 완성해:라.

‒ 그러구서는 매::일 한 자, 글씨 매일 한 자 그러게 되면 먼저 배웅 건 또 다: 이저멍는다 마리여.

‒ 한 서너 달 지내개 되면 먼저 배웅 건 다: 이저머꾸.

‒ 그라다 또 전투할 땐 또 옵:꾸, 전투나 훌려니나 하면 또 모: 빼우지.

‒ 그라다 또 실 저: 주두 주둔부대가 해서 주둔하구 이쓰면 또 배워찌.

‒ 그래서, 그래서 한 칠팔 년 배워찌.

‒ 기 말:두 배우구 그 다매 글두 배우구.

‒ 이래두 배워서 지금 감파니래두 보능 게 군대 가 배웅 기지. 지비⁶⁸⁾ 이씰 때 공부 모태찌.

‒ 옌:나래 하라부지 쩍부터 아부지까지 뭐랜능가 하게 되면 마짜시글⁶⁹⁾ 공부 씨기면 애빈, 애비라 그라그덩 그때는, 인재 하라부지가 애비 그 애비 눈뜽 거와 마창가지다.

‒ 마짜시글 공부 씨기면 애비 눈뜽 거와 마창가지다.

‒ 이르카구 형니멀 공부 씨겨찌.

‒ 게 나년 제자 제저 제차라구 그저 둘째라구 아이 씨기구서넌 여기루 와끼 때매 공부 모:태찌.

- 그래 삼 년을 벙어리짓 했지 삼 년을.
- 처음에 가서 한족말을 몰라서.
- 죽이래 죽으라고 해도 모르고 밥 먹으라고 해도 모르고 그저, 그저 눈치만 가지고 생활했지, 처음에.
- 그래서 그 다음에는 한 오륙 년 지나니까 그 다음에 말을 배우기 시작했지.
- 그래 어떻게 하느냐 하면 그렇게 못 배운 사람들은, 말을 모르거나 글을 모르거나 이런 사람들은 내 앞으로 그 부대에서 조장을 하나 선택해서 (붙여)주었지.
- 너 임무 완성해라.
- 그러고는 매일 한 자, 글자 매일 한 자 그러면 먼저 배운 건 또 다 잊어버린다 말이야.
- 한 서너 달 지나면 먼저 배운 건 다 잊어버리고.
- 그러다가 또 전투할 때는 또 없고, 전투나 훈련이나 하면 또 못 배우지.
- 그러다가 또 저 주둔 주둔부대가 해서 주둔하고 있으면 또 배웠지.
- 그래서, 그래서 한 칠팔 년 배웠지.
- 그래 말도 배우고 그 다음에 글도 배우고.
- 이렇게라도 배워서 지금 간판이라도 보는 게 군대 가서 배운 것이지. 집에 있을 때는 공부 못했지.
- 옛날에 할아버지 적부터 아버지까지 뭐라고 했는가 하면 맏자식을 공부 시키면 애비는, 애비라 그러거든 그때는, 이제 할아버지가 애비 그 애비 눈뜬 것과 마찬가지다.
- 맏자식을 공부 시키면 애비 눈뜬 것과 마찬가지다.
- 이렇게 하고 형님을 공부 시켰지.
- 그래 나는 지차, 지차 지차라고 그저 둘째라고 안 시키고는 여기로 왔기 때문에 공부 못했지.

- 게 처매는 뭐: 가이갸 뒤뜨래[70] 삼 년 후애야 지비다[71] 편지해찌.
- 삼 년 거: 가서 삼 년 배운 후애야 지비다 편지 함번…
- 그래 그르캐 생활핸는데 머.

- 그래 처음에는 뭐 가갸 뒤뜰에 삼 년 후에야 집에다 편지했지.
- 삼 년 거기 가서 삼 년 배운 후에야 집에다가 편지 한번…
- 그래 그렇게 생활했는데 뭐.

1.2. 버섯과 나물, 약초 캐기

　개방하구 나서하구 개방하기 저나구 마:니 바껴짜나요 또?

　－ 아::이구 마:이 바끼지 앙쿠:.

　－ 그저네는 농사지어두 머글 꺼뚜 업써서 길:기라든 사람들이, 집채루
할 때 길:기래아더니먼 지그문 뭐 다: 양성 밀리가머 멍는대 머.

　－ 그르나 조선싸람들 지금 정아매 농사진는 사람 한:나배끼는 업써. －
그담 다: 안 지여 지그먼.

　－ 다: 항국까구 그저 다: 무순 다른 닐하구 그저: 버러머꾸 지 농사 안
지어.

　거기 그럼 땅은 누가 부처요?

　－ 왕청 한:조개더리 와서 사시미72) 사시미장 하는데 거 가 하지 머.

　－ 땅은 사시미장 하는대 싸다 하지.

　사시미장?

　－ 으: 사시미장 사시미지 사시미 키우는 데.

　예, 거기서 어트개 해요?

　－ 거기서, 거기서 한족떨 데리다가 농사, 정암 땅 가주구 농사지치.

　사시미장애 거기 여러시 이쓸 쑤 이써요?

　－ 에: 거긴 마:너요, 이:라는 사람두, 농사진는 사라미꾸.

　－ 그래 거기 한조기, 한조기 처:매 두: 부부 가니 두: 부부 가니 돈 배
권 가주구 여기 이사와 가주구 정아매 이사와 가주구 어: 지금 삼사 년 똥
아내 어영 그 대:부자 됀:는데.

　－ 게 새복, 새복 발써 네 시면 나가서 나그내73) 투라지74) 몰지 앙까이
투라지 몰지 두:리 서루 몰구 지비 가추 가지.

　－ 이래 가주구서 그 다매 당 미기지 돼:지 미기지 뭐: 소 미기지 그래

개방하고 나서와 개방하기 전하고 많이 바뀌었잖아요, 또?

- 아이고 많이 바뀌지 않고.

- 그전에는 농사를 지어도 먹을 것도 없어서 길길하던 사람들이, 집체로 할 때 길길하더니만 지금은 뭐 다 양식 밀려가면서 먹는데 뭐.

- 그러나 조선사람들 지금 정암에 농사짓는 사람 하나밖에 없어.

- 그 다음에 다 안 지어 지금은.

- 다 한국 가고 그저 다 무슨 다른 일하고 그저 벌어먹고 농사 안 지어.

거기 그러면 땅은 누가 부쳐요?

- 왕청 한족 애들이 와서 사슴 사슴목장 하는데 거기 가서 하지 뭐.

- 땅은 사슴목장 하는데서 사다가 하지.

사슴목장?

- 응, 사슴목장 사슴이지 사슴 키우는 데.

예, 거기에서 어떻게 해요?

- 거기에서, 거기에서 한족들 데려다가 농사, 정암 땅 가지고 농사짓지.

사슴목장에 거기 여럿이 있을 수 있어요?

- 예, 거기는 많아요, 일하는 사람도., 농사짓는 사람도 있고.

- 그래 거기 한족이, 한족이 처음에 두 부부 간이 두 부부 간이 돈 백원 가지고 여기 이사와 가지고 정암에 이사와 가지고 에 지금 삼사 년 동안에 아주 그 대부자가 되었는데.

- 그래 새벽, 새벽 벌써 네 시면 나가서 남편 경운기 몰지 아내 경운기 몰지 둘이 서로 몰고 집에 같이 가지.

- 이래 가지고는 그 다음에 닭 먹이지 돼지 먹이지 뭐 소 먹이지 그래

투라지 가주구 하지 뭐:. 그래 가주구 하능 게 대:부자 돼:써 지금.

    — 아치미 저녁 저녁기두: 달빠미면 그 저 기개 가주구 밭 홀치질75) 가
는데 머.

    — 안 머 저녀기두 그래서 달뺨 다리 너머가면 발쌔 지베 드루와 자구
그 이튼날 새보기면 또 가구…

거기 정암 그쪼개 산애: 버서시나 나물 가튼 거뚜 마:니 나자나요?

    — 마:이 나요.

어떵 거뜨리 이써요? 거기 사내서 나능 거.

    — 사내 나 정아매서 나니까 고사리 머: 산내 가서 뽑짜면 만:치 머.

    — 버서시느 가:진 버섣 다: 이찌 머.

    — 여러 가지 버서시 다, 군대버섣뚜 이꾸 뭐, 참나무 저 귀버서뚜 이꾸
머 그 다맨 이 찌 에: 저 송이버서뚜 이찌 머.

    — 그래 버서뚜 그러쿠, 이짜개 거기서 주로 저 게 사내 인는 사라먼 산
뜨더 머구 살구, 바다 끼구 인는 사람 바다 뜨더 머꾸 산:다 그러자내여?

    — 그기 다: 그래 사내 인는 사라믄 산 뜨더 머꾸.

약초두 이찌 안나요?

    — 예?

약초.

    — 약초두 마:너요. 거가 어디구.

어떵 거뜨리 이써요, 약초애?

    — 여기 저: 첨마라능76) 거 이짜너?

    — 그렁 거뚜 이꾸.

    — 그 다매 저, 저: 행개두77) 이꾸, 도라지두 이꾸, 더덕뚜 이꾸, 머: 그
다매 저, 저: 그 저: 야기르물 다 몰라 그러치.

    — 청궁이랑 거뚜 이꾸, 세시니라능78) 거뚜 이꾸, 머 마:너요, 거기.

그때 여기, 여기 양수애 사사슴 부닝가 누가 거기 산삼두 캐구 그래따면서요?

경운기 가지고 하지 뭐. 그래 가지고 하는 게 대부자 되었어 지금.

　－ 아침에 저녁 저녁에도 달밤이면 그 저 기계 가지고 밭 쟁기질 가는데 뭐.

　－ 아 뭐 저녁에도 그래서 달밤에 달이 넘어가면 벌써 집에 들어와 자고 그 이튿날 새벽이면 또 가고…

거기 정암 그쪽에 산에 버섯이나 나물 같은 것도 많이 나잖아요?

　－ 많이 나요.

어떤 것들이 있어요? 거기 산에서 나는 거.

　－ 산에 나(는) 정암에서 나니까 고사리 뭐 산에 가서 뽑자면 많지 뭐.

　－ 버섯은 갖은 버섯 다 있지 뭐.

　－ 여러 가지 버섯이 다, 군대버섯도 있고 뭐, 참나무 저 귀버섯도 있고 뭐 그 다음에는 이 저 에 저 송이버섯도 있지 뭐.

　－ 그래 버섯도 그렇고, 이쪽에 거기서 주로 저 그래 산에 있는 사람은 산 뜯어 먹고 살고, 바다 끼고 있는 사람은 바다 뜯어 먹고 산다 그러잖아?

　－ 그게 다 그래서 산에 있는 사람은 산 뜯어 먹고.

약초도 있지 않아요?

　－ 예?

약초.

　－ 약초도 많아요. 거기가 어디고

어떤 것들이 있어요, 약초에?

　－ 여기 저 천마라는 거 있잖아?

　－ 그런 것도 있고.

　－ 그 다음에 저, 저 황기도 있고, 도라지도 있고, 더덕도 있고, 뭐 그 다음에 저, 저 그 저 약 이름을 다 몰라 그렇지.

　－ 천궁이라는 것도 있고, 세신이라는 것도 있고, 뭐 많아요, 거기.

그때 여기, 여기 양수에 사시는 분인가 누가 거기 산삼도 캐고 그랬다면서요?

- 에:, 산삼두 캐구.
- 저기 저 바궈놓이 산삼 캐서 머꾸서 코가 빨가저서 홍코라 그래자
네요.
- 자기가, 자기가 캐다 머꾸.

요새:두 이써요?
- 업:써요 전 쩌이 저: 삼, 삼매하넌79) 사람더리 몰:래 댕기지 공개 아
내요.
- 공개하구 댕기는 데 업써요.
- 다: 몰:래 댕기지.

근대 그 분 사라써요?
- 사라써. 이써. 지금 뭉구80) 처러 댕기넌데.

요새두 그거 캐러 다녀요?
- 에?

요새두 캐러 다녀요?
- 아이 요새는 가 댕기는지 안 댕기는지 몰라요 요새는.
- 가망가만 댕기는 기 누기 알:먼 안 된다 마리여.
- 그래서 그 다매…

아니.
- 어느 지저멀, 지저멀 알:개 되면 지 혼자 댕기지.

그래두 캐 오먼 머 팔 꺼 아니요.
- 암 파러요.
- 즈 친척뜰개 해서 그냥 즈 친척드래서 어디 통해서 그저 이르캐 해
서 마르구 그냥 어트가넌지 어티기 소모하넌지 그건 모르지 머.

– 예, 산삼도 캐고.

– 저기 저 박원용이 산삼 캐서 먹고서 코가 빨개져서 홍코라고 그러잖아요.

– 자기가, 자기가 캐다 먹고.

요새도 있어요?

– 없어요. 저 저기 삼, 삼매하는 사람들이 몰래 다니지 공개 안 해요.

– 공개하고 다니는 데 없어요.

– 다 몰래 다니지.

그런데 그 분 살았어요?

– 살았어. 있어. 지금 문구 치러 다니는데.

요새도 그거 캐러 다녀요?

– 예?

요새도 캐러 다녀요?

– 아이 요새는 걔 다니는지 안 다니는지 몰라요 요새는.

– 몰래몰래 다니는 게 누가 알면 안 된단 말이야.

– 그래서 그 다음에…

아니.

– 어느 지점을, 지점을 알게 되면 자기 혼자 다니지.

그래도 캐 오면 뭐 팔 것 아니에요.

– 안 팔아요.

– 저희 친척들한테 해서 그냥 저희 친척들한테 어디 통해서 그저 이렇게 해서 말고 그냥 어떻게 하는지 어떻게 소모하는지 그건 모르지 뭐.

1.3. 청주 MBC의 정암촌 취재

- 아:: 저 저 청주 방송국, 청주 방송국 국짱.

예.

- 김○승.

- 이○○이 아니구?

김○승이요.

- 거기 이쓸 때 뭘: 아러.

그때 와서 어트개 핸는지.

- 그때 와서 설 때::에:: 설 무루배 설 쇠구 항구개서 설 쇠구 와써요.

멤 명이나 와써요?

- 그때:: 임 교수두 오고: 또 그 세: 명인지 네: 명, 다섬 명인지 그때.

- 다서싱가 와때찌.

- 그르키 와 가주구서 처:매 뭐핸능가 하니까 그 정아매[81] 이뜬 박○놓이, 박○놓이하구 낭그를[82] 가 해 오라 그래써요, 발구[83] 끌구 가서. - 낭구를 가서 해 오라구.

- 게 발구 끌구 가서 낭구럴 토부루 비능 거, 낭구 올려보구 내려보구 하능 거 다: 찌거찌 머.

- 찌꾸서 낭구 저:: 옥씨기짱처럼 저 이르키 선능 거 낭구르 토부루 비:지.

- 비능 거 다: 찌꾸 도끼지래서 아:치르 따구.

- 아치르 따능 거까지 다: 하구.

- 그 다매 인재 발구다 이르키 단다 말임니다, 이르키.

- 이르키 낭글 달지 이제 이르기.

- 발구 가주구 인재 발구에 소로 메워씨니까 그 두:리 간는대 두:리애

－ 응, 저 저 청주 (문화)방송국, 청주 (문화)방송국 국장.

예.

－ 김○승.

－ 이○○이 아니고?

김○승이요.

－ 거기 있을 때 뭘 알아.

그때 와서 어떻게 했는지.

－ 그때 와서 설 때에 설 무렵에 설 쇠고 한국에서 설 쇠고 왔어요.

몇 명이나 왔어요?

－ 그때 임 교수도 오고 또 그 세 명인지 네 명, 다섯 명인지 그때.

－ 다섯인가 왔었지.

－ 그렇게 와 가지고 처음에 뭐 했느냐 하면 그 정암에 있던 박○용이,
박○용이하고 나무를 가 해 오라고 그랬어요, 발구 끌고 가서.

－ 나무를 가서 해 오라고.

－ 그래 발구 끌고 가서 나무를 톱으로 베는 거, 나무 올려보고 내려보
고 하는 거 다 찍었지 뭐.

－ 찍고서 나무 저 옥수숫대처럼 저 이렇게 서 있는 거 나무를 톱으로
베지.

－ 베는 거 다 찍고 도끼질해서 가지를 따고.

－ 가지를 따는 것까지 다 하고.

－ 그 다음에 이제 발구에다 이렇게 단단 말입니다, 이렇게.

－ 이렇게 나무를 달지 이제 이렇게.

－ 발구 가지고 이제 발구에 소를 메웠으니까 그 둘이 갔는데 둘이 발

발구 하나 가주구 사람 두:리 가찌.

- 기래, 그때: 동사매[84] 와서 누:니 이써찌 거기.

- 그래 누루다 눈 우이([uy])루다 발구르 끄서[85] 가주구 내려오지.

- 내려오는데 또 우리는 그 낭구 마이 안 찌꾸[86] 형시그루 그르캐 하다나니까[87] 함 바리[88] 꼴똑[89] 되개 싣찌 아내찌.

- 그저 한 대여서께 찌거 가주구서는 그 다매 달구 내려오지.

- 그런데 그 발구 우애서 노래 부루라 그랜다 마리여.

- 노래 부루라구.

- 게 발구 우애서 노래 부루는데 그 노래 다: 이르키 노그마구.

- 노그마구 그 다매 거기서 이제 노래 부루머 지비까지 와찌.

- 게 그 노래를 아리랑을 불러찌.

- 게 아리랑 부르 가주구서 내리오민서 그 다매 지비까지 와찌.

지금 부룰 수 이써요?

- 부룰 쑤 이찌요.

함번 해보실래요?

- 그 아리랑이랑건 조선싸라미 다: 알기 때매 뭐: 조선 싸라미 전반[90] 다: 아:니까 알기 아리랑이라능 건.

청주아리랑.

- 게 청주아리랑이나 머 아무데나 아리랑 아리랑은 항가지 충청북또 아리랑.

- [노래] 아리랑 아리랑 아라리요~오 아리랑 꼬개를 너머간다. 나를 버리고 가시는 니므~은 심니도 모까서 발뺑난다.

- 이기 항 구절, 구절루 그러치. 그저 구절루 그르캐 아리랑은 그러캐 불러.

- 그 다매 인저 거기서 지비 와서 낭구럴 다: 부려 노코 점슨 머꾸 오후애 에:: 아부지 인는대 산소럴 가자능 기지, 내 우리 아부지 인는 데를.

구 하나 가지고 사람 둘이 갔지.

 ─ 길에, 그때 동삼에 (눈이) 와서 눈이 있었지 거기.

 ─ 그래 눈으로 눈 위로 발구를 끌어 가지고 내려오지.

 ─ 내려오는데 또 우리는 그 나무 많이 안 찍고 형식으로 그렇게 하다 보니까 한 바리 가득 되게 싣지 않았지.

 ─ 그저 한 대여섯 개 찍어 가지고는 그 다음에 달고 내려오지.

 ─ 그런데 그 발구 위에서 노래를 부르라 그런단 말이야.

 ─ 노래 부르라고.

 ─ 그래 발구 위에서 노래를 부르는데 그 노래를 다 이렇게 녹음하고.

 ─ 녹음하고 그 다음에 거기에서 이제 노래 부르면서 집에까지 왔지.

 ─ 그래 그 노래를 아리랑을 불렀지.

 ─ 그래 아리랑을 불러 가지고 내려오면서 그 다음에 집에까지 왔지.

지금 부를 수 있어요?

 ─ 부를 수 있지요.

한번 해보실래요?

 ─ 그 아리랑이라는 건 조선사람이 다 알기 때문에 뭐 조선사람이 전반 다 아니까 알기(를) 아리랑이라는 건.

청주아리랑.

 ─ 그래 청주아리랑이나 뭐 아무데나 아리랑 아리랑은 한가지 충청북도 아리랑.

 ─ 아리랑 아리랑 아라리요 아리랑 고개를 넘어간다. 나를 버리고 가시는 님은 십리도 못 가서 발병난다.

 ─ 이게 한 구절, 구절로 그렇지. 그저 구절로 그렇게 아리랑은 그렇게 불러.

 ─ 그 다음에 이제 거기에서 집에 와서 나무를 다 부려 놓고 점심 먹고 오후에 에 아버지 있는데 산소를 가자는 거지, 내 우리 아버지 있는 데를.

– 게 산소럴 가능 거, 가::능 거 다: 찌꾸 사진 다: 찌꾸 오넝 거 다: 녹
쌍 다: 해따 마리여.

　– 핸:는대 틀려따구, 틀려따구 다시 가서 지내보:라능 기지.

　– 그르니 거: 가서 술 한 수란잔하구 자:나구 가주 가찌 머.

　– 거기다 뭐 노쿠서 그 다맨 아부지 인는 대 가 제:사 지내면서, 그 아
부지 인는 대 가 제:사 지내면서 아이고 아이고 하니까 그냥 아이고 하고
하는대 녹쌍 다 하지.

　– 그 다매 거기서 이제 우':러라능 기지.

　– 근데 눔무리 나와야 울지.

　– 에 이거 안되개따구 감정얼 살궈 가주구 그 다매 엔:날 그 고상하
던 생각 이걸 살궈 가주구 그 다매 아부지가 이르키 서 섭서파개 도러가
셔따.

　– 이 생가글 끄내 가주구 감정얼 살궈 가주구 눔물 정말 빼:써요.

　– 그때 사진, 사진 노금 다: 해찌 머. 이마:낭 걸루 그저 노금 다: 해 가
주 그래구선 내려와찌.

　– 내려오넌데:, 내려오넌데 또 어: 틀려따능 기지.

　– 다시 올러가따 다시 내려가구 세: 버인지 네: 버인지 그 가 올러가다
또 내려오구 올러가다 또 내려오구.

　– 지팽이 지꾸 아이구: 아이구 하머서 내려오라능 기지 또.

　– 그래 인재 그래 가주서 그 다매는 그걸 거기서 세: 버닝가 올러가
야:중애는 사:라미 싱경지리 나대 막 그냥.

　– 거 틀려따구 또 다시 올러가따 오라지, 다시 올러가따 오라지.

춥짜나요, 또 그때는?

　– 춥찌요.

　– 누:니 여:까지 빠지는대.

　– 그 다매 그르캐 가주 그 다매는 에이 게 돼:따 그라덩군.

- 그래 산소로 가는 거, 가는 거 다 찍고 사진 다 찍고 오는 거 다 녹화 다 했단 말이야.

- 했는데 틀렸다고, 틀렸다고 다시 가서 지내보라는 거지.

- 그러니 거기에 가서 술 한(잔) 술 한잔과 잔하고 가지고 갔지 뭐.

- 거기에다 부어 놓고서 그 다음에는 아버지 있는 데 가서 제사 지내면서, 그 아버지 있는 데 가서 제사 지내면서 아이고 아이고 하니까 그냥 아이고 아이고 하고 하는데 녹화 다 하지.

- 그 다음에 거기서 이제 울어라는 거지.

- 그런데 눈물이 나와야 울지.

- 에 이거 안되겠다고 감정을 살려 가지고 그 다음에 옛날에 그 고생하던 생각 이걸 살려 가지고 그 다음에 아버지가 이렇게 섭, 섭섭하게 돌아가셨다.

- 이 생각을 꺼내 가지고 감정을 살려 가지고 눈물을 정말 **뺐어요.**

- 그때 사진, 사진 녹음 다 했지 뭐. 이만한 걸로 그저 녹음 다 해 가지고 그러고는 내려왔지.

- 내려오는데, 내려오는데 또 어 틀렸다는 거지.

- 다시 올라갔다 다시 내려가고 세 번인지 네 번인지 그 가 올라가다 또 내려오고 올라가다 또 내려오고.

- 지팡이 짚고 아이고 아이고 하면서 내려오라는 거지 또.

- 그래서 이제 그래 가지고 그 다음에는 그거 거기서 세 번인가 올라가(니까) 나중에는 사람이 신경질이 나더라고 막 그냥.

- 그거 틀렸다고 또 다시 올라갔다 오라고 하지, 다시 올라갔다 오라고 하지.

춥잖아요, 또 그때는?

- 춥지요.

- 눈이 여기까지 **빠지는데.**

- 그 다음에 그렇게 해가지고 그 다음에는 에이 그래 되었다고 그러더구먼.

- 그래 지비까지 또 내려와찌.
- 추워찌 그땐.
- 그래 그르카구 지비 와서 다: 하구서는 그 다매는 지비 와서 저녕 머꾸 게 그러구서는 그 이튼나래 그 이튼나래 간다 그라등군.
- 그래 보내노쿠서는 마러찌. 그라매 설: 쇠구 그 이트 사밀마내 간능가?
- 게 그래치. 그래.
- 그러구 연변대학-하구 또 항국 싸라마구 가치 와따 마리여.
- 그래 가주구 그때 콩 끼물 매:먼서 콩 끼물 매머서 엔::나래 그: 어::노인더리 서:깨 부르든 설깨 부르든 이걸 좀 해:보라능 기지.
- 그 다매 거기서 인재 에:: 엔:나래 그 안싸람드리 이거 부루능 기지.
- 그: 시집사리 하면서 그:: 사러나온 그걸 이미해 가주구.
- 그래 그 다매 거기서 뭘 부른나 콩바튼 인저 호미럴 쥐:구 여:서싱가 여:서시 인저 죽:: 바꼬랑을 타구서 이재 그 다맨 에: 여:서싱가 그래 가주구서는 인재 거기서 호미루 매머 나가지.
- 매는 시늉얼 하며 나가지.
- 진짜 매, 푸리 우:꺼덩.
- 그래서 그 다매 거기서 이재 또 멀 부르라능가 하이까 그 노래를 또 부루라 그란다 마리여.
- 기래 거기서 이제 불러찌.
- 그게 무순 노랑개 되먼 거: 엔나래 그:: 시아부지르 원망하던 게 시어머이를 원망하던 그런 노래지 머.

그 함번 해보세요, 그럼.
- [노래] 시아버지 주거따고 조태떠니 왕굴자리 떠러지니 또 생강난다.
- [노래] 시어머니 주거따고 조태떠니 보리방아 물 붜노니 또 생강난다.

- 그래 집에까지 또 내려왔지.

- 추웠지 끄때는.

- 그래 그렇게 하고 집에 와서 다 하고는 그 다음에는 집에 와서 저녁 먹고 그래 그러고는 그 이튿날에 그 이튿날 간다고 그러더구먼.

- 그래 보내놓고는 말았지. 그 다음에 설 쇠고 그 이틀 삼일만에 갔는가?

- 그래 그랬지. 그래.

- 그리고 연변대학하고 또 한국 사람하고 같이 왔단 말이야.

- 그래 가지고 그때 콩 김을 매면서 콩 김을 매면서 옛날에 그 에 노인들이 서럽게 부르던 서럽게 부르던 이걸 좀 해보라는 거지.

- 그 다음에 거기서 이제 에 옛날에 그 안사람들이 이거 부르는 거지.

- 그 시집살이 하면서 그 살아나온 그걸 의미해 가지고.

- 그래 그 다음에 거기서 뭘 불렀나 (하면) 콩밭은 이제 호미를 쥐고 여섯인가 여섯이 이제 죽 밭고랑을 타고 이제 그 다음에는 에 여섯인가 그래 가지고는 이제 거기에서 호미로 매면서 나가지.

- 매는 시늉을 하면서 나가지.

- 진짜 매, 풀이 없거든.

- 그래서 그 다음에 거기서 이제 또 뭘 부르라는가 하면 그 노래를 또 부르라 그런단 말이야.

- 그래 거기서 이제 불렀지.

- 그게 무슨 노래인가 하면 그 옛날에 그 시아버지를 원망하던 그 시어머니를 원망하던 그런 노래지 뭐.

- **그거 한번 해 보세요, 그러면.**

- 시아버지 죽었다고 좋다고 했더니 왕골자리 떨어지니 또 생각난다.

- 시어머니 죽었다고 좋다고 했더니 보리방아 물 부어 놓으니 또 생각난다.

－ 이게 우개다 우겨주는 사라미 어:꺼덩, 그래서 또 생강나는…

－ 시동생 주거따고 조태떠니 나무까리 처다보니 또 생강난다.

－ 게 나무까리 다: 때구 업따 마리여.

예.

－ 거 시동생이 낭구 해 완는대.

－ 그 다매,

－ [노래] 시누이가 주거따고 조태떠니 망내딸 라코보니 또 생강난다.

－ 헤헤헤헤헤헤 헤헤헤헤헤 어버달 어버줄 싸라미 업따 마리지.

－ 그래서 그르키, 그러캐 불러씀니다, 이거 다.

－ 그라구 거기다가 이제 뭘 또 연능가 하개 되먼,

－ [노래] 시아버지 골란 대는 술 바더 주구 시어머니 골란 대는 이 자
버 주세.

－ 머리-이 딱딱 주기먼 시워:나다구 한다 마리여.

－ 이 그르개 그래서 그 다매,

－ [노래] 시동생 골란 대는 사탕 싸91) 주구 시누이가 골란 대는 몽딩이 뜸질.

－ 이르캐 하면서 그건 저: 시어머이한태 일러바친다구.

－ 그르키 하능 기라구.

－ 그게 다: 인저 그르키 나가서 그저내 과:거애 어:: 충청북또애서 그르
키 산 여자드리 이따능 기지.

－ 그래서 그 노래가 나와찌.

－ 그 후애는 그걸 로금 다: 해가주구 노래 부루넝 거 보구서 연벼내 올
러가더니먼 연벼내서 노래채걸 내기다 보내줘스.

－ 게 보내줘 그 채기 지금두 인는대.

－ 게 노래채걸 가주구선 그 하라곤 아마 두꺼끼가 이 이마니 두꺼워
담배 마리두.

－ 두꺼웅 거 마:너요.

- 이게 우겨서 우겨넣어주는 사람이 없거든, 그래서 또 생각나는…
- 시동생 죽었다고 좋다고 했더니 나뭇가리 처다보니 또 생각난다.
- 그래 나뭇가리 다 때고 없단 말이야.

예.

- 그 시동생이 나무를 해 왔는데.
- 그 다음에,
- 시누이가 죽었다고 좋다고 했더니 막내딸 낳고 보니 또 생각난다.
- 헤헤헤헤헤헤 헤헤헤헤헤헤 업어달(라) 업어줄 사람이 없다는 말이지.
- 그래서 그렇게, 그렇게 불렀습니다, 이거 다.
- 그러고 거기다가 이제 무엇을 또 넣었느냐 하면,
- 시아버지 골난 데는 술 받아 주고 시어머니 골난 데는 이 잡아 주세.
- 머릿니 딱딱 죽이면 시원하다고 한단 말이야.
- 이 그렇게 그래서 그 다음에,
- 시동생 골난 데는 사탕 사 주고 시누이가 골난 데는 몽둥이 뜸질.
- 이렇게 하면서 그건 저 시어머니한테 일러바친다고.
- 그렇게 하는 거라고.
- 그게 다 이제 그렇게 나가서 그전에 과거에 에 충청북도에서 그렇게 산 여자들이 있다는 거지.
- 그래서 그 노래가 나왔지.
- 그 후에는 그걸 녹음 다 해가지고 노래 부르는 거 보고서 연변에 올라가더니만 연변에서 노래책을 나한테 보내줬어.
- 그래 보내줘서 그 책이 지금도 있는데.
- 그래 노래책을 가지고는 그 하라고는 아마 두껍기가 이 이만큼 두꺼워 담배 말이도.
- 두꺼운 거 많아요.

- 두꺼워서 그 다매 그르키 해: 줘:찌.

청주아리랑은 그거는 하실 수 이짜너요, 그거뚜.

- 청주아리랑은 으: 강안도아리랑 청주아리랑 그 다매 이짜개 거 어:: 무여 여끄마리랑이라능 개 이꺼등, 게 다:.

그거또 함번 해 보세요, 청주아리랑하구.

- 모르지 뭐 그 다: 저, 다: 알 쑤야 웁찌 머,

- 강안도아리랑 하나 해보지.

청주아리랑 하시고.

- 청주아리랑 해:짜나 아까.

아까 그거 그건 아:내짜나요, 머 세천땅 무순 낭개 이거 하셔야 되자나요.

- 아:, 그걸 언제 아러써요?

함번 드러 본 적 이찌요.

- 원:제.

- 근 노:래까라기지 머.

그거 그개 청주아리랑이라 그러던데.

- 아:니, 노래까라기여.

노래까라기요?

- 응:.

함번 해보세요 그러면.

- 세천땅 세 어 세천땅 세모진 낭, 아니여 이르키 음뽀가 나오능 게 아니라.

- 근 노래까라기기 때미 이르키 음뽀가 나오능 기 아니여.

- 그거 으미 어티기 나오는지 그걸 잘 모르개따 마리여, 지그문 다: 이 저머거서.

강원도아리랑 해보셔요.

이따 생강나시면 하시구.

- 두꺼워서 그 다음에 그렇게 해 줬지.

청주아리랑은 그것은 하실 수 있잖아요, 그것도.

　- 청주아리랑은 에 강원도아리랑 청주아리랑 그 다음에 이쪽에 그 에 뭐야 엮음아리랑이라는 게 있거든, 그게 다.

그것도 한번 해 보세요, 청주아리랑하고.

　- 모르지 뭐 그 다 저, 다 알 수야 없지 뭐.

　- 강원도아리랑 하나 해보지.

청주아리랑 하시고.

　- 청주아리랑 했잖아 아까.

아까 그거 그건 안 했잖아요, 뭐 세천땅 무슨 나무에 이거 하셔야 되잖아요.

　- 아, 그걸 언제 알았어요?

한번 들어 본 적 있지요.

　- 언제.

　- 그건 노랫가락이지 뭐.

그거 그게 청주아리랑이라 그러던데.

　- 아니, 노랫가락이야.

노랫가락이요?

　- 응.

한번 해보세요, 그러면.

　- 세천땅 세 어 세천땅 세모진 나무, 아니야 이렇게 음보가 나오는 게 아니라.

　- 그건 노랫가락이기 때문에 이렇게 음보가 나오는 게 아니야.

　- 그거 음이 어떻게 나오는지 그걸 잘 모르겠단 말이야, 지금은 다 잊어버려서.

강원도아리랑 해보세요.

이따가 생각나시면 하시고.

- [노래] 아리랑 아리랑 아라리요~오 아리랑 꼬개를 너머간다.
- 그 다매 인재 진자개 하자니까 이저머긍 거…
- 인재 정시니 다: 이저머거저서 곰만 생강나따 이저멍는다 마리여.
- [노래] 청산음내[92] 물레방아는 사고 삼심뉴 서른여서칸 캉카니 무럴 앙꼬 배배뱅뱅뱅 돌지만 은~ 우리지베 저 낭구는 날만 앙꼬 도네~.
- [노래] 강안도 금강산 일만이천봉 삼천구암자애다가 산지불공얼[93] 말고~오
- [노래] 아닌 밤쭝 오신 손님 괄쎄를 마오~.
- 이르기 되지, 나와서 강원도아리랑이여.

아까 그 저기 김○○ 기자 와쓸 때 그 산소에 가서 우르라구 해따 그래짜나요?
- 에에에.

그때 옌날 생가카구 우서따면서요?
- 에:.

그거 어떤 생가카셔써요? 어떤 이리 이썬는지.
- 이 만주 드러올 때 이 온송[94] 따리 근널 때 그때 일곱 시꾸가 영:: 추워서 그 아:주 기가 매키개 추위애 손바리 다 언, 어:는 정도루 게우 해서 근너와찌 머.
- 그런데 그때 다리럴 근너는데 으:, 추워서 거:쩌럴 모타니까 일번 애드리 그 빨리 가라구 막 끄냥 때리던 그때 생각꽈 와:서 그:: 삼년 똥아늘 공출 읍씨 지어 먹따가 공추를 다:: 양시글 끄러간다 마리여.
- 끄러가니까 그 다매 싸리 업써서 머글 개 업써서 질깅이풀 이거 머꾸 전 시꾸가 부왕이[95] 나서 어: 부왕이 나서 아주 뚱뚱 부순 사람처럼 이르키 그저 살:던 그런 생각.
- 그 다매 아부지가 와서 나랑 가치 그: 목또럴[96] 하면 목또해서 돌밍이럴 이 아패: 큰 돌 가틍 거 그렁 거 목또르 해:서 다: 저내서 바틀 일궁 거.
- 게 바틀 일궈 가주 거기선 거기서 농사를 지어서 또 공추럴 바치야지.

- 아리랑 아리랑 아라리요 아리랑 고개를 넘어간다.
- 그 다음에 이제 진즉 하려니까 잊어버린 거…
- 이제 정신이 다 잊어버려서 금방 생각났다 잊어버린단 말이야.
- 청산읍내 물레방아는 사구 삼십육 서른여섯 칸 칸칸이 물을 안고 배 배뱅뱅뱅 돌지마는 우리집의 저 낭군은 날만 안고 도네.
- 강안도 금강산 일만 이천 봉 삼천구 암자에다가 산지불공을 말고.
- 아닌 밤중에 오신 손님 괄시를 마오.
- 이렇게 되지, 나와서 강원도아리랑이야.

아까 그 저기 김○○ 기자 왔을 때 산소에 가서 울으라고 했다 그러셨잖아요?
- 예예예.
- 그때 옛날 생각하고 우셨다면서요?
- 예.

그거 어떤 생각하셨어요? 어떤 일이 있었는지.
- 이 만주 들어올 때 이 온성 다리 건널 때 그때 일곱 식구가 아주 추워서 그 아주 기가 막히게 추워서 손발이 다 언, 어는 정도로 겨우 해서 건너왔지 뭐.
- 그런데 그때 다리를 건너는데 응, 추워서 걷지를 못하니까 일본 사람들이 그 빨리 가라고 막 그냥 때리던 그때 생각과 와서 그 삼년 동안을 공출 없이 (농사를) 지어 먹다가 공출을 다 양식을 끌어간단 말이야.
- 끌어가니까 그 다음에 쌀이 없어서 먹을 게 없어서 질경이풀 이거 먹고 전 식구가 부황이 나서 에 부황이 나서 아주 뚱뚱 부은 사람처럼 이렇게 그저 살던 그런 생각.
- 그 다음에 아버지가 와서 나랑 같이 그 목도를 하면 목도를 해서 돌멩이를 이 앞에 큰 돌 같은 거 그런 거 목도를 해서 다 져내서 밭을 일군 것.
- 그래 밭을 일궈 가지고 거기에서는 거기에서 농사를 지어서 또 공출을 바쳐야지.

- 그런 생각 저런 생각하니까 그대 고상만 해따.

- 게 이런 생각-해:서 비:가미 나서 우러찌 머.

- 허허.

그러면 언제 도라가셔써요?

- 으::.

- 오:십, 그러니까 사시 사십 팔련도에 도런대 구년도애 도러가셔
는지.

그러면 하라부지 군인 가:, 가시기 저니요?

거 갇 가셔쓸 때요?

- 가따 와서.

가따 와서.

- 엉::.

그래 오:십, 오십팔련도나 오식꾸년도나 그때 주거써.

그럼 한 삼십 쌀 정도 돼:쓸 때내요 하라부지?

서른 살.

- "왜" 서른 살만 되써, 팔썹, 팔씸 넹겨 사러써.

- 사망되는대.

아니요, 하라부지.

- 내가 그때 삼시, 삼십 쌀.

그 정, 그 정도 돼찌요?

- 그 정도지.

- 삼십 쌀 너머찌.

- 그런 생각 저런 생각하니까 그 다음에 고생만 했다.

- 그래 이런 생각해서 비감이 나서 울었지 뭐.

- 허허.

그러면 언제 돌아가셨어요?

- 에.

- 오십, 그러니까 사시 사십 팔년도에 돌아가셨는지 구년도에 돌아가셨는지.

그러면 할아버지 군인 가(시기), 가시기 전이요?

거 가셨을 때요?

- 갔다 와서.

갔다 와서.

- 응.

- 그래 오십, 오십 팔년도나 오십 구년도나 그때 죽었어.

그럼 한 서른 살 정도 되었을 때네요, 할아버지?

서른 살.

- '왜' 서른 살만 됐어, 팔십, 팔십 넘게 살았어.

- 사망되는데.

아니요, 할아버지.

- 내가 그때 삼십, 삼십 살.

그 정(도) 그 정도 되었지요?

- 응, 그 정도지,

- 서른 살 넘었지.

1.4. 정암촌의 오늘

 - 아이튼 정 정아미라는[97] 데가 충청북또 시: 개 구내서[98] 와가주구 그게 아주, 그래 이 이짝 안:쪼그루 강 건 거기두 거기두 팔씹, 일빽 육씨포 와가주구 하나는 남행으루[99] 근느구 하나는 온송으로[100] 근느구 그래찌. 나뭉으루 차 뽀구니[101] 뚝 떼서 나뭉으루[102] 해서 끌:구 강 건 저 왕청 나자고[103] 쪼그루 드르가구.

 나망?

 - 으:.

 - 그 다매 인제 온송에 떠러, 온송까지 와서 떠러지능 건 에: 정아무루 가구. 게 팔씨포 팔씨포 노너찌.

 두리 다: 충청도 사라미요?

 - 다: 그 다: 충청도지.

 그럼 나자고 쪼개 지금 충청도 싸람두 이써요?

 - 이써요, 이써.

 - 나자고[104] 싸람 살지 모태서 우리 정아무루 이사 온 사람들뚜 망:쿠.

 - 여:가 더 나:따구, 나자고 거기보더 여기가 더 나:따구.

 그럼 지금 나자고애두 그: 충청도 싸람드리 사라요?

 - 에: 사라요.

 거기두 여기 정암처럼 이러캐 충청도 싸람드리 모여 사라써요?

 - 모여 사러찌. 모여 사런는데 거기는 거인 다 헤, 한족떠리 마:이 드루와 이찌 머, 거기는. 지그문 우리 여기 정아문 한족떠리...

 한족 업찌요.

 - 업:찌. 업, 업씨 사라찌 이적찌. 근데 이 글래 와서 인저 항:구개서 와서 거: 사시미장.

- 하여튼 정, 정암이라는 데가 충청북도 세 개 군에서 와가지고 그게 아주, 그래서 이쪽 안쪽으로 간 것은 거기도, 거기도 팔십, 일백 육십 호가 와가지고 하나는 남양으로 건너고 하나는 온성으로 건너고 그랬지. 남양으로 차 바꾸니 뚝 떼서 남양으로 해서 끌고 간 것은 저 왕청 라자고 쪽으로 들어가고.

남양?

- 응.

- 그 다음에 이제 온성에 떨어, 온성까지 와서 떨어지는 것은 에 정암으로 가고. 그래 팔십 호 팔십 호로 나눴지.

둘이 다 충청도 사람이에요?

- 다 그 다 충청도지.

그러면 라자고 쪽에 지금 충청도 사람도 있어요?

- 있어요, 있어.

- 라자고 사람 살지 못해서 우리 정암으로 이사 온 사람들도 많고.

- 여기가 더 낫다고, 라자고 거기보다 여기가 더 낫다고.

그러면 지금 라자고에도 그 충청도 사람들이 살아요?

- 예, 살아요.

거기도 여기 정암처럼 이렇게 충청도 사람들이 모여 살았어요?

- 모여 살았지. 모여 살았는 거기는 거의 다 헤, 한족들이 많이 들어와 있지 뭐, 거기는. 지금은 우리 여기 정암은 한족들이...

한족 없지요.

- 없지. 없, 없이 살았지 여지껏. 그런데 이 근래에 와서 이제 한국에서 아서 그 사슴농장.

예.

- 그거 하느라구 한족떨두 막 쓰구 게 이라라구 와 이찌. 농사지꾸...
- 정아매 본토배기, 본토배기 이눠내 농사 진능 게 한: 집빼끼 업써요.

지금?

- 에 지금.

누가, 누구에요?

- 김○거리라구. 그 사람 하나배끼 업써.

그 사라믄 나이가 얼마나 되써요?

- 그에 한 오십 되:찌 머.

아: .

- 게 어째 그 하나 진능가게 되먼, 가:가 가가 절머씰쩌게 한 이십쌀:, 그러이까 어이 해방군대 가따 와찌 머. 가따 완는데, 가따 와가주구서는 수리 쎄:담 마리여. 수리 쎈:데 김○시기 따리 한 이십쌀씩 거이 돼:찌. 됀: 데 김○시기 따리 따리 거기서 가치덜 이르키 다: 놀:다가 거: 지베 와따 마리여. 지베 완데: 지비까지 야가 와땀 마리여. 와가주구 칼루다가 그 여 자르 열메 깨, 열 메꼬딩가 찔러써. 게 죽찌 아내찌 아주, 여자가. 남○기 따르, 남○기 따르 찔런는데 죽찌 아너찌. 그래서 그대 파출쏘애서 이글 알 구선 부뜨러 가찌. 부뜨러 가서 버버내 가서 시:: 시보년마내 완능가, 시보 년 가껴105) 이따 와찌. 게 와가주구선 또 뭘: 해머거. 아무 거뚜 모타니까 농사질만 해머거. 게 제버른 제 **** 농사복질만 그저 쪼꿈씩 해서 먹지.

왜 칼루 찔러써요?

- 뭐 여내 사꺼느루 그랜는지, 자, 자기말 안 든다 그래는지 그래가 주. 그라구서는 또 이짜게 그 머여, 하궈니, 하궈이라는 아:르 그 말긴다 구,106) 말긴다구 또 칼루 막 찔러놔따 마리여. 그래서 그 다맨 거: 저 머여 파출쏘에서 알구서는 시보녀닌지 아매 그르키 가따 배키 이따 와씨끼여.

그래서 땅 걸 모타니까 그냥 농사만 지꾸 인능 거요? 그래서 인능 거에요?

예.

― 그거 하느라고 한족들도 막 쓰고 그래 일하려고 와 있지. 농사짓고...

― 정암에 본토박이, 본토박이 인원에 농사짓는 게 한 집밖에 없어요.

지금?

― 예, 지금.

누가, 누구에요?

― 김○걸이라고. 그 사람 하나밖에 없어.

그 사람은 나이가 얼마나 되었어요?

― 그게 한 오십 되었지 뭐.

아.

― 그래 어째서 그 하나가 짓는가 하면, 개가 개가 젊었을 적에 한 이십 살, 그러니까 어이 해방군대 갔다 왔지 뭐. 갔다 왔는데, 갔다 와가지고는 술이 세단 말이야. 술이 센데 김○식이 딸이 한 이십 살씩 거의 되었지. 되었는데 김○식이 딸이 딸이 거기서 같이들 이렇게 다 놀다가 그 집에 왔단 말이야. 집에 왔는데 집에까지 애가 왔단 말이야. 와가지고 칼로 그 여자를 열 몇 군데, 열 몇 곳인가 찔렀어. 그래 죽지 않았지 아주, 여자가. ○식이 딸을 ○식이 딸을 찔렀는데 죽지 않았지. 그래서 바로 파출소에서 이걸 알고는 붙들어갔지. 붙들어 가서 법원에 가서 십 십오 년만에 왔는가, 십오 년 갇혀 있다가 왔지. 그래 와가지고는 또 뭘 해먹어. 아무 것도 못 하니까 농사질만 해먹어. 그래 제 버릇 제 **** 농사질만 그저 조금씩 해서 먹지.

왜 칼로 찔렀어요?

― 뭐 연애 사건으로 그랬는지, 자 자기 말 안 듣는다고 그랬는지 그래 가지고. 그러고는 또 이쪽에 뭐야, 학원이라는 애를 그 맡긴다고, 맡긴다고 또 칼로 막 찔러났단 말이야. 그래서 그 다음에는 그 저 뭐야 파출소에서 알고는 십오 년인지 아마 그렇게 갔다 박혀 있다가 왔을 거야.

그래서 다른 것을 못 하니까 그냥 농사만 짓고 있는 거예요? 그래서 있는 거예요?

- 예:, 그래 에:...

- ○거리라는 사람 하나가 그저 농사 지찌, 그 다맨 다:: 어디루 갈 싸람 가구, 다: 이사갈 싸람 가구, 다: 공이느루 너머간 사람 너머가구, 다: 이사갈 싸람 이사가구 그저 그러치.

거기 저기 더콰니내는 지금 어트개 이써요?

- 게 지금 거기 이찌 뭐. 영감 노친만107) 이찌 머 지금.

애:더른?

- 애:덜 다: 항국 까찌.

항국 가 이써요?

- 응.

안 드러와써요?

- 안 드루와써.

그 때 그 나간 지 꽤 오래 대짜나요. 한 심 년 대짜나요.

- 심년 대 호구 다: 올려짜너. 국쩍 다: 올리짜너.

아 거기다가요?

- 으

- 게 그 다매 나간 다:맨 그:: 더콰니 처, 더콰니 처 리호나구 가찌 머. 게 항국까서 어더 살갠, 사:는지 어짠지 지금 모르지 머. 그래, 돈: 암 부처 주지. 그 다맨 자기 머꾸 살기 바뿌지, 야:는 이찌, 그러이까 그 다맨 리혼해찌 머.

그럼 애:는 어트개 대써요?

- 애:는 즈: 할머이가, 즈: 할머이가 데리구 인는지: 데리구 간느지 모르지. 어트개 된는지. 게 지금 가:두, 가:두 한 이십 쌀 대:씨끼여 응, 야:가.

연나미 정도 되쓰 꺼 아니요, 연나미 또래 그러자나요?

- 그럼, 이상이지 머 연나미보다. 먼저 나씨니까.

- 예, 그래 에...

- 영걸이라는 사람 하나가 그저 농사 짓지, 그 다음에는 다 어디로 갈 사람 가고, 다 이사갈 사람 가고, 다 공인으로 넘어간 사람 넘어가고, 다 이사갈 사람 이사가고 그저 그렇지.

거기 저기 덕환이네는 지금 어떻게 있어요?

- 그래 지금 거기 있지 뭐. 영감 노친만 있지 뭐 지금.

애들은?

- 애들 다 한국 갔지.

한국 가 있어요?

- 응.

안 들어왔어요?

- 안 들어왔어.

그 때 그 나간 지가 꽤 오래 되었잖아요. 한 십 년 되었잖아요.

- 십년 되어 호적 다 올렸잖아. 국적 다 올렸잖아.

아, 거기에다가요?

- 응.

- 그래 그 다음에 나간 다음에는 그 덕환이 처, 덕환이 처 이혼하고 갔지 뭐. 그래 한국에 가서 얻어 살겠, 사는지 어떤지 지금 모르지 뭐. 그래 돈 안 부쳐주지. 그 다음에는 자기 먹고 살기 힘들지, 아이는 있지, 그러니까 그 다음에는 이혼했지 뭐.

그러면 애는 어떻게 되었어요?

- 애는 자기 할머니가, 자기 할머니가 데리고 있는지, 데리고 갔는지 모르지. 어떻게 되었는지. 그래 지금 개도, 개도 한 스무 살 되었을 거야 응, 애가.

연남이 정도 되었을 것 아니에요, 연남이 또래 그렇잖아요?

- 그럼, 이상이지 뭐 연남이보다. 먼저 낳았으니까.

■ 주석

1) '양배권'은 '양백 원'의 음성형이다. 양백 원은 한자어 兩百元을 우리 한자음으로 읽은 것이다. 한어에서 일(一)을 [yi]로 발음하고 이(二)를 [èr]로 발음하기 때문에 일(一)과 이(二)를 혼동하지 않기 위해 이(二)를 유의어인 양(兩)으로 바꾸어 쓴 것으로 이해된다. 연변 지역의 조선족들은 대부분 이백(二百)을 '양백'이라고 한다. 양백은 한자어 '兩百'을 음차한 것이다. 이천(二千)도 양천(兩千)이라고 한다. 그런데 2002년은 양천양년이라고 하기보다는 양천이년이라고 한다. 요즈음은 한국에 다녀온 사람들이 많아 '이백'이나 '이천이년'이라고 하는 사람들이 많아졌다.

2) '메겨 달라'는 '먹여 달라'는 말로 '키워 달라' 또는 '길러 달라'는 뜻이다. '메겨'는 '먹여'의 움라우트형 '멕여'의 음성형이다.

3) 목축장(牧畜場)은 일정한 시설을 갖추어 소, 말, 양 따위를 기르고 새끼를 번식시키는 곳으로 '목장(牧場)'과 같은 뜻으로 쓰인다. 연변지역에서는 '목장' 대신 '목축장'이라는 용어를 주로 쓴다. 여기에서는 소를 기르는 곳을 뜻하는 말로 쓰였다.

4) '여치'는 중앙어(표준어) '넣다'에 대응하는 이 지역 방언형 '옇다'의 활용형 '옇지'의 음성형이다. '옇다'는 '옇고, 옇지, 여서, 여라'와 같이 활용한다.

5) '송아지를 찾어온다'는 말은 키워달라고 한 소가 송아지를 낳으면 키워준 대가로 그 '송아지를 데려온다'는 뜻이다.

6) '처눤'은 '천 원'의 음성형이다. '천 원'은 중국 돈 천 원(千元)이다. 우리 돈으로 환산하면 조사 당시의 화폐 가치로 17만 원 정도에 해당한다.

7) '떠러저'는 '떨어지다'의 활용형 '떨어져'의 음성형이다. 여기서는 '떨어지다'가 '남다'의 뜻으로 쓰였다.

8) '봉감 내노쿠'는 '본값 내놓구'의 음성형으로 '처음 소를 살 때 투자한 돈(값)을 빼고'의 뜻이다.

9) '이르키'는 중앙어 '이렇다'에 대응하는 이 지역 방언형 '이릏다'의 활용형이다. '이릏다'는 '이릏구, 이릏지, 이릏기, 이른, 이래'와 같이 활용한다.

10) '-만'은 비교의 대상이 되는 체언 뒤에 붙어 앞말이 비교의 기준이 되는 점의 뜻을 갖는 부사어임을 나타내는 격 조사다. '-만'은 체언 뒤에 붙어 '~에 비해서'의 뜻을 나타내는 중앙어 '-보다'에 대응하는 이 지역 방언형이다. 예문에서와 같이 '그만(그보다) 못하다, 차만(차보다) 못하다'와 같이 쓰인다.

11) '-는가 하니까'는 '-는가 하면' 정도의 뜻으로 쓰였다.

12) '몰'은 '몰다'의 활용형이다. '몰다'는 '기계나 탈것을 부리거나 운전하다'의 뜻으로 쓰이는 말이다.

13) '싸서'는 중앙어 사다(買)에 대응하는 이 지역 방언형 '싸다'의 활용형이다. '싸다'가 문맥에 따라 값이 싸다의 뜻으로도 쓰이기도 하지만 이런 뜻으로는 주로 '헐하다'가 쓰인다. '싸다'는 '싸구, 싸지, 싸게, 싸서, 쌌다'와 같이 활용한다.

14) '추수차'는 '영업용 택시'를 뜻하는 한어 '추조차(出租車)'를 한국 한자음으로 발음한 것이다.

15) '이재'는 제보자의 둘째 아들 이름이다. '의재'를 제보자는 '이재'라고 발음한다.

16) '차 못 배웠다'는 말은 '차 운전하는 법을 못 배웠다'는 말이다. 즉 운전을 할 줄 모른다는 말이다.

17) 여기에서의 '한족'은 조선족을 제외한 다른 민족이라는 뜻으로 썼다. 주로 중국의 여러 민족 가운데 하나인 '한족(漢族)'을 뜻하는 말로 쓰이지만 제보자를 비롯한 많은 조선족들은 중국에 사는 한민족(韓民族) 이외의 다른 민족을 지칭할 때 '한족'이라고 한다.

18) '거신'은 '거의 대부분'의 뜻으로 쓰이는 '거지반'에 대응하는 이 지역 방언형 '거진'을 잘못 발음한 것으로 보인다.

19) '조선사람'은 중국에 거주하는 우리민족인 '조선족'을 가리키는 말이다. 길림성 연길에 거주하는 조선족들은 한국과의 교류 초기에는 자기들을 '조선족'으로 통칭하고, 개개인은 '조선사람'이라고 하였다. '북한'을 '북조선' 또는 '북선', '북한 사람'을 '북조선사람' 또는 '북선 사람'이라고 하고 '남한'을 '남조선' 또는 '남선', 남한 사람을 '남조선사람' 또는 '남선 사람'이라고 하다가 지금은 각각 '남조선'은 '한국', '남선 사람'은 '한국사람'으로 바꿔 쓰고 있다. 지금은 중국에 거주하는 우리 동포들을 민족으로 말할 때는 '조선족'이라고 하고 개개인을 말할 때는 '조선사람'이라고 한다. 그리고 '북한 사람'은 '북조선사람' 또는 '북선 사람', '남한 사람'은 '한국사람'이라고 지칭한다. 이런 양상은 중국에 거주하는 조선족 동포들이 한국과 자주 교류하면서 영향을 받은 결과로 보인다.

20) '한때 안즈먼'은 '한때 앉으면'에 대응하는데 '한때 앉아 먹으면' 즉 '한번 먹으면'이나 '한 끼 먹으면' 정도의 뜻으로 쓰이는 말이다.

21) 이 양수진 지역에서 '채소'는 '요리' 또는 '반찬'이라는 뜻으로 쓰인다. 집에서 식사를 할 때는 '채소'라고 하면 '반찬'의 의미로 쓰이고, 식당에서 식사할 때 '채소'라고 하면 '요리'와 '반찬'을 아우르는 말로 쓰이는 것이 보통이다. 여기에서는 '채소'가 '요리'의 의미로 썼다. 중국식 식사는 참석자들이 각자 요리를 시켜 먹기 때문에 몇 가지를 한꺼번에 시켜 먹는 것이 보통인데 이럴 때 나오는 요리를 '채' 또는 '채소'라고 한다. 흔히 참석자 수나 그 이상의 수만큼 요리를 시키는 것이 보통이다.

22) '사래'는 '접시'에 대응하는 이 지역 방언형으로 본래 일본어 '사라(さら, (皿))'에서 온 말이다.

23) '채'는 '채소'라고도 하며 여기에서는 '요리'의 뜻으로 썼다. 중국 음식이 밥이 있

고 반찬이 있는 우리의 상차림과 달리 주문한 요리를 차례로 상에 올리는데 이 때 올리는 요리를 '채' 또는 '채소'라고 한다. 중국 연변 조선족들이 자주 이용하는 식당에서는 중국식 요리 외에 한식으로 가지볶음, 버섯볶음, 더덕구이 등을 주문하는데 이때 주문하는 한식 반찬도 '채' 또는 '채소'라고 한다.

24) '야들'은 '여덟'의 이 지역 방언형이다. 이 지역에서는 '여덟'이 단독으로 쓰이면 '야듭'이나 '야들'로 발음되나 모음으로 시작되는 조사가 오면 '야들베, 야들비지'와 같이 발음되어 기저형이 '야딟'임을 알 수 있다. '야들'은 '여덟(〔八〕)'을 뜻하는 '야딟'의 곡용형이다. '야딟'은 고어 '오딟'에 소급하는 말로 '야딟 개[야들 깨], 야딟 사람[야들 싸람], 야딟이지[야들비지], 야딟에[야들베]' 등과 같이 곡용한다. 이 지역에서 '야딟' 외에 '야덟 시[야덥씨]'에서와 같이 '야덟'도 쓰인다.

25) '하자니까'는 '하려니까'의 뜻이다. '-자니까'는 '-려니까', '-려 하니까'의 뜻으로 쓰이는 어미다.

26) '쏠료'는 한어 '塑料([sùliào])'를 음차한 말이다. '쏠료'는 이 지역에서 비닐 수지나 비닐 섬유를 이용하여 만든 제품의 원료를 통틀어 이르는 '비닐'이나 열이나 압력으로 소성 변형을 시켜 성형할 수 있는 고분자 화합물을 통틀어 이르는 '플라스틱'을 이르는 말로 쓰인다. 천연수지와 합성수지가 있는데, 보통 합성수지를 이른다. 이 지역에서는 '쏠료'가 주로 비닐류의 제품을 이르는 말로 쓰인다. 따라서 '쏠료주먼지'라고 하면 '비닐 봉투'를 뜻하는 말로 쓰인다. 영어에서는 우리가 흔히 '비닐'이라고 하는 것을 '플라스틱'이라고 한다.

27) 여기에서의 '싸서'는 '넣어서', '포장해서'의 뜻으로 쓰였다. 음식을 먹고 남은 것을 싸 가지고 가는 것은 한국과의 교류로 생긴 풍습이라고 한다. 이전에는 음식을 대접할 때 절반 이상은 남게 주문하고 먹고 나머지는 다 버리고 왔는데 지금은 싸서 가지고 온다는 것이다. 음식이 많이 남아야 대접했다고 생각하고 대접받았다고 여기기 때문이라고 한다.

28) '무시기나'는 '무엇이나'에 대응하는 이 지역 방언형이다. '무시기나'는 '무시기+나'로 분석할 수 있을 것이다. '무시기'는 연변 지역의 함경도 방언 화자들이 많이 쓰는 말인데 이것을 제보자를 비롯한 충청북도 이주민들이 습득하여 사용하는 것으로 보인다. 함경도 방언형 '무시기'는 중앙어 '무엇'에 대응하는 15세기 어형 '므슥'에 소급하는 것이다. 즉 '므슥'이 주격조사 '-이'의 접미사화에 의한 파생으로 '무스기'가 된 다음 마찰음 아래에서 모음 '으'가 전설모음화 하여 '무시기'가 된 것이라고 할 수 있다.
　　참고로 현대국어 '무엇'에 대응하는 중세국어형의 발달과정을 보면 다음과 같다. 현대어의 의문을 표현하는 지시대명사 '무엇'은 중세국어 문헌에서는 '므스것', '므슥', '므섯'으로 나타난다. <석보상절>에 나타난 '므스것'은 '므스(관형사)+것(의존명사)'으로 분석할 수 있다. '므스것'의 '것'을 의존명사로 분석해 내면 '므슥'은 '므스것'의 단축형이 될 수 있다. 즉 '므스것'의 어말 '엇'이 생략되어 '므슥'이 만들어졌다고 할 수도 있다. 그러나 그 반대의 해석도 가능하다. 즉 '므슥'을 기본 어근으로 잡고 '므스것'은 '므슥'에 접미사 '-엇'이 결합한 것이라고 할 수도 있는 것이다. 어느 것이 더 그럴듯한 것인지 단정 짓기는 어려우나 역시 15세기 문헌에 존재하는 '므엇'을 고려하여 '므스-것'으로 분석하는 방법을 취하는 것이 낫다고 여겨진다. '므엇'은 '므스것'의 단축형으로 볼 수 있기 때문이다.

또 다른 의문사로 15세기부터 나타난 '므슴'은 현대국어 '무슨'의 선대형이다. '므슴'과 '므스'는 '*믓'을 공유하고 있다. 이 '*믓'은 의문사의 핵이 되는 기원적 어근이라 할 수 있다.

현대국어의 '무엇'은 중세국어에 존재한 '므엇'의 후대형이다. '므엇'의 모음 간 'ㅅ'이 약화 탈락되고 순자음 뒤에서 원순모음화가 적용된 것이 '무엇'이다. 즉 '므슷>므엇(모음 간 'ㅅ' 탈락)>무엇(원순모음화)'라는 변화 과정을 세울 수 있다.

15세기에 존재하였던 고형 '므스것'은 20세기 문헌에도 드물게 나타난다. 또한 현대의 서북방언에서 '무스것'과 같은 형태로 쓰이고 있다.

29) '북경'은 중국의 수도 '北京([Běijīng])'을 가리킨다.

30) '대련'은 중국의 요녕성에 있는 도시 '大連[dàlián]'을 가리킨다. 요녕성에는 조선족이 약 24만 명 정도가 거주한다. 이는 중국 조선족 전체 인구의 약 13.3%에 해당한다. 2010년 인구조사 결과에 의하면 조선족 인구는 약 183만 명이다. 출입국 통계 (2020. 4.)에 의하면 이들 가운데 약 70만여 명이 한국에 와 있고 이중 약 63만여 명이 장기체류자들이다.

31) '목단강'은 중국의 동북쪽에 위치한 헤이룽장성(黑龍江省, [Hēilóngjiāng]) 정부 직속의 한 직급시로 한어 발음은 '무단장(牧丹江, Mǔ·danjiāng)'이다. '목단강'은 '무단장 (牧丹江)'을 한국 한자음으로 발음한 것이다. 이곳에는 조선족들이 많이 거주하고 있다. 헤이룽장성에 거주하는 조선족은 2010년 기준으로 약 32만 명이다. 이는 중국 조선족 전체 인구 약 180여만 명의 17.8%에 해당한다.

'목단강'은 '모단강, 모란강, 무단장' 등으로도 불린다. 목단강시는 중국 국경 무역 도시이고 북방의 저명한 여행도시다. 무단장 시는 헤이룽장성에서 세 번째로 큰 도시다. 또한 헤이룽장성 동부에서 가장 큰 도시로 정치, 문화, 교통, 과학기술, 경제의 중심 지역이다. 동쪽은 러시아 연방 연해주 지방과 접하며, 남쪽은 지린성 연변 조선족 자치주와 접한다. 북부는 헤이룽장성 지시시(鷄西市), 서부는 성도인 하얼빈시와 접한다. 쑹화강(松花江)의 가장 큰 지류인 무단강(牡丹江)이 시가지를 가로로 걸쳐 흐르고 있다.

32) '할빈'은 중국 헤이룽장성(黑龍江省)의 성도인 하얼빈(哈爾濱([Harbin]))의 속음으로 쑹화강(松花江)에 면해 있는 중국 둥베이지구(東北地區: 옛 이름은 만주)에서 두 번째로 큰 도시다. 19세기말과 20세기 초에 러시아인들이 중동(中東) 철도를 건설하면서 이 도시가 생겼다. 1904년에 완공된 이 노선은 시베리아 바이칼호의 동쪽 지점

에서 시작하는 시베리아 횡단 철도를 동해에 면해 있는 러시아 항구인 블라디보스토크와 이어주었다. 하얼빈은 러일전쟁(1904~05) 동안 만주에서 러시아의 군사 작전 기지역할을 하였다. 전쟁이 끝날 무렵 일시적으로 중국과 일본이 공동 관리했다. 1917년 러시아 혁명 뒤 러시아에서 도망친 사람들의 피난처가 되었으며 한때는 소련 밖의 도시 가운데 러시아인이 가장 많이 거주하는 곳이었다.

33) '가목사(佳木斯(Jiāmùsī))'는 중국의 헤이룽장성 중북부에 있는 도시의 하나다. 중국 북동부 헤이룽장성(黑龍江省)에 있는 도시 자무쓰(Chiamussu)의 한국식 한자음 지명이다. 쑹화강(松花江) 하류에 있어 하얼빈(哈爾濱)이나 이란(依蘭) 등지로 가는 편리하고 자연적인 교통수단이 있으며, 여름에는 헤이룽강이나 우수리강과도 연결된다. 비옥한 농토가 많이 있는 이 지역은 기후가 고르지 않고 생육기간이 짧아 18세기까지는 사람이 거의 살지 않았다. 한족(漢族)과 만주족이 이 지역으로 이주하기 시작하면서 자무쓰는 둥훙진(東興鎭)이라는 이름의 소규모 교역지로 성장했다.

34) '지지할'은 중국 북동부 헤이룽장성(黑龍江省) 서부 지역에 있는 도시 치치하얼(Qiqihar, 齊齊哈爾)의 속음이다. 지구급(地區級) 시로 넌장(嫩江) 지구의 행정 중심지다. 둥베이(東北) 평원의 일부인 비옥한 넌장강 중류 평원에 있다. 이 지역은 본래 유목민인 퉁구스족과 다구르족 목축민이 살던 곳이다. 그들은 이곳을 부퀘이(卜奎)라고 불렀는데 이는 다구르어로 '변경'이라는 뜻이다.

35) '하이라루'는 중국 네이멍구 자치구(內蒙古自治區)의 하이라얼강의 서안에 있는 도시로 하이라얼(Hailar, 海拉爾)의 속음이다. 내몽골 자치구 후룬베이얼시의 시할구이자 행정 중심지이다. 오랫동안 '초원의 진주'로 알려졌으며 중국과 러시아의 관문 역할을 해왔다. 또한 이 지역의 상업, 교역, 수송의 중심지이다.

36) '무수개'는 중세국어형 '므슥'에 처격조사 '애'가 결합된 것이다. 현대국어의 '무슨'에 대응하는 표현이다. 참고로 이 방언에서는 둘째음절 이하에 '에'와 '애'가 잘 변별되지 않는다.

37) '베'는 '벼'의 이 지역 방언형이다. 제보자의 원적인 충청북도 방언에 기원하는 것이다. 제보자의 원적인 충청북도 청주시 오송면에서는 '벼'의 방언형으로 '베'가 쓰인다.

38) '아이여'는 '아니여'의 음성형이다. 모음 사이에서 'ㄴ'이 비모음화 하는 현상이 반영된 것이다. 이 지역에서는 모음 사이에서 'ㄴ'이 비모음화 하여 발음되는 특징이 있다.

39) '논바트'는 '논밭은'의 이 지역 방언형으로 이 지역에서는 조사의 받침을 발음하지 않는 경우가 많다. 이 지역에서는 '은/는'이나 '을/를'이 각각 '으느'나 '으르'로 실현되기도 한다. 이는 함경도 방언과의 접촉으로 함경도 방언의 영향을 받은 것이다.

40) '수저이지'는 '수전이지'의 음성형이다. 모음 사이에서 'ㄴ'이 발음되지 않는 현상이 반영된 것이다. 수전'은 우리말 논을 뜻하는 한어 '水田(shuǐtián)'을 음차하여 쓴 것이다. 이 지역에서 논을 뜻하는 수전(水田)에 대립하는 밭을 뜻하는 말로는 한전(旱

田)이 쓰인다. 이 지역에서는 '수전'이 '논'의 뜻 외에 '벼농사'의 뜻으로도 쓰인다.

41) '우루'는 '위로'에 대응하는 이 지역 방언형이다.

42) '길림성'은 중국의 34개 성 가운데 하나로 중국의 동북 지역에 위치해 있다. 조선족이 가장 많이 거주하는 지역이다. 2010년 기준 중국 조선족 인구 183만여 명의 약 57.8%에 해당하는 104만여 명이 길림성에 거주한다. 참고로 출입국 통계에 의하면 2020년 4월 현재 중국 국적 조선족 가운데 약 38%인 70만여 명이 한국에 체류하고 이 가운데 63만여 명이 장기체류자들이다.

43) '더캐'는 길림성에 있는 지명 '덕해(德海)'를 가리킨다.

44) '깔때'는 '갈대'의 이 지역 방언형이다. '갈대'는 볏과의 여러해살이풀로 습지나 물가에 자라는데 줄기가 단단하고 속이 비어 있으며 발, 삿자리 따위의 재료로 쓴다.

45) '남방'은 중국의 남쪽지방을 가리키는 말이다. 일반적으로 이 지역에서 남방(南方)이라 하면 '남쪽 지방' 즉 보통은 동남아시아를 이르는 말로 쓰인다.

46) '쏘바개'는 '쏘박+애'로 분석된다. '쏘박'은 '속'을 뜻하는 말이다.

47) '가기만'은 '가기+만'으로 분석된다. '-만'은 표준어에서 비교를 나타내는 조사 '-보다'에 대응하는 이 지역 방언형이다. 따라서 '가기만'은 '가기보다'의 뜻으로 쓰인다.

48) '부대'는 제보자가 젊었을 때 마오쩌둥(毛澤東)이 이끄는 팔로군(八路軍)에 입대하여 대장정을 하던 시절의 부대를 가리킨다. 제보자는 이때의 공로를 인정받아 중국 정부로부터 훈장을 받았고, 지금은 국가에서 주는 연금 수혜자로 살고 있다.

49) '느푸'는 '늪+우'로 분석할 수 있다. '-우'는 표준어의 목적격조사 '-을'에 대응하는 이 지역 방언형 '-으'가 선행 자음의 영향으로 원순모음화한 것이다. 목적격조사 '-을'이 '-으'로 실현되는 것은 인접한 함경도 방언의 영향이다.

50) 아처라캐'는 '아철핳다'의 활용형 '아철핳게'의 음성형이다. '아처랗다'는 '거리가 매우 멀어 아득하다'의 뜻으로 쓰이는 표준어 '까마득하다' 또는 '가물가물하다'에 대응하는 이 지역 방언형이다. '아철핳다'는 '아철핳고, 아철핳게, 아철핳지, 아철하니께' 등으로 활용한다. '아철핳다' 외에 '아칠핳다'도 쓰이는데 '까막득하다'나 '가물가물하다'의 의미로 쓰인다.

51) '뵈이지'는 '보이지'의 움라우트형이다. '보이다'는 '보다'의 피동형이다.

52) '아치라캐'는 '아칠핳다'의 활용형 '아칠핳게'의 음성형이다. 이 지역에서는 '아칠핳다' 외에 '아철핳다'도 쓰인다. 각주 50 참조.

53) '대련'은 중국 요녕성(遼寧省)의 해안 도시로 랴오둥(遼東) 반도의 남쪽 끝에 있는 항만 도시 다롄(Dalian 大連)을 가리킨다. '대련'은 '다롄(Dalian 大連)'을 한국한자음으로 차용한 것이다.

54) '동북(東北)'은 중국의 동북지역으로 흔히 '길림성, 요녕성, 흑룡강성'을 가리키는 말로 쓰인다.

55) '광동(廣東)'은 중국의 광동성(廣東省)을 뜻하는 말로 홍콩 바로 위에 위치해 있는 성(省)을 가리킨다.

56) '가때써'는 표준어 '갔었어' 정도에 대응하는 이 지역 방언형 '갔댔어'의 음성형이다. 이 지역에서는 과거의 경험을 나타낼 때 과거형어미 '-었-'과 '-댔-'을 중복 사용하는데 인접 방언의 영향을 받은 것이다.

57) 중화인민공화국은 1949년 10월 1일 수립되었다. '중화인민공화국 수립 이후에 나왔다'는 '중화인민공화국 수립 후 팔로군의 해체로 집으로 돌아왔다'는 뜻이다.

58) '하드끼'는 표준어 '하듯이'에 대응하는 방언형인데 이 방언형은 충청도에서도 쓰인다. '하드끼'는 '하듯기'의 음성형으로 이해된다.

59) '했댔는데'는 표준어형 '했었는데'에 대응하는 표현이다. 형태상으로 보면 과거 시제선어말 어미 '-었-'과 과거완료 또는 경험을 나타내는 '-댔-'이 중복된 것으로 이해된다. 과거완료를 나타내기 위해서는 표준어에서는 '-었-'이 쓰이지만 이 방언에서는 '-댔-'이 사용되어 차이를 보인다. 이 차이점을 고려하면 '-댔-'은 완료의 의미와 과거의 경험을 다 나타내는 표현으로 보인다. '-댔-'의 기능과 용법에 대하여는 좀더 면밀한 검토가 필요하다.

60) '아이 쓰니까'는 '아니 쓰니까'의 음성형이다. '아이 쓰니까'는 표준어의 '쓰지 않으니까'에 대응하는 이 지역 방언형이다. 이 지역에서는 함경도 육진 방언의 영향으로 부정어가 용언 앞에 오는 것이 일반적이고 보조용언이 있을 때는 본용언과 보조용언 사이에 부정어가 오는 특징이 있다.

61) '이저멍넌다'는 '잊어먹넌다'의 음성형이다. '잊어먹다'는 충청도에서도 자주 쓰이는 말인데 표준어의 '잊어버리다'에 대응하는 것이다.

62) 여기에서의 '한족부대'는 '팔로군'을 뜻한다. 제보자가 주로 한족으로 편성된 '팔로군'에 속해 있었다는 말이다.

63) '버버리지대찌'는 표준어 '벙어리짓 했지'에 대응하는 이 지역 방언형이다. '버버리짓 했지'의 '버버리'는 '벙어리'를 뜻하는 방언형이다. '버버리짓 했지[버버리지댇찌]'는 평폐쇄음과 ㅎ의 연쇄에도 불구하고 유기음화가 일어나지 않고 ㅎ이 탈락하는 예를 보여주는 예다. 이런 현상은 제보자의 원 방언인 충청북도 청주 방언에서도 흔히 일어난다.

64) '한족말'은 '한어' 즉 '중국어'를 말한다. 길림성 연길을 비롯한 인근 지역에서는 '한어' 또는 '중국말' 대신 '한족말'이라고 하고 우리말을 통틀어 '조선말'이라고 한다. 그런데 요즈음에는 중국 동포들을 '조선족'이라고 하고 이들이 쓰는 말을 '조선말'이라고 한다. 이에 비해 북한은 '북선' 또는 '북조선'이라고 하고 각각에 대해 '북선말', '북조선말'이라고 하는 것과 짝을 이루어 남한은 '남선' '남조선'이라고 하고 각각에 대해 '남선말', '남조선말'이라고 하다가 근래에 와서는 한국과의 교류가 많아지면서 '한국'과 '한국말'이라고 바꾸어 쓰는 쪽으로 변하고 있다.

65) '마르'는 표준어 '말을'에 대응하는 이 지역 방언형이다. 이 지역에서는 목적격조사로 '-을', '-얼' 외에 '-으'로도 쓰인다. '마르'는 '말+으'로 분석된다. '-으'는 목적격 조사 '-을'에 대응하는 이 지역 방언형인데 이와 동일한 양상을 보이는 예가 '물+으'다. 이는 인접 방언에 영향을 받은 것이다. 그러나 '글'과 같이 똑같은 ㄹ받침이 있는 체언에도 '글얼'과 같이 '-얼'이 쓰이기도 한다. 물론 이 방언에서 '형님', '맏자식' 등과 같이 ㄹ받침 외의 받침 아래에서도 '-을'이나 '-얼'이 쓰이기도 하고 '-으'가 쓰이기도 한다.

66) '시자가지'는 '시작하지'의 이 지역 음성형이다. 예문에서 '시작하지'의 '-지'는 과거에 있었던 일을 현재로 옮겨와 설명할 때 쓰는 어미다. 따라서 예문의 '시작하지'는 표준어의 '시작했지'에 대응하는 말로 쓰인다.

67) '하능가 하니까'는 표준어 '하느냐 하면'에 대응하는 이 지역 방언형 '하는가 하니까'의 음성형이다.

68) '집이'는 표준어 '집에'에 대응하는 방언형이다. 처격 조사로 '-이'가 쓰이는 것은 원 방언인 충청도 방언형을 유지하고 있는 것으로 보인다.

69) '맏자식'은 둘 이상의 자식 가운데 맏이가 되는 자식을 뜻한다. 표준어 '맏아들'에 대응하는 이 지역 방언형이다.

70) '가이갸'는 한글을 배울 때 '가갸거겨……' 하는 것을 이르는 말이다. '가이갸 뒷들에'는 '글을 배운 뒤에' 정도의 의미로 쓰이는 말이다.

71) '지비다'는 '집이다'의 음성형으로 표준어 '집에다'에 대응하는 말이다. 처격 조사로 '-이'가 쓰이는 것은 원 방언인 충청도 청주 방언에서 처격조사 '에'가 '이'로 실현되는 것을 유지하고 있는 것으로 보인다.

72) '사시미'는 중앙어의 '사슴'에 대응하는 이 지역 방언형 '사심이'의 음성형이다. '사심이'는 '사슴'에 주격조사가 결합한 '사슴이'가 치조음 'ㅅ'에 의해 '사심이'로 바뀌어 어휘화한 것으로 이해된다.

73) '나그내'는 이 지역에서 '부부 사이에서 남자 쪽을 이르는 말'로 쓰이나 '성인 남자를 홀하게 이르는 말'로도 쓰였다. 여기에서는 전자의 의미로 쓰였다. 중앙어의 '남편'에 대응하는 이 지역 방언형으로 '나그내'가 쓰인 것이다.

74) '투라지'는 '소푸투라지(手扶拖拉機)'의 줄임말로 우리의 '경운기'에 대응한다. '소푸투라지'는 한어 手扶拖拉机([shǒufútuōlājī])를 음차한 것으로 변이형 '쏘푸토라지, 써푸퉈라지, 스푸투라지'와 이의 줄임말 '쏘푸, 쏘푸지'와 '투라지, 툴라지, 퉈라지' 등 다양한 변이형이 쓰인다. 같은 뜻으로 러시아어 'трактор'을 차용한 '뜨락또르, 뜨락또, 또락뜨' 등도 쓰인다. 그러나 본래 '뜨락또르'는 '트랙터'에 대응하는 말인데 이 지역에서는 '투라지'나 '소푸투라지'의 대용어로도 쓴다.

75) '훌치질'은 중앙어 '쟁기질'에 대응하는 이 지역 방언형이다. '쟁기'를 이 지역에서는 '훌치' 또는 '훌칭이'라고 한다. 지역에 따라 '따비'에 대응하는 말로 '훌치'나

'홀칭이'를 쓰기도 한다. '따비'는 쟁기보다 조금 작고 풀뿌리를 뽑거나 밭을 가는 데 쓰는 농기구로 보습이 쟁기보다 좁게 생겼다.

76) '첨마'는 '천마(天麻)'의 음성형이다. '천마'는 난초과의 여러해살이풀로 높이는 1미터 정도이고 잎이 없고 긴 타원형의 덩이줄기가 있다. 전초를 강장제, 신경 쇠약, 현기 증 및 두통 등의 약재로 사용하며 한국 일본 대만 중국 등지에 분포한다.

77) '행개'는 중앙어 '황기'에 대응하는 이 지역 방언형이다.

78) '세신'은 족도리풀의 뿌리를 한방에서 이르는 말로 감기, 두통, 코 막힘, 담음(痰飮) 따위의 증상에 약재로 쓴다.

79) '삼매하다'는 '蔘賣하다'로 '삼을 팔다'의 뜻으로 쓰인다. '삼매하는 사람'은 일종의 심마니라고 할 수 있다.

80) '뭉구'는 '문구(門球)'의 음성형이다. '문구'는 영어의 'gate ball'을 한어로 의역하여 차용한 말이다.

81) '정암'은 중국 길림성 도문시 양수진에 있는 정암촌을 가리킨다. 정암촌은 한국에서 중국으로 이주하여 처음 정착할 때 마을 뒷산의 바위가 정자처럼 생겼다고 해서 붙 여진 '亭岩'을 따서 마을 이름을 지었다고 한다. 이주 초기에 한학을 하신 서 영감 이라는 분이 마을 이름을 이렇게 지었다고 한다.

82) '낭그'는 '나무'의 이 지역 방언형이다. '나무'의 방언형으로 '낭그' 외에 '낭구'도 쓰인다. 국어사 자료에서 '나무'가 소급하는 최초의 형태는 15세기의 '낡~나모'인 데, 단순 모음 앞에서는 '낡'으로 실현되고 그 이외의 환경에서는 '나모'로 실현되 었다. 이러한 교체는 20세기 문헌에도 나타나는데, 모음 앞에서 '낡'으로 실현되지 않는 예는 19세기부터 나타난다. 16세기에 나타나는 '나무'는 모음 체계의 재정립 과정에서 '나모'의 제2음절 모음 'ㅗ'가 'ㅜ'로 바뀐 것인데, 이러한 변화는 15세기 말부터 나타나기 시작하는 것이다. '나무'가 소급하는 형태들은 19세기에 제2음절 이 'ㅜ'로 굳어진 것이다. 17세기와 19세기에 나타나는 '남우'는 '나무'를 분철한 것 이며, 19세기에 나타나는 'ᄂᆞ무'는 18세기에 어두음절의 'ㆍ'가 'ㅏ'로 바뀐 결과 나 타날 수 있었던 표기이다. 결국 이 지역에서 관찰되는 '낭그'나 '낭구'는 15세기 국 어의 '낡'에서 유래한 것으로 이해된다.(2007 한민족 언어 정보화 통합 검색프로 그램에서 일부 인용)

83) '발구'는 마소에 메워 물건을 실어 나르는 큰 썰매로 주로 산간 지방 따위의 길이 험한 지역에서 사용하는 운반도구를 가리킨다. 그런데 이 지역에서는 주로 겨울에 눈이 오거나 눈이 얼어 미끄러운 곳에서 마소에 메워 물건을 실어 나르는 썰매를 가리키는 말이다. '발구'의 방언형으로는 '구루마', '마차', '발', '발구이', '발귀', '발기', '발래', '설매', '소달구지' 등이 사용된다. 북한에서는 말이 끄는 발구를 '말 발구', 소가 끄는 발구를 '소발구' 또는 '쇠발구'라고 부르기도 한다.(2007 한민족 언어 정보화 통합 검색프로그램에서 일부 인용)

84) '동삼'은 겨울 석 달을 가리킨다. 한자어 '동삼(冬三)'으로 '삼동(三冬)'이라고도 한다.

85) '끄서'는 '끄스다'의 활용형이다. '끄스다'는 '끄스고, 끄스지, 끄서'와 같이 활용한다. '끄스다'는 중앙어 '끌다'에 대응하는 이 지역 방언형으로 15세기 국어의 '끄스다'에 소급하는 말이다.

86) 여기에서 '찍다'는 '베다'의 의미로 쓰였다. 예전에는 큰 나무를 벨 때 도끼로 찍었기 때문에 그 용법이 남아 '찍다'가 쓰인 것으로 보인다.

87) '하다나니까'는 중앙어 '하다보니까' 또는 '하니까' 정도에 대응하는 말이다. '-다나니까'에서 '나니까'는 보조 동사 '나다'에서 유래된 형태로 보인다. '나니까'를 보조 동사로 보면 '이러다 보니까' 정도의 뜻이 되고 '-다나니까'를 하나의 어미로 보아 '-다나니까'로 보면 '-니까' 정도의 뜻으로 이해된다. '-나니까'를 보조 동사로 볼 것인지 어미의 일부로 볼 것인지는 좀 더 면밀한 검토가 필요하지만 항상 선행하는 용언에 붙는 어미 '-다'와 함께 쓰이고 '-나니까' 이외의 형태로 나타나지 않는다는 점에서 '-다나니까'를 하나의 어미로 보아도 무리가 없어 보인다.

88) '바리'는 본래 수량을 나타내는 말 다음에 쓰여 마소의 등에 잔뜩 실은 짐을 세는 단위로 쓰거나 마소의 등에 잔뜩 실은 짐을 뜻하는 말로 쓰는 말이지만 의미가 확장되어 여기에서는 발구에 잔뜩 실은 짐을 뜻하는 말로 쓰였다. 충청도에서는 마차나 수레에 잔뜩 실은 짐을 가리키는 말로도 '바리'가 쓰인다.
   '바리'가 마소의 등에 잔뜩 실은 짐을 세는 단위로도 쓰이지만 발에 굽이 있는 짐승인 소나 말, 돼지 등을 세는 단위로도 쓰인다. '소 한 바리 사왔다'나 '돼지 두 바리 팔았다'와 같이 쓰인다.

89) '꼴똑'은 중앙어 '가득'에 해당하는 이 지역 방언형이다. 그릇이나 자루 등에 곡식이나 물 등이 가득 찼을 때도 '꼴똑 채웠다', '꼴똑 담었다'와 같이 쓰인다.

90) '전반'은 어떤 일이나 부문에 대하여 그것에 관계되는 전체 또는 통틀어서 모두를 뜻하는 부사다.

91) '싸'는 중앙어 '사다(買)'에 대응하는 이 지역 방언형 '싸다'의 활용형이다. '싸다'는 '싸구, 싸지, 싸'와 같이 활용한다.

92) '청산읍내'는 충청북도 옥천군 청산읍이라고 한다.

93) '산지불공'이 무엇인지 알 수 없다. '사시불공(巳時佛供)'을 잘못 발음한 것이 아닌가 한다.

94) '온송'은 함경북도 '온성'을 가리킨다. 두만강을 사이에 두고 중국의 길림성 도문시 양수진과 마주하고 있다. 제보자가 충북 오송에서 만주로 이주할 때 이 다리를 건너 양수진 정암촌에 정착했다고 한다.

95) '부왕'은 '부황'의 음성형이다. '부황(浮黃)'은 오래 굶주려서 살가죽이 들떠서 붓고 누렇게 되는 병을 이르는 말이다. 주로 '나다'나 '들다'와 연어 관계를 이루고 쓰인다.

96) '목도'는 두 사람 이상이 짝이 되어, 무거운 물건이나 돌덩이를 얽어맨 밧줄에 몽둥이를 꿰어 어깨에 메고 나르는 일을 뜻하는 말이다.

97) '정암(亭岩)'은 지린성 투먼시 량수진에 속하는 마을 이름으로 제보자가 거주한 곳이다.

98) '시 개 군'은 '세 개 군'의 방언형으로 충청북도 옥천군, 청원군(현재 청주시), 중원군(현재 충주시)을 말한다.

99) '남행'은 '남양(시)' 즉 중국의 지린성 투먼시와 두만강을 사이에 두고 마주하고 있는 북한 지명이다. 북한의 '남양시'와 중국의 '투먼시'는 철교가 연결되어 있다. 일제 강점기에 충청북도에서 중국으로 이주할 때 기차를 타고 남양으로 간 사람들과 온성으로 간 사람들이 있다. '남양'으로 간 사람들은 왕청현 라자구 지역으로 이주했다.

100) '온송'은 중국의 지린성 투먼시 량수진과 두만강을 사이에 두고 마주하고 있는 북한 지명이다. '온성'과 '량수' 사이에는 시멘트 다리가 있었는데 일본이 패망하면서 폭파하여 지금은 그 잔해만 남아 있다. 일제 강점기에 충청북도에서 중국으로 이주할 때 기차를 타고 남양으로 간 사람들과 온성으로 간 사람들이 있다. '온성'으로 간 사람들은 이 다리를 건너 투먼시 량수진 정암촌으로 이주했다고 한다.

101) '뽀구니'는 '바구니'의 이 지역 방언형 '보구니'의 음성형이다. 여기에서의 '보구니'는 기차 화물칸 한 량을 가리키는 말이다.

102) '나뭉'은 '남양'을 잘 못 말한 것이다.

103) '나자고'는 지린성 투먼시 왕청현에 속하는 지명의 하나다.

104) '나자고'는 지린성 투먼시 왕청현 지역에 있는 지명이다. 일제 강점기에 일본 군인들이 주둔해 있던 곳이라고 한다.

105) '가껴'는 '갉겨'의 음성형이다. '갉겨'는 '갉기다'의 활용형이다. '갉기다'는 중앙어 '갉히다'에 대응하는 이 지역 방언형이다.

106) '말기다'는 중앙어 '말리다'에 대응하는 이 지역 방언형이다.

107) '노친'은 나이 많은 여자 노인을 대접하여 이르는 말이다.

02 일생 의례

2.1. 제보자의 중국 이주와 성장

여기 오셔쓸 때가 며싸리에요?

　－ 열: 쌀

열: 쌀.

　－ 으:.

　－ 그때:‥‥

삼십팔려니라 그랜나요?

　－ 삼십팔런,[1] 삼십팔런 이:월딸.

이월따리면 추운데.

　－ 아: 추워써요.

여기 엄청나개 추워쓸 탠대.

　－ 대:다이 추워찌 머, 여기. 허허허.

근대 집뚜 어꾸 그럴 때 오셔쓰꺼 아니요, 그럼.

　－ 에:.

　－ 그래 머 그래서 그거 다매 나무 지베: 마라자먼 저런 허더깐[2] 가튼 얼팡애,[3] 얼팡이라능 건 그 우빵애 이런데 드러찌.

　－ 게 여기 마그먼 이런 우빵애 이런 데 드러 이써.[4]

　－ 그러다 그러면서 집 지쿠[5] 나가찌.

　－ 고야,[6] 고야, 고야.

그러면 거기 정암, 정아매다가 해짜나요?

　－ 에:.

처:매는 거기 말구 저기 왕청 인는대 어디 머 가셔써따 그랜나요?

　－ 아이.

고 얘기 함번 해 해줘 보세요.

여기 오셨을 때가 몇 살이에요?

— 열 살.

열 살.

— 응.

— 그때…

삼십팔 년이라고 그랬나요?

— 삼십팔 년, 삼십팔 년 이월 달.

이월 달이면 추운데.

— 아, 추웠어요.

여기는 엄청나게 추웠을 텐데.

— 대단히 추웠지 뭐, 여기. 허허허

그런데 집도 없고 그럴 때 오셨을 거 아니요, 그럼.

— 예.

— 그래 뭐 그래서 그 다음에 남의 집에 말하자면 저런 헛간 같은 얼팡에, 얼팡이라는 것은 그 윗방에 이런데 들었지.

— 그래 여기 막으면 이런 윗방에 이런 데 들어 있어.

— 그러다가 그러면서 집 짓고 나갔지.

— 고야, 교야, 고야.

그러면 거기 정암, 정암에다가 했잖아요?

— 예.

처음에는 거기 말고 저기 왕청 있는데 어디 뭐 가셨었다고 그랬나요?

— 아니.

그 얘기 한번 해줘 보세요.

- 왕청 나자고는,7) 지금 이르키 돼:거덩.

- 보언,8) 옥천, 청주.

예.

- 세: 개 구내서, 세: 개 구내서 모지벌 해쩌, 일번 애드리.

- 모지벌 핸데, 만주9) 드르갈 싸라미 이쓰먼 여기, 그땐 만:주라구 해끄덩 만:주, 도장얼 찌거라, 이르키 돼:찌.

- 그때: 우리 아부지 마:래 어트기 됀능가 하니까10) 우리 이쓸 때 열 싸래두 내: 아홉 쌀 여 싸래두 내 알:지 그거.

- 지주, 지주 땅 여파래11) 이른 지주 땅 이르캐 이쓰믄 지주 땅 여파래 습찌 지대가 또 이마낭 개 이써따 마리여.

- 긴데 우리가 이걸 소작~농으루 부처찌.

- 소장농으로 그때 아부지가 하라부지애 다: 이쓰면서, 삼춘두 이써꾸, 게:시구…

- 그 다:매 이개 인재 소:장농으루 이따가, 게 우리 이게 얼망가 유콰리12) 유콰리라능 게 에:: 여서 푸대럴 지주내 집 주구 네: 푸대로 우리 멍넌다 마리여.

- 농살 지어 주구.

- 그래서 유콰리나 사화리나 유콰리 하면 그러캐 하지.

- 근데 이게 습찌 지대가 이써 가주구 여기 노널 푸러쓰먼13) 지주 땅얼 암 부처두 제가 농살 저서 저 머그니까 그 다맨 되개따.

- 게 삼녀널 하라부지하구 아부지하구 쪽찌개루14) 흘걸 저다가 여기다 붜:찌, 삼녀늘.

- 게 붜 가주구서넌 도꿔15) 가주구서넌 거기 노널 맨드러따 마리여.

- 노널 크게 인재 멘 고개: 그래이까 단 마지기16) 단 마지기를 맨드러따 마리여.

괭장이 큰대요.

- 왕청 나자고는, 지금 이렇게 되거든.

- 보은, 옥천, 청주.

예.

- 세 개 군에서 세 개 군에서 모집을 했지, 일본 사람들이.

- 모집을 했는데, 만주 들어갈 사람이 있으면 여기, 그때는 만주라고 했거든 만주, 도장을 찍어라 이렇게 되었지.

- 그때 우리 아버지 말에 어떻게 되었는가 하면 우리 있을 때 열 살에도 내 아홉 살 열 살에도 내가 알지 그거.

- 지주, 지주 땅 옆에 이런 지주 땅이 이렇게 있으면 지주 땅 옆에 습지 지대가 또 이만한 게 있었단 말이야.

- 그런데 우리가 이것을 소작농으로 부쳤지.

- 소작농으로 그때 아버지와 할아버지가 다 있으면서, 삼촌도 있었고, 계시고…

- 그 다음에 이게 이제 소작농으로 있다가, 그래 우리 이게 얼마인가 하면 육 할, 육 할이라는 게 에 여섯 포대를 지주네 집에 주고 네 포대로 우리가 먹는단 말이야.

- 농사를 지어 주고.

- 그래서 육 할이나 사 할이나 육 할을 하면 그렇게 하지.

- 그런데 이게 습지 지대가 있어 가지고 여기에 논을 풀면 지주 땅을 안 부쳐도 제가 농사를 지어서 지어 먹으니까 그 다음에는 되겠다.

- 그래 삼 년을 할아버지하고 아버지하고 쪽지게로 흙을 져다가 여기에다가 부었지, 삼 년을.

- 그래 부어 가지고서는 돋워 가지고는 거기에 논을 만들었단 말이야.

- 논을 크게 이제 몇 그게 그러니까 닷 마지기 닷 마지기를 만들었단 말이야.

굉장히 큰데요.

- 응 단 마지기.
- 단 마지기를 맨드러 가주서넌 해 눈는대 그 다매 자기 땅 여파리라구 지주가 땅 문서를 자기 아푸루 올려놔따 마리여, 이거를.
- 그래 인재 그래 노니까, 그때는 돈: 인넌 사라미 궐려기란 마리여.
- 그래서 경찰서애 가서 저 항구개 저 오:송 경찰서애[17] 가서 이걸 다 해놔꺼덩.
- 그래 아부지가 가'찌, 지주내 지비럴, 가 가주구서넌 지주:떠러[18] 어째서 이개 내가 일군 땅인데 어트기 돼:서 네 아푸루 땅 문서를 옹겨 놔나, 당금[19] 취소하구 내 아푸루 옹기개따.
- 이르키 돼:찌.
- 그럼 네 아푸루 해:라.
- 오송 가서 경찰서 가서 해:라.
- 게 해놔쓰니까 저넌 인잰 시름 노쿠 하라 구란다 마리여.
- 안 된다, 네가 가치 가자.
- 이근 앙 가개따내, 또 지주넌.
- 그래서 싸:미 버러저따 마리여, 여기서.
- 게 인재 하라부지는 인재 나,[20] 연세 게시니까 인재 그만두구.
- 그 다맨 아부지가 지주하구 싸우미 부깨 되니까 지주가 머시멀 두: 머시멀 동워내 가주구 지주까지 서:이[21] 아부지럴 두디려 놔따[22] 마리여.
- 그래깨[23] 일쭈이르 이러나지 모타개 마자찌, 아부지가.
- 그 다매 마꾸 나니까 안 되개꺼덩, 그 우리 아부지두 성지리 헐차이요.[24]
- 그래 가주선 한 일쭈일 후애 그 다매 나서따[25] 마리여.
- 그 다매 한 열흘마내 인재 모멀 추어 가주구[26] 여름마내 안 되개따 또 가자.
- 지주 정가내[27] 그 바태 이:라러 간 새 아부지가 가따 마리여.

- 응, 닷 마지기.
- 닷 마지기를 만들어 가지고는 해 놨는데 그 다음에 자기 땅 옆이라고 지주가 땅 문서를 자기 앞으로 올려놨단 말이야, 이것을.
- 그래 이제 그래 놓으니까, 그때는 돈이 있는 사람이 권력이란 말이야.
- 그래서 경찰서에 가서 저 한국에 저 오송 경찰서에 가서 이걸 다 해 놨거든.
- 그래서 아버지가 갔지, 지주네 집을, 가 가지고는 지주에게 어째서 이게 내가 일군 땅인데 어떻게 되어서 네 앞으로 땅 문서를 옮겨 놨나, 당장 취소하고 내 앞으로 옮기겠다.
- 이렇게 됐지.
- 그럼 네 앞으로 해라.
- 오송에 가서 경찰서에 가서 해라.
- 그래 해놨으니까 저는 이제 시름 놓고 하라고 그런단 말이야.
- 안 된다, 네가 같이 가자.
- 이건 안 가겠다내, 또 지주는.
- 그래서 싸움이 벌어졌단 말이야, 여기서.
- 그래 이제 할아버지는 이제 나(이), 연세가 있으니까 이제 그만두고.
- 그 다음에는 아버지가 지주하고 싸움이 붙게 되니까 지주가 머슴을 두 머슴을 동원해 가지고 지주까지 셋이 아버지를 두드려 패 놨단 말이야.
- 그러니까 일주일을 일어나지 못하게 맞았지, 아버지가.
- 그 다음에 맞고 나니까 안 되겠거든, 그 우리 아버지도 성질이 쉽지 않아요.
- 그래 가지고는 한 일주일 후에 그 다음에 나왔단 말이야.
- 그 다음에 한 열흘만에 이제 몸을 추슬러 가지고 열흘만에 안 되겠다 또 가자.
- 지주 정간에 그 밭에 일하러 간 사이에 아버지가 갔단 말이야.

- 가 가주서넌 지주하구 마싸멀 볻, 부터찌.

- 게 지주럴 두디려 노쿠 아부지가 지주럴 드러뉘펴 노쿠서넌 지주 조:상얼[28] 드러다가 변소까내 가따 처여따[29] 마리여.

- 그라구선 에이 씨앙누무 거[30] 이눔 데서 모쌀거따. 그래 그때 이재 지주가 경찰서애다 보고해 가주구[31] 아부지럴 부뜰개[32] 돼:찌.

- 지주 조:상애 변쏘가내, 그래 양반질두[33] 모:탄다 마리여.

- 거기서 부라개서 동내애서 머라구 핸능가 하니까 지주 조:상이 변소까내 드러가따::.

- 이 소무니 나 가주구 양바내서 떠러저따 마리여, 양반질두 모:탄다 마리여.

- 그래 가주서 그 다매는 청주루다 도망가찌.

- 게 청주루 도망가 가주구 그게 이쓰니까[34] 도장얼 찌꾸 와따[35] 마리여.

- 그래서 드러옹 겝니다, 여기르.[36]

- 그래서 형니문 거기다 공부하라구 떨구구,[37] 그 다매 나만:, 내가 그래잉깨 젤: 쿵 기 돼:찌 인재.

- 일곱 식구가 드러와찌 여기.

- 게 일곱 식구가 드루와 가주구서넌 여 와서 생활하개 되지.

- 그래서 내가 공부 모:탕개 워:니 돼: 가주구, 거: 솔바째[38] 거기 반매루 가찌.

- 반 매루 가니까 공부하구 시분 생가기 영::[39] 기가 매키여 나제, 공부는 해야 되갠데 공부는 몯 안: 씨기니까[40] 어트가나.

- 그때는 월싸그멀 무러야[41] 돼따 마리여, 월싸금.[42]

- 월싸그먼 먼데 도:니 이씨야 공불 씨기지.

- 게 애:드른 석뚜[43] 해꾜애[44] 가지.

- 나는 그: 가능 거 보면 가구 십찌.

- 가 가지고는 지주하고 맞싸움이 붙, 붙었지.

- 그래 지주를 두드려 패 놓고 아버지가 지주를 드러눕혀 놓고서는 지주 위패를 들어다가 변소에 가져다 처넣었단 말이야.

- 그러고는 에이 쌍놈의 것 이놈의 데서 못 살겠다. 그래서 그때 이제 지주가 경찰서에다 보고해 가지고 아버지를 붙잡게 되었지.

- 지주 위패를 변소에, 그래서 양반질도 못한단 말이야.

- 거기에서 부락에서 동네에서 뭐라고 했는가 하면 지주 위패가 변소에 들어갔다.

- 이 소문이 나 가지고 양반에서 떨어졌단 말이야. 양반질도 못한단 말이야.

- 그래 가지고 그 다음에는 청주로 도망갔지.

- 그래 청주로 도망가 가지고 그렇게 있으니까 도장을 찍고 (여기로) 왔단 말이야.

- 그래서 들어온 것입니다, 여기를.

- 그래서 형님은 거기에다 공부하라고 떨어뜨리고, 그 다음에 나만, 내가 그러니까 제일 큰 게 되었지 이제.

- 일곱 식구가 들어왔지 여기.

- 그렇게 일곱 식구가 들어와 가지고는 여기 와서 생활하게 되었지.

- 그래서 내가 공부 못 한 게 원한이 되어 가지고, 거기 솔밭재 거기에 밭을 매러 갔지.

- 밭을 매러 가니까 공부하고 싶은 생각이 아주 기가 막혀 낮에, 공부는 해야 되겠는데 공부는 못 안 시키니까 어떻게 하나.

- 그때는 월사금을 물어야 되었단 말이야, 월사금.

- 월사금은 무는데 돈이 있어야 공부를 시키지.

- 그래 (다른) 애들은 석두 학교에 가지.

- 나는 그 가는 거 보면 가고 싶지.

- 공부넌 해여 돼개찌.

- 게 아부지넌 안: 시기찌.

- 게 일만 그쩍[45] 한다 마리여.

- 그래 시:팔쌔 된 다매 다: 갈, 풍사늘[46] 다: 저꺼찌.[47]

- 그래 심니평,[48] 심니평 마:끼패라두 가구.

- 그 다매 아:부지 하는 닐 그저 하구 내 혼자 가 낭구해[49] 오구.

- 거 낭구하구 지비 불 때구.

- 시골찌배 가틍 거 이런 곡씩 가틍 거 시러디릴 때 아부지하구 가치 시러디리구.

- 그냥, 그냥:: 농사일 해찌.

- 게 열려서던, 열려덜 쌀 된 다매, 아이 되개따구.

- 해방[50] 후애지 그때.

- 열려서쌀 해방 마자꺼덩, 해방 후애.

- 그 다:매 어머니가 채:소바태 가써.

- 채:소바태 그래니까 배:차랑 모두 그거 나무새[51] 시문데 남새 시문데 거기럴 나가서.

- 게 아부지넌 또 머 행가 하니 사내 숟 꾸루[52] 가써 숟, 돈뻐리 하너라구 숟 꾸루 가찌.

- 그대 이:른 내기다[53] 지빈이:른[54] 다: 내기다 매껴 노쿠 거기 올러가따 마리여.

- 에이 씨알[55] 주기 되나 바비 되나 낭 가개따.

- 게서 거기서 지비서 아:무두 업쓸 때 떠나 가주구서 어디 간능가 하게 되문, 해 가꾸 도문[56] 나가찌.

- 도문 나가 가주구서 도문서…

- 그 때는 무법천지라 마리여.

- 해방 지쿠 그 때.

‑ 공부는 해야 되겠지.

‑ 그래 아버지는 안 시키지.

‑ 그래 일만 죽도록 한단 말이야.

‑ 그래 십팔 세 된 다음에 다, (온갖) 풍상을 다 겪었지.

‑ 그래 십리평, 십리평 마끼패라도 가고.

‑ 그 다음에 아버지 하는 일 그저 하고 나 혼자 가서 나무해 오고.

‑ 그 나무하고 집에 불 때고.

‑ 시골집 같은 거 이런 곡식 같은 거 실어들일 때 아버지하고 같이 실어들이고.

‑ 그냥, 그냥 농사일 했지.

‑ 그래 열여섯, 열여덟 살 된 다음에, 안 되겠다고.

‑ 해방 후지 그때.

‑ 열여섯 살에 해방을 맞았거든, 해방 후에.

‑ 그 다음에 어머니가 채소밭에 갔어.

‑ 채소밭에 그러니까 배추랑 모두 그거 나물 심은데 나물 심은데 거기를 나가서.

‑ 그래 아버지는 또 뭘 했는가 하면 산에 숯 구우러 갔어 숯, 돈벌이 하느라고 숯을 구우러 갔지.

‑ 그 다음에 일은 나한테 집안의 일은 다 나한테 맡겨 놓고 거기 올라갔단 말이야.

‑ 에이 씨알 죽이 되나 밥이 되나 나는 가겠다.

‑ 그래서 거기서 집에서 아무도 없을 때 떠나 가지고 어디에 갔느냐하면, 해 가지고 도문으로 나갔지.

‑ 도문으로 나가 가지고 도문에서…

‑ 그 때는 무법천지란 말이야.

‑ 해방 직후 그 때.

- 기차 화:통 인는 데루 올라타찌.
- 올라타구선 목딴강애[57] 포병해꾜가 이따는데, 팔로구니[58] 말:항 개 이따 마리여, 우리 부라개 와서.
- 포병해교가 이따는, 내 해꾜라능 검만 아러찌 포병이 머하능 긴지 몰:라따 마리여.
- 그래서 그대[59] 거기루 가:찌.
- 거기루 가서 저: 화통 아내 화통애 걸처 타니까 어:뜨키 바라미 쎈지 어:트기 추운지 머 견딜 수가 이씨야지, 우티넌[60] 이:르키 이꾸 간는대.

그때가 며뒬따린대요?

- 아: 그 때 시:월따리지 머.
- 그래: 구:월딸. 근데 야: 구월 딸 시월 따린데 구월 이시빌라래 떠나꺼덩.
- 그래대[61] 어:찌 추분지[62] 견딜 쑤가 이써?
- 그 다맨 목딴강애[63] 도착-하니까 막: 떨기지[64] 막 그냥 배고푸지 머: 어티개 할 쑤가 이씨야지.
- 조선싸람[65] 한: 차즐라니 조선싸람 다: 조선싸람두 한:조기요[66] 한: 족뚜 한:조기란 마리여.
- 마:라능 기 다:.
- 아 이르니 어디 가서 조선싸라물 만내 볼 쑤가 이씨야지.
- 그래 제정[67] 때 그 정아매 순사지라든, 순사지라든 저 어: 정창워니라구 이써.
- 정창워니라구.
- 게 그 사라머:[68] 차저야 되갠데 그 사라물 모:차깨다.
- 그래 봅 거기서 인저: 아지마이[69] 하나 치마 이붕 거 하나 만내 가주구 무러찌.
- 저기, '저::기 여기 포병해꼬 가자먼 어디루 가능가' 하구.

- 기차 화통이 있는 데로 올라탔지.
- 올라타고는 목단강에 포병학교가 있다는데, 팔로군이 말한 게 있단 말이야, 우리 부락에 와서.
- 포병학교가 있다는, 내가 학교라는 것만 알았지 포병이 뭐하는 것인지는 몰랐단 말이야.
- 그래서 곧장 거기로 갔지.
- 거기로 가서 저 화통 안에 화통에 걸쳐 타니까 어떻게 바람이 센지 어떻게 추운지 뭐 견딜 수가 있어야지, 옷은 이렇게 입고 갔는데.

그때가 몇 월 달인데요?

- 아 그 때가 시월 달이지 뭐.
- 그래 구월 달. 그런데 아, 구월 달 시월 달인데 구월 이십일 날에 떠났거든.
- 그런데 어찌나 추운지 견딜 수가 있어?
- 그 다음엔 목단강에 도착하니까 막 떨리지 막 그냥 배고프지 뭐 어떻게 할 수가 있어야지.
- 조선사람을 하나 찾으려니 조선사람이 다 조선사람도 한족이요 한족도 한족이란 말이야.
- 말하는 게 다.
- 아 이러니 어디에 가서 조선사람을 만나 볼 수가 있어야지.
- 그래서 일제 강점기 때 그 정암에 (살면서) 순사질하던, 순사질하던 저 어 정창원이라고 있어.
- 정창원이라고.
- 그래 그 사람을 찾아야 되겠는데 그 사람을 못 찾겠다.
- 그래 거기서 이제 아주머니 하나 치마 입은 거 하나 만나 가지고 물었지.
- 저기, '저기 여기 포병학교 가려면 어디로 가는가' 하고.

- 저:기 저 지:드마캐70) 진 저 지비라구 구란다 마리여.

- 게 거기르 가찌.

- 거기르 가니까 지도워니 사라매: 데리구서, 그 정창워니가 거기 이뜽구만.

- 게 거기서 정창워니가 데리구서넌 지도원 인넌데 가찌.

- 거 지도워니라능 게 그때 당애서기지71) 마라자면.

- 거 부대 *** 거기 가니까 언:제 완능가?

- 아이 이제 곰만72) 오능 기리라구.

- 밤 머건능가?

- 머 마:를 아러야지.

- 그 사라미 정창워니가 또 버녀개준다 마리여.

- 게 밤 머건느냐구 무러본다구.

- '아이73) 머거따' 구라니까 그럼 밥부터 머꾸 여기 오라구.

- 그래 정카니가74) 창워니가 데리구 가서 바벌 주넝 게, 머 주넝가 하니까 그저: 옥씨기떡.75)

- 마라자면 옥씨기르 인저 갈거루76) 가따 이르키 에:: 구깨:, 구깨 빠숭 거,77) 이걸 가따 궈:태라78) 구라는데 이러키 소느루 쥐어서 가마애다79) 떡 부치거덩. 부처서 쩌 냉기라 마리여.

- 게 이걸 가따 궏 한종말로 궈:태라 구라지.

- 게: 그거 인저 하나, 하나 줘: 그거 하나 머거찌.

- 게 궁물, 궁물하구 게 그거 하나 머거찌.

- 머꾸서넌 또 데리구 간다 마리여.

- 데루 가더니 그 다맨 나:이 무때.

- 나:임는80) 내가 마:럴 할 쑤 이써?

- 그래 정창워니가 알, 아라서 열려덜 싸리라 그래니까 '아, 그렁가' 하구.

- 저기 저 기다랗게 지은 저 집이라고 그런단 말이야.
- 그래 거기를 갔지.
- 거기를 가니까 지도원이 사람을 데리고서, 그 정창원이가 거기 있더구면.
- 그래 거기서 정창원이가 데리고는 지도원이 있는데 갔지.
- 그 지도원이라는 게 그때 당서기지 말하자면.
- 거기 부대 *** 거기에 가니까 언제 왔는가?
- 아이 이제 금방 오는 길이라고.
- 밥 먹었는가?
- 뭐 말을 알아야지.
- 그 사람이 정창원이가 또 번역해준단 말이야.
- 그래 밥 먹었느냐고 물어본다고.
- '안 먹었다' 그러니까 그럼 밥부터 먹고 여기 오라고.
- 그래 정창원이가 창원이가 데리고 가서 밥을 주는 게, 무엇을 주는가 하면 그저 옥수수떡.
- 말하자면 옥수수를 이제 가루를 가지고 이렇게 에 굵게, 굵게 빻은 것, 이것을 가지고 궈태라 그러는데 이렇게 손으로 쥐어서 가마솥에 떡 붙이거든. 붙여서 쪄 낸 거란 말이야.
- 그래 이걸 가지고 궈(태) 중국말로 궈태라 그러지.
- 그래 그거 이제 하나, 하나를 줘서 그거 하나 먹었지.
- 그래 국물, 국물하고 그래 그거 하나 먹었지.
- 먹고는 또 데리고 간단 말이야.
- 데리고 가더니 그 다음에는 나이를 묻더군.
- 나이는 내가 말을 할 수 있어?
- 그래 정창원이가 알, 알아서 열여덟 살이라고 그러니까 '아, 그런가' 하고.

- 그 다매 '뭐: 핸능가?'.
- '농사일 해:따'.
- 거저 이래지. '아 그럼 조타'구.
- 이쓰라구.
- 이쓰라구 하더이 한: 다를 그냥:: 무넌[81] 내삐러 놔둔다 마리여.
- 그래 가서 밤 머그먼 밤 머꾸.
- 부대 애드리 저: 무순 나가서 저: 학스바러[82] 가먼 거 가 학스바구.
- 학스벌 하는대 칠파니 이르키 커.
- 근데 그 해꾜 가서 하넌데 해꾜 칠파니 크다 마리여, 이마내:.
- 게 거기다 그리 한:짜 글짜 한짜럴 이르키 이른 글짜 꽉:: 빼거 쓰지.
- 게 써개.
- 쓰그먼[83] 나넌 처:매 이르키 보구 하나 그꾸 이르키 보구 하나 그꾸 이르카구 이르카구 나노문 머라구 하능가 하먼 기역[84] 교:워니 또 '다: 썬능가' 하구 다: 뭉개삐린다[85] 마리여.
- 그라면 게:우 한 자: 거기서 한 자 쓰먼 다: 뭉개삐려, 다른 사라문 다: 썬능가.
- 이르키 하지.
- 그래 가주서넌 거기서 한 자: 한 자 배워 가주구선 안 대개따구 그 다매.
- 당애서기가[86] 조:장얼 암페해서[87] 내기다[88] 학쓥 조장, 게 마라자면 지금 마라자면 머라구 마라먼 문맹퇴치, 문맹퇴치 하라능 기지.
- 그래 그걸 해:서 매껴따[89] 마리여.
- 그래서 그 다매 말:두 배우구 글두 배우구.
- 이르개 게오 내 지금 잉능 게 지금 한짜 보구 잉능 게 하:너루[90] 일 거 가주구-는 그걸 조선말루[91] 확 버녀개 내띠리지 모타지.

– 그 다음에 '뭐 했는가?'.

– '농사일 했다'.

– 그저 이러지. '아 그럼 좋다'고

– 있으라고.

– 있으라고 하더니 한 달을 그냥 무단히 내버려 놔둔단 말이야.

– 그래 가서 밥 먹으면 밥 먹고.

– 부대 애들이 저 무슨 나가서 저 학습하러 가면 거기에 가서 학습하고

– 학습을 하는데 칠판이 이렇게 커.

– 그런데 그 학교에 가서 하는데 학교 칠판이 크단 말이야, 이만해.

– 그래 거기에다가 글이 한자(漢字) 글자 한자(漢字)를 이렇게 이런 글자를 꽉 박아 쓰지.

– 그래 쓰게.

– 쓰면 나는 처음에 이렇게 보고 하나 긋고 이렇게 보고 하나 긋고 이렇게 하고 이렇게 하고 나면 뭐라고 하는가 하면 교육 교원이 또 '다 썼는가' 하고 다 지워버린단 말이야.

– 그러면 겨우 한 자 거기서 한 자 쓰면 다 지워버려, 다른 사람은 다 썼는지.

– 이렇게 하지.

– 그래 가지고는 거기에서 한 자 한 자 배워 가지고는 안 되겠다고 그 다음에.

– 당서기가 조장을 배치해서 나한테 학습 조장, 그 말하자면 지금 말하자면 뭐라고 말하느냐 하면 문맹퇴치, 문맹퇴치 하라는 거지.

– 그래 그걸 해서 맡겼단 말이야.

– 그래서 그 다음에 말도 배우고 글도 배우고.

– 이렇게 겨우 내가 지금 읽는 게 지금 한자를 보고 읽는 게 한어로 읽어 가지고는 그것을 조선말로 확 번역해 내지 못하지.

- 보고넌[92] 봐:두 조선말루 버녀개 내띠리지 모타지.

- 게 '이미를, '이미를 모른다 마리여.

- 이 저 '쇠 금' 하면 '쇠 금'짜를 저: 머여 아 이거 '어째 쇠 그미 됀:능가.

- 이, 이걸 아러야 되는데, 그래서 그걸, 그걸 지금 모르지.

- 보녕 건 그저 기본상 봐:두.

- 기래서 또 그거 알:기 위애서 그냥:: 써찌 머.

- 그래 이금만[93] 글짜만 기어가재두[94] 힘든 디다가 이: 해푸리,[95] 저 글짜 푸리를 알: 쑤가 이씨야지.

- 그래 그거 다: 모타구 마라찌 머.

- 그래서 언중반중이라[96] 마리여 그.

- 그래서 관파넌[97] 차저볼[98] 쑤 이찌, 어디 가서.

- 중구개 댕기머 감파넌 차저 가주구…

- 게: 이르키 사:넌데 함 버능 거기서 이제 부대서 한 달 똥아늘 **해니가 고:무내따 마리여.[99]

- 나를 씬 나르 사:상 고문해따 마'리여.

- 이 사리미 이르키 딱 갈 싸라밍가 여기 이쓸 싸라밍가 그 다매 도망가, 마까짜느먼[100] 다라날 사라밍가 이릉 거 한 달 똥아늘 고문해찌.

- 그 다미리야[101] 총얼 준다 마리여, 보초 쓰라구.

- 헤헤 보초 쓰라구 총얼 줘 그게 보초 서- 진시무로 서찌 머.

- 잠 안 자구 진시무루 서, 그다 그르캐 가주구, 야:중애는 인재 정시 그루 너는 팔로구니다,[102] 이르키 지명해 주더군.

- 그래서 그대 그때부터 군대럴 생화래 가주구 사:오 중구개 해:방 다:씨기구서 도라댕기머 해방 다, 공화국 성닙된[103] 다:매, 된 다매 오심년 사월 따래 조선싸라먼 부대서 모지배 가주구, 모집해: 가주구 조선, 조서니 위그파니까 조선 나가라구.

- 보기는 봐도 조선말로 번역해 내지 못하지.

- 그래 의미를, 의미를 모른단 말이야.

- 이 저 '쇠 금' 하면 '쇠 금'자를 저 뭐야 아 이게 어째서 '쇠 금'이 되었는가.

- 이, 이걸 알아야 되는데, 그래서 그걸, 그걸 지금 모르지.

- 보는 것은 그저 기본으로 봐도.

- 그래서 또 그걸 알기 위해서 그냥 썼지 뭐.

- 그래서 이것만 글자만 기억하기도 힘든 데에다가 이 해석, 저 글자 풀이를 알 수가 있어야지.

- 그래서 그거 다 못하고 말았지 뭐.

- 그래서 건숭반숭이란 말이야 그.

- 그래서 간판은 읽어볼 수 있지, 어디 가서.

- 중국에 다니면서 간판은 읽어 가지고…

- 그래 이렇게 사는데 한 번은 거기에서 이제 부대에서 한 달 동안을 **한 이가 고문을 했단 말이야.

- 나를, 나를 사상 고문했단 말이야.

- 이 사람이 이렇게 딱 갈 사람인가 여기에 있을 사람인가 그 다음에 도망가, 맞갖지 않으면 달아날 사람인가 이런 걸 한 달 동안을 고문했지.

- 그 다음에라야 총을 준단 말이야, 보초 서라고.

- 헤헤, 보초 서라고 총을 줘서 그래 보초를 서, 진심으로 섰지 뭐.

- 잠 안 자고 진심으로 서, 그러다 그렇게 해 가지고 나중에는 이제 정식으로 너는 팔로군이다, 이렇게 지명해 주더군.

- 그래서 그때 그때부터 군대 생활을 해 가지고 사뭇 중국의 해방을 다 시키고 돌아다니며 해방 다, 공화국 성립된 다음에, 된 다음에 오십년 사월 달에 조선사람은 부대에서 모집해 가지고, 모집해 가지고 조선, 조선이 위급하니까 조선 나가라고.

- 그래서 나강 기지 머 그때 사월 따래.

사월 따래 그때 평양 가셔써요?

- 사월 따래 평양 '모까구 원사내 가 이써찌 머.

원산.

- 으:.

- 원사내 가 이써지.

- 내 이르키 마라는데[104] 그 사람 부카내선 조아 아나개찌만.[105]

- 처:매 원사내 가 이따가서 함 번 비상소집 훌려니 이쑵데.[106]

- 그래 비상소지배서 바매 자다가 막: 그냥 비상소집라서넌 그 다맨 막 훌려널 해:찌.

- 사느 메 깨 너먼능가 하니까 세: 개두 넝꾸 나니까 아침 자다, 자다 이르나서 바매 자다 이르나서 사느 세: 개르 넘따 나니까 영:: 배 고푸기두 하구 매:기 업찌.[107]

- 근데 그 우리 부대 아내서 또 반장이라능 게 중기[108] 샤:수거덩, 중기.

- 그댐- 물쭝기 그래-엔데 과:수바태다 가따 거러 노쿠 훌련하지. 아, 인데 과:수나무 미테 이 배가 이망:크마개 그러잉까 이망:크마 쿵 거 이게 떠러 소꺼서, 소꺼서 이르캐 네리떠러 놓 게 거 모뎌[109] 놓 게 만: 탐 마리여.

- 배 고푸니까 그걸 주서 머거찌.

- 게 대번 중도기 오 가주거서, 약 처씨니까 중도기 오 가주구 주거따 마리여.

- 그래서 그 다매 인재 그완두구 다: 인재 훌련 끈마추구 와찌.

- 유:월, 유월 시, 에 십싸밀랄 저: 이십사밀랄 유월이십사밀라래 또 비상소지비 이러나따 마리여.

- 게 바매 자다가 그저 하는데 비가: 어터개 오넌지: 당채 비가 와서, 유월 따리니까 그때 비 온다(마리여).

- 그래서 나간 거지 뭐 그때 사월 달에.

사월 달에 그때 평양 가셨어요?

- 사월 달에 평양에 못 가고 원산에 가 있었지 뭐.

원산.

- 응.

- 원산에 가 있었지.

- 내가 이렇게 말하는데 그 사람 북한에서는 좋아 안 하겠지만.

- 처음에 원산에 가 있다가서 한 번 비상소집 훈련이 있데.

- 그래 비상소집해서 밤에 자다가 막 그냥 비상소집이라는 그 다음에는 막 훈련을 했지.

- 산을 몇 개를 넘었는가 하면 세 개두 넘고 보니까 아침에 자다, 자다가 일어나서 밤에 자다가 일어나서 산을 세 개를 넘다보니까 아주 배가 고프기도 하고 맥이 없지.

- 그런데 그 우리 부대 안에서 또 반장이라는 게 중기 사수거든, 중기.

- 그 다음에 물중기 그런데 과수밭에다 갖다 걸어 놓고 훈련하지. 아, 그런데 과수나무 밑에 이 배가 이만큼하게 그러니까 이만큼하게 큰 거 이게 떨어 솎아서, 솎아서 이렇게 내려뜨려 놓은 게 거기 모아 놓은 게 많단 말이야.

- 배가 고프니까 그걸 주워 먹었지.

- 그래 대번에 중독이 와(되어) 가지고, 약을 쳤으니까 중독이 와(되어) 가지고 죽었단 말이야.

- 그래서 그 다음에 이제 그만두고 다 이제 훈련 끝마치고 왔지.

- 유월, 유월 십, 에 십삼일 날 저 이십삼일 날 유월 이십삼일 날에 또 비상소집이 일어났단 말이야.

- 그래 밤에 자다가 그저 하는데 비가 어떻게 오는지 당최 비가 와서, 유월 달이니까 그때 비가 온단 말이야.

- 게 비 마저 가먼서 홀려널 하다가 어디 가능가 하니까 양구애 와찌 머.

- 양구구내 가 가주구서넌 이쓰니까 대:번 포진찌럴 파라능 기지.

- 게: 포진찌럴, 포가 이쓰니 포진찌럴 막 파찌.

- 파 가주서 포럴 거기다 거러 놔찌.

- 거러 노쿠서넌 대기하년데 유월 이시보일랄 새복 세: 시, 새복 세:시 벌써 명녕이 내린다 마리여.

- 그 다매 쏴:서 부카내서 먼저 침공해써.

- 내 인재 부칸구내다 이르키 마라먼 내 부카내 드르가먼 때려주길라 할 끼여.

- 헤헤, 그래서 내 저끙 게 그러캐 저꺼따구.

- 그 여기 인저 드러가니까 다: 알개찌만 그 다매두 이재 다: 그 그르키 됭: 기여, 이개.

그게 다: 아는 사시린데…

- 그래서…

아니라 그러자나요? 허허허.

- 그래서 거기서버터 시작해 가주구 양구, 제천, 다:냥, 다냥 소백싼 영주 여까지 나가찌 머.

저 하꾜 인는대가 제처니자나요.

- 에?

- 허허, 그리여 그쌔:.

- 그래 거기 거까지 나가찌 머.

- 나가 가주구서넌 그 다매 어: 쩌 머여, 거기서 저: 비앵기 포껴개 비앵기 그: 항국 삐앵기 포껴개 부상당해 가주구서 서울 세, 서울 세부란스 병워내 거 가서 이써찌.

- 게 척추가 부러저때찌[110] 그기.

- 그래 비를 맞아 가면서 훈련을 하다가 어디에 갔는가 하면 양구에 왔지 뭐.

- 양구군에 가 가지고는 있으니까 대번에 포진지를 파라는 거지.

- 그래 포진지를, 포가 있으니까 포진지를 막 팠지.

- 파 가지고 포를 거기에다 걸어 놨지.

- 걸어 놓고는 대기하는데 유월 이십오일 날 새벽 세 시, 새벽 세시에 벌써 명령이 내린단 말이야.

- 그 다음에 쏴서 북한에서 먼저 침공했어.

- 내가 이제 북한군에다 이렇게 말하면 내가 북한에 들어가면 때려죽이려고 할 거야.

- 헤헤, 그래서 내가 겪은 게 그렇게 겪었다고.

- 그래 여기 이제 들어가니까(녹음되니까) 다 알겠지만 그 다음에도 이제 다 그 그렇게 된 거야, 이게.

그게 다 아는 사실인데…

- 그래서…

아니라 그러잖아요? 허허허.

- 그래서 거기서부터 시작해 가지고 양구, 제천, 단양, 단양 소백산 영주 여기까지 나갔지 뭐.

저 학교 있는 데가 제천이잖아요.

- 응?

- 허허, 그래 글쎄.

- 그래 거기 거기까지 나갔지 뭐.

- 나가 가지고는 그 다음에 어 저 뭐야, 거기서 저 비행기 폭격에 비행기 그 한국 비행기 폭격에 부상당해 가지고 서울 세, 서울 세브란스 병원에 거기 가서 있었지.

- 그래 척추가 부러졌었지 그게.

- 그래 내 허리 구부러징 게 그래 그리여. 이: 척추 부러징 게.

- 그래 가주구서넌 여기두 지금 파펴니 드르가서 저 빼:내찌 빼:내기넌.

- 그래: 그래 가주선 인넌데, 그래 이 저: 방버비써?

- 거기서 인재 내가 인재 그때 저: 머 핸능가 하니까 라오슈 그 자버댕기는 거: 라오스럴 해꺼던 자버댕기능 거.

- 그: 이르기 포:, 라오스 탁 자버댕기면 꿍: 하구 나가자니여?

- 그거 해찌 머.

- 그럴 몰라서 묘주수두111) 모타구.

- 수짜르 몰:러서 그 다매 그래서 그저 거기서 이따가 그 다매는 인저 그거 저: 정저니112) 떡 돼:따 마리여.

- 어: 정전되기 저내 정전되기 저내 어디 간능가 하게 되면 거기서 나와서 병워내서 후퇴해 가주구 여기113) 드루와찌.

- 게 중구게 드러가 암노깡 근너 가주구서, 암:'노깡 근너 가주서 여기애 드러와 가주구 그 다매 에: 도문 조양천 도문 조양처내 가 이써지.

- 그래 이따가 나가서, 나가서 거 가서 저:: 머여 강건군가내꾜 졸엄마터찌.114)

- 강건군가나꾜 졸엄마꾸서 그 다맨 이 급쑤르 저: 장짜 주럴 떼:끼115) 때매 전사들 데리구 또 나가찌.

- 포 부대애 또 나가찌.

- 또 나가서 하:믕서, 하:믕서 방어전 하다가, 방어전 하다가 그 다매 드러와ㅡ찌, 제대대 드러와찌.

- 그래: 인제: 부상처가 도지다나니까116) 더 할래야 할 쑤가 업써.

- 그 다매는 거기서 병원 환:자딜 괄리해찌 머.

- 병워내 거 부상자딜 괄리하구 다: 삼천 명얼 혼자 거누리다나니까 바뿌담117) 마리여.

- 삼천 명얼 혼자 거누리니까.

- 그래 내 허리가 구부러진 게 그래서 그래. 이 척추 부러진 게.
- 그래 가지고는 여기도 지금 파편이 들어가서 저 빼냈지 빼내기는.
- 그래서 그래 가지고 있는데, 그래 이 저 방법이 있어?
- 거기서 이제 내가 이제 그때 저 뭐 했는가 하면 라오스 그 잡아당기는 거 라오스를 했거든 잡아당기는 거.
- 그 이렇게 포, 라오스 탁 잡아당기면 꿍 하고 나가잖아?
- 그거 했지 뭐.
- 글을 몰라서 조준수도 못하고.
- 숫자를 몰라서 그 다음에 그래서 그저 거기에 있다가 그 다음에는 이제 그거 저 정전이 떡 되었단 말이야.
- 에 정전되기 전에 정전되기 전에 어디에 갔는가 하면 거기에서 나와서 병원에서 후퇴해 가지고 여기에 들어왔지.
- 그래 중국에 들어가 압록강 건너 가지고, 압록강 건너 가지고 여기에 들어와 가지고 그 다음에 에 도문 조양천 도문 조양천에 가 있었지.
- 그렇게 있다가 나가서, 나가서 거기에 가서 저 뭐야 강건군관학교 졸업했지.
- 강건군관학교 졸업하고서 그 다음에는 이 급수를 저 장 자 줄을 때 었기 때문에 전사들을 데리고 또 나갔지.
- 포병 부대에 또 나갔지.
- 또 나가서 함흥에서, 함흥에서 방어전 하다가, 방어전 하다가 그 다음에 들어왔지, 제대해서 들어왔지.
- 그래 이제 부상처가 도지다보니까 더 하려야 할 수가 없어.
- 그 다음에는 거기에서 병원 환자들을 관리했지 뭐.
- 병원에 그 부상자들을 관리하고 다 삼천 명을 혼자 거느리다보니까 힘들단 말이야.
- 삼천 명을 혼자 거느리니까.

- 그래 인재 거기 조장덜 세우구 반장덜 세우구 이르캐 노쿠서 삼천 명 거:, 거느려찌.
- 그에 거느려서 거: 사:라미 여랑개 삼천 명 까운대 별래별 사람 다: 이따 마리여.
- 그 막 어떵 건 과겨거 쓰능 게 다: 이꾸, 어떵 건 막 서루 때리구 싸움질하능 게 다: 이꾸 뭐.
- 그래서 이쓰니까 내가 또 아퍼서 병워내, 거기 병워내 그: 탄장실[118] 가서 치료하구 이꾸.
- 그 다매 제대돼:찌 머.
- 제대 돼:서 중구개 드러가자이까[119] 당:채 돼:야지.

함흥애 게셔써요, 그때?

- 어디: 북청.

북청.

- 게 거기 이따가 그 다매는 제대하니까 감부구개서 중구개 드러가지 말:구 저 저: 부카내 이쓰라 구란다 마리여.
- 거기서 머: 하능가 하니까 부카내 내무서[120] 거기다 암패한다[21] 마리여.
- 아:이 낭 가개따.
- 지금 엄마 아부지: 갈라전대 심녀니 넝:꾸 인재 이러니까 가야개따 그래이까 안:댄다능 거지.
- 거기서 장:개드러 가주구 여기서[122] 사러라능 기지.
- 하나 새애기[123] 소개해 주께 여기서 데리구 사러라능 기여.
- 그래두 머 어:트개, 에:이 안된다.
- 그래 인재 누구럴 쑤션능가 하니까, 거기두 다: 면방이 이씨야 되여.
- 병원 원장얼 쑤시찌.
- 이 사라면 이러이러하니까 무순 병으루 지비루 가야 된다구.
- 인재 이:거 서류럴 작썽해서 감부구개다 올려 보내, 올려 보내서 그

- 그래서 이제 거기 조장들을 세우고 반장들을 세우고 이렇게 놓고서 삼천 명을 거, 거느렸지.

- 그렇게 거느려서 그 사람이 여럿이니까 삼천 명 가운데 별의별 사람이 다 있단 말이야.

- 그 막 어떤 건 과격을 쓰는 게 다 있고, 어떤 건 막 서로 때리고 싸움질하는 게 다 있고 뭐.

- 그래서 있으니까 내가 또 아파서 병원에, 거기 병원에 탄장실 가서 치료하고 있고.

- 그 다음에 제대했지 뭐.

- 제대해서 중국에 들어가려니까 당최 되어야지.

함흥에 계셨어요, 그때?

- 아니 북청.

북청.

- 그래 거기 있다가 그 다음에는 제대하니까 간부국에서 중국에 들어가지 말고 저 저 북한에 있으라고 그런단 말이야.

- 거기서 뭐 하느냐 하면 북한 내무서 거기에다 배치한단 말이야.

- 아니 난 가겠다.

- 지금 엄마 아버지와 갈라졌는데 십년이 넘고 이제 이러니까 가야 되겠다 그러니까 안된다는 거지.

- 거기에서 장가들어 가지고 여기에서 살라는 거지.

- 하나 처녀 소개해 줄게 여기에서 데리고 살라는 거야.

그래도 뭐 어떻게 해, 에이 안된다.

- 그래서 이제 누구를 쑤셨는가 하면, 거기도 다 면식이 있어야 돼.

- 병원 원장을 쑤셨지.

- 이 사람은 이러이러하니까 무슨 병으로 집으로 가야 된다고

- 이제 이거 서류를 작성해서 간부국에다 올려 보내, 올려 보내서 그

대 감부구개 가서 인재 중구개 떡 드르가니까 중국 대:사과내 또 드르가야 된다 마리여.

- 중국 대사과내 또 드르가서 그때 거 가서 얘기하:지.
- 그 다매 직빵 거기서 찰: 타구서넌 저 머여 장추느루 드르가찌.
- 장춘 드르가서 장춘, 장춘 초대소, 장춘 초대소애서124) 거기서 한: 달 무거찌.
- 게 한 달 후애 얼래 암:패는 내 어디다 암패댄능가 목땅강125) 저: 파출쏘 목땅강 파출쏘애 암패 돼:찌.
- 그래 인재 지비 보니까 엄마 아부지가 아:이 노무해찌.126) 이전 늘거찌. 그 다맨 어트개.
- 형님 이따능 개 또 이개 업(업/옵 간음)찌.
- 장춘 전투애 이개127) ㄲ너저따 마리여.
- 게: 업찌.
- 그 다:맨…

그러면 형님, 형니믄 그때…

항구개 이따가 일루 오셔써요?

- 아::니.
- 어: 항:구개 그때까지두 항:구개 이따가 여기 와서 아 일번꾼대 가따 와 와서, 와서 일번군대 완…

그래서 다치셔따구.

- 으: 아이 일번꾼대 가서 다칭 게 아니라 가따 와서 그 다매 또 해:방 전쟁애128) 또 나가찌.
- 중국 해:방전쟁애.

아아.

- 내 그래서 장춘 전투애서 이게 ㄲ너저찌.
- 그래 이거 업짜너 지금.

다음에 간부국에 가서 이제 중국에 떡 들어가니까 중국 대사관에 또 들어가야 된단 말이야.

  - 중국 대사관에 또 들어가서 그 다음에 거기 가서 얘기했지.

  - 그 다음에 직방 거기서 차를 타고는 저 뭐야 장춘으로 들어갔지.

  - 장춘에 들어가서 장춘, 장춘 초대소, 장춘 초대소에서 거기에서 한 달 묵었지.

  - 그래 한 달 후에 원래 배치는 내가 어디에다 배치되었는가 하면 목단강 저 파출소 목단강 파출소에 배치되었지.

  - 그래 이제 집을 보니까 엄마 아버지가 노무 안했지. 이젠 늙었지. 그 다음에는 어떻게 해.

  - 형님이 있다는 게 또 이게(다리) 없지.

  - 장춘 전투에서 이게 끊어졌단 말이야.

  - 그래 없지.

  - 그 다음에는…

그러면 형님, 형님은 그때…

한국에 있다가 이리로 오셨어요?

  - 아니.

  - 어 한국에 그때까지도 한국에 있다가 여기 와서 아 일본군대에 갔다가 와서, 와서 일본군대에서 왔…

그래서 다치셨다고.

  - 응, 아니 일본군대 가서 다친 게 아니라 갔다 와서 그 다음에 또 해방전쟁에 또 나갔지.

  - 중국 해방전쟁에.

아아.

  - 내 그래서 장춘 전투에서 이게 끊어졌지.

  - 그래 이게 없잖아 지금.

아 그러세요?

- 어:.

- 그래 그래서 형님두 나오넝 게 참패그미[129] 일려내 한, 한 돔마눰 나와요.

- 일려내 나오넝 개.

- 게: 그래 가주구서넌 나와서 여기 와서 인넌데 아: 머 어트개.

- 그래 장:개는 가야 되갠데 내 거기서 조서내 이썰 찌개 머: 핸능가 하니까 국 요 영애훈짱 타찌, 그기.

- 게 누가 그랭가 하니까 이: 부카내 박, 방 머시여 어:: 박, 방 머신데 그 사라미 나르 훈장 다러줘찌.

- 그래미너 마라덩구만, 여우가[130] 멍가?

- 아 나 이젠 나이두 망:쿠 지배 가야 되거따.

- 그래니까 그 다매는 다: 해주구 그래 타구서넌 장춘 가서 이따가 목땅강 가서 파출쏘애 드르가라능 거 엄마 아부지 있는데…

- 그래서 지부루 와찌 머.

- 지부루 와니까, 뭘루 완능가 하니까, 저녀그루 와쓰먼: 허란데[131] 머꾸 살:기두 팬창쿠 심봉두[132] 바꾸 하넌데 투오여 저:: 투슈루[133] 와따 마리여.

- 저녀기라능 게 자기 하든 직꿉.

그걸 가지고 오능 거요?

- 지끄벌 가주구 그 지끄배 따라서 공자걸[134] 암패한다 마리여.

- 공자걸 후방애 공작 암패하넌 이게 이따 마리여. 그거 외래

- 게 이거 투슈라능 건 너넌 다: 써머거씽까 고마니다.

퇴지칸다구…

- 퇴지칸다능 기지.

- 게 이게 게 거기서 차이 나찌.

아 그러셔요?

- 응.

- 그래 그래서 형님도 나오는 게 참패금이 일 년에 한, 한 돈만 원 나와요.

- 일 년에 나오는 게.

- 그래, 그래 가지고는 나와서 여기에 와서 있는데 아 뭐 어떻게 해.

- 그래 장가는 가야 되겠는데 내가 거기에서 조선에 있을 적에 뭐 했느냐 하면 국가 여 명예훈장을 탔지, 그게.

- 그래 누가 그랬는가 하면 이 북한에 박, 박 뭣이야 박, 박 뭣인데 그 사람이 나에게 훈장을 달아줬지.

- 그러면서 말하더구면, 요구가 뭔가?

- 아 나 이제 나이도 많고 집에 가야 되겠다.

- 그러니까 그 다음에는 다 해주고 그래서 (훈장을)타고는 장춘에 가서 있다가 목단강에 가서 파출소에 들어가라는 거 엄마 아버지가 있는데…

- 그래서 집으로 왔지 뭐.

- 집으로 오니까, 무엇으로 왔느냐 하면, 전역으로 왔으면 쉬운데 먹고 살기도 괜찮고 월급도 받고 하는데 퇴직이야, 저 퇴직하여 왔단 말이야.

- 전역(轉役)이라는 게 자기가 하던 직급.

그걸 가지고 오는 거요?

- 직급을 가지고 그 직급에 따라서 직업을 배치한단 말이야.

- 직업을 후방에 직업을 배치하는 이게 있단 말이야. 그거 외래.

- 그래 이거 퇴직이라는 것은 너는 다 써먹었으니까 그만이다.

퇴직한다고…

- 퇴직한다는 거지.

- 그래 이게 그래 거기에서 차이가 났지.

- 게서 여기 오니까 해:겨래 줘?

- 아니 하지.

- 어디 지꽁어[135] 해:겨래 달라니까 아내주지.

- 왜서 아내주능가 하게 되먼 또 그르타 마리여.

- 중구개서 다: 핸는데 조서내 가따 온 사라먼 뭐: 때머내 끄리능가 하게 되먼 하:너 마:르 발써 이: 중국사람 다루기가 발써 틀리지.

- 그래 무나 정도 이게 또 틀리지.

- 그 다매 이르키 돼:서 잘 암패러 아내줄라 그라지.

- 능히 공장 능려글 가저야 되넌데 가찌 모타개 되니까 아이 준다 마리여.

- 그래서 모타구 이적찌[136] 이따가 그 다맨…

- 으: 농사지라구[137] 이써지 머, 그 어가내 와서.

- 겐대 인재 저 양바느: 조선-애 데리다가 조서내 가서 잔치해찌, 여기 여자럴.

그게 언재 쩍이요?

그러면 그: 북청애 이쓸 때요. 하믕애 이쓸 때요?

- 북청애:, 북청애 이쓸 때지 머.

- 그래 그때: 데리다가 부대서, 부대서 그때: 북청애 오기 저니지 머.

- 고때 와 가주구, 내가 함 번 여기 휘가 와때거덩.

- 그 뉘미개 표창 바더 가주구.

- 그 다매 여기루 휴가 보내서 휘가 와땓-꺼덩.

- 그때 야콘하구 가때찌.

- 가 가주구 거 데리 내:다가 그 다맨 거기서 잔치르 해:찌.

- 잔치르 하구 그 다매 먼저 드르가라 해 노쿠 나넌 혼자서 또 북청애 이써지.

- 게 북청애 이따가서 그 다매 드루와서 보니까 아:이 부상당해 가주

- 그래서 여기 오니까 해결해 줘?

- 안 하지.

- 어디 직업을 해결해 달라니까 안 해주지.

- 왜 안 해주느냐 하면 또 그렇단 말이야.

- 중국에서 다 했는데 조선에 갔다 온 사람은 무엇 때문에 꺼리느냐 하면 한어 말을 벌써 이 중국사람 다루기가 벌써 다르지.

- 그래 문화 정도 이게 또 다르지.

- 그 다음에 이렇게 되어서 잘 배치를 안 해주려 그러지.

- 능히 업무 능력을 가져야 되는데 갖지 못하게 되니까 안 준단 말이야.

- 그래서 못 하고 이제껏 있다가 그 다음에는…

- 으 농사질하고 있었지 뭐, 그 어간에 와서.

- 그런데 이제 저 양반(아내)을 조선에 데려다가 조선에 가서 잔치했지, 여기 여자를.

그게 언제 적이에요?

그러면 그 북청에 있을 때요, 함흥에 있을 때요?

- 북청에, 북청에 있을 때지 뭐.

- 그래 그때 데려다가 부대에서, 부대에서 그때 북청에 오기 전이지 뭐.

- 그때 와 가지고, 내가 한 번 여기 휴가 왔었거든.

- 그 놈의 거 표창 받아 가지고.

- 그 다음에 여기로 휴가 보내서 휴가 왔었거든.

- 그때 약혼하고 갔었지.

- 가 가지고 그 데려 내다가 그 다음에는 거기서 잔치를 했지.

- 잔치를 하고 그 다음에 먼저 들어가라고 해 놓고 나는 혼자서 또 북청에 있었지.

- 그래 북청에 있다가 그 다음에 들어와서 보니까 아이 부상당해 가지

구 이:른 모타개찌.

― 그 다매 아:는 또 하나 생겨 메겨 살려야 되개찌.

― 그 다맨 어특― 할 쑤가 업따 마리여.

― 그 다매 중구개 그때: 한:참 대:약찌니[138] 버러지구 또 집채화에[139] 화시글 하구 콩깍찌나[140] 옥씨기짱으[141] 머으 때라 마리여.

― 이르니 어:트개, 그 다매는 근:그나개떠니 게 상해 아더런 청 학쌩더럴 농초내 빵, 빵해찌.[142]

― 농초내루 보내찌.

― 넌 농사일두 좀 배우구 벤나락씨가 어트기 생견는지 좀 보기나 하구 그르카구 사러라, 모 주서기,[143] 모 주서기 그래 다: 내리 보내따 마리여.

― 그 사람덜 데리구, 내 하너럴 알기 때무내 또 그 사람덜 데리구 호:장 지래찌[144] 그냥, 데리구서.

― 그래서 하너르 그냥 말:래주구 아 이눔 애드리 또 부모 다: 떠러저서 여기 와: 이씨니까 망:탕지란다[145] 마리여, 그냥 여 와서.

― 도독찔두 하구: 그저 제: 마까지 아능 건 그저 깔개르 이르키 왕골자리, 마라자면 이런 저: 어:: 갈때루 저른[146] 깔 저른 깔개 이릉 거 새거 가따 까러 노먼, 채도지라능 게[147] 칼, 벅: 식또칼[148] 그렁 걸루 탁:탁 찌거서 다: 그냥 망태기[149] 맨드러 노치.

― 게 그거 다: 해:노쿠 정래하다가는[150] 그 다매 그럭:쩌럭 세월 보내찌, 농사질하면서.

고 일은 못하겠지.

- 그 다음에 아이는 또 하나가 생겨서 먹여 살려야 되겠지.

- 그 다음에는 어떻게 할 수가 없단 말이야.

- 그 다음에 중국에 그때 한창 대약진이 벌어지고 또 집체화 화식을 하고 콩깍지나 옥수숫대를 먹을 때란 말이야.

- 이러니 어떻게 해, 그 다음에는 근근하게 했더니 그래 상해 아이들은 청(년) 학생들을 농촌에 내려 보냈지.

- 농촌으로 보냈지.

- 넌 농사일도 좀 배우고 볍씨가 어떻게 생겼는지 좀 보기나 하고 그렇게 하고 살아라, 모 주석이, 모 주석이 그래서 다 내려 보냈단 말이야.

- 그 사람들을 데리고, 내가 한어를 알기 때문에 또 그 사람들을 데리고 호장질 했지 그냥, 데리고서.

- 그래서 한어를 그냥 말해 주고 아 이놈 애들이 또 부모 다 떨어져서 여기 와 있으니까 망탕질한단 말이야, 그냥 여기 와서.

- 도둑질도 하고 그저 제 맞갖지 않은 건 그저 깔개를 이렇게 왕골자리, 말하자면 이런 저 에 갈대로 결은 갈대 결은 깔개 이런 거 새것 갖다 깔아 놓으면, 채도라는 게 칼, 부엌 식도칼 그런 것으로 탁탁 찍어서 다 그냥 망태기 만들어 놓지.

- 그래 그거 다 해놓고 정리하다가는 그 다음에 그럭저럭 세월 보냈지, 농사지으면서.

2.2. 정착 과정

옌나래 그 하라버지 하라버님 얘기해 보셔요. 그거, 쪼끔 저내 하시등 거.
- 게: 공부르 할라 그래두 아이 하라버지 다: 아부지랑 다: 얘기하능
개 마짜식151) 공부 씨기면152) 애비 눈 뜽 거 항가지다.
예.
- 그래가주 마짜시글 공부 씨기구 나르153) 모:태찌. 그런데 후애, 후애
크능 거 보닝까 형님보더 둘째가 나따.
예.
- 게 공부 모씨깅 개 후애하덩구마. 아부지는 아버님두 후애하구 하라
부지두 후애하구.
- 게 후애해서 그 다매는 뭐 공부할래야 할 쑤두 어꾸, 군대에 드러가
서 그냥: 배워찌 머.154)
여기 처:매 정암 오셔가주구 그 동내를 어뜨캐 세워써요? 그거 얘기 좀 해
조 보세요. 거기가 순: 저기 저: 버드나무여써따면서요?
- 거:가 월래는 그 물 깽변 버드나무 방청이어때써.155) 버드나무 방청.156)
방청이 머요?
- 버드나무 들, 버드나무 벌판.
예.
- 아름드리가 이르키 크:개 서 인는 꼭: 빠거 버드나무가 서 이꾸. 사
내는 참나무가 저러키 굴긍 게 그저 저:: 기둥망큼항 거 굴긍 게 서 이꾸.
- 그른데 거기 월래는 살: 살: 그런 기초가 모:뙨 자리지 거:가.
- 이 땅바다게 다: 무리 지절지저:라고 이러캐 뙨 데.
- 그래 이 양수애157) 들려서, 석뚜158) 들려서, 그 다매 석뚜애서 그:
나무집 우빵에 이쓰면서 거기예서 고야르159) 처찌 이르캐.

옛날에 그 할아버지 할아버님 얘기해 보세요. 그거, 조금 전에 하시던 것.

- 그래 공부를 하려고 해도 아이 할아버지 다 아버지랑 다 얘기하는 게 맏자식 공부 시키면 애비 눈 뜬 것 한가지다.

예.

- 그래가지고 맏자식을 공부 시키고 나는 못 했지. 그런데 후에, 후에 크는 것 보니까 형님보다 둘째가 낫다.

예.

- 그래 공부 못 시킨 걸 후회하더구면. 아버지는 아버님도 후회하고 할아버지도 후회하고.

- 그래 후회해서 그 다음에는 뭐 공부하려야 할 수도 없고, 군대에 들어가서 그냥 배웠지 뭐.

여기 처음에 정암 오셔가지고 그 동네를 어떻게 세웠어요? 그것 얘기 좀 해 줘 보세요. 거기가 순전히 저기 저 버드나무였었다면서요?

- 거기가 원래는 그 물 강변 버드나무 방청이었었어. 버드나무 방청.

방청이 뭐에요?

- 버드나무 들, 버드나무 벌판.

예.

- 아름드리가 이렇게 크게 서 있는, 박혀 버드나무가 서 있고 산에는 참나무가 저렇게 굵은 게 그저 저 기둥만큼한 것 굵은 게 서 있고.

- 그런데 거기가 원래는 살, 살 그런 기초가 못 된 자리지 거기가.

- 이 땅바닥에 다 물이 지절지절하고 이렇게 된 데.

- 그래서 이 양수에 들려서, 석두 들려서, 그 다음에 석두에서 그 남의 집 윗방에 있으면서 거기에서 고야를 쳤지 이렇게.

- 고야를 처 가주구선 고야 아내 드르가, 거기 드르가서 인저 고야 구둘160) 다: 노쿠 그 다매 비, 비 바울 쑤 인는 마기 되:찌, 이르키 고야가.

- 예.

- 그래 여기다 구둘 로쿠 구둘 다 마른 다매 거기 가서, 거기 가서 자: 가면서 그 낭구161) 낭구덜 다:: 비:지.

- 버드나무구 머구 다: 베 제치지 머.

- 그래서 그거 마르면 가따 때:기두 하구 그저 이르캐 해서 그냥 거기 서 살면서 이쓰니까 이:: 왕청162) 충방고가 되써요, 여기가 옌:나래는.

아, 그때는 왕청애 소캐써요?

- 에, 왕청애 소캐찌.

- 게 왕청 충방고가 돼:찌, 여기.

춤방고?

- 충방고.

충방고.

- 으

- 그래 그때, 그때 여기서 그:: 왕청 충방구개서 여기 다: 나와서 지부 지끼 시자개찌.

- 지부 지끼 시자개가주구 그 다매는 지부 증말 이르캐 나무루다가 요 곰만163) 자:깨 쪼고마:캐 초가지불 지:서 그 다맨 밀풀, 밀푸를 비어다가 지벙얼 이:구서 그 다맨 사라찌 머.

- 그러민서 농사진능 개 토지가 이씨야지. 게래 황지르164) 일구기 시 자개찌, 황지를. 게 사내 가 황지를 일구기 시자개서 그 다매 버:내 가서 망 낭구 비 제처 낭구 뿌리두 뽀꾸 그저 인녀그루 다 해찌. 그 인녀그루. 기개가 머 이써. 다 인녀그루 해서 꽹이루 파구 그저 도끼루 뿌리를 짜르 구 그저 막 이래가주구서는 하구.

- 도:럴 도:럴 아부지하구 나하구 어떵 건 들지 모타능 건 목또를165)

- 고야를 쳐 가지고는 고야 안에 들어가, 거기 들어가서 이제 고야에 구들 다 놓고 그 다음에 비, 비 막을 수 있는 막이 되었지, 이렇게 고야가.

- 예.

- 그래서 여기에다 구들 놓고 구들 다 마른 다음에 거기 가서, 거기 가서 자 가면서 그 나무 나무들을 다 비었지.

- 버드나무고 뭐고 다 베어 제치지 뭐.

- 그래서 그거 마르면 가져다 때기도 하고 그저 이렇게 해서 그냥 거기서 살면서 있으니까 이 왕청 충방고가 되었어요, 여기가 옛날에는.

아, 그때는 왕청에 속했어요?

- 에, 왕청에 속했지.

- 그래 왕청 충방고가 되었지, 여기가.

춤방고?

- 충방고.

충방고.

- 응.

- 그래 그때, 그때 여기서 그 왕청 충방국에서 여기 다 나와서 집을 짓기 시작했지.

- 집을 짓기 시작해가지고 그 다음에는 집을 정말 이렇게 나무로다가 요것만큼 작게 조그마하게 초가집을 지어서 그 다음에는 밀풀, 밀풀을 베어다가 지붕을 이고서 그 다음엔 살았지 뭐.

- 그러면서 농사짓는 게 토지가 있어야지. 그래서 황지를 일구기 시작했지, 황지를. 그래 산에 가서 황지를 일구기 시작해서 그 다음에 번에 가서 막 마구 베어 제쳐서 나무뿌리도 뽑고 그저 인력으로 다 했지. 그 인력으로. 기계가 뭐 있어. 다 인력으로 해서 괭이로 파고 그저 도끼로 뿌리를 자르고 그저 막 이렇게 해가지고는 하고.

- 돌을 돌을 아버지하고 나하고, 어떤 건 들지 못 하는 건 목도를 해서

해서 바튼, 드러내구 바트 맨들구166) 그저 이래찌. 그래가주구서는 그 다
맨 거기서 인제 농사지끼 시자개찌.

－ 농사 인재 팔시포가,167) 팔시포가 땅이 적땀 마리여, 그래두.

－ 그래서 충청북또 도지사가 와때찌, 여기르. 제정 때.

예.

－ 충청북또 도지사가 한 분 와때찌, 어티기 하구 사:능가.

－ 그래 보구서는 대:번 거냥 충청북또 도지사가 여기 저: 석, 석뚜 땅.
석뚜 땅으 솔바째168) 거기하구 이 날망하구169) 그: 뒤애 날망하구 절바늘
뚝 끄너서는 이건 정아매 줘라. 이르카구 가땀 마리여.

－ 그르가구 가서부터 그 다매 그 땅애 즉시애 그저 메칠 저내 메치리
안 돼서 우리 우리게루 너머와찌. 게서 우리가 또 거기서 인제 땅을 노나
땀170) 마리여. 게 노넌 개개호호에171) 노너가주구서 그 다매 농사 지끼 시
자개찌.

－ 그래 한저는172) 한저는 날망하구 핸데 모지라지. 그래두 모지라지.
한 사라미 하루가리씩173) 하가지만 얼마, 아: 한 호애서 하루가리씽만 해
도 그 다매 팔백 팔뱅만 날거리가 돼야 174)발뱅만 날거리가 돼야 되는데
모지라지. 그래서 그 다매는 황지를 계속 일구개 되지. 게 처매 와서 가니
까 감자 하나가 이망쿰 됩띠다, 사내 가서.

감자가요?

－ 어: 감자가 이망쿰 되지. 그래서 하나가 이망쿰 되개 크지.

－ 그 다매 거기서 인저 수저니175) 업써서, 장:땅176) 한저니지 수저니 업찌 머.

－ 게서 아: 노인덜 제사지낼라구 아 하라부지 할머니 제사지낼라구 해
두 입싸리177) 이씨야지.

－ 게 입싸를 이르캐 다: 그저 한 되박씩 이르캐 구해둔 사람더리 다:
이제. 게서 거: 구해 두구 그릉 걸루 하라부지 할머이 제사가 도라오먼 그
걸루 바패서 제사럴 지내구.

밭은, 드러내고 밭을 만들고 그저 이랬지. 그래가지고는 그 다음에는 거기에서 이제 농사짓기 시작했지.

- 농사 이제 팔십 호가, 팔십 호가 땅이 적단 말이야, 그래도.

- 그래서 충청북도 도지사가 왔었지, 여기를, 제정 때.

예.

- 충청북도 도지사가 한 번 왔었지, 어떻게 하고 사는가.

- 그래 보고는 대번에 그냥 충청북도 도지사가 여기 저 석, 석두 땅. 석두 땅을 솔밭재 거기하고 이 날망하고 그 뒤에 날망하고 절반을 뚝 끊어서 이건 정암에 줘라. 이렇게 하고 갔단 말이야.

- 그렇게 하고 가서부터 그 다음에 그 땅에 즉시 그저 며칠 전에 며칠이 안 되어서 우리, 우리에게로 넘어왔지. 그래서 우리가 또 거기서 이제 땅을 나눴단 말이야. 그래서 논은 가가호호에 나눠가지고서 그 다음에 농사를 짓기 시작했지.

- 그래도 밭은 날망하고 했는데 모자라지. 그래도 모자라지, 한 사람이 하루갈이씩 하자면 얼마, 한 호에서 하루갈이씩만 해도 그 다음에 팔백 팔백만 날거리가 되어야 팔백만 날거리가 되어야 되는데 모자라지, 그래서 그 다음에는 황지를 계속 일구게 되었지. 그래 처음에 와서 가니까 감자 하나가 이만큼 됩디다, 산에 가서.

감자가요?

- 응, 감자가 이만큼 되지. 그래서 하나가 이만큼 되게 크지.

- 그 다음에 거기에 이제 논이 없어서, 몽땅 밭이지 논이 없지 뭐.

- 그래서 아, 노인들 제사지내려고 아 할아버지 할머니 제사지내려고 해도 입쌀이 있어야지.

- 그래 입쌀을 이렇게 다 그저 한 되씩 이렇게 구해 둔 사람들이 다 이제, 그래서 거 구해 두고 그런 것으로 할아버지 할머니 제사가 돌아오면 그것으로 밥해서 제사를 지내고.

- 그 다맨 인저 자기 머꾸 사능 건 조이,[178] 조이라넝 거 좁쌀. 이거 진능 거 조이를 시머 가주구서 그 다매 그걸루 밤 머거.

- 이라다가 좀 머글만하개 되니까 그 다매 일번 애드리 공추를[179] 바치개 된다 공추를 바치라.

- 그 다매 공추른 머 하하하: 한나, 한 마지기애서 싸르 어: 스무 포대 난다 할 찌게 에 열시 포대를 가주간다 마리여.

그르캐 마니요?

- 으:.

- 스무 포대 날따해두 십쌈 푸로거덩. 그래서 열쎄 푸대 가저간다 마리여. 그러문 우리는 머글 깨 업찌. 그거 가주구 일려늘 몸: 먹찌, 나머지 가주구. 식꾸더리 이써서.

- 그래서 그 다맨 거기서 공출 바처가머 먹따가 그 다매는 지내[180] 가주가니까 인제 인민드리[181] 어트가능가. 그: 지하, 부수 저: 벽:빠닥 미철 파구서는 거기다 싸르 꼼처[182] 두능 걸루. 그대 천장, 천장 우애 저: 우애 저기다 가따 싸를 곰처 두능 걸루.

- 이러캐는 막 쿡쿡 찌르구 땅얼 쿵쿵 으: 쇠때는 눌러서 퉁퉁거리구 조사하구 다: 이래가주구 빼서 가구.

- 한 분만 두구 그거 다: 드르간담 마리여. 그 다맨 어트개. 또 머글 깨 업찌. 이 질깅이푸리라능[183] 걸 일려늘 머거써.

아.

- 일려늘 머건는대 한 여를 머그니까 부앙이[184] 나서 막: 모미 부꺼덩.

- 게:, 게 싸리 하나나 드러가야지. 그래 맨 풀만 그저 살머서 그냥 풀만 질징이풀만 살머서 먹찌.

- 그래니까 머꾸 살찐다구 해. 살찌능 기 아니구 야중애 알구 보니까 그개 부헝이라 그러거덩. 게 부헝이 걸려서 막 모미 북, 부끼 시자개.

- 그러다가 그 다매는 안 되게따구. 그래 싸리나무 장사를 하게 되:찌.

- 그 다음에는 이제 자기 먹고 사는 것은 조, 조라는 거 좁쌀. 이것 짓는 것 조를 심어 가지고서 그 다음에 그것으로 밥 먹어.

- 이러다가 좀 먹을 만하게 되니까 그 다음에 일본 사람들이 공출을 바치게 된다, 공출을 바쳐라.

- 그 다음에 공출은 뭐 하하하, 하나, 한 마지기에서 쌀을 어 스무 포대 난다고 할 적에 에 열세 포대를 가져간단 말이야.

그렇게 많이요?

- 응.

- 스무 포대 났다고 해도 십삼 퍼센트거든. 그래서 열세 포대 가져간단 말이야. 그러면 우리는 먹을 게 없지, 그것 가지고 일 년을 못 먹지, 나머지 가지고. 식구들이 있어서.

- 그래서 그 다음에는 거기서 공출을 바쳐가며 먹다가 그 다음에는 아주 가져가니까 이제 인민들이 어떻게 하는가. 그 지하, 부엌 저 부엌 바닥 밑을 파고는 거기에다 쌀을 숨겨 두는 것으로. 그 다음에 천정, 천정 위에 저 위에 저기에다 가져다 쌀을 숨겨 두는 것으로.

- 이렇게 막 쿡쿡 찌르고 땅을 쿵쿵 으, 쇠붙이는 눌러서 퉁퉁거리고 조사하고 다 이렇게 해가지고 빼앗아 가고.

- 한 번만 두고 그거 다 들어간단 말이야. 그 다음엔 어떻게. 또 먹을 게 없지. 이 질경이풀이라는 것을 일 년을 먹었어.

아.

- 일년을 먹었는데 한 열흘 먹으니까 부황이 나서 막 몸이 붓거든.

- 그래, 그래 쌀이 하나나 들어가야지. 그래 맨 풀만 그저 삶아서 그냥 풀만 질경이만 삶아서 먹었지.

- 그러니까 먹고 살찐다고 해. 쌀찌는 게 아니고 나중에 알고 보니까 그게 부황이라고 그러거든. 그래 부황이 걸려서 막 몸이 붓, 붓기 시작해.

- 그러다가 그 다음에는 안 되겠다고. 그래서 싸리나무 장사를 하게 되

거긴 아직 사내 싸리나무 망커덩. 게 그걸 베:다가 양수 여그와서 파러서, 여기 함 번 와따 가먼, 여기 와서 인차[185] 팔고 가먼 좀 일쩍 가는데, 여기 싸람더리 또 양수가 여기 엔:나래 머라 그라능가 '순마리 새끼난다'구[186] 하는 고지란 마리여, 여기가.

순마리 새끼난다구요? 예에.

― '순마리 새끼난다'구 한다는 말 양수에.

― 그래서 해두 거이 다: 너머가야 싸리나무 사러 오지. 사러 오먼 고 때 한 다내 이기 지금 우리두 지금 사 때지만, 이거 한 다내 십쌈 전, 시비 전 이르개 핸데, 싸:른 그 때 한 되아개 오십 쩐. 게 이르캐 할 땐대 그래 가주선 이거 파라가주구 싸르 사가주구 가찌.

― 가서 그래 그거 또 머꾸 이르캐 해서, 그러다나니까 농사 함 머리 지며 저거 장사르 하다나니까[187] 모:타개따 마리여. 농사가 잘 안 되지. 그래가주서는 거기서 그르캐 사러나와써요.

― 거기: 처:매 해서 그라구 그게 충방구개서 거기 나와서 이르키 벽똘루 쌍 기 아니라 돌:하구 흐카구 짜갈하구 해:서 성얼 싸찌. 그: 도러가머 성 싼개 그기 압 때문 이르키 맨드러 노쿠 뒤(단모음) 때문 또 이르키 맨드러 노쿠. 그 다매는 나가구 드르가구 맘대루 모타지.

아 동내를.

― 에:.

동내 전채를?

― 에:.

― 동내 전채를 다: 돌려 싸찌 머. 파, 팔썹포르. 다: 이르기 돌려 싸찌.

― 그래 그 때 여기 양수, 하:, 경영, 북때, 남대, 하동 그 다매 수남[188] 여그 와서 다: 그냥 한족떠리구 머 조선싸라미구 다: 와서 그거 성 싸찌.

― 그래 그 때 일번 애드리 거기다 안칠 때 무슨 목쩌기여, 지기미니까 아러찌 그 때는 몰러찌.

었지. 거기는 아직 산에 싸리나무가 많거든. 그래 그걸 베다가 양수 여기와서 팔아서, 여기 한 번 왔다 가면, 여기 와서 바로 팔고 가면 좀 일찍 가는데, 여기 사람들이 또 양수가 여기 옛날에 뭐라고 그러느냐(하면) 수말이 새끼난다고 하는 곳이란 말이야, 여기가.

수말이 새끼 낳는다고요? 예에.

– 수말이 새끼 낫는다고 한다는 말 양수에.

– 그래서 해도 거의 다 넘어가야 싸리나무 사러 오지. 사러 오면 그 때 한단에 이게 지금 우리도 지금 사 때지만, 이것 한 단에 십삼 전, 십이 전 이렇게 했는데, 쌀은 그 때 한 되에 오십 전. 그래 이렇게 할 때인데 그래 가지고는 이거 팔아가지고 쌀을 사가지고 갔지.

– 거서 그래 그거 또 먹고 이렇게 해서, 그러다보니까 농사 한 머리 지으면서 저것 장사를 하다보니까 못 하겠단 말이야. 농사가 잘 안 되지. 그래가지고는 거기에서 그렇게 살아나왔어요.

– 거기 처음에 해서, 그러고 그게 충방국에서 거기 나와서 이렇게 벽돌로 쌓은 게 아니라 돌하고 흙하고 자갈하고 해서 성을 쌓았지. 그 돌아가면서 성 쌓은게, 그게 앞대문 이렇게 만들어놓고 뒷대문 또 이렇게 만들어놓고. 그 다음에는 나가고 들어가고 마음대로 못 하지.

아, 동네를.

– 에.

동네 전체를?

– 예.

– 동네 전체를 다 돌려 쌓았지 뭐. 팔, 팔십 호를. 다 이렇게 돌려 쌓았지.

– 그래서 그 때 여기 양수, 하, 경영, 북대, 남대, 하동 그 다음에 수남 여기 와서 다 그냥 한족들이고 뭐 조선사람이고 다 와서 그것 성 쌓았지.

– 그래서 그 때 일본 사람들이 (마을을)거기다가 안칠 때 무슨 목적이야, 지금이니까 알았지 그 때는 몰랐지.

－ 게 거기서 거기다가 틍무를189) 하나 틍무를 하나 거기다, 부락 아내
다 하나 두지. 두구서 파, 그:: 빨찌사니나190) 그 다매 거 애국짜덜 이거
부뜰라구 께래 기밀썽이 그 때 활똥해:찌, 여기서.

응:.

－ 게: 그거 부뜰라구 그르캐 해놔:따 마리여.

－ 그래서 그저 여 거기서 저놔기 한 통배끼 업찌. 딱 한 통배끼 업찌.
그래 여 양수꺼 저놔. 여기 양수서 경찰서애 저놔 치먼 그저 그 부뜰리구
드루와따 부뜰리구. 게 틍무가 저놔치지 머. 그게 그르치 머. 그래가주서
는 그 저.

－ 근데 틍무가 누군질두 모르구 그 때는, 그저 그르캐.

토비들두 마나따면서요.

－ 토비두191) 마:너찌.

그거는 어트개 해써요, 토비드른?

－ 토비가 하루 쩌녀개, 우리 정암 싸라미 사내 가써요. 사내 간는대 토
비한태 부뜰리따 마리여.

사내서요?

－ 어:.

－ 부뜰리 가주구서는 야:무 거뚜 모타구 해::전192) 사내 이써지 머.

－ 해:전 사내 이따가 어두워서야 이 사라멀 압쩨워가주구 드러온다 마
리여.

－ 게 드러오먼 이 대:문 아내 또 대문 이써. 소대문 이꾸 큰: 대문 이꺼
덩. 큰: 대무는 다: 채워따 마리여. 게 소대무는 그 보초스는 사라미 가주
구 이찌, 열쐬럴.

－ 그른데 이 사라미 토비게 부뜰려서 느깨 오다가 느깨 느깨 오니까
그 다매는 누구야:, 문 줌 여러줘! 여러줘! 소리친다 마리여.

－ 그러이까 그 다매 보초스는 눔 쪼처와서 누구야! 하니까 아무거시라

- 그래 거기에서 거기에다가 특무를 하나 특무를 하나 거기에다, 부락 안에다 하나 두지. 두고서 파, 그 파르티잔이나 그 다음에 그 애국자들 이 것 붙들려고 그래 김일성이 그 때 활동했지, 여기에서.

응.

- 그래 그거 붙들려고 그렇게 해놨단 말이야.

- 그래서 그저 여 기기에서 전화기 한 통밖에 없지. 딱 한 통밖에 없지, 그래서 여기 양수 것 전화. 여기 양수에서 경찰서에 전화 걸면 그저 그 붙들리고, 들어왔다 붙들리고. 그래 특무가 전화 걸지 뭐. 그게 그렇지 뭐. 그래가지고는 그 저.

- 그런데 특무가 누구인지도 모르고 그 때는, 그저 그렇게.

토비들도 많았다면서요?

- 토비도 많았지.

그것은 어떻게 했어요, 토비들은?

- 토비가 하루 저녁에, 우리 정암 사람이 산에 갔어요. 산에 갔는데 토 비한테 붙들렸다 말이야.

산에서요?

- 응.

- 붙들려 가지고는 아무 것도 못 하고 하루 종일 산에 있었지 뭐.

- 하루종일 산에 있다가 어두워서야 이 사람을 앞세워가지고 들어오단 말이야.

- 그래 들어오면 이 대문 안에 또 대문이 있어. 소대문 있고 큰 대문 있거든. 큰 대문은 다 채웠단 말이야. 그래 소대문은 그 보초서는 사람이 가지고 있지, 열쇠를.

- 그런데 이 사람이 토비한테 붙들려서 늦게 오다가 늦게 늦게 오니까 그 다음에는 누구야, 문 좀 열어줘! 열어줘! 소리친단 말이야.

- 그러니까 그 다음에 보초서는 놈이 쫓아와서 누구야! 하니까 아무것

그라거덩. 그 다맨 소:무늘 여러줘따 마리여.

- 여러주니까 그 사람 하나 드르오능 기 아니라 줄주리 따라 드러오거
덩. 따라 드러오능 게 후저기 토비가 일구비 저: 야들비 따러 드러와따 마
리여.

- 그래 보니까 보니까 일구비 싸:창이193) 이꾸 하나는 업땀 마리여.

싸창이 뭐요?

- 싸창이라구 저: 총이 그: 저: 머여 이르키 생견는데.

쪼꼬망 거요?

- 어: 크지 머.

큼 거요?

- 이마:나지. 이마난대 싸:창이라구 그: 이써. 게 지금 옌:날 총이지 머.

- 겐데 이르캐 타나르 여기다 이르키 이르키 여치. 여:러 발 드르가지
여기.

- 게서 그거 찬 사람더리 메치 완능가 일구비 이꾸 하나가 총이 업다
마리여.

- 그래 드러와선 대:번 그냥 촌장내194) 지비 드르가서 이팝195) 해 내:
라. 달그 자바라. 그래 머가 이써 안 하먼 주긴다 그러니까 목씨미 아까워
서 다: 하대. 즈:더리 또 막 부뜨러다 자버머끼두 하구.

- 게 이르키 하나. 그래 그 때 해방 후애 그르키 돼:따 마리여.

- 그르니까 파리로 이후애 즉씨애 즉씨애 그르키 돼:찌. 메딸 안 돼써.
그저 한 한 다리나 파뤌시보일라리문, 그 다매 구월 딸쯔매서 이눔드리 드
러와찌.

- 게 드러와가주선 토성 아내서 부라가내 무리 빠지라구 수채꾸녀글
맨드러 놔써, 요마:나캐. 돌루다 이러캐 싸:서. 게 부라가내 무리 거기 쭉
쭉 빠지개.

- 그래 우리 형니미 지금 연기래 가 인는 형니미 이 수채꾸녁 빠저 나

이라 그러거든. 그 다음에는 소문을 열어줬단 말이야.

- 열어주니까 그 사람 하나가 들어오는 게 아니라 줄줄이 따라 들어오거든. 따라 들어오는 게 후적이 토비기 일곱이 저 여덟이 따라 들어왔단 말이야.

- 그래서 보니까 보니까 일곱이 싸창이 있고 하는 없단 말이야.

싸창이 뭐예요?

- 싸창이라고 저 총이 그저 뭐야 이렇게 생겼는데.

조그마한 거예요?

- 어, 크지 뭐.

큰 거요?

- 이만하지. 이만한데 싸창이라고 그 있어. 그게 지금 옛날 총이지 뭐.

- 그런데 이렇게 탄알을 여기에다 이렇게 이렇게 넣지. 여러 발 들어가지 여기에.

- 그래서 그것 찬 사람들이 몇이 왔느냐(하면) 일곱이 있고 하나가 총이 없단 말이야.

- 그렇게 들어와서는 대번 그냥 촌장네 집에 들어가서 쌀밥 해 내라. 닭을 잡아라. 그래 뭐가 있어 안 하면 죽인다 그러니까 목숨이 아까워서 다 하더라고. 자기들이 또 막 붙잡다가 잡아먹기도 하고.

- 그래 이렇게 하나. 그래서 그 때 해방 후에 그렇게 되었단 말이야.

- 그러니까 팔일오(8·15) 이후에 직후에 직후에 그렇게 되었지. 몇 달 안 되었어. 그저 한 한 달이나 팔월십오일이라면, 그 다음에 구월 달쯤 해서 이놈들이 들어왔지.

- 그래 들어와가지고는 토성 안에서 부락 안에 물이 빠지라고 수채 구멍을 만들어 놨어, 요만하게. 돌로 이렇게 쌓아서. 그래 부락 안에 물이 거기로 쭉쭉 빠지게.

- 그래 우리 형님이 지금 연길에 가 있는 형님이 이 수채 구멍을 빠져

가서 석뚜 청년드라구 열라글 가저찌.

- 우리 집 우리 부라개 토비가 드러완는대 이걸 자버 치우자.

- 게 그 때는 일버내들 총두 이꾸 일버내들 데끼단뚜196) 이꾸 중기 두 이꾸 다: 이찌 머. 그 데디구 버리구 강 거 다: 주서다 농 게 이따 마리여.

- 그래서 그걸루다 그래서 압대문꺼리루 나가면 압대꺼리루 나간다구 열락해 주구. 우리는 저 사내가 올러가 이찌 머 다:, 청년드른.

- 게 압따리 압때문꺼리루 나간다구 열라글 해길래 압때문서 인제 중시하구 이찌.

- 게 석뚜 싸라 석뚜 청년드리 압때문꺼리 지키기루 하구, 정아매 싸, 청년드리 뒤때문꺼리 지키기루 하구 어디루 나가능가 보자.

- 이르캐서 그 나가능 거 답씨우자197) 그래찌. 그 때는 부라가내 돼지, 돼지우리라구 하나뚜 몬, 몸 메겨요. 그 냄새 난다구.

- 그 다매 그 이 토성 배깨 대무나패다 다: 줄주리 다: 이르키 돼:지구 럴 지어찌. 게 돼:지굴198) 아내 뭐가 나능가 하니까 어:: 삼때가199) 마이 서때써. 그 빈: 돼:지구레 돼:지 엄써 움넌 빙: 구레 그저 이런대 삼때가 마이 서찌.

- 게 석뚜 싸라미 이러키 나가능 거 보구선 총지를 해따 마리여. 게 따 다당 땅땅 하구 머 총지르 해찌. 하니까 삼때받 그 돼:지굴 삼때바트루 뛰 어드르가따 마리여, 이눔드리 일곰 명이.

- 그래가주선 삼때받 뛰어드능 거 이누미 뛰 드르가서 거 석뚜 싸람 거 사내 인능 거 대구서 싸:창 쏘았따 마리여.

- 게 석뚜 싸라미 그 일버내덜 탈빠가지200) 이 털, 철루 항 거, 이 뒤 지버쓰능 거 이짜너.

- 게 석뚜 싸라미 여기만 땅 마저가주구 땡: 하면서 삥그러저 나가찌, 타나리. 게 싸창에루다 마저가주구. 겐대 그금만 안 써쓰면 마자 주거찌 머.

나가서 석두 청년들하고 연락을 가졌지.

- 우리 집 우리 부락에 토비가 들어왔는데 이걸 잡아 치우자.

- 그래 그 때는 일본사람들 총도 있고 일본사람들 척탄통(擲彈筒)이 있고 중기도 있고 다 있지 뭐. 그 버리고 버리고 간 것 다 주어다 놓은 게 있단 말이야.

- 그래서 그것으로 그래서 앞대문 거리로 나가면 앞대문 거리로 나간다고 연락해 주고. 우리는 저 산에 올라가 있지 뭐 다, 청년들은.

- 그래 앞대문 거리 앞대문 거리로 나간다고 연락을 하기에 앞대문에서 이제 중시하고 있지.

- 그래 석두 사람 석두 청년들이 앞대문 거리를 지키기로 하고, 정암의 사(람), 청년들이 뒷대문 거리를 지키기로 하고, 어디로 나가는가 보자.

- 이렇게 해서 그 나가는 거 덮치자 그랬지. 그 때는 부락 안애 돼지, 돼지우리라고 (돼지) 하나도 못, 못 먹여요. 그 냄새 난다고.

- 그 다음에 그 이 토성 밖에 대문 앞에다 다 줄줄이 다 이렇게 돼지우리를 지었지. 그래 돼지우리 안에 뭐가 나가는가 보니까 어 삼대가 많이 섰었어. 그 빈 돼지우리에 돼지는 없어서 없는 빈 우리에 그저 이런데 삼대가 많이 섰지.

- 그래 석두 사람이 이렇게 나가는 걸 보고는 총질을 했단 말이야. 그래 따다당 땅땅 하고 뭐 총질을 했지. 하니까 삼대밭 그 돼지우리 삼대밭으로 뛰어들어갔단 말이야, 이놈들이 일곱 명이.

- 그래가지고는 삼대밭 뛰어드는 것을 이놈이 뛰어 들어가서 그 석두 사람 그 산에 있는 거 대고 싸창을 쏘았단 말이야.

- 그래 석두 사람이 그 일본사람들 철모 이 철, 철로 만든 것, 이 뒤집어쓰는 것 있잖아.

- 그래 석두 사람이 여기에 딱 맞아가지고 땡 하면서 튕겨져 나갔지, 탄알이. 그래 싸창에 맞아가지고 그런데 그것만 안 썼으면 맞아 죽었지 뭐.

- 게서 그 다맨 돼:지구레 이따 안개가 쟈:옥 찐는대 양개를 뻐서질 때를 바래니 양개가 빨리 뻐서저야지. 게 쪼꼼 이씨니까 돼:지구레서 나와서 저 나간다 마리여. 나가능 거 그냥 저짝 우리 그:: 북때문거리 거기서 그 나가는 대다 대구 디끼단뚜루²⁰¹⁾ 쏴:따 마리여. 디끼단또가 이르캐 돼:가 주 탁 지버이으면 꿍: 하구 나가능 게 이따 마리여, 수루탄마낭 개.

예.

- 그거 이르키 타서 거 바퀴버항, 바격포처럼 생견는데 이르캐 지버여면 꿍 하구 나가요.

- 게 그 갱벼내다가 다 갈구쌰 이누미 어드루 갈찌를 몰라서 사:방 그냥 제가꿈 하나하나 헤:저따 마리여.

- 헤:저서 그 충하하구서 가서 충해서 자버쓰면 잠는데 충하지 앙쿠 그냥 거기 이써 가지구 이눔드리 어디 가능가 감시만 하구서는 낸데 풀쏘개 어디 간지 아러?. 게 기어서 그저 사느로 올러가찌. 그러고버터 여기서 모싼다 이재 이누무 애더리 가면 대:부대럴 데리구 오갠는대, 대:토비를 데리구 오갠는대 우린 여기서 모:싼다, 가쟈! 그래서 항국떨 모도 빠:저나강 게 만치, 그 때.

거 해방대구 나서요?

- 해방되구지, 해방되구 나서.

예.

- 그라구서 그 다맨 가는 사람 가구, 모:까는 사람 모:까구, 그저 도:닌는 사람 가구, 돈: 엄는 사람 모:까구 그저 그러치.

- 우리는 갈 껀대 형니미 안 와서 모:까찌, 거 군대 가서 일번군대 가서 지배 드러오지 아내서 모:까찌.

- 게 후애사 다: 간 다매 한 일려니따가 후애사 드루와찌.

- 게 그래서 그 다맨 모:까구 여즉지 여기서 업드려 인능개 그냥 이찌. 게 나는 공부하기 위애서 공부가 워니 돼서, 그 다맨 목딴강애 포병해꼬루 그냥 도망처서 가구.

– 그래서 그 다음에는 돼지우리에 있다가 안개가 자욱하게 끼었는데 안개가 벗어질 때를 바라니 안개가 빨리 벗어져야지. 그레 조금 있으니까 돼지우리에서 나와서 저 나간단 말이야. 나가는 걸 그냥 저쪽 우리 그 북대문 거리 거기서 그 나가는 데다 대고 척탄통(擲彈筒)으로 쐈단 말이야. 척탄통이 이렇게 되어서 탁 집어넣으면 꿍 하고 나가는 게 있단 말이야, 수류탄만한 게.

예.

– 그거 이렇게 타서 그 박격포, 박격포처럼 생겼는데 이렇게 집어넣으면 꿍 하고 나가요.

– 그래 그 강변에다가 다 *** 이놈이 어디로 갈지를 몰라서 사방 그냥 제각기 하나하나 헤어졌단 말이야.

– 헤어져서 그 충하고서 가서 충해서 잡았으면 잡는데 충하지 않고 그냥 거기 있어서 이놈들이 어디로 가는지 감시만 하고는 그런데 풀 속에 어디로 갔는지 알아? 그래 기어서 그저 산으로 올라갔다. 그리고부터 여기에서 못 산다 이제 이놈의 애들이 가면 대부대를 데리고 올 것인데, 대토비를 데리고 올 것인데 우리는 여기에서 못 산다, 가자! 그래서 한국으로 모두 빠져나간 게 많지.

그 해방되고 나서요?

– 해방되고서지, 해방되고 나서.

예.

– 그러고 그 다음에는 가는 사람은 가고, 못 가는 사람은 못 가고, 그저 돈 있는 사람은 가고, 돈 없는 사람은 못 가고 그저 그렇지.

– 우리는 갈 것인데 형님이 안 와서 못 갔지, 그 군대 가서 일본군대 가서 집에 들어오지 않아서 못 갔지.

– 그래 우에야 다 간 다음에 한 일 년 있다가 후에야 들어왔지.

– 그래 그래서 그 다음에는 못 가고 여태껏 여기서 엎드려 있는 게 그냥 있지. 그래 나는 공부하기 위해서 공부가 원이 되어서, 그 다음에는 목단강에 포병학교로 그냥 도망쳐 가고.

2.3. 팔로군에 입대한 계기와 활동

아까 머 저기 이재202) 얘기하던대 군:, 구닝 가쓸 때에:.

― 응.

얘기 줌 해 주세요.

그때 전투 엄청 쎄개 하셔쓸 꺼 아니요, 사람두 마니 주꾸?

― 전투야 한 삼시벼 차 해:찌.

― 전투 명녕은 전쟁은 한 삼시벼차 저버드러 해:찌.

― 그 쉽쓰, 십싸 년 똥안 항 개 그개 전투 안 해께써요?

― 전투한, 일려내 일려내 즈:거두 사십칠련 사심융년 사십칠려내만 해두 벌써 그때마내두 이 어:: 열 메깨르 해는데.

그때 전쟁할 때 머: 어떤 때는 싸워서 이 이기기두 하구 어떨 때는 또…

― 후퇴하구.

저서 후퇴하기두 하구 그래자나요?

― 으:.

그럴 때 얘기 줌 해 주세요, 기엉나는 거?

― 게 요 먼저 해:짜너요?

― 전쟁 얘긴 다: 해짜너.

― 다: 해찌 머.

― 건 다 해서 다 노금되 이씨끼란 마리여 그건.

― 그른데 지금 옌:날 얘기 하나 하자먼 우리 흐:니 드짜능 거 하나 저든 저릉 개 하나 이써.

아까 뭐 저기 의재가 얘기하던데 군, 군인 갔을 때.

— 응.

얘기 좀 해 주세요.

그때 전투 엄청나게 세게 하셨을 거 아니예요, 사람도 많이 죽고?

— 전투야 한 삼십여 차 했지.

— 전투 명령은 전쟁은 한 삼십여차 접어들어 했지.

— 그 십사, 십사 년 동안 한 게 그게 전투 안 했겠어요?

— 전투한, 일 년에 일 년에 적어도 사십칠 년 사십육 년 사십칠 년에만 해도 벌써 그때만 해도 이 에 열 몇 번을 했는데.

그때 전쟁할 때 뭐 어떤 때는 싸워서 이 이기기도 하고 어떨 때는 또…

— 후퇴하고.

저서 후퇴하기도 하고 그러잖아요?

— 응.

그럴 때 얘기 좀 해 주세요, 기억나는 거?

— 그래 요 먼저 했잖아요?

— 전쟁 얘기는 다 했잖아.

— 다 했지 뭐.

— 그건 다 해서 다 녹음되어 있을 거란 말이야 그건.

— 그런데 지금 옛날 얘기 하나 하자면 우리가 흔히 듣지 않은 거 하나 저 듣(지 않은) 저런 게 하나 있어.

2.4. 문화혁명 시기와 큰아들 사고

그런 얘기 만치요?

— 망:키야 머 망:캐써, 메 깨가 안 되지.

— 야:: 중국부터 이실 쩌개 꼼:짱 모해씀다:.

— 삼대규율과 파랑주기[203) 때매.

— [노래] 꺼멘질리 꺼거욜러지 쌴다질리 빠상지주이.[204)

— 이르키 나오능 긴데 이기 저:, 어:: 그러니까…

구내서 부르든 노래요?

— 에: 구내서 부르던 노래요.

— 그래서 거기서 인민드레 지비 가서 바노라나 시:라나 가찌를 말라.[205)

— 그대 인미들개 유이칸 이:른 해두 해한나 이:른 하지 말라.[206)

— 게 이르키 노래가 쫑: 나옹 게, 그래서 모주서기 삼대규율과 파랑주이를 내놔찌.

— 게 그래 가주서부터 기우리 삼대 기울, 삼대 기우럴 위반하넌 자넌 건 대:다난 처:벌 바찌.

— 게서 물 기러다 주구 낭그 패 주구 그 저: 마당 쓰러 주구 변소깐 처 주구 그저 마 마오깐 처 주구 그저 다 이르키 하면서 형명해씀니다, 그저내.

그저내 그 문화형명 때 얘기 함번 해줘 바요.

그 연나미 아버지 저기 다칠 때 그때 얘기요.

— 에: 그건 얼…

그땐 집채 때지요?

— 집채 때.

예.

그런 얘기 많지요?

많기야 뭐 많겠어, 몇 개가 안 되지.

― 아 중국부터 있을 적에 꼼짝 못했습니다.

― 삼대기율과 팔항주의 때문에.

― 00眞理 个个要牢記 三大眞理 八項注意

― 이렇게 나오는 것인데 이게 저, 에 그러니까…

군에서 부르던 노래요?

― 예 군에서 부르던 노래요.

― 그래서 거기에서 인민들의 집에 가서 바늘 하나 실 하나 갖지를 마라.

― 그래 인민들에게 유익한 일은 해도 해하는 일은 하지 말라.

― 그래 이렇게 노래가 죽 나온 게, 그래서 모 주석이 삼대기율과 팔항주의를 내놨지.

― 그래 그래 가지고부터 기율이 삼대 기율, 삼대기율을 위반하는 자는 그건 대단한 처벌을 받지.

― 그래서 물 길어다 주고 나무 패 주고 그 저 마당 쓸어 주고 변소 쳐 주고 그저 마(구) 마구간 쳐 주고 그저 다 이렇게 하면서 혁명했습니다, 그 전에.

그전에 그 문화혁명 때 얘기 한번 해줘 봐요.

그 연남이 아버지 저기 다칠 때 그때 얘기요.

― 에, 그건 어떻게…

그땐 집체 때지요?

― 집체 때.

예.

- 그때너: 어트기 된능가, 가:을.

그 무놔형명 때지요? 그 무놔형명 할…

- 에 문화, 무놔형명 할 때.

홍군 백꾼 머 이럴 때.

- 예.

- 홍 어: 홍색:207) 에: 홍색 빠얼치.208)

- 그 다매 거기 이리미 홍새가구 빠얼치하구 어: 발란대.209)

- 그 다매 머 이리미 마:나써요, 거거: 홍색 까운대.

마:나요?

- 에: 홍색 까운데두.

- 그런데 이글 어트개 되능가 하니까 류소기가210) 모 주석 우이 저: 주이가 따:서 류소기가 개방하자.

- 이르기 돼찌, 그때.

- 그렌데 모: 주서근 '안 된다' 이르개 돼:찌.

- 그래 안 된다구 해서 그 다매는 모타구 마라찌.

- 게 류소기를 나쁜 누미라구 스 잘 써주지두 아날라구 해써. 게 류소기를.

- 그러다가 이걸루 이내서 류소기를 때려 어푸기 위해서는 문놔형명을 일궈야 되게따 마리여.

- 당 내애 당 내애 그 어: 중 거 머 어: 중, 중요항 감부덜, 게서 이걸 때려 때리기 위해서는 무놔형명을 해야지 무놔형명을 안 하먼 안 되개따.

- 그래 가주구서넌 무놔형명 일쿵 거지지.

- 게 일쿤는대 주을래211) 동지두 그때 비팜바꾸 마:니 그러치.

- 그 다매 모 주석, 모 주석뚜 비팜바꾸 이: 유소기두 비팜바꾸 게 등소평두212) 비팜바꾸 이래찌.

- 그래서 그 다매 모 주서근 이쓰면서두 그래 모 주서기 내리기를 한::

- 그때는 어떻게 되었는가 하면, 가을.

그 문화혁명 때지요? 그 문화혁명 할…

- 예 문화혁명, 문화혁명 할 때.

홍군 백군 뭐 이럴 때.

- 예.

- 호, 어 홍색 에 홍색 빠얼치(827 무장대).

- 그 다음에 거기 이름이 홍색하고 빠얼치(827 무장대)하고 에 발란대(反亂隊.)

- 그 다음에 뭐 이름이 많았어요, 그거 홍색 가운데.

많아요?

- 예 홍색 가운데도.

- 그런데 이게 어떻게 되었느냐 하면 류소기가 모 주석 위 저, 주의(主義)가 달라서 류소기가 개방하자.

- 이렇게 되었지, 그때.

- 그런데 모 주석은 '안 된다' 이렇게 되었지.

- 그래 안 된다고 해서 그 다음에는 못하고 말았지.

- 그래 류소기를 나쁜 놈이라고 잘 써주지도 안 하려고 했어. 그래 류소기를.

- 그러다가 이걸로 인해서 류소기를 때려 엎기 위해서는 문화혁명을 일으켜야 되겠단 말이야.

- 당 내의, 당 내의 그 에 중 그 머 에 중, 중요한 간부들, 그래서 이걸 때려 때리기 위해서는 문화혁명을 해야지 문화혁명을 안 하면 안 되겠다.

- 그래 가지고는 문화혁명을 일으킨 것이지.

- 그래 일으켰는데 주은래 동지도 그때 비판받고 많이 그렇지.

- 그 다음에 모 주석, 모 주석도 비판받고 이 류소기도 비판받고 그래 등소평도 비판받고 이랬지.

- 그래서 그 다음에 모 주석은 있으면서도 그래서 모 주석이 내리기를

참 막 총얼 들구 어: 캉다하구213) 홍색-하구 싸:미 부꾸 총질해 가머 싸:
미 부꾸 망 내부애서 막: 그럴 때지.

― 그래 통해서 영길루 뽀꾸 막 그저: 영길까지 다: 내러와따 마리여.
정구기 다: 이러난는대 머.

― 그래서 이: 여기 지금 그 사라미 사러 이찌만 여기가 오지 공장애두
도무내서 와 가주구서는 어: 막: 그저 총지래가주구 여기 코: 타나리 코가
마저써요.

― 그때 벤나까리 올라가 싼는데, 싼는데 어뜬나가 거: 빠얼(치) 홍새간
지 가:가 쏴 가주구서는 이 코애, 이마 마자쓰먼 주거쓸낀데 코가 마저서
이게 깨저뻐리구 마러찌.

― 게 이개, 이개 숭이 강 개 이써요,214) 지금두.

― 그 사람 사라써, 아죽.

― 여기, 여기 이써 아즉 오지 공장애.

― 게 나까리 싸타가 그랜는데.

― 그러구서는 그 다맨 그르키 황경이 긴장할 쩨, 긴장할 때 아니 나는
집채 때기 때무내 콩 타자개가주구 콩을 이 얼경체애다215) 처써.

― 문지가 빠:지구 콩아른 구부러가구.

― 이르캐서 그걸 치는데 갑짜기 아이 사:람드리 빨리 지비 가 보라구
그란다 마리여.

― 게 어째 그라나?

― 아 덕째랑216) 다 데:따 그란다 마리여.

― 거기섬 이랜대, 그때 왜서 덴:능가 하게 되먼 그 캉도저니라는(坑道
戰[kēngdàozhàn])217) 항도전218) 그 이르키 에: 구:를 파구 드르가서 그 다
맨 그저 뿔뚝뿔뚝 나오머 싸:마는 이른, 이른 장나지라다 그 다매는 이런
그 고라내 쪼끄만 고라내 무리 떠러지면서 이러키 홍: 패인디가 이써.

― 겐데 이르키 방 안마냥 홀: 패인 디가 인는데 거기는 무:리 내리가면

한창 막 총을 들고 에 캉다(抗大)하고 홍색하고 싸움이 붙고 총질해 가면서 싸움이 붙고 막 내부에서 막 그럴 때지.

- 그래서 통해서 연길로 뽑고 막 그저 연길까지 다 내려왔단 말이야. 전국이 다 일어났는데 뭐.

- 그래서 이 여기 지금 그 사람이 살아 있지만 여기가 오지 공장에도 도문에서 와 가지고는 에 막 그저 총질을 해가지고 여기 코, 탄알이 코에 맞았어요.

- 그때 볏가리에 올라가서 쌓는데, 쌓는데 어떤 애가 그 빠얼치(827 부대) 홍색 애인지 걔가 쏴 가지고는 이 코에, 이마 맞았으면 죽었을 것인데 코를 맞아서 이게 깨져버리고 말았지.

- 그래 이게, 이게 흉이 간 게 있어요, 지금도.

- 그 사람 살았어, 아직.

- 여기, 여기 있어, 아직 오지 공장에.

- 그래 낟가리 쌓다가 그랬는데.

- 그러고는 그 다음에는 그렇게 환경이 긴장할 때, 긴장할 때 아니 나는 집체 때기 때문에 콩 타작을 해가지고 콩을 이 어레미에다 쳤어.

- 먼지가 빠지고 콩알은 굴러가고.

- 이렇게 해서 그걸 치는데 갑자기 아니 사람들이 빨리 집에 가 보라고 그런단 말이야.

- 그래 어째서 그러나?

- 아 덕재랑 다 데었다 그런단 말이야.

- 거기서 이런데, 그때 왜 데었는가 하면 그 갱도전이라는 항도전, 그 이렇게 에 굴을 파고 들어가서 그 다음에는 그저 불뚝불뚝 나오면서 싸움하는 이런, 이런 장난질하다 그 다음에는 이런 그 골 안에 조그만 골 안에 물이 마르면서 이렇게 움푹 파인 데가 있어.

- 그런데 이렇게 방 안처럼 움푹 파인 데가 있는데 거기는 물이 내려

서, 내리가면서 물루 파닝 거지 사라미 팡 건 아이지.

　－ 근데 거기를 얻 리용해 가주구 그 다매 생산대 마당애, 마당애 와 가
주구 그 낭구219) 이런 거기 낭기 만차니야.

　－ 낭그럴 주서다가 이르키 그 우애다 서까래를 이르키 거러서.

　－ 걸구서는 이짜가구 이짜가구 이르캐 해서 여기 붙 여 부뜨러 매:구
이르카구선 땅애다 이르키 놔때찌.

　－ 그랜는대 그 우애다가 또 멀 핸능가 생산대애 와서 지푸,220) 지푸 가
따가 이 우애다 여 놔따 마리여.

　－ 그랜대 그 다매는 그: 이: 미티는 안저 보니까 자기가 땅애 안중개
안 차가울 테기 이써 차굽찌.

　－ 차구우닝깨 생산대 뿍띠기를 가따가 여기다 가따 놔:따 마리여.

　－ 아:내 까러따 마리여.

　－ 그래잉까 드르가는 무는 쪼끄마치.

　－ 하나 드르가구 하나 나오구 그저 이런 디를 맨드러따 마리여.

　－ 그런대 거기 미치 드르가능가 일고빈지 야들비 드르가 이써찌.

　－ 겐데 야:는 덕째는 큰지비서 노러찌.

　－ 형님내 집배서 마당애서.

　－ 노런넌대 장무니라는 아가 '놀러가자' 하니까 '에이 실타' 앙 가게따
이르캐 돼:찌.

　－ 할머이만 이써두 아이 보내지.

　－ 게 할머이두 그때 어꾸 마당애서 가 혼자 노넌데 산내끼루다가 여기
럴 무꺼, 가 허리럴 무꺼 가주구 끄서 가주 가땀 마리여.

　－ 가자.

　－ 갸:는, 갸:는 열:싸리구 야:는 일곱싸리람 마리여, 세:살 더 머거찌.

　－ 그래서 그 다맨 어떠캐, 끌려 가서 거 가 노러찌.

　－ 이누마가 가마니 차구부니까 깐 북띠기애다가 부럴 놔:땀221) 마리여.

가면서, 내려가면서 물로 파는 거지 사람이 판 것은 아니지.

- 그런데 거기를 에 이용해 가지고 그 다음에 생산대 마당에, 마당에 와 가지고 그 나무 이런 (거), 거기에 나무가 많잖아.
- 나무를 주어다가 이렇게 그 위에다 서까래를 이렇게 걸어서.
- 걸고는 이쪽하고 이쪽하고 이렇게 해서 여기 붙, 여기 붙들어 매고 이렇게 하고는 땅에다 이렇게 놓았었지.
- 그랬는데 그 위에다 또 무엇을 했느냐 (하면) 생산대에 와서 짚을, 짚을 가져다 이 위에다 이어 놓았단 말이야.
- 그랬는데 그 다음에는 그 이 밑에는 앉아 보니까 자기가 땅에 앉으니까 안 차가울 턱이 있어 차갑지.
- 차가우니까 생산대 북데기를 가져다 여기다 가져다 놓았단 말이야.
- 안에 깔았단 말이야.
- 그러니까 들어가는 문은 조그마하지.
- 하나 들어가고 하나 나오고 그저 이런 데를 만들었단 말이야.
- 그런데 거기에 몇이 들어갔는가 하면 일곱인지 여덟이 들어가 있었지.
- 그런데 얘는 덕재는 큰집에서 놀았지.
- 형님네 집에서 마당에서.
- 놀았는데 장문이라는 애가 '놀러가자' 하니까 '에이 싫다' 안 가겠다 이렇게 되었지.
- 할머니만 있었어도 안 보내지.
- 그래 할머니도 그때 없고 마당에서 개 혼자 노는데 새끼로 여기를 묶어, 개 허리를 묶어 가지고 끌어 가지고 갔단 말이야.
- 가자.
- 걔는, 걔는 열 살이고 얘는 일곱 살이란 말이야, 세 살 더 먹었지.
- 그래서 그 다음에는 어떻게 해, 끌려가서 거기 가서 놀았지.
- 이놈이 가만히 차가우니까 깐 북데기에다가 불을 놓았단 말이야.

- 거 저: 정워이라는 아가.
- 부럴 놔:찌, 성냥얼 키 가주구 부럴 놔:따 마리여.
- 부럴 놔쓰잉깨 그 뿍띠기가 북 타면서 벙기자너요, 이러캐.
- 번지, 벙기개 되면 지 아패 꺼 이러키 끄러연는다 마리여.
- 내 아푸루 오지 말라(구), 부리 내 아푸루 오지 말라구.
- 그럼 자:두 끄러여쿠 야:두 끄러여쿠 하니까 뿍띠기가 점점 마:느니까 불꼬시 너퍼땀 마리여.
- 너푸니까 지벙애 베찌베 달려꺼덩.²²²⁾
- 게 베찌베 다려이까 아 그 다맨 처다보구서 야 이거 안 되개따구 힘 센: 눔더런 다 밀:구 나오구 그 요마난 궁개루²²³⁾ 밀구 나오구.
- 그래 인재 거기서 밀키구 밀키구 하다나이까 몬 나오는 눔 너:이서 데:따 마리여.
- 너이서 거기서 아 애:더리 너이 데:찌.
- 게 인지 저:: 그러니까 더콰니 덕째, 더콰니는 즈 형이 이씨니까 인차²²⁴⁾ 끄슬, 이 턴더구애 서서 손 지버 가주구 끄:내따 마리여.
- 그 다매 덕째는 누가 끄:낼 싸라미 이씨야지.
- 그 다매 저: 또 하난 두이, 두아니 아더리라구 또 게 하나 인넌데 그 거하구 덕째하구 젤: 크개 데:찌.
- 그 위애는 경하개 좀 데:따 마리여.
- 게 경하개 뎅 건 저 이러꾸.²²⁵⁾
- 그때 덕째는 가 보니까 여기가 그냥 시::카마치 머 그냥.
- 거 저 새:카마쿠 눈썹두 다: 타구 이런 머리두 다: 타구 이르카구 이 가슴 게 다::: 이라다 나니까²²⁶⁾ 손두 여기 다 이러키 데:서 그르키 되구 이 배, 배 이이 가슴 이 그두 막 데구 이래따 마리여.
- 기래두 이누마가 의지할 때가 업씨니까 그냥 제 혼자 그: 시망구기라구 그 으:사 거기 가땀 마리여.

- 그 저 정원이라는 애가.
- 불을 놨지, 성냥을 켜 가지고 불을 놨단 말이야.
- 불을 놓으니까 그 북데기가 북(데기가) 타면서 번지잖아요, 이렇게.
- 번지, 번지게 되면 자기 앞의 것을 이렇게 끌어넣는단 말이야.
- 내 앞으로 오지 말라(고), 불이 내 앞으로 오지 말라고.
- 그러면 쟤도 끌어넣고 얘도 끌어넣고 하니까 북데기가 점점 많으니까 불꽃이 높았단 말이야.
- 높으니까 지붕에 볏짚에 (불이) 달렸거든.
- 그래 볏짚에 달리니까 아 그 다음에는 쳐다보고서 야 이거 안 되겠다고 힘 센 놈들은 다 밀고 나오고 그 요만한 구멍으로 밀고 나오고.
- 그래 이제 거기서 밀리고 밀리고 하다보니까 못 나오는 놈 넷이서 데었단 말이야.
- 넷이서 거기에서 아 애들이 넷이 데었지.
- 그래 이제 저 그러니까 덕환이 덕재, 덕환이는 제 형이 있으니까 바로 끌어, 이 둔덕 위에 서서 손 잡어 가지고 꺼냈단 말이야.
- 그 다음에 덕재는 누가 꺼낼 사람이 있어야지.
- 그 다음에 저 또 하나는 두환, 두환이 아들이라고 또 그 하나 있는데 그것하고 덕재하고 제일 크게 데었지.
- 그 외에는 경하게 좀 데었단 말이야.
- 그래 경하게 덴 것은 저 괜찮고.
- 그때 덕재는 가 보니까 여기가 그냥 시커멓지 뭐 그냥.
- 그 저 새까맣고 눈썹도 다 타고 이런 머리도 다 타고 이렇게 하고 이 가슴 그래 다 이러다 보니까 손도 여기 다 이렇게 데어서 그렇게 되고 이 배, 배 이 가슴 이 거기도 막 데고 이랬단 말이야.
- 그래도 이놈 애가 의지할 데가 없으니까 그냥 제 혼자 그 심안국이라고 그 의사(한테) 거기에 갔단 말이야.

- 가서 보니까 어뜨키야.
- 시망구기가 떡 보니까 기가 매키지.
- 안: 댄다, 빨:리 양수227) 병워내 내려가라구.
- 그래서 박차뇽이하구 나하구 당가를228) 드러 가주서는 그거다 노쿠서는 석뚜루229) 내리 뛰찌.
- 그래 대대애서는 오지 공장애다 저나를 걸구.
- 차 좀 빨리 올러오개 하라구 올러오라구.
- 게 석뚜까지 거이 내려오니까 차가 와떼.
- 거기서 돌려 가주구 그 차에 시꾸서 양수 병원내 가찌.
- 양수 병워니 저 하동애 이썬넌데 거기럴 뜩 가니까 아이 모:타거따능 기지.
- 인잰 이: 화:상은 이: 시마기 때매 여기서 모타개따능 기지.
- 그래 어뜨캐, 가스래230) 도무내 가는 차를 탈라니 탈 쑤가 이씨야지.
- 뻐쑤두, 뻐쑤두 업찌, 바매.
- 그 양수 병워내서 실개이 하다 뻐쑤두 업찌.
- 그 다맨 배:차 시, 오지 공장 배:차 시꾸 드러오는 차가 이따 마리여.
- 게 배차를 거기서 부려가 달라 그래서 배차를 다 부려 노쿠, 그 다매 사람, 사람 두:럴 실꾸 두:럴 실:꾸서는 그 다매 도문 뼝워내 가찌.
- 도문 뼝워내 가 으:사, 으:사가 떡 진찰해 보더니먼 화상이 시:만데 빨리 수:혈해여 대거따구.
- 게 수열해가 되개따구.
- 그래 인저 내가 거그 따러가서 그대 수혈하자니까 머 수 무나형명 때 수혈꼬가 다 마사저서231) 업따능 기지.
- 문하형명이 마사저서 업따능 기지.
- 야, 그러문 영길 가서 가조오지요.
- 게 이 영길루 갈라구 역쩌내 막: 뛰: 가니까 그 다매는 한 사라미 그

- 가서 보니까 어떻게 해.
- 심안국이가 떡 보니까 기가 막히지.
- 안 된다, 빨리 양수 병원에 내려가라고.
- 그래서 박찬용이하고 나하고 담가를 들어 가지고는 거기에다 놓고는 석두로 내려 뛰었지.
- 그래 대대에서는 오지 공장에다 전화를 걸고.
- 차 좀 빨리 올라오게 하라고 올라오라고.
- 그래 석두까지 거의 내려오니까 차가 왔데.
- 거기서 돌려 가지고 그 차에 싣고서 양수 병원에 갔지.
- 양수 병원이 저 하동에 있었는데 거기를 떡 가니까 아니 못하겠다는 거지.
- 이젠 이 화상은 이 심하기 때문에 여기서 못하겠다는 거지.
- 그래 어떻게 해, 가을에 도문으로 가는 차를 타려니 탈 수가 있어야지.
- 버스도, 버스도 없지, 밤에.
- 그래 양수 병원에서 승강이하다 버스도 없지.
- 그 다음에는 배추 싣, 오지 공장에 배추 싣고 들어오는 차가 있단 말이야.
- 그래 배추를 거기서 부려 달라고 해서 배추를 다 부려 놓고, 그 다음에 사람, 사람 둘을 싣고 둘을 싣고는 그 다음에 도문 병원에 갔지.
- 도문 병원에 가 의사, 의사가 떡 진찰해 보더니만 화상이 심한데 빨리 수혈해야 되겠다고.
- 그래 수혈해야 되겠다고.
- 그래 이제 내가 거기 따라가서 그 다음에 수혈하려니까 뭐 수 문화 혁명 때 수혈창고가 다 부서져서 없다는 거지.
- 문화혁명에 부서져서 없다는 거지.
- 야, 그러면 연길에 가서 가져오지요.
- 그래 이 연길로 가려고 역전에 막 뛰어가니까 그 다음에는 한 사람

러더면, '동무! 동무!' 그랜다구 '왜 그러능가?'.

- 나넌 뛰어가구 그 사람 따루 뛰어 내려 저: 그: 광장으로 뛰어 나오구.

- 게 '동무! 동무! 왜 그래, 왜 그러능가' 하구 그러이까.

- 그 다맨 자기 말 하덩구먼.

- 여기 병워니 어딥니까?

- 어째 그람니까?

- 그래잉까 내 지금 피를 파러야 살지 지금 주깨다 구란다 마리여.

- 게 무순 형임니까?

- 오:형임니다, 이라거덩:.

- 그래서 그 다매 데리다가 뉘퍼 노쿠 덕째애개 사배고시꾸라무를 여치.

- 삼백 꾸람, 저: 양백 꾸라무럴 팔개따 구라대.

- 그른데 아: 삼배꾸람 팔개따 구라대.

- 그래 거기 어째튼 이― 라구.

- 그래 양배고시꾸라무 연는대 이 사라미 눈만 히:하구 뜨구선 누버서 이꺼던.

- 그러잉까 호:사가 참 누나를 보니까 조치 안타 마리여 또.

- 게 피 무든 소누루, 피 인지 수혈하다나니까 피가 무더찌.

- 피 무든 소느루 나를 툭 터지지덤 호사가, 툭 타치 저 사람 고만하자구.

- 게 고만하라구.

- 그러면 빨리 가서, 아뿌 저녀개 바매 어두운데 무넌 다: 다단년데 빨리 가서 사탕가루232) 두: 근만233) 사오라능 기지.

- 게 사탕가루 두: 그늘 싸러 나가니까 문 다:: 다더찌.

- 그저 다: 채워찌 머 어디나 도무내.

- 그 상저매 가두 다: 채워꾸.

- 기:래 바께서 이런 토다무, 토다무 뛰어너머찌.

이 그러더구먼, '동무! 동무!' 그런다고 '왜 그러는가?'.

　– 나는 뛰어 가고 그 사람은 따로 뛰어 내려와서 저 그 광장으로 뛰어 나오고.

　– 그래 '동무! 동무! 왜 그래, 왜 그러는가' 하고 그러니까.

　– 그 다음에는 자기의 말을 하더구먼.

　– 여기 병원이 어디입니까?

　– 왜 그럽니까?

　– 그러니까 내가 지금 피를 팔아야 살지 지금 죽겠다 그런단 말이야.

　– 그래 (피가) 무슨 형입니까?

　– 오형입니다, 이러거든.

　– 그래서 그 다음에 데려가서 눕혀 놓고 덕재에게 사백오십 그램을 넣었지.

　– 삼백 그램, 저 이백 그램을 팔겠다고 그러더라고.

　– 그런데 아 삼백 그램을 팔겠다고 그러데.

　– 그래 거기 어쨌든 넣으라고.

　– 그래서 이백오십 그램을 넣었는데 이 사람이 눈만 허옇게 뜨고 누워 있거든.

　– 그러니까 간호사가 참 눈알을 보니까 좋지 않단 말이야 또.

　– 그래 피 묻은 손으로, 피 이제 수혈하다보니까 피가 묻었지.

　– 피 묻은 손으로 나를 툭 치더니만 호사가, 툭 치더니 저 사람 그만하지고

　– 그래 그만하라고.

　– 그러면 빨리 가서, 아 저녁에 밤에 어두운데 문은 다 닫았는데 빨리 가서 설탕 두 근만 사오라는 거지.

　– 그래 설탕 두 근을 사러 나가니까 문을 다 닫았지.

　– 그저 (자물쇠를) 다 채웠지 뭐 어디나 도문에.

　– 그 상점에 가도 다 채웠고.

　– 그래서 밖에서 이런 토담을, 토담을 뛰어넘었지.

- 토다무 띠너머서 지기시래 가서 무누 뚜디리니까 누궁가 하구 깜:짱 놀래서 나오덩군.
- 아, 내 병워내서 완는대 지금 사탕까루 두: 그니 웁써서 야글 모 싸갠는대 사탕까루 두: 근만 싸, 파러 줍쏘.
- 이러니까 그 다매 사탕가루 두 근 주데.
- 그래 주구, 도닐 주구서넌 인차 나와서넌 사탕가루럴 뜨근 무르 한:사발 담떠니먼 사탕까루 항 그널 거기다 다: 푸러.
- 그라더니만 그 다:맨 그 사람뽀구 마시라 구란, 마시라구 한다 마리여.
- 게 한 대저불 마셔찌 그 사라미.
- 그라구서는 그냥 누버 이떵구먼.
- 누워이까 한 대접 더 마시라 구라니까.
- 한: 대저배 반: 대접 먹떠니 그 다매 '아이 머꺼따' 그런다 마리여.
- 몸: 머깨따구.
- 그라구서 인넌데 이: 갑쓸 그때 갑쓰 어쨍가 한:, 으: 항 구라무애:항, 그러잉까:: 항 배꾸라무애 시버니던두 그때.
- 그래서 그 다매 배꾸라매 시번서 삼시보워늘 삼시보원 어: 이시버늘 떡 줘:찌, 이시보워늘.
- 이시버늘 떡 주는 디서 내가 뭘: 받능가 하니까 삼시버늘 줘:찌.
- 가서 영양보충, 오: 원 더 부처서 영양보충 하라구.
- 아, 호:사가 또 모:쭈개 하오.
- 피 깝썰 노펴 노면 이따가 어트가갠능가?
- 게 오: 원 자버떼구서는 이시보원만 줍떼.
- 그라구 오: 워는 내기 돌려주덩구(먼).
- 그애, 그래 가주서는 그 다매 오는데 에 그거뚜 작따구 또 더 하라내.
- 그래 인재 더 아내서 에이 씨 도문 주둔부대 사령부루 드러가 보자구.

- 토담을 뛰어넘어서 당직실에 가서 문을 두드리니까 누군가 하고 깜짝 놀라서 나오더구먼.

- 아, 내가 병원에서 왔는데 지금 설탕 두 근이 없어서 약을 못 사겠는데 설탕 두 근만 사, 팔아 주시오.

- 이러니까 그 다음에 설탕 두 근 주데.

- 그래 주고, 돈을 주고는 바로 나와서는 설탕을 뜨거운 물을 한 사발 담더니만 설탕 한 근을 거기에다 다 풀어.

- 그러더니만 그 다음에는 그 사람에게 마시라고 그런, 마시라고 한단 말이야.

- 그래 한 대접을 마셨지 그 사람이.

- 그러고는 그냥 누워 있더구먼.

- 누워 있으니까 한 대접 더 마시라고 그러니까.

- 한 대접의 반 대접 먹더니 그 다음에 '안 먹겠다' 그런단 말이야.

- 못 먹겠다고.

- 그러고는 있는데 이 값을 그때 값은 어떤가 한, 에 일 그램에 일, 그러니까 한 백 그램에 십 원이든지 그때.

- 그래서 그 다음에 백 그램에 십원 해서 삼십오 원을 삼십오 원 어 이십 원을 떡 주었지, 이십오 원을.

- 이십 원을 떡 주는 데서 내가 뭘 봤느냐 하면 삼십 원을 주었지.

- 가서 영양보충 오 원 더 붙여서 영양보충 하라고.

- 아, 간호사가 또 못 주게 하오.

- 피 값을 높여 놓으면 나중에 어떻게 할 것인가?

- 그래 오 원 잡아떼고는 이십오 원만 주데.

- 그러고 오 원은 나한테 돌려주더구먼.

- 그래, 그래 가지고는 그 다음에 오는데 에 그것도 적다고 또 더 하라네.

- 그래 이제 더 안 해서 에이 씨 도문 주둔부대 사령부로 들어가 보자고.

- 그애 도문 주둔부대 사령부루 드러가지.

- 주둔부대 사령부애 드러가서 (보)잉까 전하기 한 통하구 그 다매 책 쌍하구-망 이찌 그 다매 아::무두 업땀 마리여.

- 게: 사령관 동, 사령관한티 한종말루234) 마:래찌.

- 우리 아드리 일곱 싸린대 지금 부래 타서 저래한대 수혀래야 된다는데 어트개 군대 내애 수여, 수혈 줌 해줄 쑤 엄능가?

- 그 살구기 위해서 그란다구.

- 그라니까 그 다매는 장부가 마능 개 가주 오더니 막:: 들춰 보데.

- 들처 보더니만 열락뼁이 가저오라 그래서 가저오더니만 떡 들춰 보데, 들처 보더니만 누가 이써.

- 군대서 피 잘 빼줄라구 아난다 마리여.

- 그래서 어디 두맹가, 중해꾜, 중해꾜 대 왜서 저나 거러가주구.

- 중:애꾜애서 에: 하 피를 뽑뙤 한: 사라매개 오:십꾸람 이상 더 뽑찌 말라구 이르키 내리덩구면.

- 그래서 학쌩덜 두:르 뽀버찌.

- 학쌩덜 오:형짜리 두:르 뽀버찌, 오:형배끼 암 바꺼등 피가.

- 그 다맨 또 저: 도문시 에: 저 도문시 시: 서기 인는데 그 여자가 하나가 오:형이람 마리여.

- 그래서 거기서 뽀꾸 아이미 뽀꾸 그래 덕째 어머이 꺼 뽀꾸 이래서 그래서 그 다매는 피르 수혀래서 살궈써.

- 그래 가주구서넌 그 다매 도러와 가주구 도러와서 게:속 약 쓰면서 어: 바벌 잘 메겨찌.

- 영양보충 하느라구 좀 잘 메겨찌.

- 그래이 그: 도:늘 거기서 쓰는 도늘 어: 시비뤌딸 시비월 쩌 시비월 정월딸까지 슥:딸 똥안 거기 인는데: 병워내 인는대 생:: 애르 머거찌 뭐.

- 만날 여기서 도문 댕겨야지 바불만 싸먹짜두 도:니 적찌.

- 그래 도문 주둔부대 사령부로 들어갔지.
- 주둔부대 사령부에 들어가서 보니까 전화기 한 통하고 그 다음에 책상하고만 있지 그 다음에 아무 것도 없단 말이야.
- 그래 사령관 동(지), 사령관한테 중국말로 말했지.
- 우리 아들이 일곱 살인데 지금 불에 타서 저러한데 수혈해야 된다는데 어떻게 군대 내에서 수혈, 수혈 좀 해줄 수 없는가?
- 그 살리기 위해서 그런다고.
- 그러니까 그 다음에는 장부가 많은 걸 가져 오더니 막 들춰 보더라고
- 들춰 보더니만 연락병이 가져오라고 해서 가져오더니만 떡 들춰보데, 들춰 보더니만 누가 있어.
- 군대서 피 잘 빼줄려고 안 한단 말이야.
- 그래서 어디 두메인가, 중학교, 중학교에다 전화 걸어가지고.
- 중학교에서 에 피를 뽑되 한 사람에게 오십 그램 이상 더 뽑지 마라고 이렇게 내리더구먼.
- 그래서 학생들 둘을 뽑았지.
- 학생들 오형짜리 둘을 뽑았지, 오형밖에 안 받거든 피가.
- 그 다음에는 또 저 도문시 에 저 도문시 시 서기가 있는데 그 여자 하나가 오형이란 말이야.
- 그래서 거기에서 뽑고 아이 에미 뽑고 그래 덕재 어머니 것 뽑고 이렇게 해서 그래서 그 다음에는 피를 수혈해서 살렸어.
- 그래 가지고는 그 다음에 돌아와 가지고 돌아와서 계속 약을 쓰면서 에 밥을 잘 먹였지.
- 영양보충 하느라고 좀 잘 먹였지.
- 그러니 그 돈을 거기에서 쓰는 돈을 에 십일월 달 십이월 저 십이월 정월달까지 석 달 동안 거기에 있는데 병원에 있는데 아주 애를 먹었지 뭐.
- 만날 여기에서 도문 다녀야지, 밥만 사먹자고 해도 돈이 적지.

− 그래 그러는 그러구 인는 기가내 어떤 아주머이가 도문 시:애 장 보러 와써.

− 장 보러 와, 나재 장 보러 완는데 거기 인저 나는 뭐 하러 나간능가 하개 되면 덕쩨 그 머글 꺼 쭘 싸가, 싸르러 나가느라구 또 나가찌.

− 게 나간는데 그: 장마당애서235) 델델델 구불면서236) 배 배를 끄러앙꾸 막:: 도러친다 마리여, 이 여자가.

− 그러니까 그때 한 사:십 쌀 되:깬능가 그 여자가.

− 그런데 아 그 다매는 사라미 까::뽕237) 모여찌 머.

− 게 멀리서 이르키 처다보지, 그 여자는 주꺼따구 구부넌데 막 그저 사람만 모여서 처다보지 한나 구원할라구 하는 사라미 업땀 마리여.

− 그래서 어째 사람더리 이르키 마는데 사라멀 살구 봐여지 이래능가 하구 그 다매 가 그 여자를 대번 그냥 에펴 달라구, 병워내 간다구.

− 그래 그 여잔 그스 그: 에펴주넌 사라미 거기 인넌 사라믄 나를 그 여자 남잔 줄 아러따 마리여.

− 그래서 그 다맨 에펴주덩구(먼).

− 에펴줘 가주구 병워느루 달려오자니까 영 바뿌지.238)

− 바뻐서 병원 삽짜긴는 데까지 와 가주구 '호사:! 호사!' 불러찌.

− 게 부르니까 호사가 나오등구먼.

− 게 나와서 이 깍찌거리239) 해 가주구 두:리 이르키 병워내 드르가서 대:번 수수래찌.

− 급썽맹장이기라능 기지.

− 급성맹장.

− 게 수술해 노니까 보따리 저: 무래 빠진 사람 본, 건저주먼 보따리 내:라는 시기루 그 여자 오좀 다: 뉘겨 뉘켜찌.

− 그 다매 그 여자 까:쓰240) 통할 때까지 방귀 누쿨 때까지 그 다매 그 거 다: 감시해찌.

- 그래 그러는 그러고 있는 기간에 어떤 아주머니가 도문 시에 장을 보러 왔어.

- 장을 보러 와, 낮에 장을 보러 왔는데 거기 이제 나는 뭐 하러 나갔느냐 하면 덕재 그 먹을 것 좀 사 가(지고), 사러 나가느라고 또 나갔지.

- 그래 나갔는데 그 장마당에서 데굴데굴 구르면서 배 배를 끌어안고 막 돌아친단 말이야 이 여자가.

- 그러니까 그때 한 사십 살 되었겠는가 그 여자가.

- 그런데 아 그 다음에는 사람이 가득 모였지 뭐.

- 그래 멀리서 이렇게 쳐다보지, 그 여자는 죽겠다고 구르는데 막 그저 사람만 모여서 쳐다보지 하나 구원하려고 하는 사람이 없단 말이야.

- 그래서 어째 사람들이 이렇게 많은데 사람을 살리고 봐야지 이러는가 하고 그 다음에 가서 그 여자를 대번에 그냥 업혀 달라고, 병원에 간다고

- 그래 그 여자는 끌어 그 업혀주는 사람이 거기 있는 사람은 나를 그 여자 남편인 줄 알았단 말이야.

- 그래서 그 다음에는 업혀주더구먼.

- 업혀줘 가지고 병원으로 달려오니까 아주 힘들지.

- 힘들어서 병원 문 있는 데까지 와 가지고 ‘간호사! 간호사!’ 하고 불렀지.

- 그래 부르니까 간호사가 나오더구먼.

- 그래 나와서 이 깍지걸이 해 가지고 둘이 이렇게 병원에 들어가서 바로 수술했지.

- 급성맹장이라는 거지.

- 급성맹장.

- 그래 수술해 놓으니까 보따리 저 물에 빠진 사람 보(따리), 건져주면 보따리 내놓으라는 식으로 그 여자 오줌 다 뉘였(지) 뉘였지.

- 그 다음에 그 여자 가스(방귀) 통할 때까지 방귀 뀔 때까지 그 다음에 그거 다 감시했지.

- 그래대 호사는 제 호:사시래 드러가 이꾸.

- 그 다매 그러캐 한데 양표가 인나 도:니 인나 인저 그 여자가.

- 그러다나니까 거기서 이제 머:라능가 하니까 훈추내 소해꼬:: 뒤찌비먼 우리 지비라능 기지.

- 그 여자 지비라능 기지.

- 거기 줌 가따 와 달라능 기지.

- 그래서 거기를 가:서 또 가보니까 아덜하구 저 머여 그 나그내²⁴¹⁾ 이 떵구면.

- 그래서 얘:기르 해 가주구, 그릉가: 하구 게 다: 데리구 오자네써?

- 그라구선 썽 물려주구 마러찌 머.

- 그래 나 아니먼 주거찌 머.

- 그래 그르캐 가주구 하나 사람 살궈 노쿠서넌 그래 우리 아덜두 사러찌.

- 그래 사러 가주구 후:애 가서 야글 써…

- 후:애 이제 그 후:애 야:가 이제 점점 해꼬를 댕기구 하는데 그: 얼굴 때미 아가 함푸리 탁: 중는다²⁴²⁾ 마리여.

- 나미 보갠대 어트가냐, 에 이거 안 되개따 이거 어트기 지 얼굴루 맨들 쑤 어깬능가 데리구 장춘널 가써.

- 장춘 가서 이 배까주걸 뻬껴 가주구 얼구래다 부치구 그 얼굴 껄 뻬껴 디디구,²⁴³⁾ 게 여기는 다시 에: 저 치료해서 나깨끔 이르캐 하구 게 그라구 도러와찌.

- 그라구두 손뚱언 모태써.

- 그저 배까죽 떼:서 얼굴만 해찌.

- 그 얼구래서 꼬맨 실:짜우그, 실:짜구기 그: 덴: 자국꽈 그저 비드마지.

- 그르키 돼: 돼:써, 다:스 그래 살과써.

- 어: 애르 머거써.

- 그런데 간호사는 자기 간호사실에 들어가 있고.
- 그 다음에 그렇게 하는데 양표가 있나 돈이 있나 이제 그 여자가.
- 그러다보니까 거기서 이제 뭐라고 하는가 하면 훈춘의 소학교 뒷집이 우리 집이라는 거지.
- 그 여자 집이라는 거지.
- 거기에 좀 갔다 와 달라는 거지.
- 그래서 거기를 가서 또 가보니까 아들하고 저 뭐야 그 남편이 있더구먼.
- 그래서 얘기를 해 가지고, 그런가 하고 그래 다 데리고 오지 않았어?
- 그러고는 썩 물려주고 말았지 뭐.
- 그래 나 아니면 죽었지 뭐.
- 그래 그렇게 해 가지고 하나 사람 살려 놓고는 그래서 우리 아들도 살았지.
- 그래 살아 가지고 후에 가서 약을 써…
- 후에 이제 그 후에 얘가 이제 점점 학교를 다니고 하는데 그 얼굴 때문에 애가 한풀이 탁 꺾인단 말이야.
- 남이 볼 건데 어떻게 하냐, 에 이거 안 되겠다 이거 어떻게 제 얼굴로 만들 수 없겠는가 하고 데리고 장춘에 갔어.
- 창춘에 가서 이 뱃가죽을 벗겨 가지고 얼굴에다 붙이고 그 얼굴 것은 벗겨 버리고, 그래 여기는 다시 에 저 치료해서 낫게끔 이렇게 하고 그래 그러고 돌아왔지.
- 그러고도 손등은 못 했어.
- 그저 뱃가죽 떼서 얼굴만 했지.
- 그 얼굴에서 꿰맨 실 자국이, 실 자국이 그 덴 자국과 그저 비슷하지.
- 그렇게 돼 되었어, 다 그래서 살렸어.
- 아, 애를 먹었어.

- 자시가나 살굴라구 영 석 딸 넉 딸 똥안 거기 기냥 아주…
- 그래 도:넌 어트개 핸능가 거기 장후니:: 어 니 애더리 그래씽까 영 보기인데, 영보가 나가 동개비여.
- 니 어이뜬 네 자시기 그래씨니까 어: 치료빌 대:갠냐 안 대갠냐.
- 이르키 돼 가주 치료비 치료비를 절반 대찌 머.
- 절반 대구 내가 절반 대구.
- 그러캐 해서 살궈논 사라미여.
- 덕재가 그르캐 사라써.
- 그래 지금두 지금까지두 그 얼굴 때매 어디가 대면해기 실쿠, 시러하구.
- 누구하구 대면하기 시러하구.
- 자꾸 무순 이리 이써두 항구개 가서두 나뿌구 범무부애 가 보라지, 지가 갈라구는 아나지.
- 그래 그래서 지금두.

갠차는대 머.
- 괜:차너?
- 나미 보, 나미 보갠데 보기앤 벌써…

그러캐, 그러캐 보기 실치 안튼대요, 머 그냥.
- 어:려씰 때 고:와써,244) 아가.
- 어려씰 때는 그: 데지리 데기 전까장은 고:와찌 머.
- 게 그런 얘기럴 하나 해찌, 머 또 이제.
- 아주 자식 키우기가 헐치 아이요.

- 자식 하나 살리려고 아주 석 달 넉 달 동안 거기 그냥 아주…
- 그래 돈은 어떻게 했느냐 하면 거기 장훈이 에 너의 애들이 그랬으니까 영복이한테, 영복이가 나와 동갑이야.
- 너 어쨌든 네 자식이 그랬으니까 에 치료비를 대겠느냐 안 대겠느냐.
- 이렇게 되어 가지고 치료비 치료비를 절반 대었지 뭐.
- 절반 대고 내가 절반 대고.
- 그렇게 해서 살려놓은 사람이야.
- 덕재가 그렇게 살았어.
- 그래 지금도 지금까지도 그 얼굴 때문에 어디가서 대면하기 싫고, 싫어하고.
- 누구하고 대면하기 싫어하고.
- 자꾸 무슨 일이 있어도 한국에 가서도 나보고 법무부에 가 보라지, 자기가 가려고는 안 하지.
- 그래 그래서 지금도.

괜찮은데 뭐.

- 괜찮어?
- 남이 보(기에), 남이 보는데 보기에는 벌써…

그렇게, 그렇게 보기 싫지 않던데요, 뭐 그냥.

- 어렸을 때 예뻤어, 애가.
- 어렸을 때는 그 데지 데기 전까지는 예뻤지 뭐.
- 그래 그런 얘기를 하나 했지, 뭐 또 이제.
- 아주 자식 키우기가 쉽지 않아요.

2.5. 문화혁명

그 때 그: 무놔형명 할 때 동네 싸람들-끼리두 사이가 안 조쿠 그러지두 아
나써요?

그렁 거 이찌 아나써요?

- 이써.

그럴 때 어트개 해써요?

- 그 때는 한 조지기거덩 다:.

- 한 조지기지만 거기애서 나뿐 사람더리 이써찌.

- 제정 때245) 이르키 부라개 이쓰민서 어: 팔로구내246) 드러오거나 그
때 빨:찌사니247) 드러오거나 이래개 되문 그걸 알:구서넌 양수 경찰써애다
보고한 사람들 이찌.

- 보고해 가주구 인:차 이 사라물 부뜨러다가 가따, 가주구 심:사하지.

- 게 이런 사라물 으:: 님성그니 형니미라구 하는 사라물 때:려 주기찌
머 거기서.

- 그냥 청년드리 때려 주기따 마리여, 무나형명 때.

어트개요?

- 그: 고:바래따구, 제정 때 그 고:바래따구.

- 하:: 나뿐누미라구 이거 다: 해서 게 조선싸라미 여기는 젤: 형명애
조선싸라미 혼자 다 하능 거처럼 아주 그르키 강해찌 머.

- 그래서 때려 주거써 그런 사람.

- 그래서 하나 때리 쥐기구.

- 그 다매 서영가미라는 사라미 문하:-수주니 넙다구 아내써? 정아미
라구 이름 진 사람.

- 그 사람두 그저내 머 핸능가 하니까 그: 해:머웅 건 크:개 웁넌데 그

그 때 그 문화혁명 할 때 동네 사람들끼리도 사이가 안 좋고 그렇지도 않았어요?

그런 거 있지 않았어요?

- 있어.

그럴 때 어떻게 했어요?

- 그 때는 한 조직이거든 다.

- 한 조직이지만 거기에 나쁜 사람들이 있었지.

- 일제 강점기 때 이렇게 부락에 있으면서 에 팔로군이 들어오거나 그때 빨찌산이 들어오거나 이러게 되면 그걸 알고는 양수 경찰서에다 보고한 사람들이 있지.

- 보고해 가지고 바로 이 사람을 붙잡아다가 갖다가, 가지고 심문하지.

- 그래 이런 사람을 에 임성근이 형님이라고 하는 사람을 때려 죽였지 뭐 거기서.

- 그냥 청년들이 때려 죽였단 말이야, 문화혁명 때.

어떻게요?

- 그 고발했다고, 일제 강점기 때 그 고발했다고.

- 아주 나쁜 놈이라고 이거 다 해서 그래 조선사람이 여기는 제일 혁명에 조선사람이 혼자 다 하는 것처럼 아주 그렇게 강했지 뭐.

- 그래서 때려 죽였어 그런 사람.

- 그래서 하나 때려 죽이고.

- 그 다음에 서영감이라는 사람이 문화수준이 높다고 안 했어? 정암이라고 이름 지은 사람.

- 그 사람도 그전에 무엇을 했느냐 하면 그 해먹은 건 크게 없는데 그

지시기 망:쿠 이저는 크개 해머꺼따구 으:시멀 자꾸서넌 또 조사럴 하기 시자개찌.

　− 게 나이 이써, 그 사라미.

　− 근데: 한 칠씨가기 돼:는데 아이야 느:더란태 이러키 조:사바꾸 이깬냐 난 주깨따 그래 저: 사내 올러가서 몽매다러 주거뻐려찌.

　− 그: 그래서 무나형명이 간: 쎄써.

　− 그래 여기 자동차 댕기는 거뚜 짐차애, 자동차 짐차애 으: 아이미가 아:르 앙꾸 그대 자동차애 타구서 도문 나가지.

　− 나가능 건 발란대가 그저 대:구 총으 쏴서 아: 그저 대:번 주거찌, 아: 가 마저서.

　− 아이미두 주꾸.

아이 왜 쏴요?

　− 아:두 주꾸.

　− 저기 홍: 저: 빠얼치라구.

　− 빠얼치 다런 조지기라구.

　− 다런 조기기라구 하구 쏴:찌.

　− 다른 조직 싸라면 가서 부터서 얘기두 모태쓰.

　− 홍색, 빠얼치, 캉다 그 다매 이르키 다: 조지기 따:지 머.

서루서루 그래써요?

　− 그럼 서루서루 그러치 머.

거 어디두 모:따니갠내요?

　− 어디두 모:땡기구 막 그저 자버 주기는데 뭐 어떠개 할: 쑤가 이씨야지.

　− 게 으:심항 건 그냥 대번 총 쏴 버리구.

　− 머 아, 아라? 그래 그래서 모 주서기 에: 운:'두루 하주 말구 언:'더로 하라 그래찌.

　− 언더로 하라능 건 머잉가 말:루 하라, 총이랑 이릉 거 쓰지 말라.

지식이 많고 이전에 크게 해먹었다고 의심을 잡고는 또 조사를 하기 시작했지.

‑ 게 나이가 많아, 그 사람이.

‑ 그런데 한 칠십 정도 되었는데 아이야 너희들한테 이렇게 조사받고 있겠느냐 난 죽겠다, 그래서 저 산에 올라가서 목을 매달아 죽어버렸지.

‑ 그 그래서 문화혁명이 아주 심했어.

‑ 그래 여기 자동차 다니는 것도 짐차에, 자동차 짐차에 에 아이 어미가 아이를 안고 그 다음에 자동차에 타고 도문에 나가지.

‑ 나가는 걸 반란대가 그저 대고 총을 쏴서 아 그저 대번 죽었지, 아이가 맞아서.

‑ 아이 어미도 죽고.

아니, 왜 쏴요?

‑ 아이도 죽고.

‑ 저기 홍(색) 저 827(무장대)라고.

‑ 827(무장대)는 다른 조직이라고.

‑ 다른 조직이라고 하고 쐈지.

‑ 다른 조직 사람은 가서 붙어서 얘기도 못 했어.

‑ 홍색(紅色), 827(무장대), 항대(抗大) 그 다음에 이렇게 다 조직이 다르지 뭐.

서로서로 그랬어요?

‑ 그럼 서로서로 그렇지 뭐.

거 어디에도 못 다니겠네요?

‑ 어디도 못 다니고 막 그저 잡아 죽이는데 뭐 어떻게 할 수가 있어야지.

‑ 그래 의심스러운 사람은 그냥 대번 총을 쏴 버리고.

‑ 뭐 알, 알아? 그래 그래서 모 주석이 에 운두로 하지 말고 언더로 하라 그랬지.

‑ 언더로 하라는 건 무엇인가 하면 말로 하라, 총이랑 이런 거 쓰지 마라.

- 이르키 또 내려찌 머, 그 후애.

- 그때 등소평이 가치우때찌.

- 게 등소평이 가치원는데 에: 이 가모개 가치원는데 가모개서 그 다매 등소평이 머 핸능가 하니까 공산당 대회럴 할 쩌개 등소평이 아:내서 그럴써 가주구 편지럴 써 가주구 그 내: 보내서 거: 대회 하는 데 디리보내따 마리여.

- 기 디리보내서 대회, 대회장애서 그 편지럴 일거찌 머.

- 일거 가주구 사실 이마난 개조할 마난 사라미다.

- 이러카구 또 끄:내 놔따 마리여.

- 게 드르가씰 쩌개 훈추내서 '따:또: 등소평::(打倒 鄧小平[dǎ dǎo Deng Xiaoping])' 할 쩌게는 머여 아주 등소평얼 타겨카라.

- 이르키 소리칠 때는 으: 군중드리 막: 이르나서 그르키 소리덜 치지, 모여서.

- 그러먼 한 사라미 이따가서 에: 등소평 나뿐 사라미다 하구 소리칠 때 한 사라미 등소평언 조은 사라미다 하구 또 반대저그루 이르기 소리처 따 마:리여.

- 사시시니까248) 이 조은 사라미다 할 때 그 사라므 가따 가둬찌.

- 훈추내서.

- 가따 가두니까 그 다맨 훈추내섬 머 어트개 한 일 런 가둬찌 머, 그 사라멀.

- 그 어가내 등소평은 나와찌. 가모개서 나와찌.

- 나오서는, 나와서는 이재 머 하능가 부주서깅가 이걸 하게 되지.

- 그래서 그 다매 그 사라문 내:놔찌249) 머.

- 훈추내 개낀250) 사라무 내:놔찌.

- 게 내는 내는데 머라구 핸능가 하니까 난 몬 나가개따.

- 너 나가라구 해두 난 나가서 뭘: 해머꾸 살:갠나.

‒ 이렇게 또 내렸지 뭐, 그 후에.

‒ 그때 등소평이 갇혔었지.

‒ 그래 등소평이 갇혔는데 에 이 감옥에 갇혔는데 감옥에서 그 다음에 등소평이 무얼 했느냐 하면 공산당 대회를 할 적에 등소평이 안에서 글을 써 가지고 편지를 써 가지고 그걸 내 보내서 그 대회 하는 데에 들여보냈단 말이야.

‒ 그래 들여보내서 대회, 대회장에서 그 편지를 읽었지 뭐.

‒ 읽어 가지고 사실 이만한 개조할 만한 사람이다.

‒ 이렇게 하고 또 꺼내 놨단 말이야.

‒ 그래 들어갔을 적에 훈춘에서 '타도 등소평' 할 적에는 뭐야 아주 등소평을 타격하라.

‒ 이렇게 소리칠 때는 에 군중들이 막 일어나서 그렇게 소리들을 치지, 모여서.

‒ 그러면 한 사람이 이따가 에 등소평 나쁜 사람이다 하고 소리칠 때 한 사람이 등소평은 좋은 사람이다 하고 또 반대로 이렇게 소리쳤단 말이야.

‒ 소리치니까 이 좋은 사람이다 할 때 그 사람을 갖다 가뒀지.

‒ 훈춘에서.

‒ 갖다 가두니까 그 다음에는 훈춘에서는 뭐 어떻게 한 일 년 가뒀지 뭐, 그 사람을.

‒ 그 어간에 등소평은 나왔지, 감옥에서 나왔지.

‒ 나와서는, 나와서는 이제 뭐 했느냐 하면 부주석인가 이걸 하게 되었지.

‒ 그래서 그 다음에 그 사람은 내놨지(석방했지) 뭐.

‒ 훈춘에 갇힌 사람을 내놨지(석방했지).

‒ 그래 내놓는 내놓는데 뭐라고 했느냐 하면 나는 못 나가겠다.

‒ 네가 나가라고 해도 나는 나가서 뭘 해먹고 살겠나.

- 자: 에펀내드라구 애:드라구 나 때무내 얼마 고상한지 아능가, 또: 이 적찌 버러씨먼 쑤:태 버러깬는데 에 애덜두 궁기구 여편내두 궁기구 나두 굴머따.

- 게: 내 그냥 나갈 꺼 가틍가, 보증251) 다 해 달라.

- 막: 그래서 산 일런 가처써는데 삼:년 치를 해줜능가?

- 그래서 그 다매 내: 보내지 아내써?

- 에: 그래서 막 끄냥 그 사라미 뗄:래애서 그저 막: 그: 마:리 올치 머.

- 그래서 그 내 그러먼 앙: 그러먼 등소평한테 내 이거 가개따.

- 허허 막: 그냥 그래 가주구…

- 이대 자:래줘:서 내보내써.

- 게: 그 사람 생가개는 나먼 다: 등, 등소평언 나뿐 노미다: 하구 소리 칠 때 이 사라문 등소평은 조은 사라미다:: 할 째 어째 무순 생가기 드러 가 그랜는지.

- 허허허허 그게 다:…

강청:두 거기 과, 과녀되지 아나써요, 무놔형명애?

- 과녀 돼:찌.

- 강청,252) 강청 림표253) 그 다매 이짝 저: 에 또 하나 또 하나 무이 누구등가, 그 스: 노희요.

- 사린방이라구254) 사린방이라구 따루 이써지.

사임방.

- 사, 사임방.

예.

- 그게 이써 가주구 그때, 그때 한참 그래치.

- 기 님표는, 님푠 그 후애 사해정군 군장이지 머.

- 근데 에: 중앙애 이쓰면서 자기가 우때가리 모 주석 우애 올러슬라구 하다가 아이 될꺼 가트라니까 그 다맨 비행기 타구 쏘련 간다구.

- 자 아내하고 애들하고 나 때문에 얼마나 고생했는지 아는가, 또 이제
껏 벌었으면 숱하게 벌었을 텐데 에 애들도 굶기고 아내도 굶기고 나도
굶었다.

- 그래 내가 그냥 나갈 것 같은가, 보상 다 해 달라.

- 막 그래서 삼, 일 년 갇혔었는데 삼년 치를 해줬는가?

- 그래서 그 다음에 내보내지 않았어?

- 에 그래서 막 그냥 그 사람이 떼를 써서 그저 막 그 말이 옳지 뭐.

- 그래서 그 내가 그러면 안 그러면 등소평한테 내가 이거 가졌다.

- 허허 막 그냥 그래 가지고…

- 곧 잘 해줘서 내보냈어.

- 그래 그 사람 생각에는 남은 다 등(소평), 등소평은 나쁜 놈이다 하고
소리칠 때 이 사람은 등소평은 좋은 사람이다 할 때 어찌 무슨 생각이 들
어서 그랬는지.

- 허허허허 그게 다…

강청도 거기 관여, 관여되지 않았어요, 문화혁명에?

- 관여 되었지.

- 강청, 강청 임표 그 다음에 이짝 저 에 또 하나 또 하나 뭣이 누구던
가, 그 세 노희요.

- 사인방이라고, 사인방이라고 따로 있었지.

사인방.

- 사, 사인방.

예.

- 그게 있어 가지고 그때, 그때 한창 그랬지.

- 그 임표는, 임표는 그 후에 사해정군 군장이지 뭐.

- 그런데 에 중앙에 있으면서 자기가 윗대라기 모 주석 위에 올라서려
고 하다가 안 될 것 같으니까 그 다음에는 비행기 타고 소련 간다고.

- 가다가 주을래 동지가 알:구서 대분 그냥 쫘:라. 그릉궁 비앵기 가넌 누무걸 쫘 가주구서넌 몽고 경내애까지 드르간는데 거 가 떠러저찌.

- 여기서 쏭: 게 거 가서, 거 가서 마저 떠러저찌.

그: 문하형명 하기 전내 대:약찌눈동은 어트개 대써요?

- 대:약찌눈동은 그때는 어트기 됀:능가 하니까 그:: 관내 그르닝까 산 서성이구²⁵⁵⁾ 그 다매 무순 관내-서 하는 그런 시걸 논, 논 저 저 바트 이러키 떠글 매먼서 떠글 매먼서 저기 흘걸 여가따 채워 가주구 그 다매 또 하구 저짜개 또 그르캐 해노쿠 이르캐서 대저늘 어: 대저늘 맨든다.

- 이래 심:, 싱:경을 하자.

- 소:개 인는 땅을 홀떡 두지버서 거티 노코 거티 땅을 미티다 지버 여라.

- 이르개 돼. 게: 거티 땅은 우리 생가개는 태양얼 바꼬 다: 거머저서 근대 새: 흐글 끄내노 가주 새: 흐글 끄내서 노니까 생전 곡씨기 돼야지.

- 게 이르키 하는데 수::탄 바미구 나재구 등뿔 키 노쿠 초롱뿔 키 노쿠 막 끄냥 증기를²⁵⁶⁾ 내다 가까운 데넌 증기를 내다 걸구 먼: 데넌 저: 머여 초롱뿔 가따 커 노쿠 막: 끄냥 땅을 파기 시자개:찌. 그래찌.

땅 뒤짐느라구.

- 어: 뒤짐느라구.

- 게 그르캐 하지.

- 그래 우리야 영: 소화 안 되지.

- 소화 안 되두 명녕이지 머.

- 어터개 그 다매넌 가서 하는 치가다가 그 다매 또 오고, 오고 그러지.

- 그래 가주서넌 그 다매 대약진 때 저: 옥씨기짱 콩깍찌 이렁 거 머거 가면서 그걸 하자니까 어뜨캐, 이 양표²⁵⁷⁾ 쓸 땐데 양표가 웁쓰 웁씨 어디 가 쌀럴 싸.

- 그래서 그 다맨 먹끼 그때 노인더리 거인 다: 주거갇 다: 주거찌.

- 가다가 주은래 동지가 알고서 대번 그냥 쏴라. 그러곤 비행기 가는 놈의 걸 쏴 가지고는 몽고 경내에까지 들어갔는데 거기 가서 떨어졌지.

- 여기서 쏜 게 거기 가서, 거기 가서 맞아 떨어졌지.

그 문화혁명을 하기 전에 대약진운동은 어떻게 되었어요?

- 대약진운동은 그때는 어떻게 되었느냐 하면 그 관내 그러니까 산서성이고 그 다음에 무슨 관내에서 하는 그런 식을 논, 논 저 저 밭을 이렇게 풀을 매면서 풀을 매면서 저기 흙을 여기 가져다 채워 가지고 그 다음에 또 하고 저쪽에 또 그렇게 해놓고 이렇게 해서 대전(大田)을 에 대전을 만든다.

- 이렇게 심, 심경(深耕)을 하자.

- 속에 있는 땅을 홀떡 뒤집어서 겉에 놓고 겉에 땅을 밑에다 집어넣어라.

- 이렇게 됐어. 그래 겉에 땅은 우리 생각에는 태양을 받고 다 까매져서 그런데 새 흙을 꺼내놔 가지고 새 흙을 꺼내 놓으니까 생전 곡식이 되어야지.

- 그래 이렇게 하는데 숱한 밤이고 낮이고 등불 켜 놓고 초롱불 켜 놓고 막 그냥 전기를 내다가 가까운 데는 전기를 내다 걸고 먼 데는 저 뭐야 초롱불을 갖다 켜 놓고 막 그냥 땅을 파기 시작했지. 그랬지.

땅 뒤집느라고.

- 응, 뒤집느라고.

- 그래 그렇게 하지.

- 그래 우리야 영 소화가 안 되지.

- 소화 안 되어도 명령이지 뭐.

- 어떻게 그 다음에는 가서 하는 척하다가 그 다음에 또 오고, 오고 그러지.

- 그래 가지고는 그 다음에 대약진 때 저 옥수숫대 콩까지 이런 거 먹어 가면서 그걸 하려니까 어떻게 해, 이 양표 쓸 땐데 양표가 없어, 없이 어디 가서 쌀을 사.

- 그래서 그 다음에는 먹기 (때문에) 그때 노인들이 거의 다 죽어(지), 다 죽었지.

- 그저 먹찌 모태서 저건…

아 그때가 젤…

- 에:.

굴머써요?

- 그 다매 젤: 굴머찌 그때.

- 그때 저: 머여 노인드른 손자 생각, 그 다맨 애:덜 생각 이릉 거 해서 한 사발씩 그룽 거 퍼다 줘:두 너 머거라, 너 머거라 하구 너 마:이 머거, 너 마이 머거 하다나니까 먹찌 모태서 주근 노인드리 마:나찌 머.

- 그래서 무나형명 끈나구, 끈나구 그 다매 좀 이따 사: 오심육년도 오십칠련도 이러치.

- 그래서 모 주서기 주근 다:매 주을래 동지 인차 죽꾸, 따라서 인차 주꾸.

- 그래 주을래 동지는 태워서 비행기애다 해 가주구 정구그 댕기머 뿌리구.

- 그대 모 주서건 그: 머여 보:과나느 데 그: 썩찌 앙캐 보관하는 데 그런 무래다 가따 지버여찌.

- 지버여 가주구 그 지금두 이써.

- 지금두 그때 싸람덜 지금두 모 주서걸 여래하지 머 아주 여래하지.

- 관내 싸람덜두 다: 지금 머 모, 모 주, 모 주서걸 인민더런 다: 여래하지.

- 게 군대래두 인민덜 찌배 와서 물 기러다 줘, 낭그 패주구 머 마고깐 터주구 다: 해서 불 때주구 다: 이르키 하넌 사람더리 어디써, 군대가.

- 막:: 이르캐 해서 군 인미드르 시니물 으:더 가주구 이임드리 에: 와우 우리 아덜두 군대 보내개따구, 우리 아덜두 군대 보내개따구 하구 막: 끄냥 서드러쓸 땐데 그때.

- 그래서 정비가 확: 뿌러찌.

- 그저 군대 병녀기 착: 뿌러찌.

- 그래 가주서 이르캐 돼:찌 머.

- 그저 먹지 못해서 저건…

- 아 그때가 제일…

- 예.

- 굶었어요?

- 그 다음에 제일 굶었지 그때.

- 그때 저 뭐야 노인들은 손자 생각, 그 다음에는 아이들 생각 이런 거해서 한 사발씩 그런 거 퍼다 줘도 너 먹어라, 너 먹어라 하고 너 많이 먹어, 너 많이 먹어 하다보니까 먹지 못해서 죽은 노인들이 많았지 뭐.

- 그래서 문화혁명 끝나고, 끝나고 그 다음에 좀 이따가 사, 오십육년도 오십칠년도 이렇지.

- 그래서 모 주석이 죽은 다음에 주은래 동지가 바로 죽고, 따라서 바로 죽고

- 그래 주은래 동지는 태워서(화장해서) 비행기에 해 가지고 전국을 다니며 뿌리고.

- 그 다음에 모 주석은 그 뭐야 보관하는 데 그 썩지 않게 보관하는 데그런 물에다 갖다 집어넣었지.

- 집어넣어 가지고 그 지금도 있어.

- 지금도 그때 사람들 지금도 모 주석을 열애하지 뭐 아주 열애하지.

- 관내 사람들도 다 지금 뭐 모, 모 주(석), 모 주석을 인민들은 다 열애하지.

- 그래 군대라도 인민들 집에 와서 물 길어다 줘, 나무 패주고 뭐 마구간 쳐주고 다 해서 불 때주고 다 이렇게 하는 사람드리 어디있어, 군대가.

- 막 이렇게 해서 군 인민들의 신임을 얻어 가지고 이놈들이 에 아유우리 아들도 군대 보내겠다고, 우리 아들도 군대 보내겠다고 하고 막 그냥서둘렀을 땐데 그때가.

- 그래서 정비가 확 불어났지.

- 그저 군대 병력이 확 불어났지.

- 그래 가지고 이렇게 되었지 뭐.

- 농초누루 드루와서부터…

- 맨: 처매 장개석[258] 꾼대가 동부개 드러올 때 뱅마이 군느 드루와꺼등.

- 근디 어디 차지핸능가 하니까 장춘:, 길림: 이 심냥, 무순 이른 디 다: 점녕해찌.

- 이 썩 부구루는 아정 모: 뜨르가따 마리여.

- 게 거기넌 팔로구넌 어디애 이썬넝가 하니까 가목싸,[259] 목땅강[260] 그 다매 저 활빈[261] 지지할[262] 이른 디루 이르가구 이써찌.

- 추:운데 거 가 이써찌 다:.

- 그래서 농민 농민드르 파겨내서 농민들에 선저나구 그래서 그 다매 고인더란테[263] 선저나구 다: 이래서 병녀기 콱: 부러찌.

- 농촌으로 들어와서부터…

- 멘 처음에 장개석 군대가 동북에 들어올 때 백만이 군이 들어왔거든.

- 그런데 어디를 차지했느냐 하면 장춘, 길림 에 심양, 무순 이런 데를 다 점령했지.

- 이 썩 북으로는 아직 못 들어갔단 말이야.

- 그래 거기는 팔로군은 어디에 있었느냐 하면 가목사, 목단강 그 다음에 저 하얼빈, 치치하얼 이런 데로 이렇게 하고 있었지.

- 추운데 거기에 가 있었지, 다.

- 그래서 농민 농민들을 파견해서 농민들한테 선전하고 그래서 그 다음에 고인들한테 선전하고 다 이래서 병력이 확 불어났지.

2.6. 대약진운동

그러면 집채:는 언제부터 항 거에요?

– 집채: 집채년 사심 융년.

– 그르닝까 오:심, 오:심 늉년 오:십 팔런 오:십 팔런도 오십 팔런도 오
심 늉년도애 해찌.

– 오십 칠 칠런 오심 늉년 고기 고때 해찌 머.

아 그러먼 대:약찐운동할 고때.

– 어: 고때.

고때 핸 항 거내요?

– 어: 으 나 드루와서 드루와서 그때 드러오니까 대:약찐 한다구 하덩
구먼.

그때 머 이르캐 반 매구 이러면서 공수 주구…

– 공수:.264)

그러타면서요?

– 에: 근데 그게 집채루 하능 게 영:: 소와 안 되지 머.

– 새아가 한 열여덥 싸리나 머근 새:아가 머 하거, 머 하개써.

– 이: 옥씨기 뿌리를 캐는데: 내가 나:하구 남자 둘:하구 여자 한나하구
이르키 해서 옥씨기 뿌릴 캐는데 하루가리를265) 캐여 된다 마리여.

– 캐여 되는데 그저 우리넌 두: 고랑얼 자버 가지, 꽹이루. 이짝 탁 찍
꾸 이짝 탁 찍꾸 자버땡기구 이짝 탁 찍꾸 자버땡기구 이러캐 수: 캐:, 캐:
나가지.

– 그 여자넌 항: 고랑 가주구서두 우리 모 따러오지.

– 그러나 공수 바들 쩌개는 그 여자두 항 공 나 우리두 남자덜두 항 공,
에 이거 모태 멍는다 아난다구.

그러면 집체는 언제부터 한 거예요?

- 집체 집체는 사십 육년.

- 그러니까 오십, 오십 육년 오십 팔년 오십 팔년도 오십 팔년도 오십 육년도에 했지.

- 오십 칠-칠년 오십 육년 고기 그때 했지 뭐.

아 그러면 대약진운동할 그때.

- 응, 그때.

그때 한 거네요?

- 어 응 나 들어와서, 들어와서 그때 들어오니까 대약진 한다고 하더구먼.

그때 뭐 이렇게 밭 매고 이러면서 공수 주고…

- 공수.

그렇다면서요?

- 응, 그런데 그게 집체로 하는 게 영 소화 안 되지 뭐.

- 처녀 한 열여덟 살이나 먹은 처녀가 뭐 하겠, 뭐 하겠어.

- 이 옥수수 뿌리를 캐는데 내가 나하고 남자 둘하고 여자 하나하고 이렇게 해서 옥수수 뿌리를 캐는데 하루갈이를 캐야 된단 말이야.

- 캐야 되는데 그저 우리는 두 고랑을 잡아 가지, 괭이로. 이쪽 탁 찍고 이쪽 탁 찍고 잡아당기고 이쪽 탁 찍고 잡아당기고 이렇게 캐, 캐 나가지.

- 그 여자는 한 고랑 가지고도 우리를 못 따라오지.

- 그러나 공수 받을 적에는 그 여자도 한 공 나 우리도 남자들도 한 공, 에 이거 못해 먹는다 안 한다고.

- 게 자꾸: 쪼꼬마:지, 마니 할 꺼뚜 쪼고마:지.

- 그래선 집채루 하능 개 틀려따구.

- 그래서 왜 그러냐 하니까 유소기가 하다 만 끄털 등소평이가 후떡 뒤저 놔:찌.

- 그래서 이근 개방하자.

- 이르캐 가주서 몽땅 그냥 다: 등소평 올러안저쓸 쩌개 몽땅 개방해따마리여.

- 어: 개이 개이느루 땅얼 노나 조라.

- 개:이누루 그 다매 저: 머여 집채루 하지 말구 개:이누루 노나 조라.

- 그 다매 저: 저 쏘풀캐운두 쏘풀캐황이라능266) 개 머 하니까 저기 가서 사내 가서 네 맘:대루 일궈서 해: 머거라.

- 이걸 내구.

- 그 다매 그: 머여 장사두 할 룸 이쓰면 네 맘대루 장사해라.

- 기능 이쓰면 기능 인능 거만치 해라.

- 이르캐 해 가주구서 그 다매 확 푸러놔:찌.

- 그래서버터 좀 나:지기 시자가지…

- 멍능 기 좀 나: 지기 시자가구 공출 바치능 게 여기 저: 군대두 양자 내다267) 곡씩 바치능 거뚜 맘대루 할 쑤 이꾸…

- 그래 넘 만:타 적따 이르키 하 해: 얼마망큼 해서 얼마망커 가저라.

- 백뿐지 삼만 바처라.

- 배:개서 치:른 느가 머꾸 삼만 바처라.

- 저 이르키 돼:찌.

그 밤쭝에 아까 혹 저기 뒤지버따 그러짜나요?

- 에:.

그때:가 밤쭝애 가서두 일:하구 이러면서 논뚜렁 미태서 머 일:하는 처카구 그래따능 개 그때요?

- 그래 자꾸 조금 하지, 많이 할 것도 조금 하지.
- 그래서 집체로 하는 게 틀렸다고.
- 그래서 왜 그러냐 하면 류소기가 하다가 만 끝을 등소평이가 홀떡 뒤집어 놨지.
- 그래서 이건 개방하자.
- 이렇게 해 가지고 몽땅 그냥 다 등소평이 올라앉았을 적에 몽땅 개방했단 말이야.
- 에 개인, 개인으로 땅을 나눠 줘라.
- 개인으로 그 다음에 저 뭐야 집체로 하지 말고 개인으로 나눠 줘라.
- 그 다음에 저 저 쏘풀캐황도 쏘풀캐황(小份開荒)이라는 게 뭐냐 하면 저기 가서 산에 가서 네 마음대로 일궈서 해 먹어라.
- 이걸 내고.
- 그 다음에 그 뭐야 장사도 할 놈 있으면 네 마음대로 장사해라.
- 기능이 있으면 기능이 있는 것만큼 해라.
- 이렇게 해 가지고 그 다음에 확 풀어놨지.
- 그리고부터 좀 나아지기 시작하지…
- 먹는 게 좀 나아지기 시작하고 공출 바치는 게 여기 저 군대도 양잔(糧站)에다 곡식 바치는 것도 마음대로 할 수 있고…
- 그래 너무 많다 적다 이렇게 하, 해서 얼마만큼 해서 얼마만큼 가져라.
- 백분의 삼만 바쳐라.
- 백에서 칠은 너희가 먹고 삼만 바쳐라.
- 그저 이렇게 되었지.

그 밤중에 아까 흙 뒤집었다 그랬잖아요?

- 예.

그때가 밤중에 가서도 일하고 이러면서 논두렁 밑에서 뭐 일하는 척하고 그랬다는 게 그때요?

- 에: 그때지 머.

- 게 거기 감시워니 이: 지금 양수향이라구 하그등 향애 깜부더리 누가 와서 어: 따:268) 정아멀 따:아:: 마라자면 정아멀 마터꺼덩.

- 마트먼 따보 마터269) 가주구 그 정아멀 마터 가주구 여기애서 자라개끔 하라.

- 이르캐 한 게 누가 햐.

- 그래 향 정부앤 그때 누가 이썬능가 하니까 어:: 바걍장이라구 이써써 하나 바걍장.

- 기런데 정아매 올러와서 서기네 지비 떠기찌.

- 게 서기네 지비 떠기는데, 그래 촌: 서기, 초:내 서기.

- 게 서기네 지비 떠기쓰면서 그 다매 거기서 오지.

- 그른데 한 여자가 대:약쩐 쩌개 한 여자가 이 누궁가 하이까 저: 동표 아부지라구 그:: 성주경이, 성주경이 처지 머.

- 성주경이 처가 키가 헐씩 쿵 개 사:라미 좀 든드나개 생겨찌.

- 근대 쪽찌개루 베, 베 쪽찌개루 그걸 메 따널 저떤지 한 짐 잔뜩 저따 마리여.

- 게 노넌 가:으리 되니까 노니 질퍽질퍽 빠지며서 잘 가지 모타개찌.

- 게 쪼곰 가다가 이 논뚜렁애다 쪽찌개 바럴 바치구 쉬:어찌.

- 게 쉬:니까 이 바걍장이 보구선 아이 지 빨리빨리 빨리빨리 저내라는데 어쩨 에 그라구 인능가 하구…

- 아: 지금 바뻐서 조끔 쉰다구.

- 그래 작때기를 작때기를 이르키 저: 쪽찌개애다 바처 가주구 이르키 노쿠선 나와서 쉬어찌.

- 그런데 그 담: 빨리 가래두 이: 여자가 눈치만 보구 앙 가지.

- 그래 저 앙: 가니까 내가 지구 가지.

- 게 저 봐써야지 그거뚜 쪽찌개질 항건대 묘령얼 모르구 할 쑤 이쓰야지.

- 응, 그때지 뭐.

- 그래 거기 감시원이 이 지금 양수향이라고 하거든 향의 간부들이 누가 와서 에 따(打), 정암을 따(打), 말하자면 정암을 맡았거든.

- 맡으면 따보 맡아 가지고 그 정암을 맡아 가지고 여기에서 잘 하게끔 하라.

- 이렇게 한 게 누가 해.

- 그래 향 정부에는 그때 누가 있었느냐 하면 에 박 향장이라고 있었어, 하나 박 향상.

- 그런데 정암에 올라와서 서기네 집에 떡 있지.

- 그래 서기네 집에 떡 있는데, 그래 촌 서기, 촌의 서기.

- 그래 서기네 집에 떡 있으면서 그 다음에 거기에서 오지.

- 그런데 한 여자가 대약진 적에 한 여자가 이게 누구냐 하면 저 동표 아버지라고 그 성주경이, 성주경이 처지 뭐.

- 성주경이 처가 키가 훤칠하게 큰 게 사람이 좀 든든하게 생겼지.

- 그런데 쪽지게로 벼, 벼 쪽지게로 그걸 몇 단을 졌는지 한 짐 잔뜩 졌단 말이야.

- 그래 논은 가을이 되니까 논이 질퍽질퍽 빠지면서 잘 가지 못하겠지.

- 그래 조금 가다가 이 논두렁에다 쪽지게 작대기를 받치고 쉬었지.

- 그래 쉬니까 이 박 향장이 보고는 아이 지(고) 빨리빨리 빨리빨리 져내라는데 어째 에 그러고 있는가 하고…

- 아 지금 힘들어서 조금 쉰다고.

- 그래 작대기를, 작대기를 이렇게 저 쪽지게에다 받쳐 가지고 이렇게 놓고는 나와서 쉬었지.

- 그런데 그 다음에 빨리 가래도 이 여자가 눈치만 보고 안 가지.

- 그래 저 안 가니까 내가 지고 가지.

- 그래 져 봤어야지 그것도 쪽지게질 하는 건데 요령을 모르고 할 수 있어야지.

– 이르캐 지구 작때기럴 쭉 뽀버 가주구 이 지구 이르날라다 이르나지 모타구 아푸루 푹 꼬러저따 마리여.

– 아푸루 푹 꼬러지니까 여기 막 흘기 무더쓸 끼 아니여.

– 내버려 두라.

– 누구두 이러나꾸지 마.

– 내비 둬. 게 한참 버르저기다 혼자 이러나때.

– 혼자 이런는데 여기 흑투성이가 돼:찌 머.

– 허허허 그라구서넌 안 지구 가따구 되때 요걸 한다 마리여.

– 요가니 먼 드러, 누가 드러?

– 그 요가걸거냐구 내:비러 두지.

– 그러구 또 그런 차우가 하나 이꾸.

– 그 다매 또 머 하능가 이겅깨:, 장마가 저 가주구 한 해 장마가 저 가주구…

– 내가 양수애 양수 칠 때애 이쓸 때:, 양수 칠 때.

– 기른데 장마 여기 고란 무리 탁:: 터저서 저: 머여 두망강이 부러 가주구 막 무리 쟁겨 가주구 여 하동애 무리 막 쟁겨 양식 이:: 양, 양잔²⁷⁰⁾ 이 양자니라면 곡시글 마::니 가따 논넌 데여.

– 근데 거기는 망 물리 드러오거덩.

– 드러오닝깨 그 어터개 그 다:. 물 드러오지 모타개 밀까루 포대 곡씩 포대 머 막 이걸 가따 망는담 마리여, 무럴.

– 망는데 마꾸 거기 인민드런²⁷¹⁾ 피난가느라구 이 노푼 드루 이기 당방 이여 당방 인는 디루 올러오지.

– 그 인재 무래 빠저 주그먼 안 되거덩.

– 그르잉까 야:르, 보따리럴 지구 아:를 등애다가 보따리 우애다 느쿠 여기루 모두 올라오지.

– 근데 바걍장은 머랜능가 하니까 사리마다만 이 요마낭 거 이꾸서넌

- 이렇게 지고 작대기를 쭉 뽑아 가지고 이 지고 일어나려다 일어나지 못하고 앞으로 푹 고꾸라졌단 말이야.

- 앞으로 푹 고꾸라지니까 여기 막 흙이 묻었을 게 아니야.

- 내버려 둬라.

- 누구도 일으키지 마.

- 내버려 둬, 그래 한참 버르적거리다 혼자 일어났데.

- 혼자 일어났는데 여기 흙투성이가 되었지 뭐.

- 허허허 그러고는 안 지고 갔다고 도리어 욕을 한단 말이야.

- 욕을 하니 뭐 들어, 누가 들어?

- 그 욕할 거냐고 내비려 두지.

- 그러고 도 그런 경우가 하나 있고.

- 그 다음에 또 뭐가 있느냐 하면, 장마가 져 가지고 한 해 장마가 져 가지고…

- 내가 양수에 양수 칠 대(七隊)에 있을 때, 양수 칠 대(七隊).

- 그런데 장마가 여기 골 안 물이 탁 터져서 저 뭐야 두만강이 불어 가지고 막 물이 잠겨 가지고 여기 하동에 물이 막 잠겨서 양식 이 양, 양잔(糧站) 이 양잔(糧站)이라면 곡식을 많이 가져다 놓는 데야.

- 그런데 거기는 막 물이 들어오거든.

- 들어오니까 그 어떻게 해 그걸 다. 물이 들어오지 못하게 밀가루 포대 곡식 포대 뭐 막 이걸 갖다 막는단 말이야, 물을.

- 막는데 막고 거기 인민들은 피난 가느라고 이 높은 데로 이게 당방이야 당방 있는 데로 올라오지.

- 그 인재 물에 빠져 죽으면 안 되거든.

- 그러니까 아이를, 보따리를 지고 아이를 등에다가 보따리 위에다 넣고 여기로 모두 올라오지.

- 그런데 박 향장은 뭘 했느냐 하면 팬티만 이 요만한 거 입고서는 그

그: 무투272) 저 낭그 무투 떠내려 옹 거 떠내려 옹 걸 끄서다가 다시 육찌
애다가 다: 내논다 마리여.

　－ 자기 쓸라구 이따 쓸라구.

무투가 머요?

　－ 낭그.

　－ 저런 낭그 패자니여?

예.

　－ 낭 무투라능게 저 중궁: 중궁마리지 머 낭구통.

　－ 큰:: 낭구통.

예, 큥 거.

　－ 으 으:.

　－ 이러 이마:니 굴근 낭구통 가틍 거 점보때 가틍 거.

예.

　－ 이렁 거 그저 막 기가 어디서 떠러, 떠내려 완능가 하니까 저: 뒤잉구
애서 떠내려 와찌.

　－ 뒤잉구애서 저 심니펑 강으루 해서 그 다매 여기루 내루와따, 두망강
으루 내루와따 마리여.

　－ 그걸 다:: 주서 주서다가 메 깨럴 주서다 놔떤지 하이튼 반:처널273)
주서다 놰: 나찌.

　－ 그래서 그 다맨 그때 대분 내가 배:리274) 나대.

　－ 나넌 인미느 위애서 봉무해찌만 너넌 지비서 으: 인민느 위애서 봉무
하라구 정부애 안치 놔:뜨니 저르 네 사요기 사요건 네만 살라구 저러카능
가 하는 생가니 나서 싸미 부터찌, 내가.

　－ 겐데 허 향장이 척 뽀구선 허 서기가 턱 뽀구서넌 머랑가 아: 말리등
구려, 그러지 말라구, 말리등구먼.

　－ 게 허 혀, 허 혀 허 서기 때미 물러서찌, 물러스구 싸멀 아나구선 마

통나무 저 나무 통나무 떠내려 온 거 떠내려 온 걸 끌어다가 다시 육지에 다가 다 내놓는단 말이야.

— 자기가 쓰려고 나중에 쓰려고.

무투가 뭐요?

— 나무.

— 저런 나무 패잖아?

예.

— 나(무) 통나무는 게 저 중국 중국말이지 뭐, 통나무.

— 큰 통나무.

예, 큰 거.

— 응 응.

— 이런 이만큼 굵은 통나무 같은 거 전봇대 같은 거.

예.

— 이런 거 그저 막 그게 어디에서 떠내려, 떠내려 왔느냐 하면 저 뒤잉 구에서 떠내려 왔지.

— 뒤잉구에서 저 십리평 강으로 해서 그 다음에 여기로 내려왔다, 두만 강으로 내려왔단 말이야.

— 그걸 다 주어 주어다가 몇 개를 주어다 났던지 하여튼 반천을 주어다 모아 놓았지.

— 그래서 그 다음에는 그때 대번 내가 배알이 나데.

— 나는 인민을 위해서 복무했지만 너는 집에서 어 인민을 위해서 복무 하라고 정부에 앉혀 놓았더니 저렇게 네 사욕이 사욕은 너만 살려고 저렇 게 하는가 하는 생각이 나서 싸움이 붙었지, 내가(나와).

— 그런데 허 향장이 척 보고는 허 서기가 턱 보고는 뭐라고 하는가 아 말리더구먼 그래, 그러지 말라고, 말리더구먼.

— 그래 허 향(장) 허 향(장) 허 서기 때문에 물러섰지, 물러서고 싸움을

러찌.

- 그 후애 허 서기가 아러따 마리여.

- 그 다맨 나르: 어쨍가 하니까 승질 알구서넌 수양 보내대 정아무루, 수양얼 래가 하라구.

- 게 정암애 올라가서 그냥 그대루 이써찌 머 지금.

- 그래 그 사라문 메따리따가 거기 아니꾸 저: 훈춘, 훈춘 어디 조동애 가써, 조동애 가뻐리써, 여기 아니꾸.

- 그래 그 다매, 그 다매 인재 나르 내 승질 알구.

- 내가 아퍼쓸 찌개 바걍장언 허 향장한티 가 얘기럴 해:찌.

- 얘기럴 해니까 대번 장춘 뺑워느루 가라 그러덩구면.

- 그래 여 박뺑치리 댕기지 아니여, 여기?

- 손 이러캐 된 사람.

예.

- 여 동옥 아부지.

예.

- 그: 사라미 나럴 데리구 암페해서[275] 이 향애서 암페해서 그 사라미 나럴 데리구 장충까지 가때찌.

- 그때는 부상처가 도:저 가주구 그때 아풀 때.

- 그르캐 돼:때찌 머, 그때.

- 그래 가주서 장춘 뺑워내 가서 치:로하구, 그 다매 치 여기 도러와 치로하구선 사라서 지금까지 살:지. 흐흐흐흐.

- 하이튼 고상 마니 해써 나두.

- 목째파내두[276] 안 댕견나 무순 머:, 농사르 안 지언나, 무순…

목째파내::는 어디 저:기…

- 이 고란 동꼴루 이라는 솔바째 그짝 꼬랑 이기 시, 심니펑 가녕 고랑.

- 거기서, 거기서 무투:[277] 발기다리[278] 하는데 한 니빵씩[279] 그저 시

안 하고는 말았지.

－ 그 후에 허 서기가 알았단 말이야.

－ 그 다음에는 나를 어떻게 했느냐 하면 성질 알고는 수양 보내더라고 정암으로, 수양을 내가 하라고.

－ 그래 정암에 올라가서 그냥 그대로 있었지 뭐 지금.

－ 그래 그 사람은 몇 달 있다가 거기 안 있고 저 훈춘, 훈춘 어디 조동에 갔어, 조동에 가버렸어, 여기 안 있고.

－ 그래 그 다음에, 그 다음에 이제 나를 내 성질을 알고.

－ 내가 아팠을 적에 박 향장은 저 허 향장한테 가서 얘기를 했지.

－ 얘기를 하니까 대번 장춘 병원으로 가라고 그러더구먼.

－ 그래 여기 박병칠이 다니지 않아, 여기?

－ 손이 이렇게 된 사람.

예.

－ 여기 동옥이 아버지.

예.

－ 그 사람이 나를 데리고 배치해서 이 향에서 배치해서 그 사람이 나를 데리고 장춘까지 갔었지.

－ 그때는 부상처가 도져 가지고 그때 아플 때.

－ 그렇게 되었었지 뭐, 그때.

－ 그래 가지고 장춘 병원에 가서 치료하고, 그 다음에 치료 여기 돌아와서 치료하고는 살아서 지금까지 살지. 흐흐흐흐.

－ 하여튼 고생 많이 했어 나도.

－ 목재판에도 안 다녔나 무슨 뭐, 농사를 안 지었나, 무슨…

목재판에는 어디 저기…

－ 이 골짜기 동골로 이러는 솔밭재 그쪽 골짜기 이게 십, 십리평 가는 골짜기.

－ 거기서, 거기서 통나무 발구다리 하는데 한 발구 가득씩 그저 실어

러 내리오구 소루다 그저 한 니빵 시러 내가구 그러치.

　－ 게서 한 달리이라구 오문 한 달리라구 오문 그저 한 그저 한 육씩 꽁280) 육씩 꽁씩 볼 때지 머.

　－ 그 낭:.

항 공이래능 게 머요?

　－ 그 낭근…

　－ 한 공이라능 개 공쑤루 해 가주구 한 공 두: 공 세: 공 네: 공 해서 열 꽁이 되개서 삼시 꽁이 돼:서 자꾸 뿌러, 일려내 뿌러 뿔찌 머.

예.

　－ 일려내 보루매 이 사라미 하 아:: 한 일려내 에 삼뱅 메 꽁얼 번다.

　－ 어: 삼뱅 메 꽁얼 번다.

　－ 이러캐 하개 되먼 최고지 머.

　－ 게 삼뱅 메 꽁 벌 쑤가 업찌.

　－ 그르키 이:를 할 쑤가 업찌.

　－ 그래 공쑬 해 가주구 항 공애 한: 공애 칠씹 쩐, 팔씹 쩐, 육씹 쩐두 갈 때 이꾸.

　－ 숭년, 숭년 세워런 으: 오십 쩐두 가: 사:십 쩐두 갈 수 이꾸.

　－ 풍년 세워런 그저 이뤈, 이뤈 이십 쩐씩 갈 쑤 이꾸, 항 공애.

　－ 이거 해:서 양식 타 머거찌 머, 그걸루 해:서.

한 공이먼 양시글 얼마나 줘요?

　－ 에?

한 공이먼 양시글 얼마나 줘요?

　－ 한 공이먼 그: 저 머여 공쑤루 해 가주구 공쑤루 해: 가주구 양시글 또: 타 먹찌. 이: 사라미 삼겹,281) 삼백 꽁 버러따먼 삼배끄널 주구 그러치.

농토:는 면:저글 어트개 해요, 게사내요?

　－ 면:적?

내려오고 소로 그저 한 발구 가득씩 실어 내가고 그렇지.

– 그래서 한 달구라고 오면 한 달구라고 오면 그저 한 그저 한 육십 공 육십 공씩 볼 때지 뭐.

– 그 나무.

한 공이라는 게 뭐요?

– 그 나무는…

– 한 공이라는 게 공수로 해 가지고 한 공 두 공 세 공 네 공 해서 열 공이 되어서 삼십 공이 되어서 자꾸 불어, 일 년에 불어 불어나지 뭐.

예.

– 일 년에 보름에 이 사람이 하 아 한 일 년에 에 삼백 몇 공을 번다.

– 에 삼백 몇 공을 번다.

– 이렇게 하면 최고지 뭐.

– 그래 삼백 몇 공 벌 수가 없지.

– 그렇게 일을 할 수가 없지.

– 그래서 공수를 해 가지고 한 공에 한 공에 칠십 전, 팔십 전, 육십 전 도 갈 때가 있고.

– 흉년, 흉년 세월에는 어 오십 전도 가(고) 사십 전도 갈 수 있고.

– 풍년 세월에는 그저 일원, 일원 이십 전씩 갈 수 있고, 한 공에.

– 이거 해서 양식 타 먹었지 뭐, 그걸로 해서.

한 공이면 양식을 얼마나 줘요?

– 응?

한 공이면 양식을 얼마나 줘요?

– 한 공이면 그 저 뭐야 공 수로 해 가지고 공수로 해 가지고 양식을 또 타 먹지. 이 사람이 삼백, 삼백 공을 벌었다면 삼백 근을 주고 그렇지.

농토는 면적을 어떻게 해요, 계산해요?

– 면적?

- 논토?

예, 이…

- 논뚜, 논두 여기.

노니나 밭.

바치나 이르캐 팔라면, 팔구 사구 그러자나요? 그 면저기 이짜나요.

- 어:.

어떠캐 다:뉘를 어떠캐 파라요?

- 아 여기 지금 저: 그 한, 한 푼, 한, 한 푼, 한 짐,282) 하루가리283) 이 거 이짜니여.

예.

- 게 그걸루 하지 머 지금.

한 푸니만 어느 정도요?

- 한 푸니면 여기서, 여기서: 배 에:: 한 지매 백뿐지 이리지 머.

한 지미 얼마크민대요?

- 한 지, 한 지민 한 지미라면 에: 뱅 메다 거리애 열 미다가 되면 한 지미지 머.

한 쪼그루 뱅 메타 한 쪼그루 열 메다.

- 으:.

- 이 광:이 열 메타 이 기럭찌가 뱅 메다개 되면 한 지미람 마리여.

- 게 요게, 요게 우리 마당이 요게 에:: 이기 두 푼 두 푸니나 될까 그 르치 머, 우리 마당이 요기.

그러면 한 지미 그러쿠 그러면 한, 하루가리는?

- 하루가리는 지:미 열 깨래야 하루가리지.

지미 열 깨면 하루가리.

- 으: 으:.

그럼 하루가리가 열 깨면?

- 농토?

예, 이⋯

- 논도, 논도 여기.

논이나 밭.

밭이나 이렇게 팔려면, 팔고 사고 그러잖아요? 그 면적이 있잖아요?

- 응.

어떻게 단위를 어떻게 팔아요?

- 아 여기 지금 저 그 한, 한 푼, 한, 한 푼, 한 짐, 하루갈이 이거 있
잖아.

- 예.

- 그래 그걸로 하지 뭐 지금.

한 푼이면 어느 정도요?

- 한 푼이면 여기서, 여기서 백 에 한 짐의 백분지 일이지 뭐.

한 지미 얼마 만큼인데요?

- 한 짐, 한 짐은 한 짐이라면 에 백 미터 거리에 십 미터가 되면 한 짐
이지 뭐.

한 쪽으로 백 미터 한 쪽으로 십 미터.

응.

- 이 광이 십 미터 이 길이가 백 미터가 되면 한 짐이란 말이야.

- 그래 요게, 요게 우리 마당이 요게 에 이게 두 푼 두 푼이나 될까 그
렇지 뭐, 우리 마당이 요게.

그러면 한 짐이 그렇고 그러면 한, 하루갈이는?

- 하루갈이는 짐이 열 개라야 하루갈이지.

짐이 열 개면 하루갈이.

- 응, 응.

그러면 하루갈이가 열 개면?

- 하루가리가 하루가리애 열 깨?

- 하루가리 열 깨면 상으루284) 나가지.

상.

- 으:.

- 그: 상으루 열 쌍이다, 백 쌍이다, 수무 상이다, 이르키 나가지.

그러면 농 저:기 등소평이: 농-토를 나눠줘짜나요?

- 나눠줘찌.

그때: 어트개 나눠줘써요?

- 다: 노너서 지무루 나눠줘찌 머.

- 한 짐, 한 짐 한 지배…

그러니까 또까치 나눠줘써요?

짐마다 아니면 시꾸쑤루 나눠…

- 시::꾸 수루 나눠주지.

- 노동녁 수애 따라서.

- 노동녁 수애 따라서 나눠줘찌.

그럼 한 사라마패 어느 정도 줘써요?

- 하나 한 사람 압-아페: 한 짐.

- 어: 한 산285) 사라마페 한 짐, 두 사 두 사라마페 두 사라매 아페 두: 짐 이르키 가는 수두 이꾸.

- 두:, 바치 망:쿠 사라미 즈:그면 더 도러갈 수두 이꾸.

또:까치 중 기 아니구요?

- 아:니 또까치 아니지 그거뚜 어: 그대서 노동녕 능녕만치 줘:찌 머 다:.

- 서이 이씨면 서이 모거치, 너이 이쓰면 너이 모거치.

- 시꾸가 마:느면 더 주구.

그러캐 하면서 금방 양시기 마:나저찌요?

- 마:나지지 앙쿠.

- 하루갈이가 하루갈이의 열 개?

- 하루갈이 열 개면 상이 되지.

상.

- 응.

- 그 상으로 열 상이다, 백 상이다, 스무 상이다, 이렇게 나가지.

그러면 농(土) 저기 등소평이 농토를 나눠줬잖아요?

- 나눠줬지.

그때 어떻게 나눠줬어요?

- 다 나눠서 짐으로 나눠줬지.

- 한 짐, 한 짐 한 집에…

그러니까 똑같이 나눠줬어요?

집마다 아니면 식구 수로 나눠…

- 식구 수로 나눠주지.

- 노동력 수에 따라서.

- 노동력 수에 따라서 나눠줬지.

그럼 한 사람 앞에 어느 정도 줬어요?

- 하나 한 사람 앞에 한 짐.

- 응, 한 한 사람 앞에 한 짐, 두 사람 두 사람 앞에 두 사람에 두 짐 이렇게 가는 수도 있고.

- 두, 밭이 많고 사람이 적으면 더 돌아갈 수도 있고.

똑같이 준 게 아니고요?

- 아니 똑같이 아니지 그것도 에 그래서 노동력 능력만큼 줬지 뭐 다.

- 셋이 있으면 셋 몫, 넷이 있으면 넷 몫.

- 식구가 많으면 더 주고.

그렇게 하면서 금방 양식이 많아졌지요?

- 많아지지 않고.

- 이제 제 땅이니까 제건-마니 하니까 가진 방버불 다 하거덩 거기애.
- 김:두 잘: 맬 쑤두 이꾸.
- 널러리[286] 매 가주구 에이 씨 공수나 따 먹짜 하등 거보다두 자기 땅이니까 인재 자기가 저서 자기가 머그니까 그 다매는 아이 한 지매서 한 지매서 열 푸대 거둘 꺼 수무 푸대럴 거둘 쑤두 이꾸 그러치 머.
- 그 다: 개방하닝까 그러치 머.

- 이제 제 땅이니까 제 것만을 하니까 갖은 방법을 다 하거든 거기에.

- 김도 잘 맬 수도 있고.

- 널너리 매 가지고 에이 씨 공수나 따 먹자 하던 것보다 자기 땅이니 까 이제 자기가 (농사) 지어서 자기가 먹으니까 그 다음에는 아이 한 짐에 서 한 짐에서 열 포대 거둘 걸 스무 포대를 거둘 수도 있고 그렇지 뭐.

- 그 다 개방하니까 그렇지 뭐.

2.7. 연금을 받게 된 과정

- 살:: 그러니까 팔씹삼 년도에 가서 이:리 버러지기 시작해따…
- 에이 씨앙누무거,[287] 아이 되개따.
- 그 다매는 이재 거기서부터 팔씹삼 년도부터 그저네는 소조 공작때 가[288] 이찌. 그 다맨 모 주서기 그거 암패한[289] 내:무 저: 이찌 이런 무나 형명 이찌 행:: 기우리 쎄찌 머.
- 어디 조지근 조지기 영 쎄구, 중궁 내애 조지기 쎄구 막 이래기 때무내 사상풍이[290] 망:키 때무내 어티기 할: 쑤가 이씨야지.
- 그래 모:타구 이따가 그 다맨 팔씹삼 년, 팔씨비 년도애 어째 왕청애서[291] 한 사라미 사내 무얼[292] 하넌데 에: 귀머, 귀버선 여기 무얼 하넌데 거기르 와따 마리여.
- 거기루 해서 누구이게 완능가 하니까 김태추니라구 경영애 인는 사라미여.
- 그 사람두 패장끄빈데,[293] 그래서 경영애 인는데 와서 내 사:실 이러 이러해서 완는데 여기 줌 어티게 사:라멀 모지발 쑤 엄능가.
- '이따' 그래따 마리여.
- 그럼 그러자, 그래 사:방애다, 그때 저놔나 이써, 그때 맘:대루 할 때, 사라미 댕겨찌 그냥.
- 용정, 화룡, 왕청 그 다매 이 저, 저: 이짜개 저: 그 저: 훈춘 이르키다: 댕기먼서 부대 가따 와서 지금 골:라나개 사는 사람더리 메치냐.
- 이걸 알게 돼:찌.
- 게 조사럴 해 가주구서.
- 그 다매 모:니까 통거 다: 모닝까 장관덜만 패장꿉 이상꿉 장관덜만 함 팔씸 명 댄다 마리여.

– 살, 그러니까 팔십삼 년도에 가서 일이 벌어지기 시작했다…

– 에이 쌍놈의 것, 안 되겠다.

– 그 다음에는 이제 거기서부터 팔십삼 년도부터 그전에는 소조 공작 대가 있지. 그 다음에는 모 주석이 그거 안배(安排)한 내무 저 있지 이런 문화혁명 있지 영 기율이 세었지 뭐.

– 어디 조직은 조직이 아주 세고, 중국 내에 조직이 세고 막 이렇기 때 문에 사상풍(思想風)이 많기 때문에 어떻게 할 수가 있어야지.

– 그래서 못하고 있다가 그 다음에는 팔십삼 년, 팔십이 년도에 어째 왕청에서 한 사람이 산에 목이(木耳) 하는데 에 목이 목이버섯 여기 목이 (木耳) 하는데 거기에 왔단 말이야.

– 거기로 해서 누구에게 왔는가 하면 김태춘이라고 경영에 있는 사람 이야.

– 그 사람도 패장급인데, 그래서 경영에 있는데 와서 내 사실 이러이러 해서 왔는데 여기 좀 어떻게 사람을 모집할 수 없는가?

– '있다' 그랬단 말이야.

– 그럼 그러자, 그래 사방에다, 그때 전화나 있어, 그때 마음대로 할 때, 사람이 다녔지 그냥.

– 용정, 화룡, 왕청 그 다음에 이 저, 저 이쪽에 저 그 저 훈춘 이렇게 다 다니면서 군대에 갔다 와서 지금 곤란하게 사는 사람들이 몇이냐.

– 이걸 알게 되었지.

– 그래 조사를 해 가지고서.

– 그 다음에 모으니까 통째 다 모으니까 장관들만 패장급 이상급 장관 들만 한 팔십 명 된단 말이야.

- 요기만 항 군대 요기만 세 개 이래 우리 자치주 내만.

- 그래서 그럼 조타.

- 거기 이거 가주구, 이거 가주구 우리 모집-해씨니까.

- 주을래[294] 동지가 조선 기밀썽-한테 방문 가쓸 쩌개 기밀썽애개야 마:랑 개 이따 마리여.

- 우리 조선 임밍구내 입때해떤 사람덜 중구개 드러간 사라미 마:는대 이: 중구개 드러간 사람더를 어: 중국 인민해방군과 또가치 대우해 주능기 어떵가?

- 이르키 기밀썽이 제기해찌.

- 그 뭉꺼니 어디 드루와 인능가 하니까 중앙, 중앙 저: 비밀꼬애 이따 마리여.

- 게 그: 마타 가주구 옹 걸 또 모 주서가태 비준 마터야 된다 마리여.

- 기래 비준 마터찌, 모 주서간태.

- 마터 가주구 지금 이걸 아:래 내려 보내지 앙쿠 중앙 비밀꼬애 떠기따 마리여.

- 그래서 거기서 비밀꼬애 군대 가따 온 사라미 마:느니까 거기두 암패된[295] 사라미꾸 다: 이찌.

- 게 거기서 등사럴 해 가주구 등사:, 등사를 해 가주구서넌 여기 내려와 그 뭉꺼느 딱 쥐:찌.

- 궨: 다매 그 다매 북꼉으루 쌍팡가찌,[296] 팔씹삼 년도애.

- 쌍팡가 가주구 북꼉애서, 쌍팡이라능 기 멍가 하게 되먼 이건 제기하러 가찌.

- 게 왜 그렁가 하니까 군대 가따 와서 죽찌 앙쿠 사러완넌데 이게 가따 와두 굴머 주구나 그냥 안저 굴머 주구나 가서 쌈해서 안 된다먼…

- 안 된다먼 머: 하능가 하니까 거기서 어: 싸:멀 하든지 주그나 사나 두판작쩡이다,[297] 가자.

- 요기만 한 군데 요기만 세 개 이래 우리 자치주 내에만.
- 그래서 그럼 좋다.
- 거기 이거 가지고, 이거 가지고 우리 모집했으니까.
- 주은래 동지가 조선 김일성한테 방문했을 적에 김일성에게 말한 게 있단 말이야.
- 우리 조선 인민군에 입대했던 사람들이 중국에 들어간 사람이 많은데 이 중국에 들어간 사람들을 에 중국 인민해방군과 똑같이 대우해 주는 것이 어떤가?
- 이렇게 김일성이 제기했지.
- 그 문건이 어디에 들어와 있느냐 하면 중앙, 중앙 저 비밀 창고에 있단 말이야.
- 그래 그 맡아 가지고 온 것을 또 모 주석한테 비준을 받아야 된단 말이야.
- 그래 비준을 받았지, 모 주석한테.
- 맡아 가지고 지금 이것을 아래로 내려 보내지 않고 중앙 비밀 창고에 떡 있단 말이야.
- 그래서 거기에서 비밀 창고에 군대 갔다 온 사람이 많으니까 거기에도 배치된 사람이 있고 다 있지.
- 그래 거기서 등사를 해 가지고 등사, 등사를 해 가지고는 여기에 내려와서 그 문건을 딱 쥐었지.
- 쥔 다음에 그 다음에 북경으로 상팡 갔지, 팔십삼 년도에.
- 쌍팡가 가지고 북경에서, 상팡(上訪)이라는 게 뭐냐 하면 의견 제기하러 갔지.
- 그래 왜 그런가 하면 군대 갔다 와서 죽지 않고 살아왔는데 이게 갔다 와도 굶어 죽으나 그냥 앉아 굶어 죽으나 가서 싸움해서 안 된다면…
- 안 된다고 하면 뭐하느냐 하면 거기에서 에 싸움을 하든지 죽으나 사나 이판사판이다, 가자.

- 게서 팔씸 명이 가찌.
- 갸:다가 아 이 영길 그 하:남따리 거 가서 다: 부뜰려써.
- 그:저 뚱그런 모자 쓴 사람드리 다: 모두 아버이298) 어디가심니까? 여기 줌 패두해299) 주시오.
- 패두해 주시오, 패두라능 게 멍가 하니까, 줄서서 줄서 주시오, 줄서 줘.
- 그애 그래 거기서 다: 부뜰려찌.
- 데비 드러와써.
- 지부루 다: 도러가찌 머.
- 그래 두: 번채마내, 여기서 기차럴 타서넌 안 댄다.
- 그 다매 조양처니300) 가 타자.
- 게 조향가 쪼끄마치 머 거기넌.
- 조양천 여게 가서 타땀 마리여.
- 타구서 장추내 드르가찌.
- 장춘 드르가니까 장춘서, 아이 거기서 이제 나가는데…
- 차표 패차라자너요301) 캐표,302) 그: 가는데 나가는 사람마다 북꼉 북꼉 북꼉 북꼉 다: 이러타 마리여.
- 그래이까 이 저 거기 뚱그런 모자 하나 쓴 사라미 이상하다: 하구서넌 대번 심냥애다가 우리 차르 떠나보내 노쿠 심냥애다 저나 거라따 마리여.
- 게 심:양애 가니까 역쩌내 그저 이 뚱그란 모자드리 그저 꽉:: 빠가 선넌데 만:텅구만, 하이튼.
- 게: 네리는 사람마다 나: 머근 사라문 경녜르 딱: 부치구서넌 여기 줌 줄저 줄저서 주십씨오, 줄서 주시오.
- 게 나가: 게 줄서서 거기서 또 부뜰려찌.
- 부뜰런는데 인재 캐찰구애 나가야지 인재.
- 나가는데 표 차표를 다: 바치라능303) 기지.
- 우린 모: 빠침다.

- 그래서 팔십 명이 갔지.
- 가다가 아 이 연길 그 하남다리 거기에 가서 다 붙잡혔어.
- 그저 둥그런 모자 쓴 사람들이 다 모두 아버님 어디가십니까? 여기 좀 패두해 주시오.
- 패두해 주시오, 패두라는 게 뭐냐 하면, 줄서서 줄서 주시오, 줄서 줘.
- 그래 그래 거기에서 다 붙잡혔지.
- 도로 들어왔어.
- 집으로 다 돌아갔지 뭐.
- 그래 두 번째만에, 여기에서 기차를 타서는 안 된다.
- 그 다음에는 조양천에 가서 타자.
- 그래 조양(천)은 조그만하지 뭐 거기는.
- 조양촌 역에 가서 탔단 말이야.
- 타고서 장춘에 들어갔지.
- 장춘 들어가니까 장춘에서, 아니 거기에서 이제 나가는데…
- 차표 패찰 하잖아요 개표, 그 가는데 나가는 사람마다 북경 북경 북경 북경 다 이렇단 말이야.
- 그러니까 이 저 거기 둥그런 모자 하나 쓴 사람이 이상하다 하고는 대번 심양에다가 우리 차를 떠나보내 놓고 심양에다 전화를 걸었단 말이야.
- 그래 심양에 가니까 역전에 그저 이 둥그런 모자들이 그저 꼭 박아 섰는데 많더구먼, 하여튼.
- 그래 내리는 사람마다 나이 먹은 사람은 경례를 딱 붙이고는 여기 좀 줄서, 줄서 주십시오, 줄서 주시오.
- 그래 나가 그래 줄서서 거기에서 또 붙잡혔지.
- 붙잡혔는데 이제 개찰구에 나가야지 이제.
- 나가는데 표 차표를 다 내라는 거지.
- 우리는 못 냅니다.

- 에 대:표가 바치라구 해야 바치지 우린 모: 빠침다.

- 그 다:맨 거기서 암: 바치구서 그냥 이쓰니까 마지마개 대표 와떵구만.

- 대표 와서 주라구, 그래 차표럴 다: 바처찌.

- 바칭개 어디루 데루 드르가능가 하니까 심양궁구 군붕구 초대소 거기루 데루 드르가등(구만).

- 게 데리구 드르가서 다: 안처 노쿠서넌 마:라덩구만, 어째서 북꼉으루 갈라구 하능가?

- 마:라나지, 아:무두 마:라나지, 누구두 마:라나지.

- 우리 문제럴 해결핼 쑤 인는, 이쓰면 마:를 하지만 우리 문제 해결하지 말 하나마나 피로 업따, 게 마:라난다.

- 그래서 그 다매 그 다매 거기서 이제 그: 저: 선전부장 선전 초대소 선전부장이 와 가주구 그 다매 아 무순 이견 이씨면 마:라라구.

- 아 선전부장두 우리 문재르 해:결 모탐니다.

- 그래이까 그 다매 모타구 말: 안하니까 데비 드르가서 누굴 보낸능가 하니까 군붕구 당애서기 군붕구 공산당 당애서기럴 떡 보내따 마리여.

- 보내 가주선 말: 하라 구란다 마리여, 제기하라구.

- 아:이 군붕구 당애서기두 우리 문재를 해결 모탐니다.

- 구만 두시오. 그럼 어트가느냐.

- 게 당이서기 마:라능 거 모:타개쓰면 모:타개쓰면 말: 안하개쓰면 거기 길림성으루 도러가라.

- 길림성으루 도러가라 해거덩, 거기가 성이 따:다304) 마리여 벌써.

- 게 안, 모: 깜니다, 우린 양만오철리 장정두305) 하구 여기 동부개서 광동까지 행군두 해쓸러니 거러서래두 북꼉애 가개씀니다.

- 게 이르키 돼 가주 그 다매 인는데 마:침 성애서 성장이 저나 와따 마리여.

- 저나 와 가주구선 보내라구 그런데 다: 모도개씨면 대:표만, 대:표만

- 에 대표가 내라고 해야 내지 우리는 못 냅니다.

- 그 다음에는 거기서 안 바치고서 그냥 있으니까 마지막에 대표가 왔더구먼.

- 대표가 와서 주라고, 그래서 차표를 다 냈지.

- 내니까 어디로 데려 들어가는가 하면 심양군구 군분구 초대소 거기로 데려 들어가더구먼.

- 그래 데리고 들어가서 다 앉혀 놓고는 말하더구먼, 어째서 북경을 가려고 하는가?

- 말 안 하지, 아무도 말 안 하지, 누구도 말 안 하지.

- 우리 문제를 해결할 수 있는, 있으면 말을 하지만 우리 문제를 해결하지 (못할 거) 말 하나마나 필요 없다, 게 말 안 한다.

- 그래서 그 다음에 그 다음에 거기에서 이제 그 저 선전부장 선전 초대소 선전부장이 와 가지고 그 다음에 아 무슨 의견 있으면 말 하라고.

- 아 선전부장도 우리 문제를 해결 못합니다.

- 그러니까 그 다음에 못하고 말 안하니까 도로 들어가서 누구를 보냈느냐 하면 군분구 당서기 군분구 공산당 당서기를 떡 보냈단 말이야.

- 보내 가지고는 말 하라고 그런단 말이야, (의견을) 제기하라고.

- 아니 군붕구 당서기도 우리 문제를 해결 못합니다.

- 그만 두시오. 그럼 어떻게 하느냐.

- 그래 당서기가 말하는 거 못 하겠으면 못 하겠으면 말 안 하겠으면 거기 길림성으로 돌아가라.

- 길림성으로 돌아가라 하거든, 거기가 성이 다르다 말이야 벌써.

- 그래 안, 못 갑니다, 우린 이만 오천 리 장정도 하고 여기 동북에서 광동까지 행군도 했는데 걸어서라도 북경에 가겠습니다.

- 그래 이렇게 되어 가지고 그 다음에 있는데 마침 성에서 성장한테서 전화가 왔단 말이야.

- 전화가 와 가지고는 보내라고 그런데 다 못 오겠으면 대표만, 대표만

일곱 명 보내라.

- 게 대:표 일곱 모: 뽀낸다.
- 전채 떠들구 싸니 그래 다: 그냥 통일, 통일 사상이니까 모 뽀낸다.
- 가면 다: 가구 이쓰문 에: 다: 가문 이쓰문 다: 북껑으루 갈끼다.
- 게 이르캐 가자.
- 이르키 폭똥 함 번 일궈쓰.306)
- 게 일궈 가주구선 그 다매 대:표만 가지아 디비 와:찌 머.
- 길림성으루 다: 와찌 머.
- 다: 와 가주구서년 거기서 인절 저: 공산당 당애서기가 차표르 끄너서 다: 길림성으루 보내'찌.
- 우서느루두 보내, 보내 가주구서넌 성장하구 저 담:먼 얘기럴 하오.
- 대표만 디리보내라.
- 게: 성장하구 또…
- 그래 성:, 성장이 대:표 일고비 여기 저: 훈추내 김대중이라구 저: 머여 거: 어: 부대 이쓸 때 사단 사단장지래찌 머.
- 그 사라미 키가 내 키 마:낭 개 똥똥항 개 이 혁띠를 몬내아.307)
- 혁띠를 몸 매구 이거 이른 끄누루 이르캐 해서 매:지.
- 게 그 사라미 배::짱이 으트기 셴:지, 그 사라미 대다나지: 사단장지랜 사라민대.
- 그래 대:표루 성거해 나...
- 내가 이재 주굴 때까지 우리집 문재는 문재업따.
- 나넌 아:덜 둘: 다 대학 조럽씨겨찌 이잰 머꾸 살기 훈추내서두 일뜽이지 머꾸 살:기두.
- 돈두 이따.
- 그래이까 난 인잰 명예가 느:덜 위해서 함 번 봉무하다 주글태니까 그런주라라라.

일곱 명 보내라.

- 그래 대표 일곱 못 보낸다.

- 전체가 떠들어 싸니까 그래서 다 그냥 통일, 통일 사상이니까 못 보낸다.

- 가면 다 가고 있으면 에 다 가면 있으면 다 북경으로 갈 거다.

- 그래 이렇게 가자.

- 이렇게 폭동 한 번 일으켰어.

- 그래 일으켜 가지고는 그 다음에 대표만 가지(않고) 도로 왔지 뭐.

- 길림성으로 다 왔지 뭐.

- 다 와 가지고는 거기서 이제 저 공산당 당서기가 차표를 끊어서 다 길림성으로 보냈지.

- 우선으로도 보내, 보내 가지고는 성장하고 저 담화 얘기를 하오.

- 대표만 들여보내라.

- 그래 성장하고 또…

- 그래 성, 성장이 대표 일곱이 여기 저 훈춘에 김대중이라고 저 뭐야 그 에 부대 있을 때 사단 사단장질 했지 뭐.

- 혁대를 못 매고 이거 이런 끈으로 이렇게 해서 매지.

- 그 사람이 키가 내 키 만한 게 뚱뚱한 게 이 혁대를 못 매.

- 그래 그 사람이 배짱이 어떻게 센지, 그 사람이 대단하지, 사단장질한 사람인데.

- 그래 대표로 선거해 놔…

- 내가 이제 죽을 때까지 우리집 문제는 문제없다.

- 나는 아들 둘 다 대학 졸업시켰지 이제 먹고 살기도 훈춘에서도 일등이지 먹고 살기도.

- 돈도 있다.

- 그러니까 난 이제 명예가 너희들을 위해서 한 번 일하다가 죽을 테니까 그런 줄 알아라.

- 그라구선 나서따 마리여, 이 사라미.
- 그래 느:덜 위애서 힘쓰구 힘쓰다 주거두 워:니 업따 간다.
- 그래 대표루 세워서 해:뜨니 아 그 다맨 거기서 대:번 그러: 대:표루 드르가 가주구 다마르 하지.
- 우리가 아오까지 문재를 재출해꺼덩.
- 에 군대 가따온 사람들 지금 인저: 다: 야캐지구 버:러먹찌 모타구 그런데 이 사람드르 어트기 쪼구해서308) 좀 어:: 생화르 암패해서309) 줌 생활하개꿈 맨드러 달라.
- 그 다매 군대 가따 오 와쓸 쩌개 그 아즈머내들, 아주머내드리 아: 데리구 얼마 고상핸냐 그거두 해결해 달라, 해결해 주 달라.
- 그 다메: 저: 전사들,310) 전사드롱 거 이거뚜 해결해 달라.
- 그 다맨 저 부상자덜 열사덜 이릉 거 다: 이르캐 해결해 달라.
- 게서 성장한태다 이재 아오까지 문재럴 다: 제추래서 인는데, 한 사라미 그 연기레 전투영웅이여.
- 전투영웅이 이 노긍기 이만311) 자:거 요만해:, 노긍기럴 가따 떡 책쌍 우애다 놔둬따 마리여.
- 해 성장 마:라능 거 여기 다: 드르가구 우리 마라능 거 다: 드르가구 그애 드르가서 또 이쓰잉깨 마즈마개 게 또 이글 해결해 달라 그라니까 머라구 하능가 하니까, 그러지.
- 하이튼 해결해 준다.
- 말:하지, 해결해 준다구.
- 그래 인재 말: 하는데 이 사라미 머라구 마:랜능가 하니까 지금 이 회애서 여기 다: 노금 돼씨니까 마:냑째: 이 문재가 해결 안 되먼 이 노금기르 노금테푸를 국재시장애 가따 파라머깨씁니다.
- 이르기 돼:따 마리여.
- 아 그라이까 탁: 처다보더니만 당금 이 자리애서 뭉개조.

- 그러고는 나섰단 말이야, 이 사람이.

- 그래 너희들 위해서 힘쓰고 힘쓰다 죽어도 원이 없다고 한다.

- 그래서 대표로 세워서 했더니 아 그 다음엔 거기서 대번에 그래 대표로 들어가 가지고 담화를 하지.

- 우리가 아홉 가지 문제를 제출했거든.

- 에 군대 갔다 온 사람들 지금 이제 다 약해지고 벌어먹지 못하고 그런데 이 사람들을 어떻게 보살펴 줘서 좀 에 생활을 안배(安排)해서 좀 생활하게끔 만들어 달라.

- 그 다음에 군대 갔다 왔, 왔을 적에 그 아주머니네들, 아주머니네들이 아이 데리고 얼마나 고생했느냐 그것도 해결해 달라, 해결해 달라.

- 그 다음에 저 전사들, 전사들 온 거 이것도 해결해 달라.

- 그 다음에 저 부상자들 열사들 이런 거 다 이렇게 해결해 달라.

- 그래서 성장한테 이제 아홉 가지 문제를 다 제출해서 있는데, 한 사람이 그 연길의 전투영웅이야.

- 전투영웅이 이 녹음기 이것보다 작아 요만해, 녹음기를 갖다 떡 책상 위에다 놔뒀단 말이야.

- 그래 성장 말하는 거 여기 다 들어가고 우리 말하는 거 다 들어가고 그래 들어가서 또 있으니까 마지막에 그래 또 이걸 해결해 달라고 하니까 뭐라고 하느냐 하면, 그러지.

- 하여튼 해결해 준다.

- 말하지, 해결해 준다고.

- 그래 이제 말 하는데 이 사람이 뭐라고 말했는가 하면 지금 이 회의에서 여기에 다 녹음되었으니까 만약에 이 문제가 해결 안 되면 이 녹음기를 녹음테이프를 국제 시장에 갖다 팔아먹겠습니다.

- 이렇게 되었단 말이야.

- 아 그러니까 탁 쳐다보더니만 당장 이 자리에서 지워줘.

- 해결한다. 딱 이르기 돼:찌.

- 겐데 인재 그래서 거기서 인재 하 요구하니까 제 지워줘땀 마리여.

- 우리 문재가 해결 될 꺼 가태서 인재 지워줘땀 마리여.

- 또 머:라구 핸넝가 하니까 이 주애다 저나 걸기를 머라구 해넝가 하니까.

- "세:도 부중 캐이거(說道不中開口; shuō·dao bùzhōng kāikǒu)" 한다 마리여.

- 누구두 이: 마를 꼬내지 말라, 마라지 말라.

- 이르기 떡 돼:따 마리여, 저놔 옹 개. 인재 우리 우리두 다: 공작312) 이눠니 이찌 머 다:.

- 그래서 인재 그르기 돼따 마리여.

- 에:이 씨 이럴 빠애너 아이 된다.

- 또 가자.

- 게 인재 백꽁삼 명으 더 뿌러서 백꽁삼 명으 인저 해: 가주구 북경애 인재.

- 꼬치장 딴지 요런 꽌투:애다313) 양철통 꽌투애다가 꼬치장 거 쪼꿈 당:꾸 쏠료부:대314) 두메다짜리 두: 개 그 다매 돈: 육씨번 그 다매 양 표315) 육씩끈, 그때 양표 쓸 때거등.

- 양표 육씩끈.

- 투파:.

- 이르캐 해가주구 모도: 줌비해 가주구서넌 떠나찌.

- 백꽁삼 명이 가자니까 또 그 중애서두 술: 멍는 사람.

= 상 놔따구.

- 어: 고만해여.

- 그래서 거기서 일백꽁삼 명이…

예.

- 그 다맨 저: 북껑까지 가때지 머.

- 해결한다. 딱 이렇게 되었지.

- 그런데 이제 그래서 거기서 이제 하도 요구하니까 제 지워주었단 말이야.

- 우리 문제가 해결될 것 같아서 이제 지워줬단 말이야.

- 또 뭐라고 했느냐 하면 이 주에다 전화하기를 뭐라고 했느냐 하면.

- 說道不中開口('입을 열어 말하지 마라(발설하지 마라))' 한단 말이야.

- 누구도 이 말을 꺼내지 마라, 말하지 말라.

- 이렇게 떡 되었단 말이야, 전화 온 게. 이제 우리 우리도 다 공작 인원이 있지 뭐 다.

- 그래서 이제 그렇게 되었단 말이야.

- 에이 씨 이럴 바에는 안 된다.

- 또 가자.

- 그래 이제 백삼 명으로 더 불어나서 백삼 명을 이제 해 가지고 북경에 이제.

- 고추장단지 요런 캔에다 양철통 캔에다가 고추장 거 조금 담고 비닐포대 2미터짜리 두 개 그 다음에 돈 육십 원 그 다음에 양표 육십 근, 그때 양표 쓸 때거든.

- 양표 육십 근.

- 투파.

- 이렇게 해 가지고 모두 준비해 가지고는 떠났지.

- 백삼 명이 가려니까 또 그 중에서도 술 마시는 사람.

- (밥)상 (차려) 놨다고.

- 에 그만해.

- 그래서 거기서 백삼 명이…

예.

- 그 다음엔 저 북경까지 갔었지 뭐.

- 게 시시.

어디서 출발해써요?

- 저저 조양천서.316)

조양처내.

- 조양처내서 출바래서 그 다매 가찌.

- 간는대 거기서 쓰 저: 쏠료317) 두 메다 두: 개 그 다매 꼬치장 꽌투318) 그거 하나 돈: 육씨번 그 다매 양표 육씨근, 양표라구 밤 멍는 양표가 이써서.

- 그래 가주구, 가주구 가서넌 거 가서 처남문광:장 아패: 이르캐 안저찌.

- 안:전는데 일백평삼 명 가운데 우리 동무가319) 하나 이르키 쏠료 미태다 깔:구 이르카구 안:저따가 아푸루 폭 꼬러저 주거찌.

으으:.

- 그저 거저 머: 아:무두 건드리지두 앙:쿠 그저 그래 거 안저따가 그다 거기넌 여기보더 지대가 줌 덥담 마리여.

- 그래서 어트기 돼서 ** 뇌혀리320) 완넌지: 뇌추려리 완는지 어트간지 아푸루 폭 꼬러저 주거따 마리여.

- 그래 주거서 인재 그거: 우리가 도:녀 내:서 북경애서 화:장 시켜서 그 다매 다: 인저 그: 고려하매다 여:찌.

- 연는대 이걸 발써 누가 아런능가 하니까 등소평이 아러따 마리여.

- 기래서 등소평이 대표 디리보내라 할 쩌개 그: 대표 가운데 대표 하나 디리보내라.

- 한 사람 드러오라구 해꺼덩.

- 그른데 이 사라미 그: 누가 드르간능가 하니까 훈추내 김대중이, 김대중이가 드르가개 됀:는데 혼자 디리보내믄 안:되개따 마리여.

- 그래서 그: 하나가 따러 드르가'찌.

- 따러 드르간 사람 무순 사라밍가 하니깨 하:녀를 조섬말루 버녀가구

- 그래 시시.

어디에서 출발했어요?

- 저저 조양천(朝陽川)에서.

조양천에.

- 조양천에서 출발해서 그 다음에 갔지.

- 갔는데 거기서 저 비닐 2미터짜리 두 개 그 다음에 고추장 캔 그 거 하나 돈 육십 원 그 다음에 양표 육십 근, 양표라고 밥 먹는 양표가 있었어.

- 그래 가지고, 가지고 가서는 거기 가서 천안문광장 앞에 이렇게 앉았지.

- 앉았는데 백삼 명 가운데 우리 동무가 하나 이렇게 비닐을 밑에다 깔고 이렇게 하고 앉았다가 앞으로 폭 꼬꾸라져 죽었지.

아아.

- 그저, 그저 뭐 아무도 건드리지도 않고 그저 그래 거기에 앉았다가 그 다음에 거기는 여기보다 지대가 좀 덥단 말이야.

- 그래서 어떻게 되어서 ** 뇌일혈이 왔는지 뇌출혈이 왔는지 어떻게 되었는지 앞으로 폭 꼬꾸라져 죽었단 말이야.

- 그래 죽어서 이제 그거 우리가 돈을 내서 북경에서 화장시켜서 그 다음에 다 이제 그 유골함에다 넣었지.

- 넣었는데 이걸 벌써 누가 알았느냐 하면 등소평이 알았단 말이야.

- 그래서 등소평이 대표 들여보내라고 할 적에 그 대표 가운데 대표 하나 들여보내라.

- 한 사람 들어오라고 했거든.

- 그런데 이 사람이 그 누가 들어갔느냐 하면 훈춘에 김대중이, 김대중이가 들어가게 되었는데 혼자 들여보내면 안 되겠단 말이야.

- 그래서 그 하나가 따라 들어갔지.

- 따라 들어간 사람이 무슨(어떤) 사람이냐 하면 한어를 조선말로 번역

조선마를 하:너루 버녀가구 그 다매 말:두 자라구 벼노사지.321)

- 우리 군대 가따온 사라미 이런 사라미 이써지.
- 그래 따러 드러가 가주구서넌 그대 등소평하구 지금 김대주니하구 마:'라지.
- 그래 아오까지 문재를 아까두 아오까지라구 아오까지 문재를 또 제 추래찌.
- 제추래 가주구서는 거기서 이제 등소평이 마:래찌.
- 어째서 이르키 와 가주구 사:람 하나 주견냐.
- 이걸 아러따 마리여.
- 그래 그 노버찌 좀.
- 노분디다가 또 머라구 마랜능가 김대중이가 머라능가 하니까 아오까지 문재를 제추래 노쿠 그 다매 어:: 등소평이한태 마:래따 마리여.
- 이: 아오까지 문재: 제추랑 거 해겨라지 모태문 자리를 내:놔라, 이르기 돼:찌.
- 그래이까 등소평이 누으 딱: 부러뜨문서 안 된다. 땅 마래찌.
- 전국 인미니 나르 승이나지 아징 너넌 승인 아난다.
- 이르키 떡 돼:따 마리여.
- 그른데 그: 때 너 이누무 새끼 문재 해결 옹 기 아이라 자리다투매 와꾸나 하구 탕 쏘먼 주거찌.
- 그른데 이 사라미 저티 인는 사라미 착: 쩌버드러서322) 아: 이 사람 부대 이쓸 때두 그러쿠 월래든지 이르키 승지리 그패서 마:리 이르키 콰콰 나가는데 마:니 줌 용서해 달라구.
- 막 비러땀 마리여, 게 비러서 그 다매 거기서 등소평이 가라안저찌 쪼꼼.
- 그 마:미 좀 수구러저찌.
- 그래 가주선 그 다매 그 다매 이재 에: 내리가라.

하고 조선말을 한어로 번역하고 그 다음에 말도 잘하고 변호사지.

- 우리 군대 갔다 온 사람이 이런 사람이 있었지.

- 그래 따라 들어가 가지고는 그 다음에 등소평하고 지금 김대중이하고 말하지.

- 그래 아홉 가지 문제를 아까도 아홉 가지라고 아홉 가지 문제를 또 제기했지.

- 제기해 가지고는 거기에서 이제 등소평이 말했지.

- 어째서 이렇게 와 가지고 사람을 하나 죽였냐.

- 이걸 알았단 말이야.

- 그래 그 노여웠지 좀.

- 노여운 데다가 또 뭐라고 말했는가 하면 김대중이가 뭐랬느냐 하면 아홉 가지 문제를 제기해 놓고 그 다음에 에 등소평이한테 말했단 말이야.

- 이 아홉 가지 문제 제기한 것을 해결하지 못하면 자리를 내놔라, 이렇게 됐지.

- 그러니까 등소평이 눈을 딱 부릅뜨면서 안 된다. 딱 말했지.

- 전국 인민이 나를 승인하지 아직 너는 승인 안 한다.

- 이렇게 떡 됐단 말이야.

- 그런데 그때 너 이놈의 새끼 문제 해결하러 온 게 아니라 자리다툼하러 왔구나 하고 탕 쏘면 죽었지.

- 그런데 이 사람이 곁에 있는 사람이 척 끼어들어서 아 이 사람 부대에 있을 때도 그렇고 언제든지 이렇게 성질이 급해서 말이 이렇게 콱콱 나가는데 많이 좀 용서해 달라고.

- 막 빌었단 말이야, 그래 빌어서 그 다음에 거기서 등소평이 가라앉았지 조금.

- 그 마음이 좀 수그러졌지.

- 그래 가지고는 그 다음에 그 다음에 이제 에 내려가라.

- 해겨래 준다.

- 이르키 돼:때찌.

- 그래서 내려와서 이짜개 인재 성까지 성, 성으루 해서 다: 이르키들 지비딜 다: 와 이찌.

- 다 완는데 이 뭉꺼니 내려올 쭐 아런는데 아:이 내러온다 마리여.

- 그래 그 다매는 그: 다시 또 이재 대:표덜만 성애 올러가찌.

- 대표만 일곱 명이 에: 성애 또 올러가찌.

- 올러가 가주구서넌 그대 거 가서 성장하구 또 얘:길 하지.

- 회:럴 하:구 얘:길 하넌데 누기 따러간능가 하니까 이 개:산투내[323) 그: 부카내서 그 호사장질하던[324) 사람, 패장끄비지.

- 그 인재 그 여자가 하나 인는데 자그 나그내가[325) 부카내서 넨장지래찌.[326) 예?

- 중대장지래찌, 연장 중대장지래찌.

호사장은 머요?

- 호사장은: 가노사를 다리우는 다스리는 호사장.

예예.

- 인재 게 그거 하다가 이르키 두: 에: 완는데 제대대 와서 보니까 아 시집 시꾸 만:치 시:: 시애끼[327) 이찌 시누비[328) 이찌 시어머이 시아부지 이찌 에: 거기다 몸 하나 아:들 하나 나따 마리여.

- 그러구서넌 인는데 이: 남펴니 군대 가따 와서 주거찌 머.

- 게 주그니까 그 여자 혼자서 그: 심봉[329) 바더써두 다: 살 쑤가 이씨야지.

- 가정이 영: 골라나지, 시어 시아부지 모:뻴지 시누이 시누비 시동생 머 머뻴지 그래 가주서넌 그 다맨 이: 여자가 나두 간다구 따루나서찌.

- 그 다매 영기래 그 전투영웅, 중구개서 전투영웅하든 사라미 또 따러 가따 마리여.

- 해결해 준다.

- 이렇게 됐었지.

- 그래서 내려와서 이쪽에 성까지 성, 성으로 해서 다 이렇게들 집에 다 와 있었지.

- 다 왔는데 이 문건이 내려올 줄 알았는데 안 내려온단 말이야.

- 그래서 그 다음에는 그 다시 또 이제 대표들만 성에 올라갔지.

- 대표만 일곱 명이 에 성에 또 올라갔지.

- 올라가 가지고는 그 다음에 거기 가서 성장하고 또 얘기를 하지.

- 회의를 하고 얘기를 하는데 누가 따라갔느냐 하면 이 개산툰에 그 북한에서 그 호사장질하던 사람, 패장급이지.

- 그 이제 그 여자가 하나 있는데 자기 남편이 북한에서 중대장을 했지.

예?

- 중대장을 했지, 연장 중대장을 했지.

호사장은 뭐요?

- 호사장은 간호사를 다스리는 다스리는 수간호사.

예예.

- 이제 그래 그거 하다가 이렇게 에 왔는데 제대되어 와서 보니까 아 시집 식구 많지 시 시동생 있지 시누이 있지 시어머니 시아버지 있지 에 거기다 몸 하나 아들 하나 나왔단 말이야.

- 그러고는 있는데 이 남편이 군대 갔다 와서 죽었지 뭐.

- 그래 죽으니까 그 여자 혼자서 그 월급 받았어도 다 살 수가 있어야지.

- 가정이 영 곤란하지, 시어(머니) 시아버지 못 벌지 시누이, 시누이 시동생 뭐 못 벌지 그래 가지고는 그 다음에 이 여자가 나도 간다고 따라나섰지.

- 그다음에 연길에 그 전투영웅, 중국에서 전투영웅 하던 사람이 또 따라갔단 말이야.

- 게: 그 사라미 인재 또 가서 인재 그러니까 어: 대표덜가 일고비 드르가는데서 아호비 드르가땀 마리여, 두:리 더 드르가니까.

- 게: 아호비 드르가서 이재 저 난데 아:무 거두 업찜, 책쌍 하나 뻐:내다 저나기 한 통이지 머, 그 다매는 아:무 거뚜 업찌머.

- 성장, 성장 방공실두330) 그러타 마리여.

- 그래서 담화를 하는데 에: 연기레 전투영웅이 이렁 거 녹쌍기331) 하나: 노코서넌 성장 마라능 거 다: 드르가구 내 마라능 거 다: 드르가구 우리 마라능 거 대표가 마라능 거 다: 드르가구 이르키 된다 마리여.

- 그래서 그대 거기서 다: 끈나따구 인재 패임할332) 쩌개 영기래 인넌 그: 전투영웅 전투영웅이 거르마이333) 뿌시럭 뿌시러개서넌 거: 중구개 대:훈짱 훈짱 그 다매 조선애서 항미원조334) 나가 가주구 훈짱 이거 다: 탁타개서 다: 내놔서 책쌍 우애다 땅: 노먼서 난 이거배끼 항 기 업씀니다.

- 그른데 우리: 가정이 지금 굴머 주깨 되씀다. 집뚜 업씀다.

- 게 이 줌 해결해 주시오.

- 하니까 떡 처다보구서넌 아 보니까 그래 성장이 척 보:더니 그러치.

- 그 끄태 개산투내 아주머이가 그냥 엉엉 그저 처뻔부터 엉엉 울:먼서 그저 책쌍얼 뚜디리먼서 어: 으: 나그네두 중대장지래다 주건는데 내 혼자서 시어머이 시아부지 에: 내가 낭 거까지 하나 인는데 이걸 어트기 머꾸 사능가?

- 집뚜 업찌 어트개 해겨래여등가, 아 거기서 성장 아피서 망: 울:먼서 마란, 마:란다…

- 그 다매 네려가라구 해겨래 준다구.

- 이르키 떡: 되구서넌 그 다매는 노금기 데푸루 해결 다: 안 되먼 아호까지 문재 해결 다: 안 되먼 노금데푸르 국재시장애 가따 파러머깨씀니다.

- 그 다맨 거기서 성장애 누니 떡 부르뜨머서 당금 이 자리애서 지워달

- 그래 그 사람이 이제 또 가서 이제 그러니까 어 대표들과 일곱이 들어가는데서 아홉이 들어갔단 말이야, 둘이 더 들어가니까.

- 그래 아홉이 들어가서 이제 저 난데 아무 것도 없지 뭐, 책상 하나 뿐에다 전화기 한 통이지 뭐, 그 다음에는 아무 것도 없지 뭐.

- 성장, 성장 사무실도 그렇단 말이야.

- 그래서 담화를 하는데 에 연길의 전투영웅이 이런 거 비디오테이프리코더 하나 놓고는 성장 말하는 거 다 들어가고 내가 말하는 거 다 들어가고, 우리가 말하는 거 대표가 말하는 거 다 들어가고 이렇게 된단 말이야.

- 그래서 그다음에 거기서 다 끝났다고 이제 폐회할 적에 연길에 있는 그 전투영웅 전투영웅이 주머니를 부스럭 부스럭해서는 그 중국에 대훈장 훈장 그 다음에 조선에서 항미원조 나가 가지고 훈장 이거 다 탁탁해서 다 내놔서 책상 위에다 땅 놓으면서 난 이것 밖에 한 게 없습니다.

- 그런데 우리 가정이 지금 굶어 죽게 되었습니다. 집도 없습니다.

- 그래 이걸 좀 해결해 주시오.

- 하니까 떡 쳐다보고는 아 보니까 그래 성장이 척 보더니 그렇지.

- 그 끝에 개산툰의 아주머니가 그냥 엉엉 그저 처음부터 엉엉 울면서 그저 책상을 두드리면서 어 응 남편도 중대장하다 죽었는데 나 혼자서 시어머니 시아버지 에 내가 나은 것까지 하나 있는데 이걸 어떻게 먹고 사는가?

- 집도 없지 어떻게 해결해야 되는가, 아 거기서 성장 앞에서 막 울면서 말한, 말한다…

- 그 다음에 내려가라고 해결해 준다고.

- 이렇게 떡 되고는 그 다음에는 녹음기 테이프로 해결 다 안 되면 아홉 가지 문제가 해결이 다 안 되면 녹음테이프를 국제시장에 가져다 팔아먹겠습니다.

- 그 다음엔 거기에서 성장이 눈을 떡 부릅뜨면서 당장 이 자리에서 지

라. 다: 해겨래 준다.

　－이르캐 돼:따 마리여.

　－그래 거기서 지워찌, 지워 다: 지워찌.

　－지워 가주서 보니까 마:냐쌔, 그: 김대중이가 또 그런다 마리여.

　－거기 와서두 성장 아패서 으응: 이거서 해결 모타먼 자리를 내놔라.

　－이르키 떡 돼:찌;.

　－그래서 그 다맨 아: 거기 또 말: 자라는 사라미 이써서 아: 비러 가주
구서리 성장으 마:무 가라안처 노쿠 그 다매 내려와찌.

　－내려서 우리끼리 인재 회:럴 하지.

　－어이 팔씸 명이면 팔씸 명 뱅 명이면 뱅 명이 모도서 회이럴 함 번
해찌. 해 가주구선 비밀리애 회이럴 함 번 해 가주선 이: 김대중이 우리
대:표루 세우지 모:탈 사라미다. 너머 과격 과겨카다.

　－그래서 빼놔:찌.

　－빼노니까 이 사라미 훈추내: 인는 사라미 아 느:덜해 느:덜 위애서 봉
무하자구335) 나선 사라미 느더리 구만두라면 나넌 구만둔다.

　－이르캐 가주서넌 그저 떡 구만둬서 민도칼루다 모가지 뚝 짤러서 주거찌.

　－자기절루336) 자기가.

　－그래서 훈추내서 그: 김-대중이 대표하-질라던 사라먼 주거뻐려찌.

　－그러구서넌 그 다매 그 후애 이 저: 성애서 머라구 내려완능가 하니
까 주애루337) 내려옹 개 전놔상으루 머가 내려완능가 하니까 이걸 또 알
개 돼따 마리여.

　－우리가 군대 가따 온 사라미 사처애 다:: 공작338) 드르가 이씨니까
알:개 돼:찌.

　－게 성장(省長)이 주:장(州長)한태 머라구 해는지.

　－"쩌거 쓰 세애 부중 카이커(zhè·ge shì shuì bùzhòng kāikǒu)"339) 마래따
마리여.

위달라. 다 해결해 준다.

- 이렇게 됐단 말이야.
- 그래 거기서 지웠지, 지워 다 지웠지.
- 지워 가지고 보니까 만약에 그 김대중이가 또 그런단 말이야.
- 거기에 와서도 성장 앞에서 응, 이것을 해결 못 하면 자리를 내놔라.
- 이렇게 떡 되었지.
- 그래서 그 다음에는 아 거기 또 말 잘하는 사람이 있어서 아 빌어 가지고서 성장의 맘을 가라앉혀 놓고 그 다음에 내려왔지.
- 내려와서 우리끼리 이제 회의를 하지.
- 에 팔십 명이면 팔십 명 백 명이면 백 명이 모여서 회의를 한 번 했지. 해 가지고는 비밀리에 회의를 한 번 해 가지고는 이 김대중이 우리 대표로 세우지 못할 사람이다. 너무 과격 과격하다.
- 그래서 빼놨지.
- 빼놓으니까 이 사람이 훈춘에 있는 사람이 아 너희 위해 너희들 위해서 복무하자고 나선 사람이 너희들이 그만두라면 나는 그만둔다.
- 이렇게 해 가지고는 그저 떡 그만둬서 면도칼로 목을 뚝 잘라서 죽었지.
- 자기 스스로 자기가.
- 그래서 훈춘에서 그 김대중이 대표하던 사람은 죽어버렸지.
- 그러고는 그 다음에 그 후에 이 저 성(省)에서 뭐라고 내려왔느냐 하면 주(州)로 내려온 게 전화상으로 뭐가 내려왔느냐 하면 이걸 또 알게 되었단 말이야.
- 우리가 군대 갔다 온 사람이 사처에 다 공작 들어가 있으니까 알게 되었지.
- 그래 성장이 주장한테 뭐라고 했는지.
- "這个是說不中開口(이거 입 밖에 내서 말하지 마라)"하고 말했단 말이야.

- 게 그 이거 인재 버녁하자면 "이: 뭉꺼널 누구두 입빠께 내노치 말라" 이 소리지.

- "부중 카이커(不中開口; bùzhòng kāikǒu)."

- 그르개 '카이커(開口; kāikǒu)'라능 게 이벌 열지 말라.

- 이르키 떡: 돼:찌.

- 그래 가주서 그 다매 그걸 또 아러땀 마리여.

- 그 다매 또 올러가따 마리여, 대표드리 성으루.

- 성으루 올러간데 그 다매 그 후애 성장이 머라구 주:장한테 거런능가 하개 되면 이: 두: 사람 영웅하구 그 아즈마이 특뻐리 그저 일:쭈일 이내루 다: 해겨래 줘라.

- 몽땅 지비구 멍녕 기구 살리미구 생활푸미구 머구 다 해겨래 줘라.

- 그래서 직빵340) 해겨라지 아내써, 그때?

- 직빵 그점: 그 사람드런 그 사람 두:런 그저 직빵 그저 해:결돼:찌.

- 게서 일:주일 저내두 다 그냥 아주 막: 그냥 다: 서드러서 다: 해줘따 마리여.

- 게 우리넌 인저 아직 해결 모: 뙈찌.

- 그래 가주서 또 인:는데 팔씹삼년도 삼년도에 이 뭉꺼니 내려와따 마리여.

- 내려완넌데 어트기 내려완능가 하게 되면 세: 가지 문쟁가 네: 가지 문재배끼 내려옹 기 업따 마리여.

- 이사 이런 사람덜 군대 신봉341) 바떤 그 심봉대루 다 내줘라.

- 그 다매 또 멍:가 하니까 에:: 열싸 가조그 해결해 줘라.

- 열싸 가족, 주근 사람.

- 그 다매 거:- 저: 전사 하:사 군간 도러온 사람드르 그 사람드르 머깨끔 생활 안패 해 달라, 줘라.

- 요 세: 가지 땅 내려와따 마리여.

- 그래 그 이거 이제 번역하면 "이 문건을 누구도 입 밖에 내지 마라" 이 소리지.
- "입을 열지 마라(말하지 마라)."
- 그렇게 '입을 열다(말을 하다)'라는 게 입을 열지 마라.
- 이렇게 떡 되었지.
- 그래 가지고 그 다음에 그걸 또 알았단 말이야.
- 그 다음에 또 올라갔단 말이야, 대표들이 성으로.
- 성으로 올라갔는데 그 다음에 그 후에 성장이 뭐라고 주장한테 걸었느냐 하면 이 두 사람 영웅하고 그 아주머니 특별히 그저 일주일 이내로 다 해결해 줘라.
- 몽땅 집이고 먹는 것이고 살림이고 생활필수품이고 뭐고 다 해결해 줘라.
- 그래서 곧바로 해결하지 않았어, 그때?
- 곧바로 그저 그 사람들은 그 사람 둘은 그저 곧바로 그저 해결되었지.
- 그래서 일주일 전에도 다 그냥 아주 막 그냥 다 서둘러서 다 해줬단 말이야.
- 그래 우리는 이제 아직 해결 못 됐지.
- 그래 가지고 또 있는데 팔십삼년도 삼년도에 이 문건이 내려왔단 말이야.
- 내려왔는데 어떻게 내려왔느냐 하면 세 가지 문젠가 네 가지 문제밖에 내려온 게 없단 말이야.
- 이사(람) 이런 사람들 군대 월급 받던 그 월급대로 다 내줘라.
- 그 다음에 또 뭔가 하면 에 열사 가족을 해결해 줘라.
- 열사 가족, 죽은 사람.
- 그 다음에 그 저 전사(戰士) 하사(下士) 군간(軍幹) 돌아온 사람들을 그 사람들을 먹게끔 생활 안배(安排) 해 달라, 줘라.
- 요 세 가지가 딱 내려왔단 말이야.

- 기래서 그 다매 아: 이마내두 야 우리는 임무 완성이다.

- 게 인재 우리는 기다리구 이찌.

- 그라구서 기다리구 인는데 아 그 다매년 이 뭉꺼널 가주구서 뭉꺼널 가주구서 게::속 올러바다 야듭[342] 아홉까지 문재르 게:속 제출하지 머.

- 게 제추래서 그래서 팔씹삼 년도애 해:결 바다가주구 우리가 머르 핸능가 하니까 이재 리슈(离休[líxiū])[343]르 해줘라.

- 리슈(离休[líxiū])는 멍가, 멍가 하니까 에: 중구개 구까 감부 구까 감부쫑얼 래주구 그 다매 다 그: 구까 감부쫑애 그 국짱끕-이면 국짱끄부루 도널 주구 그 다매 현끄비면 현장끄비면 현장끄부루 도널 주구 이르캐서 해:라.

- 그래서 우리 바더, 바더멍는 심봉(薪俸)임다,[344] 그기.

- 에: 그래서 그때 다 해결돼써.

팔씹-삼녀내.

- 팔씹쌈 년도.

- 그래서 그때부터 지금까지 이제 다: 이르키 사러찌.

- 게: 그게 다: 공산당이 먼저 어: 이 사람덜 해:주개따구 뭉껀 해서 해중 게 아임니다.

- 우리가 투쟁해서 이기 나옹 거심니다.

그래두 그러캐 그때 모여서 할 쑤 이쓸 망큼 그: 의지들두 이썬내요?

- 그때는 의지가 어트기 된능가, 야 씨 이렁 건 이 위미늘 위해서 봉무하구 드루와써두 임민드런 우리럴 보기럴 어: 머 아닝개 아이라 머 개:가 바우또래 가따 온 시기다.

- 이 그 머 우리가 이르기 사러 머:라냐.

- 이래 주그나 저래 주그나 항가지다.

- 그래 함 번 하자. 이르키 돼:찌 머.

- 그래 가주서 그 다매 동운되 가:찌.

- 그래서 그 다음에 아 이만해도 야 우리는 임무 완성이다.

- 그래 이제 우리는 기다리고 있지.

- 그러고서 기다리고 있는데 아 그 다음에는 이 문건을 가지고 문건을 가지고서 계속 올려 받아 여덟 아홉 가지 문제를 계속 제기하지 뭐.

- 그래 제기해서 그래서 팔십삼 년도에 해결 받아가지고 우리가 뭐를 했느냐 하면 이제 퇴직처리를 해줘라.

- 리슈(离休([líxiū])는 뭔가, 뭔가 하면 에 중국에 국가 간부는 국가 간부증을 내주고 그 다음에 다 그 국가 간부증에 그 국장급이면 국장급으로 돈을 주고 그 다음에 현급이면 현장급이면 현장급으로 돈을 주고 이렇게 해라.

- 그래서 우리가 받아, 받아먹는 연금입니다, 그게.

- 예 그래서 그때 다 해결됐어.

팔십 삼년에?

- 팔십삼 년도.

- 그래서 그때부터 지금까지 이제 다 이렇게 살았지.

- 그래 그게 다 공산당이 먼저 어 이 사람들 해주겠다고 문건 해서 해 준 게 아닙니다.

- 우리가 투쟁해서 이게 나온 것입니다.

그래도 그렇게 그때 모여서 할 수 있을 만큼 그 의지들도 있었네요.

- 그때는 의지가 어떻게 되었는가, 야 씨 이런 건 이 위민(爲民)을 위해 복무하고 들어왔어도 인민들은 우리를 보기를 어 머 아닌게 아니라 뭐 개가 바윗돌에 갔다 온 식이다.

- 이 그 뭐 우리가 이렇게 살아 뭘 하느냐.

- 이래 죽으나 저래 죽으나 한가지다.

- 그래 한 번 하자. 이렇게 됐지 뭐.

- 그래 가지고 그 다음에 동원되어 갔지.

- 모줍: 모줍-해: 가주구.

- 게 그 사람 김대중이가 힘이 쎄개 써찌.

그런 사라미 이써야 대요.

- 허허허.

일:하는 사라미.

- 게 즌, 즈: 아덜래드리구 즈: 씨구 훈추내서 훈춘시: 쪼구루 일뜽 가라면 설 섭:께 살: 싸라미여 그 다.

- 두 번채 가라면 다 설깨 살: 싸라미여.

- 대학쌩덜 대학뚜 공부 다: 씨겨찌.

- 우리두 투쟁이 마:너때써. 하:연…

따릉 거뚜 또 이써서요?

- 예?

다른 투쟁두 또 해써요?

- 다른 투쟁은 머 아내써요, 다:.

- 모집 모집해 가지고.

- 그래 그 사람 김대중이가 힘을 세게 썼지.

그런 사람이 있어야 돼요.

- 허허허.

일하는 사람이.

- 그래 자기, 자기 아들들이고 자기 식구 훈춘에서 훈춘시 쪽으로 일등 가라면 서럽, 서럽게 살 사람이야 그게 다.

- 두 번째 가라면 다 서럽게 살 사람이야.

- 대학생들 대학도 공부 다 시켰지.

- 우리도 투쟁이 많았었어, 하여튼…

다른 것도 또 있었어요?

- 예?

다른 투쟁도 또 했어요?

- 다른 투쟁은 뭐 안 했어요, 다.

■ 주석

1) '삼십팔 년'은 1938년으로 일본 제국주의 시대 때 제보자가 열 살 때 가족과 함께 충북 청주 오송에서 중국 길림성 도문시 양수진 정암촌으로 이주한 시기를 말한다. 정암촌이 지금은 도문시에 속해 있지만 이주 당시에는 훈춘시에 속해 있었다고 한다.

2) '허더깐'은 '허덕간'의 음성형이다. '허덕간'은 막 쓰는 물건을 쌓아 두는, 방 같이 생긴 공간으로 흔히 문짝이 없이 한 면이 터져 있다.

3) '얼팡'은 한어 '耳房[ěrfáng])'을 말하는 것으로 정방(正房)의 양쪽 옆에 딸려 있는 작은 방으로 '곁방'과 비슷한 의미로 쓰인다. '얼팡'은 방에 들어가는 문 앞에 좀 높이 편평하게 다진 흙바닥을 가리키는 '토방'과 비슷하다. 이 지역의 가옥 구조는 한국, 특히 충청도의 가옥 구조와 다르다. 이 지역의 가옥 구조는 일자형(一字形) 집이고 하나의 부엌에서 아랫방과 윗방을 한꺼번에 난방하는 형태로 되어 있다. 따라서 '얼팡'은 아랫방과 윗방을 막으면 작은 공간이 생기는데 여기를 가리키는 말이다. 지금은 아랫방과 윗방의 난방이 다 잘 되지만 이주 당시에는 윗방은 난방이 잘 안 되었다고 한다.

4) '드러 이써'는 '들어 있어'의 음성형인데 '들어가 살고 있어'의 뜻으로 쓰인 말이다.

5) '지쿠'는 표준어 '짓다'에 대응하는 이 지역 방언형 '짖다'의 활용형 '짖구'의 음성형이다. 이 지역의 '짖다'는 '짖다, 짖구, 짖지, 지어, 지니까' 등과 같이 활용한다.

6) '고야'는 집이라기보다는 움막과 비슷한 임시 가설물이다. 땅을 둥그렇게 파고 그 위에 여러 개의 긴 장대를 원뿔형으로 세우고 갈대를 베어다가 엮어서 장대 바깥으로 둘러치고 아래는 흙으로 덮어 비바람과 추위를 피하도록 지었다고 한다. 제보자가 1938년 정암촌에 처음 이주할 당시에 이주민들이 집이 없어 집을 짓는 동안 이렇게 고야를 짓고 겨울을 나며 살았다고 한다.

7) '왕청 나자고'는 중국 길림성에 있는 지명으로 길림성 동북부에 위치해 있다. '왕청'은 중국 길림성 연변자치주에 속한 왕청현(汪淸縣)을 가리킨다. 연변 자치주에 속하며 조선족들이 많이 거주하는 지역으로 연길시의 동북쪽에 인접해 있다. '나자고'는 '라자구'를 가리킨다. 왕청의 북쪽 끝 흑룡강성에 인접해 있고 러시아와도 멀지 않은 곳에 위치해 있다. 일제 강점기에 일본군이 주둔했던 곳이라고 한다.

8) '보언'은 '보은'을 잘못 알고 말한 것이다.

9) 만주(滿洲)는 오늘날 중국의 동북(東北)지방, 즉 랴오닝성(遼寧省) · 지린성(吉林省) · 헤이룽장성(黑龍江省) 및 내몽고자치구(內蒙古自治區)의 동부 지역을 포괄해서 가리킨다. 동쪽과 북쪽은 러시아와 접해 있고, 남쪽은 압록강과 두만강을 경계로 한반도와 접해 있다. 젠다오(間島)를 중심으로 우리 동포가 많이 살고 있다. 만주로 들어갈 사람

을 모집하였다는 말은 1938년 당시 일제 침략정책의 일환으로 토지가 없는 사람들에게 토지를 준다는 미명하에 한반도에서 이주자들을 모집한 것을 말한다.

10) '-는가 하니까'는 표준어 '-느냐 하면'에 대응하는 이 지역 방언형이다. '-는가'에 후행하는 '하니까'는 '하면'에 대응하는 말로 쓰인다.

11) '여파래'는 '옆에'에 대응하는 이 지역 방언형이다.

12) '유콰리'는 '육화리'의 음성형으로 '육 할(六割)'의 비율을 뜻하는 이 지역 방언형이다. '할(割)'은 비율을 나타내는 단위로 1할은 전체 수량의 10분의 1이고 1푼의 열 배다. 여기에서 '육화리'의 뜻은 소작농이 지주에게 땅을 빌려 농사를 지으면 수확량의 6할(60%)을 지주에게 주고 소작농이 4할(40%)을 가지는 것을 말한다.

13) '노널 푸러쓰먼'은 '논을 만들면'의 뜻으로 쓰이는 이 지역 방언형 '논얼 풀었으면'의 음성형이다. '논얼 풀었으면'은 '논을 풀면'이라고 해야 할 것을 잘못 말한 것이다. 여기서 '논을 푼다'는 것은 늪지에 흙을 넣어 늪지를 '논으로 만든다', '논으로 개간한다'는 뜻이다.

14) '쪽찌개'는 '쪽지게'의 음성형이다. '쪽지게'는 보통의 지게보다 작은 지게로 흔히 등짐장수들이 썼다. 그러나 여기에서는 '쪽지게'가 표준어나 충청도 방언의 '지게'에 대응하는 말로 쓴 것으로 보인다. 그 시절의 농촌에서 어른들은 '지게'를 사용하였고, '쪽지게'는 덩치가 작은 아이들이 사용하였다.

15) '도꿔'는 '돋구다'의 활용형 '돋궈'의 음성형이다. '돋구다'는 '위로 끌어 올려 도드라지거나 높아지게 하다'의 뜻으로 쓰이는 표준어 '돋우다'에 대응하는 이 지역 방언형이다. '돋구다, 돋구구, 돋구지, 돋궈' 등과 같이 활용한다.

16) '단 마지기'는 '닷 마지기'의 음성형이다. 제보자의 원적지인 충청북도 청주 오송에서는 한 마지기가 200평(약 660m²)이므로 닷 마지기는 1000평(약 3,300m²)이 된다.

17) '오송'은 지금의 충북 청주시 오송읍을 가리킨다. '오송 경찰서'는 현재의 '오송 파출소'로 당시에는 '오송 지서'라고 했다.

18) '지주떠러'의 '-떠러'는 표준어 '-더러'에 대응하는 방언형으로 ((사람을 나타내는 체언 뒤에 붙어)) 어떤 행동이 미치는 대상을 나타내는 격 조사다.

19) '당금(當今)'은 '바로 지금' 또는 '일이 있는 바로 지금'의 뜻으로 쓰이는 말이지만 여기에서는 '일이 일어난 바로 직후의 빠른 시간'을 뜻하는 '당장'에 더 가까운 의미로 쓰였다.

20) '나'는 '나이'를 뜻하는 이 지역 방언이다. 제보자의 원 방언에서도 '나이'를 '낫살', '나잇살'에서와 같이 '나'라고도 하고 '나이'라고도 한다.

21) '서이'는 표준어 '셋이'에 대응하는 이 지역 방언형이다. 이 지역에서는 수를 셀 때 '한나, 둘, 서이, 너이, 다섯, 여섯, 일곱, 야듧, 아홉, 열'이라고 한다. 예문에서의 '서이'는 '셋'에 주격조사 '-이'가 결합된 '셋이'의 뜻으로 쓰였다.

22) '두디려 놨다'는 '두드려 패 놨다'의 뜻으로 쓰였다.

23) '그래깨'는 '그래니께'라고 말해야할 것을 잘못 말한 것으로 이해된다. '그래니깨'는 표준어 '그러니까'에 대응하는 방언형이다.

24) '헐차이요'는 '헐치 아이요'의 준말이다. '헐치'는 '헐하다'의 활용형 '헐하지'의 축약형이고 '아이요'는 표준어 '않아요'에 대응하는 이 지역 방언형이다. '헐하다'는 정암촌에서 '쉽다'의 뜻과 '싸다'의 뜻으로 쓰이는 말인데 예문에서는 '쉽다'의 뜻으로 쓰였다. '헐치'는 '헐하지'에서 '하'의 'ㅏ'가 줄고 'ㅎ'이 '-지'와 축약된 것이고, '아이요'는 '않이요'의 'ㅎ'이 유성음 사이에서 탈락하여 '아니요'가 된 뒤에 모음 사이에서 'ㄴ'이 탈락한 것으로 이해된다. 이 '아이요'가 앞에 오는 '헐치'와 결합하여 '헐치 아이요'가 된 다음 다시 축약되어 '헐차이요'가 된 것이다. 예문에서의 '헐차이요'는 '쉽지 않아요' 또는 '만만하지 않아요' 정도의 뜻으로 쓰인 것이다.

25) '나서따'는 '낫었다'의 음성형이다. 표준어에서 '병이나 상처 따위가 고쳐져 본래대로 되다.'의 뜻으로 쓰이는 불규칙 동사 '낫다'에 대응하는 말로 '낫다'가 이 지역에서는 규칙 동사로 쓰인다는 것을 알 수 있다.

26) '추어 가주구'는 표준어 '추슬러 가지고'에 대응하는 말이다. '추어'는 '몸을 가누어 움직이다.'의 뜻으로 쓰이는 표준어 '추스르다'의 활용형 '추슬러'에 대응하는 말이다. '추다'는 '추다, 추구, 추지, 추어, 추어서' 등과 같이 활용한다.

27) '정간(井間)'의 본래 뜻은 '바둑판 따위와 같이, 가로 세로로 여러 개의 나란한 금을 그어 '井' 자 모양으로 된 각각의 칸살'을 뜻하는데 여기에서는 비유적으로 그런 모양으로 된 땅, 즉 '논밭'을 뜻하는 말로 쓰였다.

28) '조상'은 본래, 돌아간 어버이 위로 대대의 어른을 뜻하는 말인데, 여기에서는 조상을 모시는 신주(神主)의 이름을 적은 나무패를 뜻하는 '위패'의 뜻으로 쓰였다.

29) '처여따'는 '처였다'의 음성형으로 표준어 '처넣었다'에 대응하는 표현이다. 정암 지역에서 '넣다'의 뜻으로 쓰이는 방언형은 '옇다'다. '옇다'는 '옇대[여태], 옇귀[여퀴], 옇지[여치], 여니깨, 여서, 였다'와 같이 활용한다.

30) '씨앙누무거'는 '쌍눔의것'에 대응하는 방언 음성형이다. '씨앙누무거'는 '씨앙+눔+의+거'로 분석할 수 있어 보인다. '씨앙'은 '몹시 화가 났을 때 욕으로 하는 말로 표준어 '쌍'에 대응하는 방언형이고, '눔'은 '((주로 '눔으'의 꼴로 쓰여)) 그 뒤에 나오는 말이 가리키는 대상을 주로 비관적으로 이르는 말로 쓰인다.

31) '보고해 가주구'는 중앙어 '신고해 가지고'의 뜻에 대응하는 말이다.

32) '부뜰개'는 표준어 '붙잡다'에 대응하는 이 지역 방언형 '붙들다'의 활용형 '붙들개'의 음성형이다. '붙들게 되었다'는 '체포하게 되었다'는 말이다. '붙들다'가 제보자의 원 방언인 충북 청주 방언에서 '놓치지 않게 꽉 쥐다', '사람이나 동물이 달아나지 못하도록 잡다', '남을 가지 못하게 말리다' 외에 '사람의 신체에 대하여 직접적이고 현실적인 구속을 가하여 행동의 자유를 빼앗다' 등의 의미로 쓰인다. '붙들다'

가 여기에서는 '체포하다'의 뜻으로 쓰였다.

33) '양반질'은 '양반행세'의 뜻으로 쓰였다. 표준어에서는 접미사 '-질'이 '선생질, 순사질, 목수질' 등에서와 같이 ((일부 명사 뒤에 붙어)) 직업이나 직책에 비하하는 뜻을 더하는 기능을 하지만, 이 방언에서는 비하하는 의미가 없이 ((일부 명사 뒤에 붙어)) 직업이나 직책을 수행하는 일의 뜻을 더하는 접미사로 쓰인다.

34) '그게 있으니까'는 '지주를 두드려 패고, 신주를 변소에 버린 일이 있으니까'의 뜻으로 쓰인 말이다.

35) '도장을 찍고 왔다'는 1938년 당시에 일제가 주민들을 만주로 이주시키는 정책을 폈는데 이 때 제보자의 원적지인 청주 오송에서 지금 거주하는 중국으로 이주하겠다는 내용의 문서에 동의한다는 도장을 찍고 왔다는 말이다.

36) '여기르'는 '여기를'에 대응하는 방언형이다. 정암촌에서는 목적격 조사 '-을/를'이 주변의 함경도 방언에 영향을 받아 '-으/르'로 실현되기도 하고 '도장얼 찍구'와 같이 원 방언형인 '-얼/럴'로 실현되기도 한다.

37) '떨구구'는 표준어 '떨어뜨리다'의 활용형 '떨어뜨리고'에 대응하는 이 지역 방언형 '떨구다'의 활용형이다. '떨구다'는 '떨구구, 떨구지, 떨궈, 떨구니깨'와 같이 활용하는 동사다. '떨구다'가 예문에서는 '남겨두다' 또는 '떨어뜨리다' 정도의 뜻으로 쓰였다.

38) '솔바째'는 '솔밭재'의 음성형이다. '솔밭재'는 정암촌 인근에 있는 고개 이름이다.

39) '영'은 '아주, 매우'의 뜻으로 쓰이는 이 지역 방언형이다.

40) '씨기니까'는 표준어 '시키다'에 대응하는 이 지역 방언형 '씨기다'의 활용형이다. '씨기다'는 표준어 '시키다'에 대응하는 동사로 '씨기구, 씨기지, 씨기니까, 씨겨' 등과 같이 활용한다.

41) '무러야'는 '물다'의 활용형 '물어야'의 음성형이다. 표준어 '내다'의 뜻으로 쓰이는 이 지역 방언형이다.

42) '월싸금'은 '월사금(月謝金)'의 음성형이다. 월사금은 과거에 다달이 내던 수업료를 일컫던 말이다. 이 방언에서는 '월사금'을 '낸다'고 하지 않고 '월사금을 물어야 된다'와 같이 '물다'와 공기하여 쓴다.

43) '석뚜'는 '석두(石頭)'의 음성형으로 중국 길림성 도문시 양수진과 정암촌 사이에 있는 마을이다.

44) '석두핵교'는 '석두(石頭)'에 있는 소학교(小學校)를 가리킨다. 즉 '석두소학교'를 말한다. '석두'는 중국 길림성 도문시 양수진과 정암촌 사이에 있는 마을인데 여기에 소학교가 있다. 중국의 학제는 우리나라와 같이 소학교 6년, 초중 3년, 고중 3년, 대학 4년으로 편제되어 있다.

45) '그쩍'은 '많이, 심히, 죽도로' 정도의 의미로 쓰이는 부사다.

46) '풍산'은 바람과 서리를 아울러 이르는 표준어 '풍상(風霜)'을 뜻하는 말이다. 여기
   에서는 비유적으로, 많이 겪은 세상의 어려움과 고생을 비유적으로 이르는 말로 쓰
   였다. '풍산'은 표준어 '풍상'에 대응하는 이 지역 방언형인지 개인어인지를 확인하
   기 어렵다. '풍상'을 '풍산'으로 잘못 알고 있다.

47) '젂었지'는 표준어 '겪다'에 대응하는 이 지역 방언형 '젂다'의 활용형이다. '젂다'는
   표준어 '겪다'의 구개음화형이다. '젂다'는 '젂구, 젂지, 젂었다' 등과 같이 활용한다.

48) '심니평'은 '십리평'의 음성형으로 정암촌 북쪽에 있는 지명이다.

49) '낭구해'는 표준어 '나무하다'에 대응하는 이 지역 방언형 '낭구하다'의 활용형이다.
   '낭구'는 표준어 '나무'에 대응하는 이 지역 방언형이다. '낭구'의 주격형은 '낭기'
   고, 처격형은 '낭게'다. 국어사 자료에서 '나무'가 소급하는 최초의 형태는 15세기의
   '낡~나모'인데 단순 모음 앞에서는 '낡'으로 실현되고 그 이외의 환경에서는 '나모'
   로 실현되었다. 이러한 교체는 20세기 문헌에도 나타나는데 모음 앞에서 '낡'으로
   실현되지 않는 예는 19세기부터 나타난다. 16세기에 나타나는 '나무'는 모음 체계의
   재정립 과정에서 '나모'의 제2음절 모음 'ㅗ'가 'ㅜ'로 바뀐 것인데, 이러한 변화는
   15세기 말부터 나타나기 시작하는 것이다. '나무'가 소급하는 형태들은 19세기에 제
   2음절이 'ㅜ'로 굳어졌다. 17세기와 19세기에 나타나는 '남우'는 '나무'를 분철한 것
   이며, 19세기에 나타나는 '나무'는 18세기에 어두음절의 'ㆍ'가 'ㅏ'로 바뀐 결과 나
   타날 수 있었던 표기이다.(한민족 언어 정보화 통합 검색 프로그램, 2003. 참조)

50) '해방'은 일제의 압제에서 벗어난 1945년 8월 15일을 말한다.

51) '나무새'가 여기에서는 집에서 기르는 채소를 뜻하는 '남새'에 대응하는 말로 쓰였
   다. 이 방언에서는 '나무새'와 '남새'가 함께 쓰인다. 표준어에서는 '남새'가 밭에서
   기르는 농작물로 주로 그 잎이나 줄기, 열매 따위를 식용하는 것을 가리키고 보리
   나 밀 따위의 곡류는 제외한다. 현대 국어 '남새'의 옛말인 'ᄂᆞᄆᆞ새'는 16세기 문헌
   에서부터 나타난다. 문헌상으로는 17세기 이후에는 'ᄂᆞᄆᆞ새'와 관련된 어형이 확인
   되지 않는다. 근대국어 시기를 지나면서 'ᄂᆞᄆᆞ새'의 제2음절 모음 'ㆍ'가 탈락하여
   'ᄂᆞᆷ새'가 된 이후 제1음절의 'ㆍ'가 'ㅏ'로 변하여 현대 국어의 '남새'가 된 것이다.

52) '꾸루'는 표준어 '굽다'에 대응하는 이 지역 방언형 '꾸다'의 활용형이다. '꾸다'는
   15세기부터 쓰인 '굽다'에서 변한 말이다. 15세기의 '굽다'는 오늘날과 달리 모음이
   나 매개모음으로 시작하는 어미 앞에서는 '굽-'으로 어간이 교체되었다. 15세기 중
   엽 이후 'ㅸ'이 반모음 'w'로 변화하면서 '굽-'은 '구우-'로 변하여 현대 국어와 같
   은 '굽-/구우-'의 이형태 교체를 보이는 ㅂ 불규칙용언이 되었다. '꾸다'는 15세
   기~19세기 문헌에 나타나는 '구우-'에서 동일한 원순모음이 반복되는 것을 피하기
   위해 제2음절의 모음 'ㅜ'를 탈락시킨 것이다.

53) '내기다'는 표준어 '내게다'에 대응하는 이 지역 방언형이다. 즉 '나에게', '나한테'
   의 의미로 쓰이는 말이다.

54) '지빈이른'은 '집의 일은'에 대응하는 이 지역 방언형 '집잇일은'의 음성형이다. '집 잇일'은 일차로 '집이+ㅅ+일'로 분석되고 '집이'는 다시 '집+이'로 분석된다. '-이' 는 이 방언의 원 방언에서 처격조사 '-에'가 이로 쓰이는 것을 반영한 것으로 보인다.

55) '씨알'은 몹시 화가 났을 때 욕으로 하는 감탄사다. 요즈음 청소년들이 자주 사용하 는 욕 '씨발'이나 '씨팔'과 같은 용법으로 쓰인다.

56) '도문(圖們)'은 중국의 지린성(吉林省) 연변 조선족 자치주에 있는 도시로 도로와 교 통이 발달된 요충지이며 두만강을 사이에 두고 북한의 남양시와 마주하고 있는 곳 이다. 중국의 도문시와 북한의 남양시를 잇는 다리가 있으며 이곳을 통하여 북중 무역이 이루어지기도 한다. '도문(圖們)'은 여진족 말 '투먼(Tumen[圖們])'에서 유래 한 지명이다.

57) '목단강([牧丹江])'은 중국 동북부, 헤이룽장성(黑龍江省) 동남부에 있는 도시다. 지금 은 외래어표기법에 따라 무단장(Mudanjiang[牧丹江])이라고 읽고 쓴다. '목단강(=무 단장)'은 무단강(牧丹江) 유역에 있으며, 부근에서 나는 밀·콩·쌀의 집산지이다. 기계, 화학 비료, 식품, 방적 따위의 공업이 활발한 것으로 알려져 있다.

58) '팔로군(八路軍)'은 항일 전쟁 때에 화베이(華北)에서 활약한 중국 공산당의 주력군 을 가리키던 말이다. 팔로군은 1937년 제이 차 국공 합작 후의 명칭이며 1947년에 인민 해방군으로 바꾸었다. 제보자인 이용안 할아버지는 이 팔로군에 입대하여 길 림성 장춘에서 대장정이 끝날 때까지 함께했다고 한다. 후일 그 공로를 인정받아 중국 정부로부터 훈장을 받기도 하였다.

59) '그대'는 표준어 '곧장'의 의미로 쓰이는 이 지역 방언형이다.

60) '우티'는 표준어 '옷'에 대응하는 이 지역 방언형이다.

61) '그래대'는 표준어 '그런데'에 대응하는 이 지역 방언형 '그랜대'라고 해야 할 것을 잘못 말한 것으로 보인다.

62) '추분지'는 표준어 '춥다'에 대응하는 이 지역 방언형 '춥다'의 활용형이다. 이 지역 에서 '춥다'는 '춥구, 춥지, 추분지, 추부니깨, 추부먼' 등과 같이 활용한다.

63) '목딴강'은 '목단강([牧丹江])'의 한국 한자음 지명이다. '목단강'은 중국의 헤이룽장 성(黑龍江省) 동남부에 있는 도시로 외래어표기법에 따르면 무단장(Mudanjiang[牧丹 江])이라고 읽고 써야 한다. 중국의 지린성(吉林省) 북쪽 헤이룽장성의 둥징청(東京 省) 북쪽에 있는 도시로 우리 동포들이 많이 이주해 살고 있는 곳 가운데 하나다.

64) '떨기지'는 표준어 '떨리다'에 대응하는 이 지역 방언형 '떨기다'의 활용형이다. '떨 기다'는 '떨다'의 어간 '-떨-'에 피동접미사 '-기-'가 결합된 말로 '떨기구, 떨기지, 떨기니까, 떨기서'와 같이 활용한다.

65) '조선싸람'은 '조선사람'의 음성형이다. '조선사람'은 '조선족' 즉 우리민족, 우리 동 포를 뜻하는 말로 쓰였다. 당시에는 대한민국정부가 수립되지 않은 때여서 조선 시 대의 백성을 뜻하는 '조선사람'이라는 말을 사용하였다고 한다. 이후 남북이 갈라지

고 각각의 정부가 수립되면서 중국에 거주하는 동포들은 자연스럽게 북한은 '북조선' 또는 '북선', 북한 사람은 '북조선 사람' 또는 '북선 사람'이라고 하였고, 남한은 '남조선' 또는 '남선', 남한 사람은 '남조선 사람' 또는 '남선 사람'이라고 하게 되었다고 한다.

66) 여기에서의 '한족'은 중국의 민족 가운데 가장 많은 수를 차지하고 있는 '한족(漢族)'을 뜻하는 것이 아니고 중국에 사는 '조선족' 이외의 모든 민족을 뜻하는 말로 쓰인 것이다. 정암촌 사람들은 '몽골족, 장족, 회족, 한족…' 등을 모두 '한족(漢族)'이라고 칭한다.

67) '제정(帝政)'은 '일본 제국주의 정치'를 가리키는 말이다. '일제 강점기'와 같은 뜻으로 쓰이는 말이다.

68) '사라머:'는 '사람얼'의 음성형 '사라멀'이라고 발음해야 할 것을 잘못 발음한 것으로 보인다.

69) '아지마이'는 표준어 '아주머니'에 대응하는 이 지역 방언형이다.

70) '지드마캐'는 중앙어 '기다랗다'에 대응하는 이 지역 방언형 '지드맣다'의 활용 음성형이다. '지드맣다'는 '지드맣궈[지드마궈], 지드맣개[지드마캐], 지드맣니깨[지드마니깨], 지드맣해서[지드매서]' 등과 같이 활용한다.

71) '당애서기'는 '당의 서기'를 말한다. 보통은 '당서기'라고 한다. 중국에서 '당'이라고 하면 '공산당'을 가리키는 말이고 '서기'는 공산주의 국가에서, 지역 당 위원회의 책임자를 말한다. 공산당 국가 체제의 특성상 당의 직위가 국가의 직위보다 높기 때문에 지역 서기나 단위 기관의 서기는 그 지역이나 기관의 최고 책임자이다.

72) '곰만'은 표준어 '금방'이나 '방금'에 대응하는 이 지역 방언형이다.

73) '아이'는 중앙어 부정부사 '안', '아니'에 대응하는 말이다.

74) '정카니가'는 '정창원이가'라고 해야 할 것을 잘못 말한 것이다.

75) '옥씨기떡'은 표준어 '옥수수떡'에 대응하는 이 지역 방언형 '옥시기떡'의 음성형이다. 표준어 '옥수수'의 이 지역 방언형이 '옥시기'다. '옥시기떡'은 옥수수를 가루로 내서 찐 떡을 가리키는 말이다.

76) '갈거루'는 표준어 '가루로'에 대응하는 이 지역 방언형이다. '갈거루'는 '갉-어루'로 분석할 수 있다. '갉'은 '가루'의 이 지역 방언형이고 '-어루'는 ((‘ㄹ’을 제외한 받침 있는 체언 뒤에 붙어)) 어떤 물건의 재료나 원료를 나타내는 표주어 격 조사 '-으로'에 대응하는 이 지역 방언형이다. '갉'은 딱딱한 물건을 보드라울 정도로 잘게 부수거나 갈아 놓은 것을 뜻한다. '갉'은 현대국어 '가루'의 15세기 어형인 'ᄀᆞᄅᆞ'와 관련이 있다. 15세기 국어에서 'ᄀᆞᄅᆞ'가 모음으로 시작하는 조사가 결합할 때에는 'ᄀᆞᆯㅇ'으로 나타나고, 자음으로 시작하는 조사가 결합하거나 단독으로 실현될 때에는 'ᄀᆞᄅᆞ'로 나타나 'ᄀᆞᆯㅇ/ᄀᆞᄅᆞ'의 교체를 보였다. '갉'은 15세기 국어 'ᄀᆞᆯㅇ'의 유성 후두 마찰음 'ㅇ[ɦ]'의 선대형인 'ㄱ'의 잔재형으로 보인다. 즉 'ᄀᆞᆯㄱ'의 모음

‘·’가 ‘ㅏ’로 변하면서 ‘갊’이 된 것이라고 할 수 있다.

77) ‘빼숭 거’는 ‘빼순 거’의 음성형이다. ‘빼순’은 표준어 ‘빻다’의 활용형 ‘빻은’에 대
응하는 이 지역 방언형 ‘빼수다’의 활용이다. ‘빼수다’는 이 지역에서 ‘빼수구, 빼수
지, 빼순, 빼수니깨, 빼숴’ 등과 같이 활용한다.

78) ‘궈태’는 한어 ‘鍋貼([guōtiē])’를 음차한 차용어다. ‘궈태(鍋貼([guōtiē]))’는 옥수수 가
루를 반죽하여 발효시킨 후 가마솥에 쪄내거나 가마에 붙여서 쪄낸 일종의 옥수수
떡을 가리킨다.

79) ‘가마’는 표준어 ‘솥’을 뜻하는 이 지역 방언형이다. ‘가마’는 이 방언에서는 주로
무쇠로 만든 솥을 뜻한다. ‘가마’ 외에 ‘가매’라고도 한다.

80) ‘나임’은 ‘나이’라고 해야 할 것을 잘못 발음한 것이다.

81) ‘무넌’은 ‘무단히’ 정도의 뜻으로 쓰이는 부사다.

82) ‘학스바러’는 ‘학습하러’의 음성형이다. 중앙어에서는 형태소 경계에서 평폐쇄음과
‘ㅎ’이 만나면 유기음으로 발음되는데 이 방언에서는 ‘ㅎ’이 탈락하는 경우가 많다.
이는 제보자의 원 방언인 충청북도 청주 방언을 유지하고 있는 것으로 보인다.

83) ‘쓰그먼’은 ‘쓰먼’이라고 해야 할 것을 잘못 말한 것으로 보인다. 바로 앞에서 ‘쓰
게’라고 했는데, 그 발음에 이끌린 실수로 보인다.

84) ‘기역’은 ‘교육’이라고 해야 할 것을 잘못 말한 것으로 보인다.

85) ‘뭉개뻐린다’는 ‘지우개 따위로 글씨나 흔적을 지우다’의 뜻으로 쓰이는 ‘뭉개다’와
“((동사 뒤에서 ‘-어버리다’ 구성으로 쓰여)) 앞말이 나타내는 행동이 이미 끝났음을
나타내는 말로 그 행동이 이루어진 결과, 말하는 이가 아쉬운 감정을 갖게 되었음”
을 뜻하는 ‘뻐리다’가 합성된 말이다. 여기에서는 ‘지워버리다’의 뜻으로 쓰였다.

86) ‘당애서기’는 ‘당의 서기’로 보통은 ‘당서기’라고 한다. ‘당서기’는 공산주의 국가에
서, 지역이나 각종 조직 또는 단체의 당 위원회의 책임자를 말한다. 공산당 국가 체
제의 특성상 당의 직위가 국가의 직위보다 높기 때문에 조직이나 단체의 서기는 그
조직이나 단체의 최고 책임자이다. 여기에서는 보병학교에서 있었던 일을 이야기
하는 것이므로 보병학교의 당서기를 뜻한다.

87) ‘암페’는 ‘배치하다, 안배하다’의 뜻으로 쓰이는 한어 ‘안배(安排[ānpái])’를 음차한
이 지역 음성형이다. 한어 어휘를 음차한 것이다. 이 방언에서는 이와 같은 한어 차
용어들이 많이 쓰이고 있다. 이중언어 사용 지역이어서 흔히 나타나는 차용 현상의
하나다.

88) ‘내기다’는 중앙어 ‘나에게다’, ‘내게다’에 대응하는 이 지역 방언형이다.

89) 학습 조장에게 책임지고 한어를 학습시키도록 맡겼다는 뜻이다.

90) ‘하너’는 ‘한어(漢語)’의 음성형이다. ‘한어’는 중국어를 말한다.

91) 여기에서의 ‘조선말’은 좁게는 ‘중국 조선족들이 쓰는 우리말’을 가리키고 넓게는

'남북한 및 중국 등에서 한민족이 사용하는 우리말'을 가리킨다. 이 지역에서는 '조선말'이라고 하면 보통은 좁은 의미로 쓰인다. 말하는 상황이나 필요에 따라 남한 말은 '남조선 말' 또는 '남선 말'이라고 하고, 북한 말은 '북조선 말' 또는 '북선 말'이라고 구분하여 쓰기도 한다. 요즈음은 한국과의 인적 물적 교류 등으로 이 지역에서 '남조선', '남선' 대신 '한국'이라는 말을 사용하는 것이 일반적이다.

92) '보기는'이라고 발음해야 할 것을 잘못 발음한 것으로 보인다.

93) '이금만'은 중앙어 '이것만'에 대응하는 이 지역 방언형 '이긋만'의 음성형이다. 정암촌에서는 '이긋만'보다는 '이것만'을 더 많이 사용한다.

94) '기어가재두'는 '기억하재두'의 음성형이다. '하재두'는 '하는 것도', '하기도', '하자고 해도' 정도의 뜻으로 쓰이는 이 지역 방언형이다. 모음 사이에서 'ㅎ'이 발음되지 않는 것은 제보자가 충북 청주(오송) 지역 방언을 유지하고 있는 것을 보여주는 것이다. 제보자는 1938년에 충북 청주(오송)에서 중국 길림성 도문시 양수진 정암촌으로 이주하였다. 정암촌은 1938년 충청북도 출신 80호의 이민자들이 현재의 위치인 정암촌으로 이주하여 황무지를 개척해서 이루어진 마을이다. 따라서 이 마을 사람들은 모두 충청북도 방언 화자들이었다. 제보자에 의하면 1961년에 함경북도 길주 출신 한 가족이 처음으로 이 마을에 이주했다고 한다.

95) '해푸리'는 '해풀이'의 음성형으로 '解풀이'에서 비롯된 말로 이해된다. 한자 '解'와 같은 뜻의 우리말 '풀이'가 결합하여 이루어진 말로 보인다. '뜻풀이' 정도의 뜻으로 쓰였다.

96) '언중반중'은 북한에서 주로 쓰는 '반숭건숭'에 대응하는 이 지역 방언형이다. '반숭건숭'은 '이것도 저것도 아닌 어중간한 모양' 또는 '벌여 놓은 일을 끝맺지 아니하고 어중간한 상태에서 내버려 두는 모양'을 뜻하는 말이다. '반숭건숭'과 같은 뜻으로 '건숭반숭'도 쓰인다.

　　북한어 '반숭건숭'과 비슷한 말로 '이도 저도 아닌 어중간하다'는 뜻으로 쓰이는 '반숭반속(半僧半俗)'이 있다. '반은 중이고 반은 속인'인 사람이라는 뜻으로도 쓰이고 '이것도 아니고 저것도 아니어서 뚜렷한 명목을 붙이기 어려움을 비유적으로 이르는 말'로도 쓰인다. '반숭반속'과 같은 뜻으로 '비승비속(非僧非俗)'이 있다. 역시 중도 아니고 속인도 아니라는 뜻으로, 이것도 저것도 아닌 어중간함을 이르는 말로 쓰인다.

97) '관파넌'은 '관판언'의 음성형인데 '관판'은 '간판'을 잘못 발음한 것이다.

98) '차저볼'은 '찾아보다'의 관형사형 '찾아볼'의 음성형이다. 여기에서는 '찾아보다'의 의미로 쓰인 것이 아니고 '알아보다', '읽어보다', '읽다' 정도의 뜻으로 쓰였다.

99) '고무내따'는 '고문하다(顧問−)'의 활용형 '고문했다'의 음성형이다. 여기에서는 '검사하여 증명하다'의 뜻으로 쓰이는 '검증하다'의 의미로 쓰였다. 즉 중국 공산당의 군인으로 적절한 사람인지를 검증했다는 뜻으로 쓰였다.

100) '마까짜느먼'은 '마음이나 입맛에 꼭 맞지 않다'의 뜻으로 쓰이는 '맞갖지 않으면'의 축약형 '맞갖잖으면'의 음성형이다.

101) '그 다미라야'는 '그 담(다음)이라야'의 음성형이다. '그 담'은 사상을 검증한 다음이라는 뜻이다.

102) '팔로군(八路軍)'은 항일 전쟁 때에 화베이(華北)에서 활약한 중국 공산당의 주력군으로 1937년 제이차 국공 합작 후의 명칭이며, 1947년에는 인민 해방군으로 명칭을 바꾸었다.

103) '공화국'은 '중화인민공화국(中華人民共和國)' 즉 중국을 말한다. '공화국 성립'은 1949년 10월 1일 '중화인민공화국의 수립'을 말한다.

104) '이르키 마라는데'는 '이렇게 말하면'의 뜻으로 쓰였다.

105) '북한에서 좋아 안하겠지만'은 '북한에서 좋아하지 않겠지만'의 이 지역 방언형이다. 이 말은 1950년 4월에 제보자를 비롯한 중국 조선족 군대가 북한(제보자는 북한의 원산)에 가 있었고 이후 두 번의 비상소집 훈련을 한 다음 6월 25일 새벽에 남침했다는 것을 말하려는 것을 염두에 둔 말이다. 북한이 남침했다는 말을 할 참인데 북한이 남침했다는 말을 북한이 좋아하지 않을 것이라고 전제하는 말이다.

106) '이씁데'는 '있습데'의 음성형이다. '-습데'는 '르'을 제외한 받침을 가진 용언의 어간 또는 선어말어미 '-었-,' '-겠-' 뒤에 붙어 하게나 하오할 자리에서, 과거 어느 때에 직접 경험하여 알게 된 사실을 현재의 말하는 장면에 그대로 옮겨 와서 말함을 나타내는 종결 어미다. '-(으)ㅂ데'에 대응하는 이 지역 방언형이다. '-습데'는 주로 연변 지역이나 북한의 함경도 지역에서 쓰이는 어미다.

107) '매기 업찌'는 '맥이 없지'의 음성형이다. 여기에서 '맥(脈)'은 '힘 또는 기운'을 뜻하는 말로 쓰였다. 따라서 '맥이 없다'는 '기운이 없다'나 '힘이 없다' 정도의 의미로 쓰인다. 여기에서는 훈련으로 인해 힘이 빠져 기운이 없다는 뜻으로 쓰였다.

108) '중기'는 경기관총보다 무겁고 구경(口徑)이 크며 화력이 센 기관총을 뜻하는 말로 이해된다. 즉 보병이 지니는 화기 가운데 비교적 무게가 무겁고 화력이 강한 중기관총, 박격포 따위의 화기를 이르는 '중화기(重火器)'의 의미로 쓰였다.

109) '모뎌'는 '모디다'의 활용형이다. 여기에서는 '모으다'의 뜻으로 쓰였다. '모디다'는 '모으다'의 피동사로 중앙어에서는 '모이다'의 뜻으로 쓰인다.

110) '부러저때찌'는 중앙어 '부러졌었지'에 대응하는 이 지역 방언 음성형이다. '부러저때찌'는 '부러지-+-었-+-댔-+-지'로 분석할 수 있다. '부러지-'는 '부러지다'의 어간이고 '-었-'은 과거시제 선어말어미이고 '-댔-'은 과거시제를 나타내는 선어말어미 뒤에 붙어 이야기하는 시점에서 볼 때 이미 일어난 과거의 사건이나 행위가 현재와 단절되어 있는 과거의 사건을 나타내는 어미다. '-었댔-'은 이야기하는 시점에서 볼 때 사건이나 행위가 이미 일어났음을 나타내는 선어말어미 '-었-'과 이야기하는 시점에서 볼 때 이미 일어난 사건이나 행위가 현재와 단절되어 있는

과거의 사건을 나타내는 선어말어미 '-댔-'이 결합된 것이다.

111) '묘주수'는 한어 '瞄准手'를 음차한 것이다. 포병 가운데 목표물을 조준하는 사람을 뜻하는 '조준수(照準手)'에 대응하는 말이다. '묘준(瞄准)'은 '조준하다, 겨누다, 맞추다' 등의 뜻으로 쓰이는 우리나라 한자어 '조준(照準)'에 대응한다.

112) '정전'은 6 · 25 전쟁의 정전 즉, 1953년 7월 27일에 체결된 한국전 정전협정을 뜻한다.

113) '여기'는 넓게는 중국, 좁게는 연변 지역을 가리킨다. 현재의 중국 길림성 연길시 조양천으로 후퇴하여 주둔했다고 한다. '조양천'은 당시의 행정구역으로는 길림성 도문시에 속했다고 한다.

114) '졸업맡다'는 '졸업+맡다'로 분석된다. '맡다'는 '증명에 필요한 자격을 얻다.'의 뜻으로 쓰이는 말이다. 따라서 '졸업맡다'는 '졸업 자격을 얻다, 졸업하다'의 뜻으로 쓰이는 말이다.

115) '장자 줄을 떼었다'는 말은 군대 내에서 '장'이 되었다는 뜻이다. 즉 간부가 되었다는 뜻이다.

116) '도지다나니까'는 '나아지거나 나았던 병이 도로 심해지다'의 뜻으로 쓰이는 동사 '도지다'의 어간 '도지-'에 '-다나니까'가 결합된 형태다. '-다나니까'의 '나니까'는 보조 동사 '나다'의 어간 '나'에 '-니까'가 결합된 형태로 이해된다. '나다'를 보조 동사로 보면 '나니까'는 '보니까' 정도의 뜻이 된다. '-다나니까' 전체를 하나의 어미로 보면 '-보니까' 정도의 뜻으로 이해된다. '-나니까'를 보조 동사로 볼 것인지 어미의 일부로 볼 것인지는 좀 더 면밀한 검토가 필요하다. 항상 선행하는 용언에 붙는 어미 '-다'와 함께 쓰이고 '-나니까' 이외의 형태로 쓰이지 않는다는 점에서 '-다나니까'가 하나의 어미로 문법화 되었다고 보아도 무리가 없어 보인다.

117) '바쁘다'는 '바쁘다'의 음성형으로 이 방언에서는 여러 가지 의미로 쓰인다. '바쁘다'는 '하기가 까다로워 힘에 겹다' 또는 '말이나 글이 이해하기에 까다롭다' 외에 '힘이 들다, 일하기가 어렵다'의 뜻으로도 쓰인다. '시험이 바쁘다'고 하면 '시험보기가 어렵다'의 뜻으로도 해석되고 '시험보기가 힘들다'의 뜻으로도 해석된다. '입이 아파서 밥 먹기가 바쁘다'고 하면 '입이 아파서 밥 먹기가 힘들다'나 '입이 아파서 밥 먹기가 어렵다'의 뜻으로 쓰인다.

118) '탄장실'은 한어 '探長室'을 한국 한자음으로 음차한 것으로 병원의 '감시원실'과 비슷한 기능을 하는 공간을 말한다.

119) '드러가자이까'는 '들어가자니까'의 음성형으로 중앙어 '들어가려니까'에 대응한다. '들어가자니까'는 의미상으로 보면 '들어가자고 하니까'의 축약형이라고 할 수 있다.

120) '내무서'는 예전에 북한에서 시, 군 따위의 사회안전을 맡았던 기관을 이르던 말이다.

121) '암패'는 '안배(安排[ānpái])'의 음성형이다. '안폐'는 한어 '안배(安排[ānpái])'를 우리 말식 한자음으로 차용한 것이다. 여기에서의 '안폐'는 '직장에 배치하다'의 뜻으로 쓰이는 중국말을 차용한 것이다.

122) '여기서'는 문맥으로 보면 '거기서'라고 해야 하고, 이때의 '여기'는 제보자가 당시에 머물렀던 곳을 기준으로 말한 것으로 함경남도 동북부에 있는 지역인 '북청'을 가리킨다.

123) '새애기'는 본래 '시부모가 새 며느리를 친근하게 이르는 말'인데 여기에서는 '처녀'의 뜻으로 쓰였다. 여기에서 '새애기'라고 한 것은 말하는 사람이 나이가 많고 듣는 사람이 나이가 어리기 때문에 쓴 것으로 보인다.

124) '초대소(招待所)'는 중국이나 북한에서 새로운 직무를 맡아 곧 배치되어 갈 사람들을 맞아들여 편의를 돌보아 주며 머물러 있게 하는 곳을 가리킨다. 이후 근래에는 '초대소'가 호텔이나 여관의 기능을 하다가 지금은 거의 없어지고 있다.

125) '목땅강'은 '목단강'의 음성형이다. '목단강(牧丹江)'은 중국의 흑룡강성에 속하는 도시의 하나다.

126) '노무(勞務)'는 육체적 노력을 들여서 하는 일을 말한다. 여기에서는 부모가 늙어서 노무를 하지 못했다는 말을 '아이 노무했다'고 표현하였다. 중앙어에서는 '노무를 안 했다'나 '노무 안 했다'와 같이 목적어와 동사 사이에 부정부사가 쓰이는데 중국 조선어에서는 부정부사가 동사 앞에 놓이거나 본동사와 보조동사 사이에 놓인다. 이는 '노무하다'가 하나의 동사로 쓰였다는 것을 의미한다.

127) 여기에서 '이게'가 가리키는 것은 '다리'다. 중국 인민해방전쟁 때 장춘 전투에서 다리를 잃었다는 것을 '이게(다리가) 끊어졌다'고 표현한 것이다.

128) '해방전쟁'은 중국의 국공 내전을 이르는 말이다. 중국의 '해방전쟁'은 모택동이 이끄는 '팔로군'이 장개석이 이끄는 국민당 군대와 싸운 내전을 이르는 말이다. 이 전쟁으로 중국이 해방되었다고 해서 붙여진 이름이다.

129) 여기에서의 '참패금'은 중국 인민해방전쟁에 참여한 공로로 받는 돈을 가리키는 말이다.

130) '여우'는 '요구'를 잘못 말한 것이다.

131) '허란대'는 '헐하다'의 활용형 '헐한데'의 음성형이다. '헐하다'는 본래 '값이 싸다'의 의미로 쓰이는 말인데 이 지역에서는 함경도 말의 영향을 받아 '쉽다'의 뜻으로도 쓰인다.

132) '심봉'은 '신봉(薪俸)'의 음성형이다. '신봉'은 한어에서 차용한 말로 우리말의 '급여, 월급' 등의 뜻으로 쓰이는 말이다. '신봉'과 비슷한 뜻으로 '공자(工資)'가 쓰이는데 '신봉'이 매월 정해진 일정한 급여를 받는 것인데 비해 '공자'는 '임금, 노임'의 뜻으로 쓰인다. 그러나 이 지역에서는 '신봉'과 '공자'를 구별하지 않고 매달 받는 급여나 연금 등을 가리키는 말로도 쓴다.

133) '투슈'는 한어 '退休[tuìxiū]'를 음차한 말이다. '退休'는 우리말 한자어 '퇴직'에 해당하는 말이다. 한어 '退休[tuìxiū]'는 일반 직장에 근무하다가 퇴직한 경우에 쓰는 말이고 '리슈(离休[líxiū])'는 군인이나 국가 고위 직급에 근무하던 사람이 퇴직했을

때 쓰는 말인데 제보자는 이 둘을 구별하지 못하고 사용하였다.

134) '공작'은 한어 '工作[gōngzuò]'을 한국한자음으로 발음한 것이다. '工作'은 우리말 '일' 또는 '직업', '업무' 등의 뜻으로 쓰이는 단어로 부정적인 의미가 없다.

135) '지꽁'은 '직공'의 음성형이다. '직공'은 한어 '職工[zhígōng]'의 차용어로 '직원과 공원'이라는 뜻으로 쓰이는 단어로 우리말 '직업'에 해당한다.

136) '이적지'는 '이적'에 '-지'가 붙어 이루어진 말로 보인다. '이적'은 중앙어 '여태'에 대응하는 '여적'의 이 지역 방언형이다. 따라서 '이적지'는 '여적지'에 대응하는 이 지역 방언형이다.

137) '농사질'은 '농사+질'로 이루어진 말이다. 중앙어에서는 '-질'이 일부 명사 뒤에 붙어 '그런 일' 또는 '그런 행위'의 뜻을 더하는 접미사로 쓰이고 대체로 부정적인 뜻을 가지는데 비해 이 지역에서는 일부 명사 뒤에 붙어 '그런 일' 또는 '그런 행위'에 대해 부정적인 뜻은 적고 보통은 명사가 가리키는 직업을 뜻하는 말로도 쓰인다.

138) '대약진'은 '대약진운동(大躍進運動)'을 가리키는 말로 중국이 경제 고도성장 정책으로 전개한 전국적인 대중 운동을 말한다. 1958년에 마오쩌둥(毛澤東), 1977년에 화궈펑(華國鋒)이 추진한 것으로, 대규모 수리 시설을 건설하고 공업의 기초를 다지려는 운동이었다.

139) '집체화'는 중국에서 1958년 8월 이후 합작사를 합병하여 인민공사를 설립하고 농촌에서 일을 집단으로 하게 된 것을 이르는 말이다. 일종의 공동생산 공동분배 제도라고 할 수 있다.

140) '콩깍지'는 콩을 털어 내고 남은 껍질을 이른다.

141) '옥씨기짱'은 '옥시기짱'의 음성형이다. '옥시기짱'은 '옥시기+짱'으로 분석된다. '옥시기'는 중앙어 '옥수수'에 대응하는 이 지역 방언형이고, '짱'은 긴 대궁을 이르는 이 지역 방언형이다. 따라서 '옥씨기짱'은 '옥수숫대'를 이르는 이 지역 방언이다.

142) '빵하다'는 한어 '放[fàng]'을 음차한 말이다. 한어 '放[fàng]'은 '(먼 곳으로) 내치다, 쫓아내다, 추방하다'의 뜻으로 쓰이는 말이다. '放[fàng]'은 '하방(下放)'의 준말이다. '하방(下放)'은 중국에서, 당원이나 공무원의 관료화를 방지하기 위하여 이들을 일정한 기간 동안 농촌이나 공장에 보내서 노동에 종사하게 한 운동으로 1957년 정풍 운동 때 시작되어 문화 대혁명 시기에도 시행되었다.

143) '모주석'은 '毛主席'의 음차로 마오쩌둥(毛澤東[Mao Zedong]을 가리키는 말이다. 모택동(마오쩌둥)(1893~1976)은 중국의 정치가로 자는 윤지(潤之)이고 후난(湖南)성 샹탄(湘潭)현 출신이다. 1921년 상하이(上海)에서 공산당을 창당할 때에 후난 성(湖南省) 대표로 참가하였으며, 제일 차 국공 합작 때 국민당 중앙 선전부장 대리로 활약하다가 분열 후 후난 성에서 추수 폭동(秋收暴動)을 지휘하였다. 1949년 공산

정권 수립과 동시에 초대 국가 주석에 취임한 후 1959년에 사임하고 당 주석(主席)을 전임하였으며, 1965년 이후 문화 혁명을 지도하였다. 저서에 ≪신민주주의론≫, ≪연합 정부론≫ 따위가 있다.

144) '호장(戶長)'은 예전에, 고을 아전의 맨 윗자리나 그 사람을 이르던 말인데 여기에서는 마을 이장 또는 마을 지도자 정도의 뜻으로 쓰였다.

145) '망탕질'은 '망탕+질'로 분석할 수 있다. '망탕'은 '야단스럽고 소란한 소동이나 나쁜 짓'을 뜻하는 말로 쓰이는 이 지역 방언형이다. 여기에 일부 명사 뒤에 붙어 대체로 부정적인 뜻으로 '그런 일' 또는 '그런 행위'를 뜻하는 접미사 '-질'이 붙어 '소란과 소동을 일으키며 분별없이 제멋대로 하는 나쁜 짓'을 뜻하는 말로 '망탕질'이 쓰였다.

146) '저른'은 '겯다'의 활용형이다. '겯다'는 '대, 갈대, 싸리 따위로 씨와 날이 서로 어긋매끼게 엮어 짜다'의 뜻으로 쓰이는 중앙어 '겯다'가 구개음화한 것이다.

147) '채도지'는 부엌에서 쓰는 칼을 뜻하는 한어 '菜刀(채도, càidāo)'를 차용한 말이다.

148) '식도칼'은 '식도+칼'로 분석할 수 있다. '식도'는 부엌에서 쓰는 칼이라는 뜻으로 쓰이는 한자어 '食刀'이고 여기에 다시 '刀'를 뜻하는 우리말 '칼'이 결합하여 '식도칼'이 된 것이다. 따라서 '식도칼'은 '식도'의 '도(刀)'와 '칼'의 의미가 중복된 말이다.

149) '망태기'는 전혀 쓸모없이 되어 버린 것, 즉 뒤죽박죽 엉망이 된 상태를 이르는 말을 뜻하는 단어다. 이 말은 주로 북한 지역에서 쓰인다. 함경도 방언에서 차용하여 쓰는 말이라고 할 수 있다.

150) '정래하다가'는 '정리하다가'를 잘못 말한 것이다.

151) '맏자식'이 여기에서는 '아들 형제 가운데 제일 손위인 사람', 즉 '맏아들'의 의미로 쓰였다. ≪표준국어대사전≫에는 '맏자식'이 둘 이상의 자식 가운데 맏이가 되는 자식으로 풀이되어 있다. 여러 형제자매 가운데 제일 손위인 사람을 가리키는 말인 '맏이'와 동의어로 쓰이기도 한다.

152) '씨기먼'은 중앙어 '시키다'에 대응하는 '씨기다'의 활용형이다. '씨기다'는 '씨기구, 씨기지, 씨겨'와 같이 활용한다.

153) '나르'는 형태상으로만 보면 중앙어 '나를'에 대응한다. '나르 모태찌'는 '나를 못시켰지' 정도의 의미로 쓰인 것이다. 이 지역에서는 목적격 조사 '을/를'이 '으/르'로 실현되는 경향이 있다.

154) '군대에 들어가서 배웠다'는 중국 군대인 팔로군에 들어가서 중국어를 배웠다는 말이다. 공부를 하고 싶어서 가출한 다음 일반 학교인 줄 알고 보병학교에 찾아갔고 거기에서 중국어를 배우고 군사훈련을 한 것을 말하는 것이다.

155) '방청이어때써'는 '방청이었댔어'의 음성형이다. '이었댔어'는 중앙어 '이었었어'에

대응한다. 과거의 경험을 나타낼 때 선어말어미 '-었-' 대신 여기에서는 '댔'이 사용된다. 이는 인접 방언인 육진 방언의 영향을 받은 것이다.

156) '방청'이 여기에서는 강변에 나무들이 빽빽하게 서 있는 넓은 장소를 가리키는 의미로 쓰였다. 그런데 이 말은 강변에 둑을 쌓거나 나무를 많이 심어서 냇물이 넘쳐 들어오는 것을 막는 역할을 하는 '방천(防川)'에서 변한 말로 보인다. 여기에서는 물이 흐르는 강변에 저절로 방천의 역할을 하는 버드나무 숲을 뜻하는 말로 쓰인 것이다.

157) '양수'는 중국 길림성 도문시 양수진(凉水鎭)을 가리킨다. '양수진'은 두만강을 사이에 두고 함경북도 온성과 마주하고 있는 중국 지명이다. 제보자는 10살 무렵에 부모님을 따라 기차를 타고 함경북도 온성에 내린 후 온성 다리를 건너 양수를 지나 석두(石頭)를 거쳐 정암(亭岩)에 정착하였다.

158) '석두(石頭)'는 도문시 양수진에 속하는 마을의 하나이다. 참고로 중국의 행정구역 단위로는 '성(省), 시(市), 진(鎭), 향(鄕), 촌(村), 툰(屯)' 등이 있다. '양수'는 '진'이고 '석두'는 '촌'에 해당한다.

159) '고야'는 임시로 거처하기 위해 지은 집을 가리킨다. 바닥에는 구들을 놓고 지붕은 나무를 걸치고 그 위에 비를 가릴 수 있도록 억새나 짚 따위를 얹어 만든 일종의 움막이다.

160) '구둘'은 중앙어 '구들'에 대응하는 이 지역 방언형이다. 불을 때어 난방을 할 수 있도록 방바닥에 까는 넓적한 돌 또는 그런 돌로 만든 구조물을 말한다.

161) '낭구'는 '나무'에 대응하는 이 지역 방언형이다. 이 지역에서 '나무'의 방언형으로 '낭구' 외에 '낭그'도 쓰인다. 국어사 자료에서 '나무'가 소급하는 최초의 형태는 15세기의 '낢~나모'인데, 이 지역에서 관찰되는 '낭구'나 '낭그'는 15세기 국어의 '남ㄱ'에서 유래한 것이다.

162) '왕청'은 중국 길림성(吉林省) 연변 조선족 자치주에 있는 지방행정 단위인 왕청현(汪淸縣)을 말한다. 조선족들이 많이 거주하는 곳으로 일제 강점기에는 항일 독립전쟁의 근거지였다.

163) '요곰만'은 '요것보다'의 뜻으로 쓰인 이 지역 방언형이다. 이 지역에서는 예에서와 같이 비교격 조사로 '-만'이 쓰인다. 이 '-만'은 함경도 방언의 영향을 받은 것으로 보인다. 비교를 나타내는 조사로 '-만' 외에 '-보다'도 쓰이지만 '-만'이 더 일상적으로 쓰인다.

164) '황지(荒地)'는 개간하지 않은 땅을 가리킨다.

165) '목도'는 두 사람 또는 그 이상이 짝이 되어, 무거운 물건이나 돌덩이를 얽어맨 밧줄에 몽둥이를 꿰어 어깨에 메고 나르는 일을 말한다.

166) '맨들구'는 중앙어 '만들다'에 대응하는 이 지역 방언형 '맨들다'의 활용형이다. '맨들다'는 '맨들다, 맨들구, 맨들지, 맨드니께, 맨들어서'와 같이 활용한다.

167) '팔시포'는 '팔십 호'의 음성형이다. '팔십 호'는 제보자가 충청북도에서 이 지역으로 이주할 때 기차 한 량에 타고 온 가구 수라고 한다. 이 '팔십 호'가 정암촌을 개척하였다고 한다.

168) '솔밭재'는 도문시 양수진 석두에서 정암촌 방면으로 가는 곳에 위치한 고개를 말한다.

169) '날망'은 중앙어 '산등성이'에 대응하는 말이다. 산줄기가 길게 뻗은 곳을 가리킨다.

170) '노났다'는 중앙어 '나누다'에 대응하는 이 지역 방언형 '논다'의 활용형이다. '논다'는 '논어서, 논았다, 논지, 논구' 등과 같이 활용한다.

171) '개개호호'는 '가가호호'의 이 지역 방언형이다.

172) '한전'은 물을 대지 아니하거나 필요한 때에만 물을 대어서 채소나 곡류를 심어 농사를 짓는 땅을 뜻하는 한자어 '한전(旱田)'에서 유래한 말로 보통은 '밭'의 의미로 쓰인다.

173) '하루가리'는 '하루갈이'의 음성형이다. '하루갈이'는 이 지역에서 소를 부려서 하루 낮 동안에 갈 수 있는 밭의 넓이를 말한다. 제보자는 열 짐이 '하루갈이'라고 하였다. 즉 길이 100m, 폭 10m가 되는 넓이의 10배가 하루갈이라고 하였다.

174) '발뱅만'은 '팔백만'을 잘못 발음한 것이다.

175) '수전'은 중앙어 '논'에 해당하는 이 지역 방언형이다. '수전'은 한자어 '수전(水田)'으로 '한전(旱田)'에 대응하는 말이다.

176) '장땅'은 '있는 대로 죄다'의 뜻으로 쓰이는 중앙어 '몽땅'에 대응하는 이 지역 방언형이다.

177) '입쌀'은 '멥쌀'을 뜻하는 이 지역 방언형이다.

178) '조이'는 '조'를 뜻하는 이 지역 방언형이다. '조이'는 식물로서의 '조'를 가리키는 뜻으로도 쓰이고 조의 열매를 가리키는 뜻으로도 쓰인다. 열매로서의 조를 방아 찧은 것을 '좁쌀' 또는 '조이쌀'이라고 한다.

179) '공출(供出)'은 국민이 국가의 수요에 따라 농업 생산물을 의무적으로 정부에 내어 놓는 것이나 실제로는 거의 강제로 거두어 갔다고 한다.

180) '지내'는 '일정한 정도나 한계에 지나치게'를 뜻하는 북한어가 이 지역 방언형으로 쓰이는 것이다. 중앙어 '아주, 매우, 너무' 등과 대치될 수 있는 말이다.

181) '인민(人民)'은 '국가나 사회를 구성하고 있는 사람들' 정도의 뜻으로 쓰였다. 주로 중국이나 북한에서 쓰인다.

182) '꼼처'는 '꼼치다'의 활용형이다. '꼼치다'는 중앙어 '숨기다'에 상대되는 말로 '꼼치구, 꼼치지, 꼼처'와 같이 활용한다. '곰처 두다'와 같이 주로 '두다'와 함께 쓰인다.

183) '질깅이풀'은 '질경이'의 이 지역 방언형이다.

184) '부앙'은 '부황(浮黃)'의 음성형이다. 이 지역에서 '부헝'이라고도 한다. '부황(浮黃)'은 오래 굶주려서 살가죽이 들떠서 붓고 누렇게 되는 병을 이르는 말이다. 먹을 것이 없어 '질경이'를 오랫동안 먹어서 몸이 부

185) '인차'는 '지체함이 없이 바로, 금방, 멀지 않은 기간에' 등의 뜻으로 쓰이는 이 지역 방언형이다. 주로 북한에서 쓰이는 말인데 주변 지역의 말을 차용한 것으로 보인다.

186) '순말이 새끼난다'는 '수말이 새끼 낳는다'의 이 지역 방언 음성형이다. '수말이 새끼 낳는다'는 말의 수컷이 새끼를 낳는다는 것이므로 불가능한 일이 일어난다는 뜻으로 쓰이는 말이다.

187) '하다나니까'는 중앙어 '하다보니까'에 대응하는 이 지역 방언형이다. '-다나니까'는 길림성 조선족들 사이에서 흔히 쓰이는 어미다.

188) '양수, 하:, 경영, 북대, 남대, 하동, 수남'은 모두 양수진에 속하는 마을 이름들이다.

189) '틈무'는 '특무'의 음성형이다. '특무(特務)'는 특별한 임무를 맡은 사람, 즉 비밀 요원의 뜻으로 쓰이는 이 지역 방언이다. '특무'는 한 국가나 단체의 비밀이나 상황을 몰래 알아내어 경쟁 또는 대립 관계에 있는 국가나 단체에 제공하는 사람, 즉 '비밀 요원'이나 '스파이(spy)'를 뜻한다. 주로 중국이나 중국 조선족 사회 그리고 북한에서 쓰는 말이다.

190) '빨찌산'은 '파르티잔'의 이 지역 방언형이다. '빨찌산'은 적의 배후에서 통신·교통 시설을 파괴하거나 무기나 물자를 탈취하고 인명을 살상하는 비정규군을 뜻하는 말이다. 여기에서는 일제 강점기 때 일제에 항거하여 게릴라 활동을 하는 독립운동가나 독립군 등을 가리키는 말로 쓰였다. 이렇게 파르티잔 활동을 하는 애국자나 독립운동가, 독립군 등을 찾아내기 위해 마을에 비밀 요원인 '특무'를 두고 감시했다고 한다.

191) '토비(土匪)'는 지방에서 무리를 지어 남의 것을 훔치거나 빼앗는 일을 일삼는 도적 떼를 말한다.

192) '해전'은 '해가 지기 전까지 하루 종일' 정도의 뜻으로 쓰이는 말이다.

193) '싸창'은 본래 권총의 일종인 '모제르총'을 가리키는 말이나 여기에서는 일본군들이 쓰던 큰 총을 가리키는 말로 쓰였다.

194) '촌장'은 마을의 책임자로 마을 이장에 해당하는 직책을 가진 사람이다. 중국에서는 마을 단위가 '촌(村)'이므로 마을 책임자, 즉 마을 이장을 '촌장(村長)'이라고 한다.

195) '이팝'은 입쌀로 지은 밥을 뜻하는 '이밥'의 이 지역 방언형이다.

196) '데끼단뚜'는 일본어 'てきだんとう[擲彈筒]'를 차용한 말이다. 일제 강점기 때 일본군이 사용하던 무기의 하나다. 소형 폭탄이나 신호탄, 조명탄 등을 발사하기 위한 소형의 휴대용 병기로 구경 50밀리미터이며, 사정거리는 100미터 정도이다. 이

무기는 패전한 일본군이 사용하다가 남기고 간 것을 마을을 지키기 위해 가지고 있었던 것이다.

197) '답씨우다'는 육진방언 '답새우다'의 분화형으로 이해된다. 육진 방언 '답새우다'는 '어떤 대상을 몹시 두들겨 패다'의 뜻으로 쓰이는 '답새다'의 사동형이다. 문맥에서는 토성 안에서 나가는 토비들을 '덮쳐서 공격하다'의 뜻으로 쓰였다. 육진 방언의 '답새우다'의 형태와 의미가 변형되어 차용된 것이라고 할 수 있다.

198) '돼지굴'은 중앙어 '돼지우리'에 대응하는 육진지역 방언형이다. 육진방언에서는 '돼지굴' 외에 '도투굴'도 쓰인다. 이 지역에서는 원 충북방언인 '돼지우리'와 육진 방언형인 '돼지굴'이 공존하는 특징을 보인다.

199) '삼때'는 '삼대'의 음성형이다. '삼대'는 삼의 줄기다.

200) '탈바가지'는 '철모'의 충청도 방언형이다.

201) '디끼단뚜'는 일본어 'てきだんとう[擲彈筒]'를 차용한 말이다. '디끼단뚜' 외에 '디 끼단또', '데끼단또'도 쓰인다.

202) '이재'는 제보자의 둘째 아들 이름 '의재'를 이렇게 발음한 것이다. 제보자가 둘째 아들을 '의재'라 부르지 않고 '이재'라고 불러서 조사자도 '이재'라고 말한 것이다.

203) '삼대규율'은 '삼대기율'을 말하고 '파랑주기'는 '팔항주의'를 말한다. '삼대기율과 팔항주의'는 1928년 마오쩌둥이 내세운 팔로군의 규율이다. '삼대기율 (三大紀律)' 은 1) 모든 행동은 지휘에 따른다(一切行動聽指揮). 2) 군중의 바늘 하나, 실오라기 하나도 취하지 않는다(不拿群衆一針一線). 3) 얻어낸 모든 것은 공동 분배한다(一切 繳獲要歸公).는 세 가지를 말한다. 팔항주의 (八項注意)는 1) 말할 때는 온화하게 한다(說話和氣). 2) 매매는 공평하게 한다(買賣公平). 3) 빌려온 것은 반드시 되돌려준다(借東西要還). 4) 손해를 입혔을 경우 반드시 배상한다(損壞東西要賠). 5) 구타나 욕설을 하지 않는다(不打人罵人). 6) 농산물에 해를 입히지 않는다(不損壞庄稼). 7) 부녀자를 희롱하지 않는다(不調戱婦女). 8) 포로를 학대하지 않는다(不虐待俘虜).의 여덟 가지다. 이 규율은 마오쩌둥이 태평천국 당시 태평천국군의 구호에서 아이디 어를 땄다고 한다. 문화혁명 종결 후에는 예전처럼 그렇게 유난스럽게 강조되지는 않고 있지만, 규율을 만든 마오쩌둥이라는 인물과 인민해방군의 정체성도 공식적 으로는 인민에서 나오는 것이기 때문에 인민을 존중한다는 이 규율의 효력 자체는 계속 존중되고 있다.

204) 이것은 삼대기율과 팔항주의를 팔로군들에게 부르게 하여 익히도록 한 노래 가사 의 일부인데 제보자가 정확히 기억하지 못하고 있었다. 제보자가 불렀던 노래의 가사는 맨 앞부분으로 다음과 같다.
革命軍人個個要牢記(혁명군인개개요뢰기), 혁명군인 각각은 다음을 명심하자.
三大紀律八項注意(삼대기율팔항주의) 삼대기율 팔항주의를......

205) 인민들에게 바늘 하나 실 하나도 취하지 말라는 것은 삼대기율(三大紀律)의 두 번

째 기율이다. 첫 번째 기율은 모든 행동은 명령에 따라야 한다는 것이고 세 번째 기율은 얻어낸 모든 것은 공동 분배한다는 것이다.

206) 인민들에게 유익한 일은 하고 해로운 일은 하지 말라는 것은 팔항주의(八項注意)의 여덟 개 항목의 내용을 요약한 것이다.

207) '홍색'은 문화혁명 때 홍색편을 가리키는 말이다.

208) '빠얼치'는 중국 문화혁명 때의 '827 무장대'를 가리키는 말이다. '827'을 한어로 발음한 것이 '빠얼치'다.

209) '발란대'는 중국 문화혁명 때의 '反亂隊'를 말한다.

210) '류소기(劉少奇 Liu Shaoqi 1898-1969)'는 중국의 정치 지도자로 중국 후난성(湖南省)에서 출생하였다. 1920년 사회주의청년단에 가입하고 1922년 중국노동조합 서기부 서기가 되었으며 1923년부터 안위안(安源) 노동조합 총주임이 되었다. 1925년 중화노동조합총연합회 결성과 더불어 부위원장이 되고 그 후 상하이(上海)에서 5·30 사건 등을 지도하였으며 국공분열(國共分裂) 후에는 러시아의 동방대학(東方大學)에 유학하였다. 1932년 장시(江西), 소비에트구(區)에 들어가 노동운동을 담당하고 1936~1942년 중국공산당 중앙위원회 베이팡국(北方局) 서기, 중위안국(中原局) 서기, 화중국(華中局) 서기 등을 지내면서 지하공작을 지도하였다.

　　1943년 옌안(延安)으로 돌아와 중앙서기처 서기, 인민혁명군사위원회 부주석이 되고, 1945년 중국공산당 제7기 전국대표대회에서는 '당의 조직을 논함'이라는 제목으로 강연을 하였고 중아위원 중앙정치국 부주석, 중앙서기처 서기가 되어 마오쩌뚱(毛澤東) 다음가는 이론가로 꼽혔다. 1948년 ≪국제주의와 민족주의≫를 저술하고 초안의 제안설명을 하여 전국인민대표대회 상무위원회 위원장에 선출되었다. 1956년 중국공산당 중앙위원회 부주석, 중앙정치국 상무위원, 1959년 제2기 전국인민대표대회에서 마오쩌뚱에 이어 국가주석이 되었다. 그러나 사회주의 건설에서 그의 기술우선, 엘리트 존중 등의 사고방식은 점차 마오쩌뚱의 사상과 차이가 있음이 드러났고 1966년 이래 문화대혁명 과정에서 '만마오쩌뚱 실권파의 수령' '중국의 흐루시초프'로 격렬한 비판을 받았다. 마오가 주도한 문화대혁명이 시작되자, 권력회복을 노리는 마오와 그를 맹목적으로 따르는 홍위병의 표적이 되어 "주자파(친자본주의적 인물)의 우두머리", "반혁명분자"로 비판을 받았고, 1966년 당 부주석에서 물러났다. 1968년 중앙정부에서 실각한데다가 당에서 제명당하고, 베이징에서 가택연금 상태에 있었다. 이해 7월 18일에는 홍위병이 자택을 습격하여 두 시간 동안 폭행, 폭언을 당했다. 이후 카이펑으로 옮겼으나, 난방도 되지 않은 가택에서 별다른 의료 처치를 받지 못하여 당뇨병, 폐렴 등의 지병이 악화되어 1969년 11월 12일 사망하였다. 유해는 화장되었고, 중국정부는 그의 사인을 "병사"라고 발표하였다. 1969년 제9기 전국인민대표대회에서 정식으로 당에서 제명되고 모든 공직이 박탈되었다. 그러나 마오쩌뚱이 사망하고 그후 덩샤오핑(鄧小平) 체제가 자리를 굳히면서 1980년 제11기 전국인민대표대회 5중전회(제5회 중아위원회 전체회의)에서 그 폐막 성명을 통하여 류사오치의 사후 복권(死後復權)이 되었다.

211) '주은래(周恩來 Zhōu Ēnlái; 1898~1976)는 중화인민공화국의 정치가, 혁명가, 정치 지도자이며, 사회주의 운동가다. 장쑤성(江蘇省) 화이안에서 태어났다. 톈진 난카이 중학교(지금의 난카이 대학교)와 난카이 대학교를 거쳐 일본 와세다 대학교, 메이지 대학교 등에서 유학하였다. 중국 난카이 대학교 재학 중 5.4 운동에 참여하였고 1920년 프랑스로 건너가 파리 대학교에서 정치학을 공부하였다. 1922년 중국 공산당 파리지부를 창설하고 귀국하여 1924년 황푸 군관학교 정치부 부주임이 되었다. 1927년 장제스(蔣介石)가 일으킨 상하이 쿠데타에 대항해 당시 민중 봉기를 조직하고 난창 봉기와 광저우 코뮌을 주동하였다. 1934년 대장정에 참여하고 시안 사건 때는 공산당 대표로 국공합작을 이루어냈다. 이후 국민당과의 관계를 담당하였고, 공산정권이 수립된 1949년부터 1976년 1월 8일까지 중화인민공화국의 초대 총리를 지냈는데 한때 부총리였던 린뱌오(林彪)가 총리 권한대행을 잠시 맡은 일도 있다. 1949년 10월 1일부터 1958년까지 중화인민공화국의 외교부장을 지냈으며 1954년 9월 27일부터는 마오쩌둥(毛澤東)으로부터 중국공산당 인민정치협상회의의 주석직을 넘겨받아 1976년 1월 8일 사망할 때까지 재임했다.

마오쩌둥(毛澤東)이 정치와 군사를 주관한 반면 그는 외교와 협상, 교육 문제를 분담하였다. 고위 권력자임에도 청렴하였으며 권력자로 행세하지 않았다. 성실성과 친화력으로 인망을 얻었으며, 만년의 마오쩌둥(毛澤東)은 그를 경계하였으나 2인자임에도 지위에 연연하지 않고 마지막까지 마오쩌둥을 성실하게 보좌하여 애국적 인물로 알려져 있다.

212) '등소평(鄧小平, 덩샤오핑)은 중국공산당 2세대의 가장 주요한 지도자로 1980년대 중국의 개혁개방을 시도하면서 현대사에 가장 큰 영향을 미친 인물 중 한 사람이다. 그는 반복되는 실각과 복권을 거쳐 마오쩌둥과 화궈펑 이후 공산당의 실권을 장악했다. 이후 흑묘백묘론으로 대표되는 실용주의 노선에 입각하여 과감하게 개혁을 단행했으며, 공산당의 사상적 기반을 제공했다.

213) '캉다'는 '抗大'를 음차한 것으로 본래는 '中國人民抗日軍事政治大學'(중국인민항일 군사정치대학)의 준 말이다. 여기에서는 문화혁명 당시 군대의 하나를 가리킨다.

214) '숭이 간 게 있다'는 말은 '흉터가 생긴 데가 있다'는 말이다.

215) '얼경체'는 바닥의 구멍이 큰 체인 '어레미'에 대응하는 이 지역 방언형이다. 충청도 방언으로는 '얼기미' 또는 '얼게미'라고 한다. 이보다 구멍이 조금 작은 체는 '도두미'라고 하고 도두미보다 구멍이 더 작은 체는 '곤:체'라고 한다. '도두미'는 중앙어 '도드미'에 대응되고 '곤:체'는 '고운체'에 대응된다.

216) '덕재'는 제보자의 큰아들 이름이다.

217) '坑道戰((kēngdàozhàn))'은 터널 전쟁을 뜻한다. 지하에 서로 연결된 땅굴을 파서, 군사나 저장 물자를 은폐시키거나 적을 죽일 기회를 엿보는 전쟁 방법을 가리키는 말이다. '갱도전' 또는 '참호전'이라고도 한다.

218) '항도전'은 '갱도전(坑道戰)'을 잘못 말한 것이다. 한자 '坑'을 '항'으로 잘못 알고 말한 것이다.

219) '낭구'는 중앙어 '나무'에 대응하는 이 지역 방언형이다. 현대 국어 '나무'의 옛말인 '나모'가 모음으로 시작하는 조사와 결합할 때의 이형태 '낡'에서 유래한 것으로 이해된다. 이 방언에서 '낭구'는 자음 앞에서 이형태 '낭그'로도 실현된다. 모음 앞에서는 '낭기 많에', '낭게 올러가서'와 같이 조사에 따라 '낭기, 낭게'의 형태로 쓰인다.

220) '지푸'는 '짚을'에 대응하는 이 지역 방언형이다. 이 지역에서는 목적격 조사 '-을/를'이 ㄹ이 탈락한 '-으/르'로 실현되는데 '지푸'의 '우'는 '을'이 ㄹ탈락과 원순모음화를 거친 형태다.

221) '불얼 났다'는 '불을 피웠다'는 뜻이다. 충청도 방언에서 '불을 놓는다'고 하면 '불을 피운다'는 뜻으로도 쓰이고 '불을 지른다'는 뜻으로도 쓰인다. 여기에서는 '불을 피운다'는 뜻으로 쓰였다.

222) '달려꺼덩'은 '달렸거덩'의 음성형이다. '달렸다'는 '달리다'의 활용형이다. '달리다'는 불 따위가 '붙다'의 의미로 쓰이는 말이다. '불이 달리다'와 같이 '불이 붙다'의 의미로 쓰인다.

223) '궁개'는 현대국어 '구멍'에 대응하는 이 지역 방언형이다. 현대국어 '구멍'은 15세기에 단독형 '구무'로 쓰였고 모음으로 시작하는 어미 앞에서 이형태 '굼'으로 쓰였다. 여기에서의 '궁개'는 이 '굼'에 처격의 '애'가 결합한 형태인 '굼에'가 어휘화한 것이다.

224) '인차'는 '지체함이 없이 바로'의 의미로 쓰이는 이 지역 방언형이다.

225) '이러꾸'는 '일없다'의 활용형 '일없구'의 음성형이다. 이 지역에서 '일없다'는 한어의 '沒事(儿)[méishi(r)]'을 직역하여 차용한 말이다. '일없다'는 이 지역에서 '괜찮다, 문제없다' 정도의 뜻으로 쓰인다. 그러나 한어에서 '괜찮다, 문제없다'의 뜻으로는 '沒要緊[méiyàojǐn]'이 쓰이는 것이 보통이고 '沒事(儿)'은 주로 '상관없다'나 '일이 없다' 정도의 의미로 쓰인다고 한다.

226) '이라다 나니까'는 중앙어 '이러다 보니까' 또는 '이러니까' 정도에 대응하는 이 지역 방언형이다. '-다 나니까'에서 '나니까'는 보조 동사 '나다'에서 파생된 형태로 보인다. '나니까'를 보조 동사로 보면 '이러다 보니까' 정도의 뜻이 되고 '-다 나니까'를 하나의 어미로 보아 '-다나니까'로 보면 '이러니까' 정도의 뜻이 된다. '나니까'를 보조 동사로 볼 것인지 어미의 일부로 볼 것인지는 좀 더 면밀한 검토가 필요하지만 항상 선행하는 용언에 붙는 어미 '-다'와 함께 쓰이고 '나니까' 이외의 형태로 나타나지 않는다는 점에서 '-다나니까'를 하나의 어미로 보아도 무리가 없어 보인다.

227) '양수'는 길림성 도문시 양수진을 가리키는 말이다. 중국의 '진(鎭)'은 우리나라의

면(面)보다는 크고 군(郡)보다는 작은 행정단위다. 제보자가 거주했던 정암촌에서 약 10km정도 거리에 있는 지명이다.

228) '당가'는 '담가(擔架)'의 음성형이다. '담가'는 일본식 한자어로 중앙어 '들것'에 대응하는 말이다. 환자나 물건을 실어 나르는 기구로 네모난 거적이나 천 따위의 양 변에 막대기를 달아 앞뒤에서 맞들게 되어 있다.

229) '석뚜'는 '석두(石頭)'의 음성형으로 정암촌(亭岩村)과 양수진(凉水鎭) 사이에 있는 마을이다. 정암촌에서 양수진을 가려면 이 석두촌을 지나간다.

230) '가스래'는 '가슬+애'로 분석할 수 있다. 여기에서의 '가슬'은 중앙어 '가을(秋)'에 대응하는 이 지역 방언형이다. 이 지역에서 쓰이는 '가슬'은 '秋'의 의미와 '秋收'의 의미를 다 가지고 있다. '가을'의 15세기 형태는 'ᄀᆞᅀᆞᆯ'이다. '추(秋)'의 의미를 갖는 15세기 형태는 'ᄀᆞᅀᆞᆶ'인데, '추(秋)'와 '추수(秋收)'의 의미적 유연성으로 보아 'ᄀᆞᅀᆞᆯ'과 'ᄀᆞᅀᆞᆶ'도 어원이 같았을 것으로 보인다. 'ᄀᆞᅀᆞᆯ'은 'ᅀ'이 소실되면서 'ᄀᆞ올'로 나타나고, 16세기에 'ㆍ'의 1단계 변화인 비어두음절에서 'ㆍ>ㅡ'의 변화를 겪어 17세기에 'ᄀᆞ을'로 나타난다. 19세기에는 '가을'이 나타나고 이것이 20세기에까지 이어진다. 따라서 '가을'의 변화 과정은 'ᄀᆞᅀᆞᆯ>ᄀᆞ올>ᄀᆞ을>가을'로 정리할 수 있다.

231) '마사저서'는 이 지역 방언형 '마사지다'의 활용형이다. '마사지다'는 '마사지구, 마사지지, 마사져서, 마사졌다'와 같이 활용한다. 이 지역 방언에서 쓰이는 '마사지다'는 '부서지다, 망가지다, 고장나다' 등의 의미로 쓰인다.

232) '사탕가루'는 '맛이 달고 물에 잘 녹는 무색 결정체'를 뜻한다. 제보자는 이것을 '설탕'이라고 하였다.

233) 이 지역에서의 '한 근'은 500g을 뜻한다. 한국에서의 한 근은 400g이나 600g이지만 중국에서의 한 근은 500g인데 이 지역에서도 한 근의 기준이 500g이다. 따라서 '두 근'은 1kg을 말한다.

234) '한종말'은 '한족말'의 음성형이다. '한족말'은 중국의 조선족들이 중국어(한어)를 가리키는 말이다.

235) '장마당'은 장이 서는 곳을 가리키는 이 지역 방언형이다. 중앙어의 '장'에 대응하는 말이다.

236) '구불먼서'는 중앙어 '구르다'에 대응하는 이 지역 방언형 '구불다'의 활용형이다. '구불다'는 이 지역 방언에서 '구불구, 구불지, 구불어, 구불먼서, 구부넌대, 구불었다' 등과 같이 활용하는 동사다.

237) '까뽕'은 '까뿍'의 음성형이다. 뒤에 오는 '모였지'의 첫 자음 'ㅁ'의 영향으로 역행동화하여 '까뽕'이 된 것이다. '까뿍'은 무엇이 가득하게 차 있는 모양을 나타내는 중앙어 '가뿍'에 대응하는 이 지역 방언형이다.

238) '영 바뿌지'는 '아주 힘들지'의 뜻으로 쓰이는 이 지역 방언형이다. 이 지역에서의

'영'은 중앙어 '아주, 정말, 매우' 정도의 뜻으로 쓰이는 부사다. '바뿌지'는 중앙어 '힘들다'나 '어렵다'에 대응하는 이 지역 방언형 '바뿌다'의 활용형이다. '바뿌다' 는 '바뿌구, 바뿌지, 바뻐, 바뻐서' 등과 같이 활용한다. 곽충구(2019)에 의하면 '바뿌다'는 ① 하기가 까다로워 힘에 겹다. ② 말이나 글이 까다로워 이해하기 힘들다. ③ 힘이 들다. 일하기가 어렵다. ④ 병 따위가 깊어 고치기 어렵다. ⑤ 몸이 피곤하거나 고단하다. ⑥ 생활 형편이 지내기 어렵다. ⑦ 견디기 어렵다. ⑧ 참기가 몹시 어렵다. ⑨ 열이 나거나 하여 몸이 몹시 괴롭다. ⑩ 일이 많거나 하여 딴 겨를이 없다. 등의 의미로 쓰인다고 한다.

239) '깍찌거리'는 양손의 손가락을 서로 어긋나게 바짝 끼는 일을 뜻하는 '깍지걸이'의 음성형이다. 보통은 '깍지걸이'라고 하면 한 사람이 자기의 두 손을 손가락이 어긋나게 바짝 끼는 것을 가리키는데 여기에서는 제보자와 간호사가 환자를 부축하기 위해 서로 두 손을 맞잡고 깍지걸이 했다는 뜻으로 쓰였다.

240) '까스'는 '가스(gas)'의 이 지역 방언형이다. 여기에서는 '가스'가 '방귀'의 뜻으로 쓰였다. 이때의 '가스(방귀)'는 마취를 하고 수술한 후에 장 운동이 정상화 되면 가스가 생긴다. 이 때문에 병원 외과에서 수술 후에 가스를 배출하면 수술이 잘 되고 마취에서 깨어나 장이 정상적으로 운동하고 있다는 증거로 본다.

241) '나그내'는 중앙어 '남편'에 대응하는 이 지역 방언형이다. '나그내'는 '① 부부 사이에서 남자 쪽을 이르는 말, ② 성인 남자를 홀하게 이르는 말, ③ 집으로 찾아온 사람, 즉 손님'의 뜻으로 쓰이는데 여기에서는 ①의 뜻으로 쓰였다.

242) '쥰는다'는 '죽는다'의 음성형이다. 여기에서는 '죽는다'가 중앙어 '꺾인다'의 뜻으로 쓰였다.

243) '디디구'는 '가지거나 지니고 있을 필요가 없는 물건을 내던지거나 쏟거나 하다'는 뜻의 중앙어 '버리다'에 대응하는 이 지역 방언형 '디디다'의 활용형이다. '디디다'는 '디디구, 디디지, 디뎌, 디딩께, 디디먼' 등과 같이 활용한다. 연변지역에서는 '버리다'의 뜻으로 흔히 '데디다'가 사용된다.

244) '고와써'는 '곱다'의 활용형이다. 여기에서의 '곱다'는 모양, 생김새, 행동거지 따위가 산뜻하고 아름답다의 뜻으로 쓰였다. 중앙어에서는 보통 '예쁘다'가 쓰일 자리에 이 지역에서는 '곱다'가 쓰인다. '곱다'가 '예쁘다' 외에 '잘 생겼다'의 뜻으로도 쓰인다.

245) '제정 때'는 일제 강점기 때, 즉 일본 제국주의 정치 때를 말한다.

246) '팔로군(八路軍)'은 항일 전쟁 때에 화베이(華北)에서 활약한 중국 공산당의 주력군을 가리키던 말이다. 팔로군은 1937년 제이차 국공 합작 후의 명칭이며 1947년에 인민 해방군으로 명칭이 바뀌었다.

247) '빨찌산'은 적의 배후에서 통신, 교통 시설을 파괴하거나 무기나 물자를 탈취하고 인명을 살상하는 비정규군을 일컫는 '파르티잔(partizan)'의 음차형이다. 특히 우리

나라에서는 6 · 25 전쟁 전후에 각지에서 활동했던 공산 게릴라를 이른다. 여기에서는 중국에서 활동한 파르티잔을 일컫는다.

248) '사시시니까'는 '소리치니까'를 잘못 말한 것이다.

249) '내놨다'는 것은 감옥에서 '풀어줬다'는 뜻이다.

250) '개낀'은 '개끼다'의 활용형이다. '개끼다'는 중앙어 '갇히다'에 대응하는 이 지역 방언형이다. '개끼다'는 '개끼구, 개끼지, 깨낀, 개껴서' 등과 같이 활용한다. '개끼다'는 '갇기다'에서 유래한 것으로 보인다. '갇기가>각기다>객기다>개끼다'의 과정을 거친 것으로 보인다.

251) '보증'은 '보상'의 의미로 쓴 말이다.

252) '강청'의 중국식 이름은 '장칭(江靑)'이고 본명은 리칭윈[李靑雲]이고 별명은 리윈허[李雲鶴]다. 중국공산당 지도자 마오쩌둥[毛澤東]의 3번째 부인이며, 마오가 죽은 해인 1976년까지 강력한 영향력을 행사했다. 4인방의 한 사람으로서 1981년 반혁명죄로 유죄판결을 받고 투옥되었다.
할아버지 밑에서 자란 그녀는 1929년 연극단의 일원이 되었다. 1933년에 공산당 전방조직에서 활동했다는 이유로 체포 · 투옥되었다가 석방된 후 상하이에 있는 좌익성향의 영화사에서 단역으로 출연했다. 루쉰 예술학원 연극 강사로 있을 때 그곳에 연설하러 왔던 마오쩌둥을 처음으로 만났다. 정치에 간여하지 않는 조건으로 결혼했으나 점차 관심을 가졌고, 문화대혁명을 통해 절정에 이르렀다. 1976년 마오쩌둥이 죽자 중국공산당에서 축출되었다.

253) '림뱌오'의 중국식 이름은 '린뱌오(林彪, Lin Biao)다. 중국공산당 지도자로 중화인민공화국 개국원수 중 한 사람이다. 홍군, 팔로군 등을 지도한 군사 전문가로 특히 핑싱관 전투에서 일본군을 물리치고, 국공내전에서 국민당을 격파하며 중화인민공화국을 수립했다. 문화대혁명 당시 마오쩌둥의 사상을 지지하고 홍위병을 총지휘하며 그의 후계자로 주목받았다. 린뱌오는 홍군을 이끈 중국공산당 지도자 중 한 사람으로 마오쩌둥의 측근에서 국민당의 권력을 공산당으로 이양하는 데 기여했다. 그는 중화인민공화국 10대 개국원수의 한 사람으로, 마오쩌둥의 후계자로 지목되었으나 정권을 장악하는 데 실패한 후 직접 권력의 최고 자리에 오르려다 실패했다.

254) '사린방'은 중국에서, 마오쩌둥이 죽은 뒤, 정권 탈취를 기도하였다는 혐의로 1976년에 체포되어 실각한 장칭(江靑), 왕훙원(王洪文), 장춘차오(張春橋), 야오원위안(姚文元)을 통틀어 이르는 '사인방(四人幇)'을 가리키는 말이다.

255) 산서성은 산시성(山西省, Shānxī Shěng)의 한국식 한자음 지명으로 중화인민공화국 서북부에 있는 성이다. 성 이름은 타이항 산맥의 서쪽에 있다고 하여 유래된 이름이다.

256) '증기'는 '전기(電氣)'의 음성형이다. 모음은 '어'와 '으'의 중간 정도로 발음된다.

257) 양표(糧表)는 중국에서 식량을 대신하는 증표로 사용되는 쌀표나 양권과 같은 식량 표를 말한다. 양권은 일정량의 식량을 대신하는 증표로, 사용목적에 따라 사전에 발급 신청을 해야 하며 식당 이용 시에는 양권과 식대를 함께 지불해야 한다. 중국 주민들의 소속 직장에서 발급받는데, 출장용 양권과 가정용 양권으로 나뉜다. 출장 용 양권은 여행 중에 식당이나 여관에 투숙할 때 사용된다. 이런 양표는 북한에서 도 그대로 사용되었다.

258) '장개석'의 중국식 이름은 장제스(蔣介石)다. 1928~49년 중국국민당 정부의 주석 을 지냈고 1949년 이후에는 타이완의 국민정부 주석을 지냈다. 장제스는 해안에 인접한 저장 성의 비교적 유복한 상인·농민 가문에서 태어났다. 1913~16년, 중 국의 공화주의자들 및 기타 혁명가들과 합세하여 중국의 새 총통이며 후에 황제로 등극한 위안스카이에 대항하여 싸웠다.
1925년 이래 혁명군의 총사령관으로 재임하면서 1926년 중국 북부의 군벌들을 제 압하기 위하여 싸워 중국 전역을 장악했으나, 일본이 미국에게 항복하고 1946년 국공내전이 다시 시작된 후 1949년 중국 대륙을 공산당에게 내주게 되었다. 그는 국민당 잔여부대를 이끌고 타이완으로 건너가서 국민당 지도자들과 함께 중화민 국을 건국하고 장기간 통치했다.

259) '가목싸'는 '가목사(佳木斯 jiāmùsī)'의 음성형이다. '가목사'는 중국의 흑룡강성에 있 는 도시 이름이다.

260) '목땅강'은 각 '목단강(牧丹江 mùdānjiāng)'의 음성형이다. '목단강'은 중국의 흑룡 강성에 있는 도시 이름이다.

261) '활빈'은 한어 지명 '하얼빈(哈爾濱 hāěrbīn)'의 음성을 차용한 것이다. '하얼빈'은 흑룡강성에 있는 도시 이름이다.

262) '지지할'은 한어 지명 '치치하얼(齊齊哈爾儿 qíqíhāěr)'의 음성을 차용한 것이다. '치 치하얼'은 흑룡강성에 있는 도시 이름이다.

263) '고인(高人)'은 높은 사람을 뜻하는 말이다.

264) '공수(工數)'는 일정한 작업에 필요한 인원수를 노동 시간 또는 노동일로 나타낸 수치다. 일 년 동안 받은 총 공수를 합산해서 배급해주었다고 한다.

265) '하루가리'는 '하루갈이'의 음성형이다. '하루갈이'는 소를 부려서 하루 낮 동안에 갈 수 있는 밭(또는 논)의 넓이를 뜻하는 말이다.

266) '쏘풀캐운'은 '쏘풀캐황'을 잘못 말한 것으로 보인다. '소풀캐황'은 '소분개황(小份 開荒)'을 음차한 것이다. '소분개황(小份開荒)'은 소규모(작은 범위)로 황무지를 개 간하는 것을 말한다.

267) '양잔'은 곡식을 수거하는 곳, 그런 사무를 담당하는 곳을 뜻하는 '粮站'을 음차한 것이다. '粮站'은 '糧站'과 같은 말이다.

268) '따'는 한어 '打'를 음차한 것이다. '打'는 '맡는다'는 뜻으로 쓰였다.

269) '따보'는 한어 '打包'를 음차한 것이다. '打包'는 전면적으로 맡는 것, 총괄하여 맡는 것을 뜻하는 말이다.

270) '양잔'은 곡식을 많이 저장해 두는 사무를 담당하는 곳을 뜻하는 '糧站'을 음차한 것이다

271) '인민'은 우리의 '국민'에 대응하는 말로 중국이나 북한에서 쓰는 말이다. 한자로는 '人民'이라고 쓴다.

272) '무투'는 '통나무'를 뜻하는 한어 '木頭'를 음차한 말이다.

273) '반천'은 전체의 절반을 뜻하는 이 지역 방언형이다.

274) '배:리'는 '배알이'의 준말이다. '배:리'는 '밸+이'로 분석된다. '밸:'은 '배알'의 준말이다. '배알'은 본래 '창자'를 비속하게 이르는 말로 쓰이거나 '속마음'을 낮잡아 이르는 말로 쓰인다. 그런데 예문에서는 '나다'와 함께 '속이 뒤집히다', '마음이 안 좋아지다' 정도의 뜻으로 쓰였다.

275) '암폐'는 '안배(安排[ānpái])'의 한어 어휘를 우리말로 음차한 것이다. '안배(安排[ānpái])'는 '직장에 배치하다', '처리하다', '안배하다' 등의 뜻으로 쓰이는 중국어 단어. 여기에서는 '배치하다'의 뜻으로 쓰였다. 이 방언에서는 이와 같은 한어 차용어들이 많이 쓰이고 있다. 이중 언어 사용 지역이어서 흔히 나타나는 차용 현상의 하나다.

276) '목재판'은 나무를 베어내는 일판을 가리키는 '산판(山坂)'에 대응하는 이 지역 방언형이다.

277) '무투'는 '통나무'를 뜻하는 한어 '木頭'를 음차한 말이다.

278) '발기다리'는 '발구'를 뜻한다. 이 지역에서는 '발구'에 대응하는 방언형으로 '발기다리' 외에 '발기', '발구' '발구다리'가 쓰인다. '발구'는 주로 산간 지방 따위의 길이 험한 지역에서 마소에 매워 물건을 실어 나르는 큰 썰매를 말한다. '발구'가 나무로 된 긴 채를 양쪽으로 하나씩 늘어놓고 가로로 고정하는 나무를 매어 만들기 때문에 양쪽의 긴 체를 두 다리에 빗대 '발기다리'라고 한다고 한다.

279) '니빵'은 한자어 '입방(立方)'의 이 지역 방언형으로 '세제곱'를 뜻하는 부피의 단위다. 그러나 여기에서는 부피를 말하기는 하지만 '발구에 가득 실은 나무토막' 즉 '한 발구 가득 실은 나무토막'의 뜻으로 쓰였다.

280) '공'은 '공수(工數)'의 준말이다. '공수'는 '[공쒸'로도 발음된다. '공수'의 본래 뜻은 일정한 작업에 필요한 인원수를 노동 시간 또는 노동일로 나타낸 수치다. 이를 토대로 표준 노무비를 산출하여 원가 관리의 참고 자료로 이용한다. 그런데 여기에서는 이렇게 해서 어떤 일에 들인 노력의 가치를 나타낸 숫자를 말한다. 즉 수량을 나타내는 말 뒤에 쓰여 노력의 가치를 세는 단위로 쓰였다.

281) '삼겹'은 '삼백'이라고 할 것을 잘못 발음한 것이다.

282) '짐'은 논밭의 넓이를 나타내는 단위로 세금을 계산할 때 썼다고 한다. 1짐은 1뭇의 열 배고 1동의 10분의 1인데 그 넓이는 시대에 따라 달랐다. 1뭇은 곡식 10줌으로 씨앗을 뿌릴 수 있는 넓이를 말한다. 제보자는 길이가 100m이고 폭이 10m인 넓이를 한 짐이라고 하고, 한 짐의 1/100을 한 푼이라고 하였다.

283) '하루가리'는 '하루갈이'의 음성형으로 소를 부려서 하루 낮 동안에 갈 수 있는 밭의 넓이를 말한다. 제보자는 열 짐이 '하루갈이'라고 하였다. 즉 길이 100m폭 10m 넓이 면적의 10배가 하루갈이라고 하였다.

284) '상'은 하루갈이의 열 배 면적을 말한다.

285) '산'은 '한'이라고 해야 할 것을 잘못 말한 것이다. '한'과 '사람'의 '사'가 결합된 오류로 보인다.

286) '널너리'는 '느슨하게 대충' 정도의 의미로 쓰이는 말이다. 꼼꼼하게 열심히에 대응하는 말이다.

287) '씨앙누무거'는 중앙어 '쌍 놈의 것'에 대응하는 이 지역 방언형이다. 주로 욕을 할 때 혼잣말처럼 지껄일 때 쓰이는 말이다.

288) '소조 공작대'는 '小組 工作隊'로 '작은 집단의 일하는 무리'라는 뜻으로 쓰이는 한어를 우리말식 한자음을 차용한 것이다.

289) '암패'는 한어 '안배(安排[ānpái])'를 차용한 말이다. '암패'는 '안배(安排[ānpái])'의 한어 발음을 우리말로 음차한 음성형이다. '안배(安排[ānpái])'는 '직장에 배치하다', '처리하다', '안배하다' 등의 뜻으로 쓰이는 한어 단어다.

290) '사상풍(思想風)'은 사회, 정치, 인생 등에 대한 일정한 견해나 생각에 대한 풍조를 말한다.

291) '왕청'은 중국의 길림성에 있는 지명이다. 길림성 도문시와 연길시의 북쪽에 위치한 현급 행정단위다. 중국의 행정구역에서 우리나라의 군보다는 작고 면보다는 큰 것으로 '현'이 있는데 '왕청'이 이 현에 속하는 지역에다.

292) '무얼'은 한어 '木耳[mù'ěr]'을 음차한 것이다. '무얼'은 목이과의 버섯으로 갓의 지름이 2~6cm이며, 모양이 사람의 귀와 비슷하고 군생한다. 잡채 따위의 중화요리에 많이 쓰고 한방에서 적리(赤痢), 치질 따위에 약재로 쓴다. 가을에 뽕나무, 말오줌나무 따위의 죽은 나무에 많이 나는데 세계 각지에 분포한다. 이 지역에서는 '목이버섯'을 번역하여 '귀버섯'이라고도 한다.

293) '패장급'은 관청이나 일터에서 일꾼을 거느리는 사람을 뜻하는 패장(牌將)에 해당하는 사람을 가리키는 말이다. 여기에서는 군에서 부하를 지휘하던 하급 지휘관을 뜻하는 말로 쓰였다.

294) '주은래'는 중화인민공화국의 정치가로 '저우언라이(Zhou Enlai[周恩來])'를 한국 한자음으로 음차한 것이다. 주은래(1898~1976)는 국공 합작에 힘썼으며, 중화 인민

공화국 건국 후 국무원 총리를 지냈고 내정 외교 면에서 활약이 컸다고 한다.

295) '암패'는 한어 '안배(安排[ānpái])'를 차용한 말이다. '암패'는 '안배(安排[ānpái])'의 한어 발음을 우리말로 음차한 음성형이다. '안배(安排[ānpái])'는 '직장에 배치하다', '처리하다', '안배하다' 등의 뜻으로 쓰이는 한어 단어다.

296) '쌍팡'은 일반 대중이 직접 상급 기관에 문제의 해결을 요구하러 방문한다는 뜻의 한어 '上訪[shàngfǎng]'을 음차하여 발음한 것이다. 요즈음으로 말하면 문제 해결을 요구하기 위해 시위하러 간다는 뜻으로 이해할 수 있다.

297) '두판작정'은 '두판+작정'으로 분석할 수 있어 보인다. '두판'은 막다른 데 이르러 어찌할 수 없게 된 지경을 이르는 '이판사판'의 줄임말 '이판'을 우리말로 나타낸 것이고 '작정'은 그렇게 하기로 결정함을 뜻하는 말이다. 따라서 여기에서의 '두판작정'은 막다른데 이르러 어찌할 수 없는 지경이 되었으니 마음먹었던 대로 결정함의 뜻으로 쓰였다.

298) '아버이'는 중앙어 '아버님'에 대응하는 이 지역 방언형이다. 중국의 연변 지역에서는 '아버이'보다 '아바이'가 더 많이 쓰인다. 이 지역에서는 '아바이'가 '아버지', '할아버지', '아저씨' 등의 뜻을 포괄하는 말로도 쓰인다.

299) '패두'는 '정렬하다, 열을 짓다'의 뜻으로 쓰이는 한어 '排隊[pái//duì]'를 음차한 것이다. 여기에서는 '줄을 서라'는 뜻으로 쓰였다.

300) '조양천'은 중국 길림성 연길시 인근에 있는 작은 마을인 '조양촌'을 가리킨다. 여기에 기차역이 있다.

301) '패찰'은 한어 '票札'을 잘못 음차한 것으로 보인다. 역 따위에서 개찰하는 것을 이르는 말이다.

302) '캐표'는 '개표(開票)'의 한어 발음을 음차한 것이다. 한어 '開票'의 '開'가 '카이[kai]'로 발음되는데 영향을 받은 것으로 보인다.

303) '바치다'는 중앙어의 '내다', '제출하다'의 의미로 쓰이는 이 지역 방언형이다. 예에서와 같이 '차표를 바치다'는 '차표를 내다', '차표를 제출하다'의 뜻으로 쓰이고 '등록비를 바친다'고 하면 '등록금을 낸다'는 뜻이 된다. '과제물을 낸다'는 뜻으로도 '과제물을 바친다'고 한다.

304) '따다'는 중앙어 '다르다'에 대응하는 이 지역 방언형이다. '따다'는 '따다, 따고, 따지, 따니까, 따서' 등과 같이 활용하는 형용사다. 한국어에서 '딴 사람'이라고 할 때 '딴'은 이 '따다'의 관형사형이 관형사로 굳어진 것이다. '딴 것, 딴 사람…' 등에서와 같이 관형사로 쓰이는 '딴'이 '다르다'에서 기원한 것이 아님을 알 수 있다.

305) 이만 오천 리 장정은 모택동이 이끄는 팔로군이 중국 해방을 위해 중국의 동북에서 시작하여 북경까지 행군한 거리를 말한다.

306) '일궈'는 '일구다'의 활용형이다. '일구다'는 '일구다, 일구구, 일구지, 일궈, 일궜다'

와 같이 활용하는 동사다. 이 '일구다'에 대응하는 중앙어는 '일으키다'다.

307) '몬내아'는 '못 매([몬매])'라고 발음해야 할 것을 잘못 발음한 것이다.

308) '쪼구'는 한어 '照顧([zhào·gù])'를 음차한 말이다. 한어에서 '照顧([zhào·gù])'는 '보살펴주다, 배려하다, 돌보다'의 뜻으로 쓰이는 말이다. 예문의 '쪼구해서 암패한다'는 말은 돌봐서 일자리를 마련해준다는 뜻으로 이해할 수 있다.

309) '암패'는 한어 '안배(安排[ānpái])'를 차용한 말이다. '암패'는 '안배(安排[ānpái])'의 한어 발음을 우리말로 음차한 음성형이다. '안배(安排[ānpái])'는 '직장에 배치하다', '처리하다', '안배하다' 등의 뜻으로 쓰이는 한어 단어다. 여기에서 '생활을 암패한다'는 '일자리를 마련해 준다'는 뜻으로 이해된다.

310) 여기에서의 '전사'는 퇴역 병사들, 즉 팔로군과 팔로군의 후신인 인민해방군으로 활동하다가 퇴역한 사람들을 가리킨다.

311) '이만'은 '이보다'의 뜻으로 쓰이는 이 지역 방언형이다. 이 지역에서는 비교를 나타내는 조사로 '-보다'보다 '-만'을 주로 사용한다.

312) 여기에서의 '공작'은 '일'의 뜻으로 쓰였다. '공작'은 한어 '工作[gōngzuò]'의 한자어를 한국 한자음으로 음차한 말이다. '工作'은 우리말로 '일' 또는 '직업', '업무' 등의 뜻으로 쓰인다.

313) '꽌투'는 한어 '罐頭([guàn·tou])'를 음차한 말이다. '꽌투'는 고추장이나 된장 따위를 담을 수 있는 뚜껑이 있는 캔(깡통)을 의미한다.

314) '쏠료부대'는 '쏠료+부대'로 분석된다. '쏠료'는 한어 '塑料([sùliào])'를 음차한 말이다. '부대(負袋)'는 베나 가죽, 종이 따위로 만든 큰 자루를 뜻하는 말이다. '쏠료'는 이 지역에서 비닐 수지나 비닐 섬유를 이용하여 만든 제품의 원료를 통틀어 이르는 '비닐'이나 열이나 압력으로 소성 변형을 시켜 성형할 수 있는 고분자 화합물을 이르는 '플라스틱'을 통틀어 이르는 말로 쓰인다. 천연수지와 합성수지가 있는데, 보통 합성수지를 이른다. 이 지역에서는 주로 비닐류의 제품을 이르는 말로 쓰인다. 따라서 '쏠료 주먼지'라고 하면 '비닐 봉투'를 뜻한다. 영어에서는 우리가 흔히 '비닐'이라고 하는 것을 '플라스틱'이라고 한다는 점을 유의할 필요가 있다.

315) '양표(糧票)'는 '양식표(糧食票)'의 준말로 쓰이는 말이다. 1980년대 당시에 중국에서는 여행할 때 자기가 먹을 양식을 가지고 다녀야 했는데 그것을 증명하는 것이 '양표(糧票)'다.

316) '조양천(朝陽川)'은 중국 길림성 연길시 근처에 있는 지역이다. 여기에 작은 기차역이 있다.

317) '쏠료'는 한어 '塑料([sùliào])'를 음차한 말이다. '쏠료'는 이 지역에서 비닐 수지나 비닐 섬유를 이용하여 만든 제품의 원료를 통틀어 이르는 '비닐'이나 열이나 압력으로 소성 변형을 시켜 성형할 수 있는 고분자 화합물을 이르는 '플라스틱'을 통틀어 이르는 말로 쓰인다. 천연수지와 합성수지가 있는데, 보통 합성수지를 이른

다. 이 지역에서는 주로 비닐류의 제품을 이르는 말로 쓰인다. 따라서 '쏠료 주먼지'라고 하면 '비닐 봉투'를 뜻한다. 영어에서는 우리가 흔히 '비닐'이라고 하는 것을 '플라스틱'이라고 한다는 점을 유의할 필요가 있다.

318) '꽌투'는 한어 '罐頭([guàn·tou])'를 음차한 말이다. 한어에서 '罐頭([guàn·tou])'는 과일같이 먹을 수 있는 식품 캔을 뜻하는 말로 쓰인다. 식품의 원료나 재료로 쓰이는 양념이나 버터, 치즈 같은 것을 넣은 것은 '醬([jiàng])'이라고 한다. 그런데 이 지역에서는 '꽌투'가 고추장이나 된장 따위를 담을 수 있는 뚜껑이 있는 깡통(캔)을 의미하는 뜻으로 쓰였다. 이럴 경우는 '醬([jiàng])'이라고 해야 하는데 한어를 잘 몰라서 쓴 것으로 보인다.

319) '동무'는 '친구' 또는 '동지'의 뜻으로 쓰이는 말이다. 여기에서는 함께 간 '동료' 또는 '동지'의 뜻으로 쓰였다. 남한에서도 '동무'가 '친구'의 의미로 활발하게 쓰이다가 남북 분단 이후 '동무'가 북한에서 '혁명을 위하여 함께 싸우는 사람을 친근하게 이르는 말', '일반적으로 남을 친근하게 이르는 말'의 의미로 쓰이게 되어 남한에서는 잘 쓰지 않게 되었다.

320) '뇌혀리'는 '뇌일혈이'를 잘못 말한 것이다. '뇌일혈'은 고혈압이나 동맥 경화로 인하여 뇌의 혈관이 터져 피가 흘러나온 상태를 뜻하는 '뇌내출혈' 또는 '뇌출혈'과 같은 말이다.

321) 여기에서의 '변호사'는 '말을 잘하는 사람'이라는 뜻으로 쓰였다.

322) '접어들다'는 이 지역에서 쓰는 방언형으로 '끼어들다', '대들다' 등의 의미로 쓰인다. 여기에서는 '끼어들다' 정도의 뜻으로 쓰인 것이다.

323) '개산툰'은 북한과 두만강을 사이에 두고 마주하고 있는 중국 길림성 용정시 두만강 가에 있는 지명이다. 예전에는 여기에 큰 종이 공장이 있었다고 한다.

324) '호사장'은 '호사+장'으로 분석할 수 있다. '호사(護士)'는 의사의 진료를 돕고 환자를 돌보는 사람을 뜻하는 간호사(看護士)에 대응하는 이 지역 말이다. '호사장'은 간호사의 장이라는 뜻으로 '수간호사' 정도에 대응하는 이 지역 방언이다.

325) '나그내'는 '나그네'의 음성형이다. '나그네'는 '부부 사이에서 남자 쪽을 이르는 말'이나 '성인 남자를 홀하게 이르는 말'로도 쓰이는데 여기에서는 전자의 의미로 쓰였다. 중앙어의 '남편'에 대응하는 이 지역 방언형이다. '나그네'가 '남편'의 뜻으로 쓰이는 것은 함경도 방언의 영향이다.

326) '녠장'은 '연장'의 이 지역 방언형으로 '중대장'을 뜻하는 말이다.

327) '시애끼'는 남편의 남동생 즉, '시동생'을 뜻하는 이 지역 방언형이다. '시애끼'는 본래 함경도 방언인데 이 지역에서 차용하여 쓰는 것이다. 호칭은 새워이, 생워이가 쓰인다. 모두 인근 방언의 영향을 받은 것이다.

328) '시누비'는 '시누이'의 이 지역 방언형이다. '시누비'는 본래 함경도 방언인데 이 지역에서 차용하여 쓰는 것이다.

329) '심봉'은 '신봉(薪俸)'의 음성형이다. '신봉'은 한어에서 차용한 말로 우리말의 '급여, 월급' 등의 뜻으로 쓰이는 말이다. '신봉'과 비슷한 뜻으로 '공자(工資)'가 쓰이는데 '신봉'이 매월 정해진 일정한 급여를 받는 것인데 비해 '공자'는 '임금, 노임'의 뜻으로 쓰인다. 그러나 이 지역에서는 '신봉'과 '공자'를 구별하지 않고 매달 받는 급여나 연금 등을 가리키는 말로 쓴다.

330) '방공실'은 사무실을 뜻하는 한어 '辦公室([bàngōngshì])'을 음차한 것이다. 보통은 '판공실'이라고 한다.

331) '녹쌍기'는 비디오테이프리코더를 뜻하는 한어 '녹상기(彔像机[lùxiàngjī])'를 음차한 말이다. 그런데 문맥으로 보면 여기에서의 '녹상기'는 비디오테이프리코더가 아니고 녹음기를 뜻하는 것으로 보인다. 녹음기라고 해야 할 것을 녹상기라고 잘못 말한 것으로 보인다.

332) '패임하다'는 '폐회하다'를 잘못 말한 것으로 보인다.

333) '거르마이'는 '호주머니'에 대응하는 이 지역 방언형이다. '거르마이'는 원래 러시아어 карман에서 차용한 말이다. 호주머니를 뜻하는 러시아어 карман이 중국 이주 동포들을 통해 이 지역으로 유입되어 쓰이는 것으로 보인다. '거르마이'는 본래 '거르만'에 '-이'가 붙은 '거르마니'에서 모음 사이의 'ㄴ'이 탈락된 것이다. 이 지역 방언형으로 '거르마이'와 '거르마니' 외에 '거르망이', '거르망' 등도 쓰인다.

334) '항미원조(抗美援助)'는 미국에 대항하여 원조한다는 뜻으로 쓰는 말로 중국이 한국전쟁 때 미국을 반대하고 북한을 지원하던 중국의 외교 정책에 따라 중국군을 6·25 전쟁에 파견한 것을 일컫는 말이다. 6·25 때 국제연합군과 한국 해병대의 인천상륙작전 성공 이후 한국군과 UN군이 38°선을 돌파, 북진을 계속하여 서부전선은 평안북도 운산에서 초산 북방 압록강변까지, 동부전선은 함경남도 풍산 남방까지 진출하여 통일을 눈앞에 두고 있는 듯했다. 그러나 중국인민지원군은 1950년 10월 19일 아무런 발표 없이 압록강을 건너 전쟁에 개입하기 시작했고, 11월 국군과 UN군에 대대적인 반격을 취했다. 이 공세에 국군과 UN군은 12월 4일 평양, 12월 24일 흥남에서 철수했고 12월말에는 38°선 이북을 완전히 중국인민지원군에게 넘겨주고 말았다. 이후 북한인민군과 중국인민지원군의 계속적인 공세로 서울 방어가 어렵게 되었다. 이에 미8군 사령관 M.B. 리지웨이 중장은 서울에서 철수를 결정했다. 한국정부도 부산으로 철수를 시작하였으며 1월 4일 서울은 중공군에게 함락되었다. 그러나 이번의 후퇴는, 6·25 당시의 경우와는 달리, 미리 준비되어 있던 유엔군의 작전계획에 따라 비교적 질서정연하게 이루어졌으며, 국군과 유엔군은 그로부터 2개월 후인 3월 18일 서울을 다시 수복하였다.(한국민족문화대백과사전)

335) '복무하다'는 본래 어떤 직무나 임무에 몸 바쳐 이바지한다는 뜻인데 여기에서는 국가나 사회 또는 남을 위하여 자신을 돌보지 아니하고 힘을 바쳐 애쓴다는 '봉사하다'의 뜻으로 쓰였다.

336) '자기절루'는 자기 스스로의 뜻으로 쓰이는 이 지역 방언형이다.

337) '주'는 '연변자치주'를 이르는 말이다.

338) '공작'은 한어 '工作[gōngzuò]'의 한자어를 한국 한자음으로 음차한 말이다. '工作'
은 우리말로 '일' 또는 '직업', '업무' 등의 뜻으로 쓰인다. 여기에서의 '공작'은
'직업' 정도의 뜻으로 쓰였다.

339) '이거 입 밖에 내지 마라'는 말을 한어로는 '這个是說不出口的'이나 '這个是不能說的'
라고 말하는 것이 보통이라고 한다. 그런데 예에서와 같이 말한 것은 제보자가 한
어에 능통하지 못하기 때문으로 보인다. 일종의 한어 방언이라고 할 수 있다.

340) '직방'은 중앙어 '곧바로'에 대응하는 이 지역 방언형이다.

341) '신봉'은 한어 '신봉(薪俸[xīnfèng])'에서 차용한 말이다. '신봉'은 한어 '[xīnfèng]'의
한자어 '薪俸'을 한국 한자음으로 차용한 말이다. 이 지역에서는 '신봉'이 '월급,
봉급'의 뜻 외에 '임금'의 뜻으로도 쓰이고 '연금'의 뜻으로도 쓰인다. 즉 매월 일
정하게 받는 돈을 '신봉'이라고 한다.

342) '야듭'은 8을 뜻하는 '야듧'의 음성형이다. '야듧'은 15세기 국어의 '여듧'이 모음조
화를 지키지 않는지를 설명할 수 있을 것으로 보인다. '야듧'의 두 모음이 모두 양
성모음이었음을 암시하기 때문이다.

343) '리슈'는 한어 '리슈(离休[líxiū])'에서 음차한 말로 이직하여 쉬는 것을 뜻하는 말이
다. 주로 군인이나 일정한 직급으로 국가에 봉직했던 사람이 퇴직하는 것을 이르
는 말이다. 이런 사람이 받는 연금은 '离休工資([líxiū gōngzǐ])'라고 하고 일반 퇴직
자가 받는 퇴직 연금은 '退休費([tuìxiūfèi])'라고 한다. 그런데 이 지역에서는 이 둘
을 명확하게 구분하여 사용하는 것 같지 않다.

344) '심봉'은 '신봉(薪俸)'의 음성형이다. '신봉'은 한어에서 차용한 말로 우리말의 '급여,
월급' 등의 뜻으로 쓰이는 말이다. '신봉'과 비슷한 뜻으로 '공자(工資)'가 쓰이는데
'신봉'이 매월 정해진 일정한 급여를 받는 것인데 비해 '공자'는 '임금, 노임'의 뜻
으로 쓰인다. 그러나 이 지역에서는 '신봉'과 '공자'를 구별하지 않고 매달 받는 급
여나 연금 등을 가리키는 말로 쓴다.

03 생업 활동

3.1. 벌치기

- 정아매 꾸:라는 사람드리 마:나요.
그저낸 업써뜽 거 가튼대?
- 꿀?
예.
- 그저내두 이써써요, 인는데.
- 그거뚜 하자면 힘드러요, 그뚜:.
- 정신상 노 정신노동이 영: 쎄:요.
- 힘든 노동언 웁는대.
- 정신노동이 쎄:지.
- 그 보:리[1] 날러가따 드러와따 하구 그거 병이, 병 그 어티기개 돼:서 병이 걸리능가.
- 그 다매 그렁 거 다: 장아개야 되구 그 다매 저: 보:리 무승 꾸리 지금 드러오능가.
- 그래 요거 다: 장아가구 그거 다: 아러야지 하지.
- 이 자 날개 미티 날개 미티 여기 거 후루루루루 나르는 날개 미티 요런 디 진드기 끼개 되면 거 어트기 돼서 날개를 저러캐 나능가.
- 이 드르가능 거 디다보구 다: 아러야 그 다:, 흐흐흐흐.
- 진디기가 끼먼 벌써 버런 소멸되니까.
- 그래서 그서 무순 야걸 탁 처주면 그 다매 진디기만 딱 주꾸서 일: 웁찌.
- 군대시기여 군대식.
- 보:리가 딱 군대시기지.
어어:.

- 정암에 꿀 하는 사람들이 많아요.

그전에는 없었던 것 같은데?

- 꿀?

예.

- 그전에도 있었어요, 있는데.

- 그것도 하자면 힘들어요, 그것도.

- 정신상 노(동) 정신노동이 아주 세요.

- 힘든 노동은 없는데.

- 정신노동이 세지.

- 그 벌이 날아갔다 들어왔다 하고 그게 병이, 병이 그 어떻게 돼서 병이 걸리는가.

- 그 다음에 그런 거 다 장악해야(파악해야) 되고 그 다음에 저 벌이 무슨 꿀이 지금 들어오는가.

- 그래 요거 다 장악하고(파악하고) 그거 다 알아야지 하지.

- 이 저 날개 밑에 날개 밑에 여기 거 후루루루루 나는 날개 밑에 요런데 진드기가 끼게 되면 그 어떻게 돼서 날개를 저렇게 나는가.

- 이 들어가는 거 들여다보고 다 알아야지 그것을 다, <u>흐흐흐흐</u>.

- 진드기가 끼면 벌써 벌은 소멸되니까.

- 그래서 거기서 무슨 약을 탁 쳐주면 그 다음에 진드기만 딱 죽고서 괜찮지.

- 군대식이야 군대식.

- 벌이 딱 군대식이지.

아아.

- 거 꿀 무러 가주구 드러오능 건 보초병이 디리보내두 빙: 걸루 드르가능 건 안 디려보내요.

- 안 디려보내요.

- 그냥 난 물구 주 자부댕기 가주구 그 다매 싸멀 하개 되면 저버드러서2) 왁: 저버드러서 그누멀 주겨 뻐리지.

- 그냥 그개 군대시기지.

벌두 그래요?

- 어:.

- 게 벌:두 새끼치기 하능 게: 한나지 한나 왕:, 왕: 한나지.

- 왕 한나가 여기다가 새끼 왕을 하나 키워땀 마리여.

- 이 새끼 왕이 다: 커서 나오먼 새 왕보다 노왕이,3) 노왕이 이 새끼 왕애 미러주구 나오지.

- 나와서 딴 디 살리물 나간다 마리여.

노왕이 나와요?

- 으:, 노왕이.

- 나오문 그게 어디 가 안능가: 해서는 그 다매 확:: 벌:드리 그냥 막 그 왕얼 둘러싸고 뭉치를 이르키 지어가주구 망 날러가지.

- 게:: 무순 무순 어 비하문 졸까.

- 이: 항 개 그 버:리가 쌍::쌍 돌면서, 돌면서 그 뭉치럴 해 가주구선 가다가 어디 낭기나 앙꺼나 그 다애 이러지무니 그 다매 가서 그: 자버 오지.4)

- 자버 와서넌 사까시나 머 가따가 이르키 대구 그 둥지를 떡 따오면 왕은 그 아내 이꺼덩.

- 그래잉까 왕 따라서 또 다: 오지.

- 그럼 벌:통얼 새 벌통얼 하나 가따 떡 차려노쿠 거기다 지버여쿠 보, 섭 소:처럴5) 너어주먼 거기 다: 이찌.

- 그 꿀 물어 가지고 들어오는 건 보초병이 들여보내도 빈 걸로 들어가는 건 안 들여보내요.

- 안 들여보내요.

- 그냥은 안 물고 잡아당겨 가지고 그 다음에 싸움을 하게 되면 달려들어서 왁 달려들어서 그놈을 죽여 버리지.

- 그냥 그게 군대식이지.

벌도 그래요?

- 예.

- 그래 벌도 새끼치기 하는 게 하나지 하나 왕, 왕 하나지.

- 왕 하나가 여기에다가 새끼 왕을 하나 키웠단 말이야.

- 이 새끼 왕이 다 커서 나오면 새 왕보다 노왕이, 노왕이 이 새끼 왕에게 밀어주고 나오지.

- 나와서 딴 데 살림을 나간단 말이야.

노왕이 나와요?

- 응, 노왕이.

- 나오면 그게 어디에 가 앉는가 해서는 그 다음에 확 벌들이 그냥 막 그 왕을 둘러싸고 무리를 이렇게 지어가지고 막 날아가지.

- 그래 무슨 무엇에 에 비하면 좋을까.

- 이 한 마리 그 벌이 쌩쌩 돌면서, 돌면서 그 무리를 해 가지고는 가다가 어디 나무에나 앉거나 그 다음에 이러면 그 다음에 가서 그 잡아오지.

- 잡아 와서는 삿갓이나 뭐 가져다 이렇게 대고 그 둥지를 떡 따오면 여왕벌은 그 안에 있거든.

- 그러니까 여왕벌 따라서 또 다 오지.

- 그러면 벌통을 새 벌통을 하나 가져다 떡 차려놓고 거기에다 집어넣고 섭, 소초를 넣어주면 거기에 다 있지.

− 그걸 로치게 되먼 한 삼심 니씩 가능 게 이써요, 함 번 나르먼.

− 그래 그걸 모차즈먼 그냥 말구.

− 그 다매 이: 새:: 왕이 인재 아래서 나와 가주구 교배할 때는 까:::마캐 올러가지.

− 올러가다가 숟 수꺼뜨리 또 막:: 따러 올러간다 마리여.

− 막: 따러 올러가서 까::마캐 올러가서 웬: 힘 셍 게 교배럴 하지.

− 그 다매 함 번 교배하구 드러오먼 일쌩이지 그저.

− 일쌩똥안 아럴 까지.

− 그저 이릉 기여.

− 그래 그래서 그 다매 알: 여기다 미꿍지루 똥 니 요 소초 요 요망크망 궁개 인는 쪼고망 궁개 담배 꿍개망크망 거 요런 궁개애다가 아럴 하낙씩 뚝뚝 떨구지.

− 그라먼 그게 노동뻐리 새끼 칭기라 마리여.

− 그래 그르키 나오능 기지, 노동뻐리가 새끼 치능 게 아니여.

− 그래 거 또 수뻐리가 수뻐리가 지내 마:느먼 꾸리 마니 업써진다 마리여.

− 그럼 노동뻐리가 수뻐리럴 공겨개서 주겨 뻐리지 머.

− 이건 이건 꿀 무러 드러오능 긴 아니거덩, 수뻐리넌.

− 그 다매, 인능 거만 파멍능 기람 마리여 그건.

− 나두 메 통 가주구 해: 보다가, 그래 형니미, 형니미 꾸래 꾸루 잘하지 머.

− 게 메 태 메 통 가주구 너 이거 가주구 한 통 가주구 해: 봐라.

− 게: 그거 가주구 일:런 핸능가 일런 해따가서 내 꿀이 마:이 드러와찌.

− 겐데 형님 꾸리 한 여나무 통 된다 마리여.

− 근데 형님 꾸리 에: 꾸리 웁써서 그 다매 내: 소초럴 뽀버서 거기다 가따 여야지.

- 그걸 놓치게 되면 한 삼십 리씩 가능 게 있어요, 한 번 날면.
- 그래 그것을 못 찾으면 그냥 말고.
- 그 다음에 이 새 왕이 이제 알에서 나와 가지고 교배할 때는 까맣게 올라가지.
- 올라가다가 슛 수컷들이 또 막 따라 올라간단 말이야.
- 막 따라 올라가서 까맣게 올라가서 제일 힘이 센 게 교배를 하지.
- 그 다음에 한 번 교배하고 들어오면 일생이지 그저.
- 일생동안 알을 까지.
- 그저 이런 거야.
- 그래 그래서 그 다음에 알 여기에다 밑구멍으로 꼭 이 요 소초 요 요 만큼 한 구멍 있는 조그만 구멍에 담배 구멍만큼 한 거 요런 구멍에다 알을 하나씩 똑똑 떨어뜨리지.
- 그러면 그게 일벌을 새끼 친 거란 말이야.
- 그래 그렇게 나오는 거지, 일벌이 새끼 치는 게 아니야.
- 그래 그 또 수펄이 수펄이 너무 많으면 꿀이 많이 없어진단 말이야.
- 그러면 일벌이 수벌을 공격해서 죽여 버리지 뭐.
- 이건 이건 꿀 물어 들어오는 건 아니거든, 수벌은.
- 그 다음에, 있는 것만 파먹는 거란 말이야 그건.
- 나도 (벌) 몇 통 가지고 해 보다가, 그래 형님이, 형님이 꿀에 꿀을 잘하지 뭐.
- 그래 몇 통 몇 통 가지고 너 이거 가지고 한 통 가지고 해 봐라.
- 그래 그거 가지고 일 년 했는가 일 년 했다가 내 꿀이 많이 들어왔지.
- 그런데 형님 꿀(벌통)이 한 여남은 통 된단 말이야.
- 그런데 형님 꿀이 에 꿀이 없어서 그 다음에 내 소초를 뽑아서 거기에다 가져다 넣어야지.

- 그래 다: 쥐뻐리구 마러찌 머.
- 게 거거 칼루 까꺼줄 때 까꺼주구 소초 가러 여줄 때 가러 여주구 그 다맨 다: 손질해여 손질 마니 해여 돼.
- 그래 드문드문 여러 보지 벌통.
- 뚜깨르 열:구 거기 더푼 보:루, 보루 열:구 그래 할 째 버리 확: 저버들지.
- 그래 면, 면망얼 쓰구서 쓰구서 하지. 그래 버:리가 자기 주이닐 냄새럴 알:지.
- 그래먼 하:나두 안 쏘지 머.

아러요?
- 아러요.

어: :.
- 게: 주:이니 마:냑쌔 주거쓸 때 해: 해쓸 쩌개 뭐:리가 몽땅 상보걸 이버요.
- 새타야캐.
- 여 허리애다, 허리애다 새타야캐.
- 이: 뭘: 미기던 사라미 주구먼 버리가 몽::땅 새타야캐 여: 저: 노, 노동뻐리가 요 허리띠 인는 디 고기다 새타얀 점 하낙씩 다:: 이찌.
- 헤헤헤 헤헤.

그걸 어트개 아라요?
- 어이구 자:라러요, 주구먼.
- 상보걸 임는다 마리여.
- 벌:배끼 군대시기 업써요, 군대.
- 지금까지 그뚜 기우리앤 대다난데…
- 그라구 한 마리가 어디 도러댕기다가 꾸르 조:은 디럴 만내따 마리여.
- 게 저:르 만나게 되먼 그대 즈:덜끼리두 소리한다 마리여.

- 그래서 다 줘버리고 말았지 뭐.

- 그래 그거 칼로 깎아줄 때 깎아주고 소초 갈아 넣어줄 때 갈아 넣어주고 그 다음에는 다 손질해야 손질 많이 해야 돼.

- 그래 드문드문 열어 보지 벌통을.

- 뚜껑을 열고 거기 덮은 보를, 보를 열고 그렇게 할 때 벌이 확 덤벼들지.

- 그래서 면, 면망을 쓰고서 쓰고서 하지. 그래야 벌이 자기 주인을 냄새를 알지.

- 그러면 하나도 안 쏘지 뭐.

알아요?

- 알아요.

아.

- 그래 주인이 만약에 죽었을 때 (죽었다고 가정) 했을 적에 벌이 몽땅 상복을 입어요.

- 새하얗게.

- 여기 허리에다, 허리에다 새하얗게.

- 이 벌 치던 사람이 죽으면 벌이 몽땅 새하얗게 여 저 일, 일벌이 요기 허리띠 있는 데 고기에다 새하얀 점 하나씩 다 있지.

- 헤헤헤 헤헤.

그걸 어떻게 알아요?

- 아이고 잘 알아요, 죽으면.

- 상복을 입는단 말이야.

- 벌밖에 군대식이 없어요, 군대.

- 지금까지 그것도 기율이 대단한데…

- 그리고 한 마리가 어디 돌아다니다가 꿀을 좋은 데를 만났단 말이야.

- 그래 저를 만나게 되면 그 다음에 자기들끼리도 소리한단 말이야.

- 즈덜끼리 소리내능 거 안다 마리여, 서루가.

- 그래 가주구서 데르구 가.

- 데리구 가서넌 거 가서 다: 무러오지, 꾸럴 무러오지.

- 게 여기서 한 심니 되는 데두 가:서 무러 오구 그 그래지.

여기서는 무순 꾸:리 마:니 나요?

- 싸리꼬타구 피나무꼳.

- 이게 마:이 나지.

- 그 다매 이: 보매 드러와서 잡 잡채꿀 잡꿀, 작꿀 이 잡채꼳~세서 디리오넝 거 이게 게 제일 야:구루 쓰능 건 제일 종 건 이 잡채꾸리 제:일 조:치.

- 잡채꾸리 여::러 가지 여러 백 까지 꼬시라 마리여 그게.

- 그 꼬데 나오넌 수부널 따오지.

- 그래서 꾸리 요: 구녀개, 구녀개 꾸리 다: 차따 하쓸 쩌개는 이걸 봉해 뻐린다 마리여, 즈:덜끼리 다: 이르키.

- 거기서 그 다매 다른 통애 꺼 야카게 되면 다런 통애 꺼 도독찔해 오지 또.

그르캐두 해요?

- 에: 다르 드러올 꺼 도독씨래6) 온다 마리여.

- 드르가서 즈 자치, 즈가 가서 그 꾸럴 다: 훔처 오지.

- 게 모:둠처 가게 하느라구 또 싸:미 버러지지 거기서.

- 그: 서루 물구 자부댕기구 저기 할 쩌개 야: 아: 도독보미 도독보리 드러꾸나.

- 대번 주이니 아러야지 게 알:구선 방비한다 마리여 벌써.

- 버:리라능 게 그래요.

그거뚜 마:니 아러야 되겐내요?

- 마:니 아러야 되지요.

- 자기들끼리 소리 내는 거 안단 말이야, 서로가.

- 그래 가지고 데리고 가.

- 데리고 가서는 거기 가서 다 물어오지, 꿀을 물어오지.

- 그래 여기서 한 십리 되는 데도 가서 물어 오고 그 그러지.

여기에서는 무슨 꿀이 많이 나요?

- 싸리 꽃하고 피나무 꽃.

- 이게 많이 나지.

- 그 다음에 이 봄에 들어와서 잡 잡화꿀 잡꿀, 잡꿀 이 잡화꽃에서 들여오는 거 이게 그래 제일 약으로 쓰는 건 제일 좋은 건 이 잡화꿀이 제일 좋지.

- 잡화꿀이 여러 가지 여러 백 가지 꽃이란 말이야 그게.

- 그 꽃에 나오는 수분을 따오지.

- 그래서 꿀이 요 구멍에, 구멍에 꿀이 다 찼다 했을 적에는 이걸 봉해 버린단 말이야, 자기들끼리 다 이렇게.

- 거기에서 그 다음에 다른 통에 것(=벌)이 약하게 되면 다른 통에 것을 도둑질 해 오지 또.

그렇게도 해요?

- 예, 다른 통에 들어온 거 도둑질해 온단 말이야.

- 들어가서 자기들이 차지(하지), 자기들이 가서 그 꿀을 다 훔쳐 오지.

- 그래 못 훔쳐 가게 하느라고 또 싸움이 벌어지지 거기서.

- 그 서로 물고 잡아당기고 저기 할 적에 아 아 도둑벌이 도둑벌이 들었구나.

- 대번 주인이 알아야지 그래 알고는 방비한단 말이야 벌써.

- 벌이라는 게 그래요.

그것도 많이 알아야 되겠네요.

- 많이 알아야 되지요.

- 거 한다구 거저 꾸리라구 해서 거저 뜨능 게 아니요.

- 그 다:: 살굴 쭐 알:구 신봉어 새루 온 노동뻐리럴 마:니 낼 쭐 알구 수짜가 망:키 때매 메 천 군사럴 가 데리구 와 이써여지, 멤망 군사럴.

- 그 군사기 때매 메즈망 군사를7) 데리구 와 저: 낼 쑤 이써야지.

- 그애 노동뻐럴 번시걸 마:니 씨길 때는 마:니 씨기구 그 다매 또 가 으래 가서는 쫄구구.

- 게 보매 가서는 통얼 늘구지.

어트개 쫄구구 늘궈요?

왕:벌 하나애 한 통일 꺼 아니요?

- 왕:벌 하나애 한 통 아니여.

예.

- 그대 한: 통애서, 한 통애서 세: 통까지는 뿔군다8) 마리여.

한 해애?

- 으:, 한 해.

- 게 어터: 그러능가 하닝까 세 통 아니라, 세: 통이 아니라 네다선 통 두 뿔굴 쑤 이따 마리여.

- 이 한 통에서 이 한 버:리가, 한 통얼 가주구 이썬넌데 수짜가 망::크 덩, 노동뻐리가.

- 그래 그, 그런 그러면 노동뻐리만 따루 가두지.

- 따루 따루 소초럴 줘서 따루 하지.

- 머 그거: 거기는 왕:이 업땀 마리여.

- 그래대먼 노동뻐리가 제 머글 꺼 하구 이쓰면서 왕:이 웁따능 거 설 버서.9)

- 그 다맨 거기다 가따 여:주먼, 왕얼 자버서 요러캐 자버서 저까치루 요러캐 또 살러:리 지버 가주구 그: 병사리한태10) 여:서 거기 가따 주지, 쏘더 여치.

- 그거 한다고 그저 꿀이라고 해서 거저 뜨는 게 아니오.

- 그거 다 살릴 줄 알고 신봉(新蜂)을 새로 온 일벌을 많이 낼 줄 알고 숫자가 많기 때문에 몇 천 군사를 가 데리고 와 있어야지, 몇 만 군사를.

- 그 군사기 때문에 몇 십만 군사를 데리고 와 저 낼 수 있어야지.

- 그래서 일벌 번식을 많이 시킬 때는 많이 시키고 그 다음에 또 가을에 가서는 줄이고.

- 그래 봄에 가서는 (벌)통을 늘리지.

어떻게 줄이고 늘려요?

여왕벌 하나에 한 통일 거 아니에요?

- 여왕벌 하나에 한 통이 아니야.

예.

- 그런데 한 통에서, 한 통에서 세 통까지는 불린단 말이야.

한 해에?

- 응, 한 해에.

- 그래 어떻게 그러는가 하면 세 통이 아니라, 세 통이 아니라 네다섯 통도 불릴 수 있단 말이야.

- 이 한 통에서 이 한 벌이, 한 통을 가지고 있었는데 숫자가 많거든, 일벌이.

- 그래 그, 그런 그러면 일벌만 따로 가두지.

- 따로 따로 소초를 줘서 따로 하지.

- 뭐 그거 거기에는 여왕벌이 없단 말이야.

- 그렇게 되면 일벌이 제 먹을 거 하고 있으면서 여왕벌이 없다는 것이 서러워서.

- 그 다음에는 거기에다 가져다 넣어주면, 여왕벌을 잡아서 요렇게 잡아서 젓가락으로 요렇게 또 살며시 집어 가지고 그 병에 넣어서 거기에 갖다 주지, 쏟아 넣지.

- 그래덩 거 가서 아르 콱: 쓴다 마리여.

- 노동뻐리는 만:치 새끼는 업찌 하니까 아르 싹:: 부지러니 쓸지.

- 그래 소초애만 쓰러따 할 쩌개 디다보면 딱 저: 바눌뀌 바눌뀌보다 더 자근 고런 거 가따 새타양 걸 똑똑똑똑 똑똑 떨궈 노치.

- 게 떨궈 노면 그 다맨 거기서 아: 살란 다: 해꾸나.

- 그 다매는 거기다가 왕대를 하나 다라 주지.

- 왕대라능 게 왕으루 될 쑤 인는 그: 야:르 거기다, 거기다 가따 똑 띠어서 딱 부처 주지.

- 그럼 노동뻐리가 그: 왕버르 그냥 메겨 살린다 마리여.

- 게 보위해서 살구지.

- 그담 이기 인재 왕이 되면 거기 그냥 또 해서 하나 또 불궈찌?

- 게 뽈군 데서 또 뽈군다 마리여.

- 게 또 그르캐 가주 다서여서 통 뽈굴 쑤 이찌, 잘: 되게 되면, 머걸께 마:느면.

- 게 한 통애 지금 팔구 싸능 게 보통 머 한 통애 오:배권 그저 처넌 이르캐 하지 지금 한 통애.

벌: 한 통애요?

- 으: 볼:11) 한 통애.

비싸네요?

- 비싸장쿠.

- 그게 한 통애서 나:서 살림나서 그 다매 분가하게 되면 그 가부치 다: 나오능 기여.

- 꿀: 항그내 시보원썽만 해두 배끄니면 얼마여 일빼고시번 아니여 벌써.

- 세: 통애서 뽀부면 얼마여.

- 게 다 게사내서 하능 긴데.

- 네: 통 다서 통애서 뽀부면 벌써 얼마, 꾸러 꾸럴 세: 번 어:: 그러이

- 그런 다음에는 거기에 가서 알을 콱 쓿는단 말이야.
- 일벌은 많지 새끼는 없지 하니까 알을 싹 부지런히 쓿지.
- 그래서 소초에만 쓿었다 할 적에 들여다보면 딱 저 바늘귀 바늘귀보
다 더 작은 그런 걸 갖다 새하얀 걸 똑똑똑똑 똑똑 떨어뜨려 놓지.
- 그렇게 떨어뜨려 놓으면 그 다음에는 거기에서 아 산란 다 했구나.
- 그 다음에는 거기에다 왕대를 하나 달아 주지.
- 왕대라는 게 여왕벌로 될 수 있는 그 알을 거기에다, 거기에다 가져
다 똑 떼어서 딱 붙여 주지.
- 그러면 일벌이 그 여왕벌을 그냥 먹여 살린단 말이야.
- 그렇게 보위해서 살리지.
- 그 다음에 이게 이제 여왕벌이 되면 거기에 그냥 또 해서 하나 또 불렸지?
- 그래서 불린 데서 또 불린단 말이야.
- 그래 또 그렇게 해 가지고 다섯 여섯 통으로 불릴 수 있지, 잘 되면,
먹을 게 많으면.
- 그래 한 통에 지금 팔고 사는 게 보통 뭐 한 통에 오백 원 그저 천
원 이렇게 하지 지금 한 통에.

벌 한 통에요?
- 응, 벌 한 통에.

비싸네요?
- 비싸지 않고.
- 그게 한 통에서 나서 살림나서 그 다음에 분가하게 되면 그 값어치
가 다 나오는 거야.
- 꿀 한 근에 십오 원씩만 해도 백 근이면 얼마야 일백 오십 원 아니야 벌써.
- 세 통에서 뽑으면 얼마야.
- 그래 다 계산해서 하는 건데.
- 네 통 다섯 통에서 뽑으면 벌써 얼마, 꿀을, 꿀을 세 번 에 그러니까

까 이:: 잡채꾸래서 두세 번 쓴다[12] 마리여.

　－ 잡채꾸래서 두세 버늘 뜨지 일쭈이래 함 번씩 뜬다 마리여.

자주 뜨내요?

　－ 자주 떠, 자주 마:이 무러 오니까 자주 떠야지.

　－ 그 다맨 아:: 피나무 꼬새서 또 그러캐 서너너더 뺀 뜬다 마리여.

　－ 그 다맨 이 싸:리 꼬세서 또 뜨지.

　－ 그 다매는 업써요.

　－ 그 다매는 인재 드문:드문 무러오능 게 이찌.

　－ 그 다매 제: 양시기나 댈까 말까 그저 이르키 버러 디리오지.

　－ 인제 마:이 싸: 노면 양시기 마:느면 안 무러와여.

　－ 드르안저 쉬시가구 먹찌.

　－ <u>ㅎㅎㅎㅎㅎㅎ ㅎㅎㅎㅎ.</u>

　－ 그렁 기여.

겨우래는 어트개요?

　－ 겨우래 과:동[13], 씨기지.

　－ 춥찌 아는 데다 가따, 영도 영도 좌오.

　－ 땅 쏘개다 구럴 파구 과:동 씨긴다거나 호근 지바내다 온도럴 온도기럴 거러 노쿠 그 다매 지바내다 창고럴 지꾸 지바내다 한다거나 게 이르키 과동 씨기지.

겨우래는 그럼 머 머꾸 사러요?

　－ 겨우래 이제 꿀 머꾸 살:지 그: 벌:드른.

그러잉까 꿀 사:라미 다 뜨면…

　－ 떠써두 양시근 조:야지.

　－ 머꾸 살 양시근 조:야지 다: 뜨능 기 아니라 싹: 뜨능 기 아니라.

　－ 게 메 쏘초면 동삼[14] 나개따.

　－ 꾸르 등 게 메 쏘초면 동삼 나개따 이게 다: 아러야지.

이 잡화꿀에서 두세 번 뜬단 말이야.

　– 잡화꿀에서 두세 번을 뜨지 일주일에 한 번씩 뜬단 말이야.

자주 뜨네요.

　– 자주 떠, 자주 많이 물어 오니까 자주 떠야지.

　– 그 다음에는 에 피나무 꽃에서 도 그렇게 서너너덧 번 뜬단 말이야.

　– 그 다음에는 이 싸리 꽃에서 또 뜨지.

　– 그 다음에는 없어요.

　– 그 다음에는 이제 드문드문 물어 오는 게 있지.

　– 그 다음에 제 양식이나 될까 말까 그저 이렇게 벌어 들여오지.

　– 이제 많이 쌓아 놓으면 양식이 많으면 안 물어 와요.

　– 들어앉아 휴식하고 먹지.

　– <u>ㅎㅎㅎㅎㅎㅎ ㅎㅎㅎㅎ.</u>

　– 그런 거야.

겨울에는 어떻게 해요?

　– 겨울에 과동 시키지.

　– 춥지 않은 데다 가져다, 영도(0℃) 영도 좌우.

　– 땅 속에다 굴을 파고 과동 시킨다거나 혹은 집 안에다 온도를 온도계를 걸어 놓고 그 다음에 집 안에다 창고를 짓고 집 안에다 한다거나 그래 이렇게 과동 시키지.

겨울에는 그럼 뭐 먹고 살아요?

　– 겨울에 이제 꿀 먹고 살지 그 벌들은.

그러니까 꿀을 사람이 다 뜨면…

　– 떴어도 양식은 줘야지.

　– 먹고 살 양식은 줘야지 다 뜨는 게 아니라 싹 뜨는 게 아니라.

　– 그래 몇 소초면 동삼 나겠다.

　– 꿀이 든 게 몇 소초면 동삼 나겠다 이걸 다 알아야지.

- 그래 보매 가서 다: 머꾸 동사매 추우면 꿀만 파머꺼덩, 추우면.

- 더우면 좀 들: 파머꾸.

- 그래서 끄러지. 양시기 모:지라면 또 머 어트가능가 하겐 사탕가루 무럴 타라 타서 거기다 주지.

겨우래요?

- 으: 으:, 양시기 모:지래먼.

- 모지라지 앙캐 해야지 머.

- 아이구 고만 해요.

- 그래서 봄에 가서 다 먹고 동삼에 추우면 꿀만 파먹거든, 추우면.
- 더우면 좀 덜 파먹고.
- 그래서 그렇지. 양식이 모자라면 또 뭐 어떻게 하느냐 하면 설탕가루 물을 타다가 타서 거기에다 주지.

겨울에요?

- 응 응, 양식이 모자라면.
- 모자라지 않게 해야지 뭐.
- 아이고 그만 해요.

3.2. 밭농사

－ 농사진능 건…

어뜨캐 지어요?

－ 가대기루15) 콩바까리르 하지.

예:.

－ 콩빠까리르 할 때 에:: 웬: 처:매 달구지나16) 술기애다가17) 가대기 시:꾸 종자 시:꾸 그 다매 소 두 바리 끌구 그 다매 에 저 머여 사람 두:리 가지.

－ 그러면 인저 그 바태 가:서 반머리애서 소럴 다 메우지18) 가대기르, 으: 가대기애다.

－ 다: 메운 다매 그 다맨 간다 마리여.

－ 갈:면 질따물 지구 떡 갈 때 흑빠비19) 착착착 너머가머서 가자너?

－ 게 뒤 따러 오넌 사라미 혼자: 거르면 잡 저:: 삐뚤삐뚜라개 자빠질 쑤 이찌.

－ 그렁 거 자오걸 처서20) 간다 마리여.

－ 지팽이르 하나 지꾸. 종자 따래끼는 여기다 들구 한짜근 지팽이를 지꾸.

－ 그래서 자욱걸 톡톡톡톡 치구 나가지.

－ 콩 함 포기 어가내 에:: 에 십쌘찌 그러니까 오:쌘찌나 십쌘찌 게 그 거 노쿠서, 십쌘찌면 요거 하나거덩.

－ 그래 이거 하나 어가늘 척척척척 지지지. 그래 발끄테서 이 바리 이 발 끄트머리서버터 디디구 이 바리 이 발 끄트머리서 코코코곡 찌머 소 가는대루 따러 가지 그 바꼬랑.

－ 자우걸 턱 이르키 처 놔따 마리여.

- 농사짓는 건…

어떻게 지어요?

- 가대기로 콩밭 갈이를 하지.

예.

- 콩밭 갈이를 할 때 에 맨 처음에 달구지나 술기에다가 가대기 싣고 종자 싣고 그 다음에 소 두 바리가 끌고 그 다음에 에 저 뭐야 사람 둘이 가지.

- 그러면 이제 그 밭에 가서 밭머리에서 소를 다 메우지 가대기를, 응 가대기에다.

- 다 메운 다음에 그 다음에는 간단 말이야.

- 갈면 길담을 지고 떡 갈 때는 흙밥이 착착착 넘어가면서 가잖아?

- 그래 뒤에 따라 오는 사람이 혼자 걸으면 잡 저 삐뚤삐뚤하게 자빠질 수 있지.

- 그런 거 자국을 쳐서 간단 말이야.

- 지팡이를 하나 짚고. 종자 다래끼는 여기에다 들고 한쪽은 지팡이를 짚고.

- 그래서 자국을 톡톡톡톡 치고 나가지.

- 콩 한 포기 어간에 에 에 십 센티미터 그러니까 오 센티미터나 십 센티미터 그래 그거 놓고, 십 센티미터면 요거 하나거든.

- 그래 이거 하나 어간을 척척척척 디디지. 그래서 발끝에서 이 발이 이 발 끄트머리에서부터 디디고 이 발이 이 발 끄트머리에서 콕콕콕콕 찍 으면서 소가 가는대로 따라 가지 그 밭고랑을.

- 자국을 턱 이렇게 쳐 놨단 말이야.

- 그담 반머리 가서 소: 도:러와야 된다 마리여.

- 도러올 때 그 다매 이 사라먼 지팽이르 여기다 탁 직 지꾸서 이 소는 놀리여21) 되거덩.

- 그 다매 인재 다래치애서 콩얼 한 주먹 저 가주구 자기 자옥 치구 간 자리럴 턱턱턱턱턱턱턱 떨구지.22)

- 다서 알 내지, 다서 알 내지 네 알, 네 알 내지 여서 알 고대루 톡톡 톡톡톡 두드려. 그래 소가 더푸민서 가대기루 더푸민서 나오지, 따러오지.

- 따러와서 다: 들미 이짜개서 또 호끄하구23) 그래서 항 고랑 두 고랑 가러 가주구.

- 할 하루애 하루애 넉 찌멀24) 가느냐 게: 석 찌멀 가느냐 게 보:통 표 주니 그러치.

- 그래서 파끼두25) 그라구 그 다매 다: 일채 다: 그라지, 옥씨기두 그라구.

- 그라구서넌 그 다매 다:- 한 다매 이재 옥씨기가 올러올 쩌개 훌치지 라지.26)

- 게 두 바리루 또 훌치:-라는 보:서비 또 따:지.

- 가대기루 번지는27) 보서바구 훌치 보서비 또 따다 마리여.

- 게 인재…

어떠캐 생겨써요 그개.

- 게 보서비 아:시 보서비 이르키 생겨찌.

후칭이는 이르캐 편 똑빠루 이러캐 넙쩌카내요, 그죠?

- 이르키 이륵 이륵카개…

- 여기 뾰쪼가지 뾰조간데…

가대기는?

- 뾰조간데 소가 이르키 끌구 가개 되머넌 흘기 파지먼서 양짜그루 다…

- 양쪼그루 흐기 가구.

- 어: 양짜그루 가지.

- 그 다음에는 밭머리에 가서 소가 돌아와야 된단 말이야.

- 돌아올 때 그 다음에 이 사람은 지팡이를 여기에다 탁 짚, 짚고서 이 손은 놀려야 되거든.

- 그 다음에 이제 다래끼에서 콩을 한 주먹 쥐어 가지고 자기가 자국 치고 간 자리에 턱턱턱턱턱턱턱 떨어뜨리지.

- 다섯 알 내지, 다섯 알 내지 네 알, 네 알 내지 여섯 알 고대로 톡톡톡톡톡 두드려. 그래서 소가 덮으면서 가대기로 덮으면서 나오지, 따라오지.

- 따라와서 다 들면 이쪽에서 또 포크하고 그래서 한 고랑 두 고랑 갈아 가지고.

- 하루 하루에, 하루에 넉 짐을 가느냐 그래 석 짐을 가느냐 그래 보통 표준이 그렇지.

- 그래서 팥도 그러고 그 다음에 다 일체 다 그러지, 옥수수도 그러고.

- 그러고는 그 다음에 다 한 다음에 이제 옥수수가 올라올 적에 훑치질 하지.

- 그래 두 바리로 (하는) 또 훑치라는 보습이 또 다르지.

- 가대기로 갈아엎는 보습하고 훑치 보습이 또 다르단 말이야.

- 그래 이제…

어떻게 생겼어요, 그게?

- 그래 소습이 아이 보습이 이렇게 생겼지.

후칭이는 이렇게 편 똑바로 이렇게 넓적하네요, 그렇지요?

- 이렇게 이렇 이렇게 하게…

- 여기 뾰쪽하지 뾰쪽한데…

가대기는?

- 뾰쪽한데 소가 이렇게 끌고 가면 흙이 패이면서 양쪽으로 다…

양쪽으로 흙이 가고.

- 어, 양쪽으로 가지.

- 게서 옥씨기가 요마:니 클 때 다: 키 노쿠서넌 그 다매는 이쓰먼 푸리 또 옥씨기 꼬랑애 가뜩 난다 마리여 콩 꼬랑애나.

- 그때 호미 가주구 매:지 함 벌.

- 두: 벌채 가서넌 보:서벌 줌 큰 거 마추지. 쪼꼼 더 커 중뽀서벌 마추지.

- 중뽀서벌 마추개 되면 흘기 팍: 올러가니까 콩 미티 콩이 이러:캐 이씨면 그저 콩 미태 싹: 쌔우지 요러키 흘기.

- 그래 콩 꼬랑만 이찌 여기는 다: 함 불 매:능 기라 마리여 그거뚜.

- 풀라오능 거 다:: 더퍼노치 거기다.

- 게서 이: 미티 풀 더퍼농 건 그대루 썩찌. 에: 올러오지 모타지.

- 게 이르캐서 홀치지러 하넌데 홀치지:는 할라래 하루거리 정도 하지.

- 항 고랑씩 댕기니까 두 번 안 댕기구.

- 게서 하루거리 정도 할랄.

- 하루가리 하: 하루가리 바:널 하거나 이르캐 한다 마리여.

- 그래서 인재 그 다매 마::즈마개 세: 벌채 가서넌 게 매:능 개 드, 사라매 노려그루 매:능 개 드물지.

- 그 다매넌 거기다 보:서배다가 저: 쑥때나 이렁 거 가따 이르키 댄다 마리여.

- 대:문 콩 미티루 이 쑥때:-가 콩 미티루 족: 까지.

- 그러면 여기서 올러오넌 흘:기 콩 미트루 족:: 드르간다 마리여.

- 그라면 또 함 벌 매: 그 다맨 마금, 그래노쿠 세 벌 그른 다맨 인재 가:으라기 시자가지.

- 가으라는데 여기서넌 콩얼 어티가넝가 하니까 다: 업띠려서 꺽찌.

- 꺼꺼 가주구,

나스루 소느루?

- 어: 소느루.

- 날, 날 나타구 소누루. 게 이르키 나슨 이르키 비:자 콩얼 비:자먼 비:

- 그래서 옥수수가 요만큼 클 때 다 켜 놓고는 그 다음에는 있으면 풀이 또 옥수수 고랑에 가득 난단 말이야 콩 고랑에나.

- 그때는 호미를 가지고 (밭을)매지 한 벌.

- 두 벌째 가서는 보습을 좀 큰 것으로 맞추지. 조금 더 큰 중보습을 맞추지.

- 중보습을 맞추면 흙이 팍 올라가니까 콩 밑에 콩이 이렇게 있으면 그저 콩 밑을 싹 싸지 요렇게 흙이.

- 그래서 콩 고랑만 있지 여기는 다 한 벌 매는 거란 말이야 그것도.

- 풀 나오는 것 다 덮어 놓지 거기에다.

- 그래서 이 밑에 풀 덮어 놓은 건 그대로 썩지. 에 올라오지 못하지.

- 그래 이렇게 해서 훑치질을 하는데 훑치질은 하루에 하루갈이 정도 하지.

- 한 고랑씩 다니니까 두 번 안 다니고.

- 그래서 하루갈이 정도 하루에.

- 하루갈이 하(거나) 하루갈이 반을 하거나 이렇게 한단 말이야.

- 그래서 이제 그 다음에 마지막에 세 벌째 가서는 그 매는 게 드(물지), 사람의 노력으로 매는 게 드물지.

- 그 다음에는 거기에다 보습에다가 저 쑥대나 이런 것 가져다 이렇게 댄단 말이야.

- 대면 콩 밑으로 이 쑥대가 콩 밑으로 죽 가지.

- 그러면 여기서 올라오는 흙이 콩 밑으로 죽 들어간단 말이야.

- 그러면 또 한 번 매고 그 다음에는 마감, 그래놓고 세 벌 그런 다음에는 이제 추수하기 시작하지.

- 추수하는데 여기에서는 콩을 어떻게 하는가 하면 다 엎드려서 꺾지.

- 꺾어 가지고,

낫으로 손으로?

- 어 손으로.

- 낫, 낫 낫하고 손으로. 그래 이렇게 낫은 이렇게 베려(면) 콩을 베려

자먼 그개 힘드지.

— 나설 턱 대구 훅: 떠대밀먼 거 뚜두둑 뚜두둑 다 꺼꺼지지.

— 기래서넌 이러캐 노쿠 또 한 주먹 뙤면 이르캐 노쿠 그다애 쫑: 나오지.

— 게 바꼬랑이 이르캐 이쓸 쩌개 이 에:: 이거 먼저 꺼꺼서 여기다 논는다 마리여, 이 고랑애다.

하나 건너서.

— 으:.

예:.

— 이거럴 여노면 이거 꺼꺼 꺼꺼서 또 여기다 노키 헐치.

예:.

— 게 이거 꺼꺼서 여기다 노키가 헐치.

그럼 세: 고랑을 항 군데다 논능 거내요?

— 그래서 네: 고랑얼 항 군데다 놀 쑤두 이꾸 세: 고랑얼 항 군데 놀 쑤 이꾸.

— 그럼 쫑: 나가면 이걸 묵찌.

— 인재 다: 해 논 다매 다: 꺼꺼 논 다매 하루 식쩌내 잘 껑넌 사라먼에: 넉 찌멀 꺼끌 쑤 이써요, 석 찜 넉 찜.

— 게: 그르키 꺼꺼서 다: 거저 그름 업띠러서 타가서 탕 노쿠 탕 노쿠 꺼꺼서 탕 노쿠 하니까.

— 그 다매 이근 저 어트기 껑, 어트가능가 하게 되면 인저 그 다매는 저:널 친다 그라지 전:.

저:널 처요?

— 으: 저:널 친다, 한 다발: 한다발 이르키 해: 노는다 마리여.

— 다바리 한 다발씩 되게.

무꺼 논능 거요 아니면 그냥 모아 논능 거요?

면 베려면 그게 힘들지.

- 낫을 턱 대고 훅 떠밀면 그 두두둑 두두둑 다 꺾어지지.

- 그래서는 이렇게 놓고 또 한 주먹 되면 이렇게 놓고 그 다음에 쪽 나오지.

- 그래 밭고랑이 이렇게 있을 적에 이 에 이거 먼저 꺾어서 여기에다 놓는단 말이야, 이 고랑에다.

하나 건너서.

- 응.

예.

- 이것을 여기 놓으면 이거 꺾어 꺾어서 또 여기에다 놓기가 수월하지.

예.

- 그래 이거 꺾어서 여기에다 놓기가 수월하지.

그럼 세 고랑을 한 군데다 놓는 거네요?

- 그래서 네 고랑을 한 군데 놓을 수도 있고 세 고랑을 한 군데 놓을 수도 있고.

- 그럼 쪽 나가면 이걸 묶지.

- 이제 다 해 놓은 다음에 다 꺾어 놓은 다음에 하루 식전에 잘 꺾는 사람은 에 넉 짐을 꺾을 수 있어요, 석 짐 넉 짐.

- 그래 그렇게 꺾어서 다 그저 그러면 엎드려서 탁 해서 탁 놓고 탁 놓고 꺾어서 탁 놓고 하니까.

- 그 다음에 이건 저 어떻게 꺾, 어떻게 하느냐 하면 이제 그 다음에는 전을 친다 그러지 전.

전을 쳐요?

- 응, 전을 친다, 한 다발 한 다발 이렇게 해 놓는다 말이야.

- 다발이 한 다발씩 되게.

묶어 놓는 거에요 아니면 그냥 모아 놓는 거에요?

- 모아 노치 지금.

예: .

- 모아 노쿠서 흐니 이른 저: 몰루[28] 할 쑤가 이씨야지. 그래 버드나무 버드나무럴 고랑애다가 콩 인는디다 푹: 찔러 가주구 턱: 쥐구서넌 자버댕겨서 후룰 가머서 딱지마너먼 되지.

- 그래서 내리노쿠서 또 가서 또 그라구 그쪼개서 이짜개서 또 미러노쿠 저짜개서 또 그라구 게:속 그라개 되먼 할라래 하루가리 에:: 다바럴 다: 묵찌, 콩얼.

- 그: 다매 이저 따:처가[29] 여기 베:쓰니까 이 고랑 꺼꾸 이 여기다 노쿠 이 고랑 꺼꾸 여기다 노쿠 해씨니까 이: 논 자리는 다 비:자니여.

- 술기가 여기루 드르가지.

- 그라먼 한 사라먼 술기 타:구 한 사라믄 여기서 차:재[30] 차재루다 콩 따늘 푹 찔러서 술기 우애 턱 올려주지.

- 술기애서 싸치, 고:깨 싸치, 너머가지 안트룩.

- 그래 싸 가주구 바럴,[31] 바럴 여기다 해서 이르기 해서넌 거:: 우애 쿡 빠거 가주구 이누물 바럴 여기다 걸:구 뻑뻑 돌리지.:

- 그라먼 바리 바가 짝:: 졸려들지.

- 여기 갱기먼서 그래 가주서 지비 와서 푸러 가주구 푸러 가주구 콩나까리덜두 싸:치.

- 게 콩 가리럴 싼 다매는 콩으 또 에:: 콩 탈곡끼애다 지버여치.

- 지버 털:먼 콩언, 콩언 우르르르 하구 콩대루 나오구 그 다매 그: 풍성기애서 콩깍찌는 저쪼그루 다: 나가지.

- 게 콩언 이짜그루 떠러지구 그 다매 그래 콩얼 처서 또 떠러지능 개 이 미티 또 얼겅체가[32] 이따 마리여.

- 그래서 그 다맨 근 누::러캐 콩이 이리 나오먼 다머서 마:대애다[33] 다머서 결보개[34] 내띠리구,[35] 내띠리구 하지.

- 모아 놓지 지금.

예.

- 모아 놓고서 흔히 이런 저 뭘루 할 수가 있어야지. 그래서 버드나무 버드나무를 고랑에다가 콩 있는데다가 푹 찔러 가지고 턱 쥐고는 잡아당겨서 훌훌 감아서 딱 묶으면 되지.

- 그래서 내려놓고서 또 가서 또 그러고 그쪽에서 이쪽에서 또 밀어놓고 저쪽에서 또 그러고 계속 그러게 되면 하루에 하루갈이 에 다발을 다 묶지, 콩을.

- 그 다음에 이제 수레가 여기를 베었으니까 이 고랑을 꺾고 이 여기에 다 놓고 이 고랑을 꺾고 여기에다 놓고 했으니까 이 놓은 자리는 다 베잖아.

- 수레가 여기로 들어가지.

- 그러면 한 사람을 수레를 타고 한 사람은 여기에서 차제 차제로 콩 단을 푹 찔러서 수레 위에 턱 올려주지.

- 수레에서 쌓지, 곱게 쌓지, 넘어가지 않도록.

- 그래 쌓아 가지고 바를, 바를 여기에 해서 이렇게 해서는 그 위에 쿡 박아 가지고 이놈을 바를 여기에다 걸고 비비 돌리지.

- 그러면 바가, 바가 쫙 조여 들지.

- 여기에 감기면서 그래 가지고서 집에 와서 풀어 가지고 풀어 가지고 콩 가리들도 쌓지.

- 그래 콩 가리를 쌓은 다음에는 콩을 또 에 콩 탈곡기에다 집어넣지.

- 집어(넣고) 털면 콩은, 콩은 우르르르 하고 콩대로 나오고 그 다음에 그 풍구에서 콩깍지는 저쪽으로 다 나가지.

- 그래 콩은 이쪽으로 떨어지고 그 다음에 그래 콩을 쳐서 또 떨어지는 게 이 밑에 또 어레미가 있단 말이야.

- 그래서 그 다음에는 그건 누렇게 콩이 이리 나오면 담아서 마대에다 담아서 묶어서 내놓고, 내놓고 하지.

- 게서 글 그걸 가따가서 한:전농사[36] 진년 묘:하지.

- 한전.

아까 따:처라 그랭 검 머요, 따:처?

- 따처라능 건 다야차.[37]

아 다야차.

- 한종말루 따:처, 다야차

- 게 그거 가따…

그저내는 저:기, 저기 도리깨루 하지 아나써요, 콩 타작?

- 그저 옌나래는 옌나래 기개가 나오지 아내쓸 쩌개는 도루깨루 다: 해찌.

- 게 도루깨루 하넌데 도루깨질두 상도루깨가[38] 이꾸 그 다매 일반 도루깨지라는 사라미 이찌.

- 도루깨지라는 사람 일반 도루깨지라는 사라믄 그냥: 때리지. 게 하아시벌[39] 때리고 두: 벌채 때리구 할 쩌개는 이: 상도루깨라는 사라미 도루깨 나럴 창 누펴서 탁 태서 홀딱홀딱 번저[40] 노치.

- 그라먼 이짝 사람더런 그저 두디리기만 한다 마리여.

- 게 이르키: 이르키 해찌 옌나런.

- 게 히:미 들지, 할랄 한 시간 한 시가늘 모:태, 그냥: 도루깨지를 바뻐서.[41]

- 따:미 나지 막 따미. 그래 그르키 항 거슨 인재 그: 머여 풍구가[42] 우꾸 이르캐 할 쩌개는 증 머여 저:: 부채 다: 콩 빼구 문지 빼구 다:.

보:리농사는 어티개 해써요?

- 으:?

보리농사는?

- 버리농-농사는 여기는 처으매 일찌기 청명, 청명 시구서 인차 그뚜 가르면서 버리씨를 뿌리지.

- 게 후애 도러오면서 또 그 고랑애 그냥 도로오먼서 보리씨르 가대

- 그래서 그걸, 그걸 가지고 밭농사 짓는다고 하지.

- 한전.

아까 다처라고 그런 건 뭐에요, 따처?

- 따처라는 건 타이어차.

아 타이어차.

- 한족말로 따처, 타이어차.

- 그래 그거 가져다…

그전에는 저기, 저기 도리깨로 하지 않았어요, 콩 타작?

- 그전 옛날에는 옛날에 기계가 나오지 않았을 적에는 도리깨로 다 했지.

- 그래 도리깨로 하는데 도리깨질도 상도리깨가 있고 그 다음에 일반 도리깨질하는 사람이 있지.

- 도리깨질하는 사람 일반 도리깨질하는 사람은 그냥 때리지. 그래 초벌 때리고 두 벌째 때리고 할 적에는 이 상도리깨질 하는 사람이 도리깨 날을 착 뉘여서 탁 때려서 홀랑홀랑 뒤집어 놓지.

- 그러면 이쪽 사람들은 그저 두드리기만 한단 말이야.

- 그래 이렇게 이렇게 했지 옛날에는.

- 그래 힘이 들지, 하루에 한 시간 한 시간을 못 해, 그냥 도리깨질을, 힘이 들어서.

- 땀이 나지 막 땀. 그래서 그렇게 한 것은 이제 그 뭐야 풍구가 없고 이렇게 할 적에는 즉 뭐야 저 부채 다 콩 빼고 먼지 빼고 다.

보리농사는 어떻게 했어요?

- 응?

보리농사는?

- 보리농사는 여기는 처음에 일찍이 청명, 청명 쇠고서 바로 그것도 (밭을) 갈면서 보리씨를 뿌리지.

- 그래 후에 돌아오면서 또 그 고랑에 그냥 돌아오면서 보리씨를 가대

기가43) 덥찌.

— 이르캐구…

가면서 뿌리구?

— 갈 때, 갈 때 뿌리지.

두:리 하능 거요 그럼? 한 사라믄 갈구 하난 뒤따라가구.

— 으: 둘: 두:리 하지, 그거뚜 으: 그거뚜 그르치.

— 그래서 그대애 그거뚜 그:: 가대기::루 더꾸 가대기::루 갈:구 게 종자 뿌리는 사라미 그 사람 뒤따라가는 사라미 종자 뿌리지.

— 이르캐서 버리럴 시머노면 마지마개 버리가 여기 땅이 조아서 어뜬 대는 버리가 잘:: 되어.

— 그래서 그 다맨 버리농사 한 다매 가따 털:지.

— 터:는데 그거뚜 대부분 다: 도리깨루 뚜디리지.

— 다: 바쌍 말라쓰니깨 도루깨루 뚜디리지.

— 게 보리찌벌 가려내구 그 다매 비짜루지르 자꾸 하면서 보리찌불 다: 갈키루 끌꾸 그다: 비짜루질 하구 그 다매 털:채 버리채 시엄채 도리채 다 한디 끄러 마:따가 양창지라지.44)

— 게: 양창지라게 되면 시엄 마사징 거45) 그대 보리 보리지: 이퍼리 떠러징 거 이릉 개 다: 날라가구 보리만 남찌.

— 그래서 그거: 그래서 다무면 또 농사 다: 징 기구.

— 말:루 하개 되면 하내 농사 다: 지찌. <u>흐흐</u>.

조:이는 어트캐 해요, 조이.

조:이는 그게 다른 농사보다두 더 까다롭다 그러든대.

— 까다루어요.

— 조이 농사가 품 마니 머거요.

— 게 어트개 되능가 하니까 그건 인재 콩 가러떤 디럴 조이럴 심는다 할 쩌개…

기가 덮지.

　- 이렇게 하고…

가면서 뿌리고?

　- 갈 때, 갈 때 뿌리지.

둘이 하는 거요 그러면? 한 사람은 갈고 하나는 뒤따라가고.

　- 응, 둘 둘이 하지, 그것도 응 그것도 그렇지.

　- 그래서 그 다음에 그것도 그 가대기로 덮고 가대기로 갈고 그래 종자 뿌리는 사람이 그 사람 뒤따라가는 사람이 종자 뿌리지.

　- 이렇게 해서 보리를 심어놓으면 마지막에 보리가 여기 땅이 좋아서 어떤 데는 보리가 잘 돼.

　- 그래서 그 다음에는 보리농사 한 다음에 가져다 털지.

　- 터는데 그것도 대부분 다 도리깨로 두드리지.

　- 다 바짝 말랐으니까 도리깨로 두드리지.

　- 그래 보릿짚을 가려내고 그 다음에 비질을 자꾸 하면서 보릿짚을 다 갈퀴로 긁고 그 다음에 비질을 하고 그 다음에 털째 보리째 수염째 돌째 다 한데 끌어 모았다가 양창질 하지.

　- 그래 양창질 하게 되면 수염 부숴진 거 그 다음에 보리 보리지, 이파리 떨어진 거 이런 게 다 날아가고 보리만 남지.

　- 그래서 그거 그래서 담으면 또 농사 다 지은 것이고.

　- 말로 하면 한 해 농사를 다 지었지. 호호.

조는 어떻게 해요, 조?

조는 그게 다른 농사보다도 더 까다롭다고 그러던데.

　- 까다로워요.

　- 조 농사가 품이 많이 들어요.

　- 그래 어떻게 되느냐 하면 그건 이제 콩 심었던 데를 조를 심는다고 할 적에…

콩 가러떤대 콩 뽀구 나서?

- 으:, 콩…

- 콩 끄리[46] 이꺼던.

- 콩 끄리 바태 이르캐 고랑애 이러캐 꺼꺼쓰니까 그 콩 끄리 이꺼던.

- 고거를 그: 쪼꼬만 아시: 훌치::, 아시 훌치 보서부루 소 두: 바리 매가주구 아시 훌치 보서부루 이 여기를 쪽:: 짜갠다 마리여.

- 게 짜개면 뒤애서 인재 가넌 사라미 머 하능가 하닝까 으: 어 종자 되박 마라자면 바가지를, 바가지를 뚱그랑 거 가따가 여기다 여쿠서 그다지:드만 이런 통얼 여기다 떵: 노치.

- 마추지 마추구 여기는, 여기는 저: 머여 여기는 대가리구 대가리애다가 저 다북때라구[47] 이써 다북때, 다북때라는 쑤글 그: 말릉 걸 가따가 여기다 이르키 곱찌.

- 게 이재 종자 종, 종자 뿌리는 대라문, 대라문 여기다 이재 쪽: 올러와서 여기가 이마::내 거: 잘그,[48] 잘그 여튼지.

- 게 조이럴 여기다 다머꺼등.

- 게 이:리 통으루 하나 채우개 되먼 어: 채우개 되먼 근 항 고랑: 두 고랑씽 나간다 마리여.

- 게 이:-거슬 톡톡톡톡 뚜디리며 뚜디리며 가지 그 고:랑으루.

- 이 따갠 고랑으루 뚜디리며 가지.

- 그럼 조씨가 후루루루루루 나오면서 그 다복때애 걸려서 후루루루루루 뻐저저 떠러진다 마리여.

- 떠러저서 그기 나가개 되먼 그 다매넌 인저 어쩨넝가 하니까 그:: 발루 덥찌.

- 발루, 발루 흘글 쓱:쓱 끌면서 덥찌.

- 그 다맨,

콩 심었던데 콩 뽑고 나서?

- 응, 콩…

- 콩 그루터기가 있거든.

- 콩 그루터기가 밭에 이렇게 고랑에 이렇게 꺾었으니까 그 콩 그루터기가 있거든.

- 그거를 그 조그만 아이 홀치, 아이 홀치 보습으로 소 두 바리를 매가지고 아이 홀치 보습으로 이 여기를 쭉 탄단 말이야.

- 그래 (골을)타면 뒤에서 이제 가는 사람이 무얼 하느냐 하면 에 종자 되박 말하자면 바가지를, 바가지를 동그란 거 가져다 여기에다 넣고서 그 다음에 기다란 이런 통을 여기에다 떡 놓지.

- 맞추지 맞추고 여기는, 여기는 저 뭐야 여기는 대가리고 대가리에다가 저 다북대라고 있어 다북대, 다북대라는 쑥을 그 마른 것을 가져다가 여기에다 이렇게 꽂지.

- 그래 이제 종자 종, 종자 뿌리는 대라면, 대라면 여기에다 이제 쭉 올라와서 여기가 이만한 거 자루를, 자루를 넣든지.

- 그래 조를 여기에다 담았거든.

- 그래 이리 통으로 하나 채우게 되면 에 채우게 되면 거의 한 고랑 두 고랑씩 나간단 말이야.

- 그래 이것을 톡톡톡톡 두드리면서 두드리면서 가지 그 고랑으로.

- 이 탄 고랑으로 두드리면서 가지.

- 그러면 조씨가 후루루루루루 나오면서 그 다북대에 걸려서 후루루루루루 흩어져 떨어진단 말이야.

- 떨어져서 그게 나가면 그 다음에는 이제 어쩌느냐 하면 그(것을) 발로 덮지.

- 발로, 발로 흙을 쓱쓱 끌면서 덮지.

- 그 다음에는,

요로캐 생깅 거 그거 씨 다뭉 거 그거 이르미 머요?

　－ 어:: 종: 그: 조이 쫑자 통?

　－ 조이 쫑자 통 그: 그래.

　－ 종자 통, 그래서 그다애 그거 가주구 그 다매 나가지.

　－ 그래서 마지마개 나오게 되먼 씨가 만:타 마리여.

　－ 인재 조이가 자니까 씨가 만:치.

　－ 내: 사라미 항 고랑씩 안저서 씨러 속찌.

싸긴 싸기 난 다으매?

　－ 싸기 나서 요마:니 커쓸 쩌개.

예.

　－ 요마니 커쓸 쩌개 씨 고:랑을 타구49) 씨럴 속찌.

　－ 고랑을 타구 안저서 씨럴 속찌.

　－ 소끔 나무먼 강겨기 얼망가 하니까 보:통 어: 송꼬락 두 진 널비애
서50) 한 지 반 널비.

예.

　－ 그러키: 간겨글 두구서 이: 손툼 눈 망:큼 널깨 강 이르키 널개 강겨
글 두구서 다: 소꺼지면 쥐어뿌리지.51)

하나 하나가 이망큼 널비로?

　－ 어:.

　－ 요:기 조이가 한 대 서씨먼 요:기 또 조이가 한 대 서꾸 요 어가내 손
툼 널비지.52)

　－ 게 요로캐서 다: 푸리구 머구 다: 뽀버서 다: 소꺼 노쿠 조이만 냉구지.

　－ 조이만 나무만 함 번 조이만 소꺼 놔따 해쓸 쩌개넌 다: 머거따 하능
기여.53)

　－ 조이 바턴.

　－ 개 조이 소끼가 젤:: 더디지.

요렇게 생긴 거 그거 씨 담은 거 그거 이름이 뭐요?

- 에 종, 그 조 종자 통?

- 조 씨 통 그 그래.

- 종자 통, 그래서 그 다음에 그거 가지고 그 다음에 나가지.

- 그래서 마지막에 나오게 되면 씨가 많단 말이야.

- 이제 조가 자니까 씨가 많지.

- 네 사람이 한 고랑씩 앉아서 씨를 솎지.

삭이, 싹이 난 다음에?

- 싹이 나서 요만큼 컸을 적에.

예.

- 요만큼 컸을 적에 씨 고랑을 타고 씨를 솎지.

- 고랑을 타고 앉아서 씨를 솎지.

- 솎고 남으면 간격이 얼마냐 하면 보통 에 손가락이 두 지(指) 너비에서 한 지(指) 반 너비.

예.

- 그렇게 간격을 두고서 이 손톱 눈 만큼 넓게 강(간격) 이렇게 넓게 간격을 두고서 다 솎아지면 내버리지.

하나 하나가 이만큼 너비로?

- 어.

- 요기 조가 한 대 섰으면 요기 또 조가 한 대 서 있고 요기 어간에 손톱 너비지.

- 그래 요렇게 해서 다 풀고 뭐고 다 뽑아서 다 솎아 놓고 조만 남기지.

- 조만 남으면 한 번 조만 솎아 났다고 했을 적에는 다 먹었다고 하는 거야.

- 조 밭은.

- 그래 조 솎기가 제일 더디지.

그러캔내요, 하나하나 다:: 이르캐…

- 어: 요로키 요로키 쪼골띠리구[54] 안저서 그대 쪼골띠리구 바럴 거러 가면서 요거 다: 하기 때::(매), 그래 할랄[55] 조이 씨를 소꾸 나먼 이 바지 엉치가 다: 떠러저.

- 흘기 인지 무더 가주구.

- 그 저 그래서 그 다맨 소꺼 논 다매넌 그 다매 다: 머거따구 그러지.

- 조이 바튼 다: 머거따지.

- 그래서 그 다매 홀치루다가 인재 조이럴 잡찌.

- 피:두 푸럴 잡찌.

- 푸럴 자버 가주구서 그 다:매 인잰 가으리 되먼 착:: 되서 존 이퍼리 조이 이퍼리가 처:매 꼬꼬지 올러오지.

- 그 다매 꼬꼬지 올러오다가 이기 인재 으: 올러오면서 끄트머리서버 터 아:리 들기 시자가지, 사막 바다[56] 가주구.

- 아리 들게…, 이르키 꼬:부러들게 되지.

- 이러서지.

머: 바더서요?

- 사마글 바더 가주구

사막?

- 에:.

사마기 머요?

- 사마기: 이 베농사 끝, 끝 교배씨기는 그런 자공하능 걸 사막 빤느다 구 하지.

- 그래서 그 다애 그르키 나 가주구 그기서 이제 에: 조이때가 수 이 수구러지면서 자꾸 올러오지.

- 올러와서는 팔따지 망:캐 이마나개 쓱: 고러서 이르키 조이때가 우루 누::러캐 돼쓸 쩌개 조이럴 가서 본다 마리여.

그러겠네요, 하나하나 다 이렇게…

- 어 요렇게, 요렇게 쪼그리고 앉아서 그 다음에 쪼그리고 발을 걸어가면서 요걸 다 하기 때문에, 그래 하루 조 씨를 솎고 나면 이 바지 엉덩이가 다 떨어져.

- 흙이 이제 묻어 가지고.

- 그 저 그래서 그 다음에는 솎아 놓은 다음에는 그 다음에 다 먹었다고 그러지.

- 조 밭은 다 먹었다고 하지.

- 그래서 그 다음에 훌치로 이제 조를 잡지.

- 피도 풀을 잡지.

- 풀을 잡아 가지고 그 다음에 이제 가을이 되면 착 되어서 조 잎이 조 잎이 처음에 꼿꼿하게 올라오지.

- 그 다음에 꼿꼿이 올라오다가 이게 이제 에 올라오면서 끄트머리에서부터 알이 들기 시작하지, 삼학 받아 가지고.

- 알이 들게…, 이렇게 꼬부라지게 되지.

- 일어서지.

뭐 받아서요?

- 삼학을 받아 가지고.

삼학?

- 예.

삼학이 뭐요?

- 삼학이 이 벼농사 꽃, 꽃 교배시키는 그런 작용하는 걸 삼학 받는다고 하지.

- 그래서 그 다음에 그렇게 나 가지고 거기에서 이제 에 조 대공이 수(그러) 이 수그러지면서 자꾸 올라오지.

- 올라와서는 팔뚝 만하게 이만하게 쑥 고라서 이렇게 조 대공이 위로 누렇게 되었을 적에 조를 가서 본단 말이야.

- 게 이제 조 이삭 하나를 떡 뜨더 가주구 비벼 보지, 아리 다: 드러따.

- 이럴 쩌개는 인재 가:으라지, 조이 비지.

조이 가으른 어트개요?

미태 비:능 거 가찌 안턴대?

- 어: 미테 비지, 다: 미테 비지 머.

그래요?

- 어: 미테 비:머서 다발루 묵찌 이망:쿰.

- 이망:쿰 다발루 묵찌.

- 게 비어서 쪽:: 뉘펴, 고랑마다 다:: 이러캐 뉘어서 콩, 콩 딴 똬: 노덜 이르키 똬: 노면서 나가지.

- 그 다매 조이찌벌57) 거기서 드러 가주구 모가지 조이찜 모가지 인넌 디럴 빽 뻬트러 가주구서넌 조이찌부루다 다:널 묵찌.

- 그래 가주서넌 내뜨루, 내뜨루 가다 마지마개 다: 지비 드루와떤 조이 나까리가 싸따 그란다(마리여).

- 게 조이 수: 달구:: 그: 다야차 다야차가 시러 디리와서 그 다매넌 조이 나까리가 까:마캐 **.

- 그러문 할라래, 할라래 삼십 딴 내지 에:: 오:십 딴 육씹 다늘 짤러여 된다 마리여.

- 어디를 짤르능가 하닝까 조이 이사기 이러:키 돼씨먼 이러:키 돼씨먼 요기럴 가서, 나무 나무루 카럴 맨들지.

- 여 참대58) 가틍 기나 그 다애 참나무 가틍 기나 가따가 카럴 떵 만들지.

- 그래구선 그 다매 이러:키 들구서넌 처:징 거 툭툭 치게 되먼 조 이 상만 여기 다:: 떠러지지.

- 그 다맨 빼찌번59) 한 단 다: 터러씨먼 한 단 조이지풀 무꺼서 내띠리 구 그 다매 또: 가따 노쿠 하구 또: 가따 노쿠.

- 그래 이제 조 이삭 하를 딱 뜯어 가지고 비벼 보지, 알이 다 들었다.
- 이럴 적에는 이제 추수하지, 조 베지.

조 추수는 어떻게 해요?

밑에 베는 것 같지 않던데.

- 어 밑에 베지, 다 밑에 베지 뭐.

그래요?

- 어 밑을 베면서 다발로 묶지 이만큼.
- 이만큼 다발로 묶지.
- 그래 베어서 족 뉘어, 고랑마다 다 이렇게 뉘어서 콩, 콩 단을 모아 놓듯 이렇게 모아 놓으면서 나가지.
- 그 다음에 조 짚을 거기서 들어 가지고 모가지 조 짚의 모가지 있는 데를 빅 비틀어 가지고는 조 짚으로 단을 묶지.
- 그래 가지고는 내놓고, 내놓고 가다 마지막에 다 집에 들여왔던 조 낟가리를 쌓았다 그런단(말이야).
- 그래 조 수 달구(지) 그 타이어차 타이어차로 실어 들여와서 그 다음에는 조 낟가리가 까맣게 **.
- 그러면 하루에, 하루에 삼십 단 내지 에 오십 단 육십 단을 잘라야 된단 말이야.
- 어디를 자르느냐 하면 조 이삭이 이렇게 되어 있으면 이렇게 되어 있으면 요기를 가서, 나무 나무로 칼을 만들지.
- 여기 참대 같은 것이나 그 다음에 참나무 같은 것이나 가져다 칼을 떡 만들지.
- 그러고는 그 다음에 이렇게 들고는 처진 걸 툭툭 치게 되면 조 이삭만 여기에 다 떨어지지.
- 그 다음에는 볏짚(조짚)은 한 단 다 털었으면 한 단 조짚을 묶어서 내놓고 그 다음에 또 가져다 놓고 하고 또 가져다 놓고.

- 그래서 할라래 에: 삼십 딴 내지 육씹 딴까지 이르키 짜른다 마리여.
- 짤라 노문 조 이상 무저지가 이마:니 크지.
- 크:먼 그거럴 이재: 그: 성매똘60) 성매똘-리다 그:: 소럴 메워 가주구서 막 도러치지, 마당애다 까러 노쿠.
- 도라치면 다: 부서지지.
- 게 모두 조이만 그래서, 그래 에:: 깔:키나 그 다애 차:재루61) 척척척척 추:려 가주구서넌 끄러내구 그 조이럴 인저: 양창지라지.
- 양창지런 그 조이 껌푸리 다:: 나가게.
- 칼루 처씨잉깨 조이 이푸리 뚝 끄너징 개 이꾸 그 속: 저:: 조이 송이, 송이두 그거 다: 엉그:라캐62) 인재 다: 알 빠지구 엉그라캐.
- 그래카구 그래 끄러내:구 그대 추려 가주구선 이짜개 미러내구 조이만 한대루 쓰러 모:지.
- 그래 가주서 그걸 인재: 양창지라거나63) 그 다매 이렁 걸루 하거나 대번 이렁 거 아니야,64) 대부분 다: 양창지리지.
- 게 그르캐 해: 가주구서 농사진능 기여.

조이 농사는 수하기 마:는 펴니깨써요.

하나: 시머서 그르케 마:니 달리자나요.

- 하낙째 조:이 하나가 어 베 아리 베 아리 한 이사개 한 이사개 이에:: 백 깨두 달리능 개 이꾸 배기시 깨두 달리능 개 이꾸.
- 그래 육씨깨두 달리능 기 이꾸 그러치.
- 한 이사개 멛 뿌 나오낭가이.
- 베는 아:치럴65) 쳐서 나오자너.
- 조이는 아:치라능 기 업따 마리여.
- 이: 새끼 아치라능 개 업따 마리여.
- 베는 아:치라능 개 나서 거기서 또 이상 나오지.
- 그래구 산냥이66) 산냥은 베가 더 망쿠.

- 그래서 하루에 에 삼십 단 내지 육십 단까지 이렇게 자른단 말이야.

- 잘라 놓으면 조 이삭 무더기가 이만큼 크지.

- 크면 그것을 이제 그 연자매 연자매에다 그 소를 메워 가지고 막 돌아치지, 마당에다 깔아 놓고.

- 돌아치면 다 부서지지.

- 그래 모두 조만 그래서, 그래 에 갈퀴나 그 다음에 포크로 척척척척 추려 가지고는 끌어내고 그 조를 이제 양창질 하지.

- 양창질은 그 조 검불이 다 나가게.

- 칼로 쳤으니까 조 잎이 뚝 끊어진 게 있고 그 송(이) 저 조 송이, 송이도 그거 다 엉크렇게 이제 다 알 빠지고 엉크렇게.

- 그렇게 하고 그래서 끌어내고 그 다음에 추려 가지고는 이쪽으로 밀어내고 조만 한곳으로 쓸어 모으지.

- 그래 가지고 그걸 이제 양창질 하거나 그 다음에 이런 것으로 하거나 대번 이런 거 안 해, 대부분 다 양창질이지.

- 그래 그렇게 해 가지고 농사짓는 거야.

조 농사는 수확이 많은 편이겠어요.

하나 심어서 그렇게 많이 달리잖아요.

- 하나씩 조 하나가 에 벼 알이 벼 알이 한 이삭에 한 이삭에 에 백 개도 달리는 게 있고 백이십 개도 달리는 게 있고.

- 그래 육십 개도 달리는 게 있고 그렇지.

- 한 이삭에 몇 분 나오느냐…

- 벼는 가지를 쳐서 나오잖아.

- 조는 가지라는 게 없단 말이야.

- 이 새끼 가지라는 게 없단 말이야.

- 벼는 가지라는 게 나와서 거기에서 또 이삭이 나오지.

- 그리고 산양이 산양은 벼가 더 많고.

- 그래 조:이가 줌 적찌.

- 게 조:이두 여기서 양수⁶⁷⁾ 지구애서 이 하동⁶⁸⁾ 이: 이짝, 순 저: 하서⁶⁹⁾ 이짜그루 조:이 시문 데는 하루거리 쌍당애 어떵 건 망 근 나와요.

- 망 근.

- 망 근 나오는데.

- 그래서 여이가 더 덥찌요.

- 저: 정암보더 여기아구 기후 차이가 영 만:치.

- 거기⁷⁰⁾ 서리 와두 와써두 여기는⁷¹⁾ 서리 아놔따 마리여.

고로캐 차이가 마나요?

- 마:너.

- 거긴 새::타야캐 서리가 와서 인재 풀드리 마서 마저 가구주 다: 중넌다 해:두 여기는 서리 아놔따 마리여.

- 게 정아마구 여기아구 차이가 그르키 되지.

쑤수 농사는 어때요? 수수 농사.

- 꼬:량.⁷²⁾

예: 꼬량.

- 에:.

- 꼬량두 그러치 머.

- 꼬량두 조이처럼 이르키 키우는데 그거뚜 소꺼 조야지.

그거뚜 소꺼요?

- 에:, 소꺼요.

- 그건 항 그루에 요기 이꾸: 요기 이꾸 하는대 그건 항 구루에 삼센치 널비⁷³⁾ 두지.

조이보다 더 널깨.

- 송꼬락 세: 지 널비 둔다 마리여.

- 꼬량은⁷⁴⁾ 그래 그거뚜 조이처럼 소꺼 주구 그거뚜 후치지라구 다: 그러지.

- 그래 조가 좀 적지.

- 그래 조도 여기에서 양수 지구에서 이 하동 이 이쪽, 순 저 저 하서 이쪽으로 조 심은 데는 하루갈이 상당에 어떤 건 만 근이 나요.

- 만 근.

- 만 근 나는데.

- 그래서 여기가 더 덥지요.

- 저 정암이 여기하고 기후 차이가 아주 많지.

- 거기는 서리가 와도 왔어도 여기는 서리가 안 왔단 말이야.

그렇게 차이가 많아요?

- 많아.

- 거기는 새하얗게 서리가 와서 이제 풀들이 (서리)맞아, 맞아 가지고 다 죽는다고 해도 여기는 서리가 안 왔단 말이야.

- 그래 정암하고 여기하고 차이가 그렇게 되지.

수수 농사는 어때요, 수수 농사?

- 수수.

예, 수수.

- 예.

- 수수도 그렇지 뭐.

- 수수도 조처럼 이렇게 키우는데 그것도 솎아 줘야지.

그것도 솎아요?

- 예, 솎아요.

- 그건 한 그루에 요기 있고 요기 있고 한데 그건 한 그루에 삼 센티미터 너비 두지.

조보다 더 넓게.

- 손가락 세 지(指) 너비 둔단 말이야 그건.

- 수수는 그래 그것도 조처럼 솎아 주고 그것도 후치질하고 다 그러지.

그건 타:자근 어트개 해요?

조이하구 다르개 하자나요?

　－ 타:자근 그 어: 그거뚜, 그거뚜 수수루…

　－ 모가지[75] 짤러야 대요.

　－ 모가지 짤러서 수 타:작-하지.

　－ 여기서는 수수라구 아나구 대략 꼬:량이라 구라지 꼬:량.

꼬량.

　－ 으: 꼬량.

그저내 저: 밀: 서리 콩 서리 이렁 거뚜 마니 해써요?

　－ 마니 해:찌 그릉 건.

그건 어트개 하능 거요?

　－ 히히 그건 즈 저: 콩바태 인재 거이 돼:따 하쓸 쩌개는 콩바시 콩이 거이 한 절반 이상 사부내:, 삼부내 이':: 이상 이거 가주구 다: 이르키 여무러따 마리여.

　－ 여무러쓸 쩌개 그대 불로코 콩얼 꺼거다가 거기다 노쿠넌 그 다매는 다: 굽찌.

　－ 그라면 콩꼬투리가 다: 떠러진다 마리여, 타서.

　－ 콩꼬투리가 그 모가지 타 가주구 모가지가 빨리 타지.

　－ 그랭깨 다: 떠러지지 거이.

　－ 그라면 들:들 구부 작때루 이르키 꼬쟁이, 꼬쟁이 마라자면 낭구 꼬쟁이루 이르키 슬:슬 자꾸 구불리지.

　－ 그 콩:꼬투리 떠러징 거.

　－ 그래민 그 부레서 다: 잉는다 마리여.

　－ 게 어떵 건 타구 어떵 건 이꾸 어떵 건 안 니꾸 그저 이렁 거뜨리이찌.

　－ 그래면 인재 부럴 다:: 헤저거려서 인재 부럴 다 업쌔거덩.

그건 타작은 어떻게 해요?

조하고 다르게 하잖아요?

– 타작은 그 어 그것도, 그것도 수수로…

– 이삭 잘라야 돼요.

– 이삭 잘라서 수(穗) 타작하지.

– 여기서는 수수라고 안 하고 대략 고량이라 그러지 고량.

고량.

– 응, 고량.

그전에 저 밀 서리 콩 서리 이런 것도 많이 했어요?

– 많이 했지 그런 건.

그건 어떻게 하는 거예요?

– 히히 그건 저 콩밭이 이제 거의 되었다 했을 적에는 콩밭이 콩이 거의 한 절반 이상 사분의, 삼분의 이 이상 익어 가지고 다 이렇게 여물었단 말이야.

– 여물었을 적에 그 다음에 불을 놓고(피우고) 콩을 꺾어다가 거기에다 놓고는 그 다음에는 다 굽지.

– 그러면 콩꼬투리가 다 떨어진단 말이야, 타서.

– 콩꼬투리가 그 모가지가 타 가지고 모가지가 빨리 타지.

– 그러니까 다 떨어지지 거의.

– 그러면 들들 굴(려) 작대기로 이렇게 꼬챙이, 꼬챙이 말하자면 나무 꼬챙이로 이렇게 슬슬 자꾸 굴리지.

– 그 콩꼬투리 떨어진 거.

– 그러면 그 불에서 다 익는단 말이야.

– 그래 어떤 건 타고 어떤 건 익고 어떤 건 안 익고 그저 이런 것들이 있지.

– 그러면 이제 불을 다 헤적거려서 이제 불을 다 없애거든.

– 여기 재 이꾸 재::가 이꾸 문지 이꾸 거기 다: 이따 마리여.

– 그 다매는 우아기를 척 버서 가주구 그 다매 머리서버터 후:후 내틀
르먼76) 재 다: 날러간다 마리여.

– 게 콩꼬터리만 오소소:: 하개 남찌.

– 그래면 그거 주서 까먹찌 머.

– 그게 그 콩서리구.

– 흐흐 그 다매 옥씨기 가틍 거 따서 구버 머꾸, 그저 그러지.

– 그 다매 인저:: 물-꼬기 자부러 가서 물꼬기럴 자버 가주구 구버 멍
능 건 또 따:지.

그건 또 어트개 해요?

– 근 어트개 하개 되먼 부럴 로치.

– 논: 다매 부리 다: 타따 마리여 인저.

– 그 불 그 수뿔츠름 돼:쓸 때 그때 이재 고기를 가서 꼬창이다 께 가
주구서 홀: 돌린다 마리여.

– 여기 저: 어: 췔::77) 그대: 고기 꾸버 멍는 시그루.

양고 양고기 꿰ᇝ 멍는…

– 에: 양고기 꿰:서 구버 멍는 시구루.

– 요러카개 되면 노린노리::하개 거 싹: 이거따 마리여.

– 그 저기 뻬끼 가주구 수란잔 노쿠 부꾸선 쫑 마시면 모꾸머근78) 참::
마시시요, 구버 멍능 게 더 마시써.

– 게: 저: 머여 에:: 살머멍능 거보더 구버 멍능 고기가 더 마시따 이래지.

감자는 어트개 심어요?

– 감자는 그:: 소느루 시머요, 그건.

– 그거뚜:: 가:대기루 해 가주구서는 똑똑똑똑 인재 감자씨르 똑똑똑똑
나는데.

감자 씨는 어트개 생겨써요?

- 여기에 재가 있고 재가 있고 먼지가 있고 거기에 다 있단 말이야.

- 그 다음에는 윗옷을 척 벗어 가지고 그 다음에 머리에서부터 후후 내두르면 재가 다 날아간단 말이야.

- 그래 콩꼬투리만 오소소 하게 남지.

- 그러면 그거 주워서 까먹지 뭐.

- 그게 그 콩서리고.

- 흐흐, 그 다음에 옥수수 같은 거 따서 구워 먹고, 그저 그러지.

- 그다음에 이제 물고기 잡으러 가서 물고기를 잡아 가지고 구워 먹는 건 또 다르지.

그건 또 어떻게 해요?

- 그건 어떻게 하느냐 하면 불을 (피워)놓지.

- (불을 피워)놓은 다음에 불이 다 탔단 말이야 이제.

- 그 불이 그게 숯불처럼 되었을 때 그때 이제 고기를 가지고 꼬챙이에다 꿰어 가지고 훌 돌린단 말이야.

- 여기 저 에 꼬챙이 거기에 고기 구워 먹는 식으로.

양고(기) 양고기 꿰 먹는…

- 예, 양고기 꿰서 구워 먹는 식으로.

- 요렇게 하게 되면 노릇노릇하게 그게 싹 익었단 말이야.

- 그 저기 벗겨 가지고 술 한 잔 놓고 붓고는 족 마시면 목구멍은 참 맛있어요, 구워 먹는 게 더 맛있어.

- 그래 저 뭐야 에 삶아먹는 것보다 구워 먹는 고기가 더 맛있다 이러지.

감자는 어떻게 심어요?

- 감자는 그 손으로 심어요, 그건.

- 그것도 가대기로 해 가지고는 똑똑똑똑 이제 감자씨를 똑똑똑똑 놓는데.

감자 씨는 어떻게 생겼어요?

— 감자씨는 이 감자: 눙까리 이꺼덩, 고걸 칼루다 다: 오린다79) 마리여, 눙까럴.

— 그래 가주서넌 그 다매 감자가리80) 한다 할 쩌개는 샤:라미 마나야 돼요.

— 소가 함 번 지나면 소년 빠르거덩.

— 감자씨 그가 마:이 쥐구서 똑똑 떨구먼 빠른데 이누먼 한나한나 이르캐 쥐구서두 한나한나 쥐: 놔야 된다 마리여.

— 그래서 사라미 여래, 여래 하지.

— 그래서 가대기루 덥찌.

더풀 때는 가대기루 더퍼요?

— 에, 그애 그러치.

— 기래 마:니 하능 거 그르키 하지.

— 게 저깨 하능 건 소느루 다: 싱꾸 소느루 더꾸 그저 다 이르치.

그러면 그건 함 번 시머 노먼 캘 때까지 그냥 놔둬요?

— 깰 때까지 매:애지 감자 바트 매:애지.

— 소누루 매:애지.

— 게 인저 아시벌81) 맬: 때는 그저 풀먼 다: 자버내구 두 벌채 가서는 감자르 부끼르82) 줘야지.

— 감자 미태 흘그 이르키 부끼르 이르키 준다 마리여.

— 그라먼 이 흑 이: 감자가 크면서 뿌리루 여기 나가면서 감자가 달리지.

— 그래서 부끼르 줘야 된다, 감자는 부끼르 마:이 준다구.

— 제:일 조키는 머: 하게 되문 어: 쇠똥 거름 이글 마:이 내가구 감자를 로캐 되면 그대 감자가 크:지.

캘 때는 어트개 캐요?

— 캘 때는 캘 땐 마:능 감자는 어: 가대기루 캐:지.

— 가대기루 또 가라뻔진다83) 마리여.

— 그 감잔 꼬랑 미츨.

- 씨감자는 감자 눈이 있거든, 고걸 칼로 다 오린단 말이야, 눈을.
- 그래 가지고는 그 다음에 감자심기 한다고 할 적에는 사람이 많아야 되요.
- 소가 한 번 지나가면 소는 빠르거든.
- 씨감자 그거 많이 쥐고서 뚝뚝 떨어뜨리면 빠른데 이놈은 하나하나 이렇게 쥐고서도 하나하나 죄다 놔야 된단 말이야.
- 그래서 사람이 여럿, 여럿이 하지.
- 그래서 가대기로 덮지.

덮을 때는 가대기로 덮어요?
- 예, 그게 그렇지.
- 그래 많이 하는 건 그렇게 하지.
- 그래 적게 하는 건 손으로 다 심고 손으로 덮고 그저 다 이렇지.

그러면 그건 한 번 심어 놓으면 캘 때까지 그냥 놔둬요?
- 캘 때까지 매야지 감자 밭을 매야지.
- 손으로 매야지.
- 그래 이제 애벌 맬 때는 그저 풀만·다 잡아내고 두 벌째 가서는 감자를 북을 줘야지.
- 감자 밑에 흙을 이렇게 북을 이렇게 준단 말이야.
- 그러면 이 흙 이 감자가 크면서 뿌리로 여기 나가면서 감자가 달리지.
- 그래서 북을 줘야 된다, 감자는 북을 많이 준다고.
- 제일 좋기는 뭐 하느냐 하면 에 쇠똥 거름 이걸 많이 내가고 감자를 놓게 되면 그 다음에 감자가 크지.

캘 때는 어떻게 캐요?
- 캘 때는 캘 때는 많은 감자는 에 가대기로 캐지.
- 가대기로 또 갈아엎는단 말이야.
- 그 감자는 고랑 밑을.

- 게서 홀 러머가면서 감자가 툭툭툭툭 삐주머 나오지.

- 그라면 주:기만84) 하면 되지.

- 그르캐 마:능 감잔.

- 여기는 쪼끄마 요:롱 건 호:미루 캔담 마리여.

- 다: 호미루 캐구, 쪼구망쿠망.

고구마:는 멀루 시머요?

- 고구마는 이미전, 에: 하우스나 지배서 싸걸 티우지.

- 싸거 고구마르 통태루 가따 노쿠 그 온더루 보장해서 싸르 티우, 싸글 티우지.

그냥 나두만 싸기 터요?

- 어: 그냥 나:두만.

그냥 고구마 이런대 이르캐,

- 어:.

따뜨타개?

- 어: 어, 그냥 놔:두먼 싸기 트지.

- 그래 야:중애 싸기 이만:치 커서 에: 이마니 한 뼈미 커쓰때 핼 쩌개는 여기서 자기절루85) 뿌리가 나오지.

- 그라면 요거, 요거 똑 떼서 싸:그 한 다발씩 꼬꽁 묵찌.

- 무꺼 가주구 그 다매 무래다 당궈86) 노치, 뿌리 인는 쪼그루.

- 게 무래다 당궈 노쿠 이따가 다: 된 다매는 그 뿌리를 가따 여기다 가따 족: 하낙씩 심:찌.

- 이글 가따 '고구마 심어 논다' 이르캐 하지.

그거는 골: 안 타요?

- 골: 안 타요.

그냥 평지애다 시머요?

- 어:, 평지애다 심:찌.

- 그래서 훌훌 넘어가면서 감자가 툭툭툭툭 삐지면서 나오지.

- 그러면 줍기만 하면 되지.

- 그렇게 많은 감자는.

- 여기는 조그만 요런 건 호미로 캔단 말이야.

- 다 호미로 캐고, 조그만한 것은.

고구마는 뭘로 심어요?

- 고구마는 이전, 에 하우스나 집에서 싹을 틔우지.

- 싹을 고구마를 통째로 가져다 놓고 그 온도를 유지해서 싹을 틔우, 싹을 틔우지.

그냥 놔두면 싹이 터요?

- 어, 그냥 놔두면.

그냥 고구마 이런데 이렇게.

- 어.

따뜻하게?

- 어 어, 그냥 놔두면 싹이 트지.

- 그래서 나중에 싹이 이만큼 커서 에 이만큼 한 뼘이 컸을 때 (컸다)할 적에는 여기서 저절로 뿌리가 나오지.

- 그러면 요거, 요거 똑 떼서 싹을 한 다발씩 꼭꼭 묶지.

- 묶어 가지고 그 다음에 물에다 담가 놓지, 뿌리 있는 쪽으로.

- 그래 물에다 담가 놓고 있다가 다 된 다음에는 그 뿌리를 가져다 여기에다 가져다 족 하나씩 심지.

- 이걸 가지고 '고구마 심어 논다' 이렇게 하지.

그거는 골 안 타요?

- 골 안 타요.

그냥 평지에다 심어요?

- 어, 평지에다 심지.

- 그러구서 그 다매는 훌치지르 해:주먼 부끼가 죽: 올러간다 마리여.

아: 평지에대가 줄 마춰 싱꾸.

- 으:.

훌치질 해서 흐글 번지면…

- 으: 그러치.

부끼가 저절루 생긴다구.

- 저절루 다: 되지, 마:니 하능 건.

그러면 쪼꼼 싸기 큰 다으매 해야 되갠내요? 바루 하나요?

후치지라능 거.

- 후치지랑 모사리87) 다: 하면 하능 기지.

- 그 다매는 모사리 다: 한 다매 훌치질 해:주구 고구마 넝쿠리 마이 벋는다 마리여.

- 그러먼 이: 넝쿨 뻐드며서 매:디매디 또 땅애 뿌리를 바그먼서 또 나가지.

- 그르키 모:타개 이 작때기루다 이글 고구마 넝쿠리 이르키 돼:쓰먼 이글 드러서 번저주지 이짜그루 자꾸.

- 그 다매 또 이짜개서 메칠 된 다 한 일쭈일 너머따, 뿌리 바글 때 돼:따 하면 또: 번지지.

뿌리 모빠개.

- 으: 뿌리 모: 바깨.

- 그러면 뿌리를 모: 빠거야 이짝 원 시문 대서 고구마가 큰다 마리여.

그래서 요 아패두 뒤지버 나꾸나!

난 저 왜 저러캐 눈나 그래찌요.

- 헤헤헤헤헤 그르치유.

그거는 그러캐 하구 인재 나:중애 캘 때는 어트개 캐요?

- 캘 때 ** ((-하품-)) 마:느먼, 마:느먼 가대기루 캐구.

- 그러고서 그 다음에는 후치질을 해 주면 북이 쑥 올라간단 말이야.

아 평지에다가 줄을 맞춰 심고.

- 응.

훌칭이질 해서 흙을 뒤집어엎으면…

- 응 그렇지.

북이 저절로 생긴다고.

- 저절로 다 되지, 많이 하는 건.

그러면 조금 싹이 큰 다음에 해야 되겠네요? 바로 하나요?

후치질 하는 거.

- 후치질은 모살이 다 하면 하는 거지.

- 그 다음에는 모살이 다 한 다음에 후치질 해주고 고구마 넝쿨이 많이 벋는단 말이야.

- 그러면 이 넝쿨 벋으면서 마디마디가 또 땅에 뿌리를 박으면서 또 나가지.

- 그렇게 못하게 이 작대기로 이걸 고구마 넝쿨이 이렇게 되어 있으면 이걸 들어서 뒤집어 주지 이쪽으로 자꾸.

- 그 다음에 또 이쪽에서 며칠 된 다음에 한 일주일 넘었다(넘어서), 뿌리 박을 때 되었다 하면 또 뒤집지.

뿌리 못 박게.

- 응, 뿌리 못 박게.

- 그러면 뿌리를 못 박아야 이쪽 원래 심은 데서 고구마가 큰단 말이야.

그래서 요 앞에도 뒤집어 놨구나!

난 저 왜 저렇게 해놨는가 그랬지요.

- 헤헤헤헤헤 그렇지요.

그거는 그렇게 하고 이제 나중에 캘 때는 어떻게 캐요?

- 캘 때 그 많으면, 많으면 가대기로 캐고.

- 그 다매 기개루 커, 캐거나 가대기루 캐구.
- 쪼끄마먼 호미루 캐구.
- 그저 그러치.

- 그 다음에 기계로 캐, 캐거나 가대기로 캐고.
- (밭이)조그만하면 호미로 캐고.
- 그저 그렇지.

3.3. 가을걷이

예:저내 가시랄 때하구 요새 가시랄 때하구는 다르지요?

– 다:르지 앙:, 마:이 다르지.

– 지그문 다: 베두 기개루 비:구 기개루 베서 노내서 다: 터러서 베루 바더 오능 거뚜 이꾸 지그먼 허:라지.88)

옌나래는 머:루 가슬해요?

– 옌:나래는 다: 지베 시러다가, 시러다가 마당애다 싸:나 벤나까리 싸: 따가 그 다매 기개루 털구.

– 발루 밤:는 기개루 털:거나 호건 어: 모다 노쿠 그걸 돌려서 그냥 털 거나 그 다 이르캐 해:찌.

– 그래 기개 아패 선 사람드리 영: 바뿌지.

– 여기다가 이러::키 쓰구, 안:경을 쓰구 그라구서는 더워두 할 쑤 업찌.

– 그르캐 쓰, 쓰구서는 기개 아패서 저: 머여 깔키질 한다 마리여.

– 검, 북띠기 떠러징 거.

– 그래서 그르키 아나개 되문 누내 까시래기 드르가지 베아리 때리지 그 다매 기개애서 탕 마저 가주구 나오먼서 때리능 개 만:치.

– 그러개 대면 에:: 그 모가지루 이냥 까스래기가 막: 드르가구 그 다매 북 저: 이퍼리 떠러징 개 막 그저 그러가89) 꺼끌꺼끌해 이:를 하지 모타지.

– 그래 여기서부텀 모자르 이르키 다: 이르키 쓰지.

– 게 더워두 그거 써야지 하지 모: 탄…

그르캐 하:면 나중애 인재 방아두 찌야 되자나요?

– 게 방아 찌치.

방아는 어트개 찌어써요?

– 방아는 기개빵아애 가서 찌찌 머 다:.

예전에 추수할 때하고 요즈음 추수할 때하고는 다르지요?

— 다르지 않(고), 많이 다르지.

— 지금은 다 벼도 기계로 베고 기계로 베서 논에서 다 털어서 벼로 받아 오는 것도 있고 지금은 수월하지.

옛날에는 무엇으로 추수해요?

— 옛날에는 다 집에 실어다가, 실어다가 마당에다 쌓아 났(다가) 볏가리 쌓았다가 그 다음에 기계로 털고.

— 발로 밟는 기계로 떨거나 혹은 에 모터(motor) 놓고 그걸 돌려서 그냥 털거나 그 다음에 다 이렇게 했지.

— 그래서 기계 앞에 선 사람들이 아주 힘들지.

— 여기다가 이렇게 쓰고, 안경을 쓰고 그러고는 더워도 할 수 없지.

— 그렇게 쓰, 쓰고는 기계 앞에서 저 뭐야 갈퀴질 한단 말이야.

— 검(불), 북데기 떨어진 거.

— 그래서 그렇게 안하게 되면 눈에 가시랭이 들어가지 벼 알이 때리지 그 다음에 기계에서 탁 맞아 가지고 나오면서 때리는 게 많지.

— 그렇게 되면 에 그 목으로 그냥 가시랭이가 막 들어가고 그 다음에 북(더기) 저 이파리 떨어진 게 막 그저 들어가서 까끌까끌해서 일을 하지 못하지.

— 그래서 여기서부터 모자를 이렇게 다 이렇게 쓰지.

— 그래서 더워도 그걸 써야지 (안 그러면) 하지 못 한단(말이야)…

그렇게 하면 나중에 이제 방아도 찧어야 되잖아요.

— 그래 방아 찧지.

방아는 어떻게 찧었어요?

— 방아는 기계방아에 가서 찧지 뭐 다.

예저내는?

- 예:저내는 성매똘루90) 찌코.

- 절구통 물방아루 찌코.

곡씽마다 방아 찐능 개 다를 꺼 아니요?

- 다르지.

- 버리는, 버리는 물 부꾸 찌꾸.

어디다가.

- 화:개다가.

- 보리럴 거기 이른 이르키 찐는 어 물방아 이르키 찐는 화:개다가 무를 여쿠 보리, 보리를 여치.

- 게 여서 이: 찐는 기가내 보면서 무리 마:능가 즈긍가.

- 이거 조저래 가면서 무를 부:먼 그 다매 보리방아넌 그냥: 자꾸 찌치.

- 단뼈내 암 빠지지 이개.

- 게서 이글 찌어다가 또 말리워야지.91)

- 말리워서 다시: 두: 벌채 가서 이누멀 쓴다92) 마리여 또 방아애다. - 그래 이르캐 할 때 그때 물두 또 마초 여야지.

- 그래서 싹: 쓰러야 보리싸래 새타야캐 돼지.

그러먼 그거는 어떤 방아애다 찐, 쩌요?

- 응?

그럼-, 보리방아는 어떰 방아애다 해요?

- 디딜빵아다 하거나 이 성매방아애다 하거나 다:.

성매애두요?

- 어: 성매두 되구 그 다매 디딜빵아두 되구 그 다매 물, 물방아애두 되구 호바개서 따부찌머93) 그건.

- 우리두 여:: 솔바째다94) 물방아 내와때써.95)

- 물방아 무럴 이르키 네려와서 물루, 물루 이르케 다머 가주구 이걸

예전에는?

- 예전에는 연자방아로 찧고.

- 절구통 물방아로 찧고.

곡식마다 방아 찧는 게 다를 거 아니에요?

- 다르지.

- 보리는, 보리는 물 붓고 찧고.

어디에다가.

- 확에다가.

- 보리를 거기 이런 이렇게 찧는 물방아 이렇게 찧는 확에다가 물을 넣고 보리, 보리를 넣지.

- 그래 넣어서 이 찧는 동안에 보면서 물이 많은가 적은가.

- 이거 조절해 가면서 물을 부으면 그 다음에 보리방아는 그냥 자꾸 찧지.

- 단번에 안 빠지지 이게.

- 그래서 이걸 찧어다가 또 말려야지.

- 말려서 다시 두 번째 가서 이놈을 쓴단 말이야 또 방아에다가.

- 그래 이렇게 할 때 그때 물도 또 맞춰 넣어야지.

- 그래서 싹 쓿어야 보리쌀이 새하얗게 되지.

그러면 그건 어떤 방아에다 찐, 찧어요?

- 응?

그럼, 보리방아는 어떤 방아에다 해요?

- 디딜방아에다 하거나 이 연자방아에다 하거나 다.

연자방아에도요?

- 어 연자방아도 되고 그 다음에 디딜방아도 되고 그 다음에 물, 물방아에도 되고 확에서 다르지 뭐 그건.

- 우리도 여 솔밭재에다 물방아 내왔었어.

- 물방아 물을 이렇게 내려와서 물로, 물로 이렇게 담아 가지고 이걸

무 묵씨루 돌리개 되먼 여기 도러가는데 이기 함 파내 저 카니 이짜너요, 여기.

예.

— 물방아.

— 카내 무를 바드먼 여기 시: 심:보가96) 이꺼덩.

— 개 심:보가 이써 가주구 그 다매 이개 도러, 이기 함 파내 떠서 물, 물방아 사리 이르키 거기 다:끼 대매 그 다매는 인재 도러, 물 다머서 도러가는 바라매 도러가는데: 여기다가 그:: 심보애다가 갸:루 요러캐 하나 매: 두지.

— 끌 꾸녀글 파서 그 다매 여기 가:르아구 이짜건, 이짜건 세때르 가따 바거 노치.

— 그라구 이르키 가따 거러 논다 마리여.

— 그라먼 이기 도러가먼서, 도러가먼서 에:: 이:: 시:: 끌 꾸녁 파서 저: 머여 여기다 바거 논 나무까 요만하먼 요개: 도러가먼서 이: 발디디개97) 그 발, 물방아 발디디개 그: 어: 이르키:: 발방아 발디디개처럼 이르캐 눌'러주지.

— 눌러주문 저기서는 들린다 마리여.

— 들려따가 탕: 내려간 다매 다시, 다시 이짜깨 또 이짜깨 또: 누르지.

— 그라먼 또: 들리지 또 쿵더쿵더쿵더쿵더 이르캐 돼지.

규칙쩌그루 하갠내요?

— 에:, 규칙쩌그루 가요.

방아애두 이르미 다: 이찌요? 부, 부 부속 부분마다 이르미 따:루 이찌요?

— 이르미 다: 인는데 그건 내: 어려서 보아써끼 때무내: 다: 이름 모르오.

— 근 머: 물바지 무순 머:…

— 그래 저 물방아, 물방아는 대:부분 서른여서 카이지.

예?

— 서른여서 칸.

무 묵시로 돌리게 되면 여기 돌아가는데 이게 한 판에 저 칸이 있잖아요, 여기.

예.

– 물방아.

– 칸에 물을 받으면 여기 (중심)축이 있거든.

– 그래 (중심)축이 있어 가지고 그 다음에 이게 돌아, 이게 한 판에 떠서 물, 물방아 살이 이렇게 거기 닿기 때문에 그 다음에는 이제 돌아, 물 담아서 돌아가는 바람에 돌아가는데 여기에다가 그 축에다가 가에로 요렇게 하나 매 두지.

– 끌로 구멍을 파서 그 다음에 여기 가로 하고 이쪽은, 이쪽은 쇠를 가져다 박아 놓지.

– 그리고 이렇게 가져다 걸어 놓는단 말이야.

– 그러면 이게 돌아가면서, 돌아가면서 에 이 시 끌로 구멍을 파서 저 뭐야 여기에다 박아 놓은 나무가 요만하면 요게 돌아가면서 이 발판 그 발, 물방아 발판 그 어 이렇게 발방아 발판처럼 이렇게 눌러주지.

– 눌러주면 저쪽에서는 들린단 말이야.

– 들렸다가 탁 내려간 다음에 다시, 다시 이쪽에 또 이쪽에서 또 누르지.

– 그러면 또 들리지 또 쿵덕쿵덕쿵덕쿵덕 이렇게 되지.

규칙적으로 하겠네요?

– 예, 규칙적으로 가요.

방아에도 이름이 다 있지요? 부, 부 부속 부분마다 이름이 따로 있지요?

– 이름이 다 있는데 그건 내가 어려서 봤었기 때문에 다 이름은 모르오.

– 그건 뭐 물받이 무슨 뭐…

– 그래 저 물방아, 물방아는 대부분 서른여섯 칸이지.

예?

– 서른여섯 칸.

서른여서 칸?

ㅡ 물바던 이르키 물 바더 가주구,

물 반는 대가?

ㅡ 이개 서른여서 칸.

ㅡ 게서 물방아노래두 이짜니여?

ㅡ 물방아노래.

물방아노래?

ㅡ 에:, 그기 저:⋯

ㅡ 청산 음내 물래방아는 사구삼심뉵 서른여서 칸 칸카니 무럴 앙꼬 배 배뱅뱅뱅 요리조리 도넌데 그 다매 에 우리짐 낭구는 날만 앙고 돈다 이러가 그거 해:능 개 이짜녀.

아: 그개 그래서⋯

그래서.

ㅡ 에:.

서른⋯

ㅡ 서른여서 칸.

여서 카니 돈다.

ㅡ 어:.

밀:까루는 어디애서 빠:써요?

ㅡ 밀가루는 그건: 머 기개애다 다: 하닝깨.

기개애.

ㅡ 에:.

이, 이 이렁 걸루 저:⋯

ㅡ 밀까루 내:능 거 그걸루 빠차만 가이 힘드지.

ㅡ 아:주 느찌.

이 콩까루는 머:애다 쩌요? 이⋯

서른여섯 칸?

- 물받이는 이렇게 물 받아 가지고,

물 받는 데가?

- 이게 서른여섯 칸.

- 그래서 물방아노래도 있잖아?

- 물방아노래.

물방아노래?

- 예, 그게 저…

- 청산 읍내 물레방아는 사구 삼십육 서른여섯 칸 칸칸이 물을 안고 배
배뱅뱅뱅 요리조리 도는데 그 다음에 에 우리 집 낭군은 나만 안고 돈다
이래가지고 그거 하는 게 있잖아.

아 그게 그래서…

그래서.

- 예.

서른…

- 서른여섯 칸.

여섯 칸이 돈다.

- 예.

밀가루는 어디에서 빻았어요?

- 밀가루는 그건 뭐 기계에다 다 하니까.

기계에.

- 예.

이, 이런 걸로 저…

- 밀가루 내는 거 그걸로 빻자면 아주 힘들지.

- 아주 늦지.

이 콩가루는 무엇에다가 찧어요? 이…

- 절구통애다 절구통 절구때애다.

그거는 머요?

- 미:를 빠차만 그기 대:다이 힘들지.

- 절구통 절구때지 머 그기.

그거는 거기다가는 머: 해요?

- 거기다가는 주:로, 주로 쪼꾸망크망 거 이렁 거 다: 하지 머.

- 마:니 하능 거 거기다 모타지 매:기[98] 드러서.

- 그저: 보리쌀 가틍 거 때껴[99] 멍는다.

- 그 다매 이짜개 저:: 떠까틍 거 거기다 찐는다.

- 그 다매: 무순 쪼그망 걸 떠까루 가틍 거 빨: 쩌개 고른대 빤는다.

- 으: 절구통애다 빤는다.

그렁 거 베나: 보리나: 밀: 가틍 거 이르캐 찌차나요.

- 으:.

방아 찌차나요?

- 으:.

껍찔 라오지요?

- 으:.

그 이르미 다: 달르지요?

- 다르지.

베: 보리 밀: 이렁 거.

- 다: 다르지 머, 그래 거기: 에:: 곡썽 명칭애 따라서 그:: 게가 다: 따르지.

어트개 달라요?

- 보리깨-, 베깨-, 보리깨 베깨 밀: 에: 밀껍띠기 이르기 다: 다르지.

보리 베깨두 두 개 두: 가지가 이짜나요?

이써요.

거태 꺼 이꾸 또 소개 꺼 허영 거뚜 이꾸.

- 절구통에다 절구통 절굿공이에다.

그것은 뭐요?

- 밀을 빻으려면 그게 대단히 힘들지.

- 절구통 절굿공이지 뭐 그게.

그거는 거기에다가는 뭐 해요?

- 거기에다가는 주로, 주로 조그마한 거 이런 거 다 하지 뭐.

- 많이 하는 거 거기에다 못하지 맥이(=힘이) 들어서.

- 그저 보리쌀 같은 것 닦여 먹는다.

- 그 다음에 이쪽에 저 떡 같은 것 거기에다 찧는다.

- 그 다음에 무슨 조그만 거 떡가루 같은 거 빻을 적에 그런데 빻는다.

- 으, 절구통에다 빻는다.

그런 거 벼나 보리나 밀 같은 거 이렇게 찧잖아요?

- 응.

방아 찧잖아요?

- 응.

껍질 나오지요?

- 응.

그 이름이 다 다르지요?

- 다르지.

벼 보리 밀 이런 것.

- 다 다르지 뭐, 그래 거기 에 곡식 명칭에 따라서 그 겨가 다 다르지.

어떻게 달라요?

- 보릿겨 볏겨, 보릿겨 볏겨 밀 에 밀기울 이렇게 다 다르지.

보리 볏겨도 두 개 두 가지가 있잖아요?

- 있어요.

겉에 것 있고 또 속에 것 하얀 것도 있고.

가루 가틍 거.

― 거태 껀 왱개라구 하구 게: 두: 번채 건 공:기라구 하구.

― 쓰르매 나오능 건 곤:게라 구라지.

― 두:버벌 찌낸: 찌서.

미:른 그거 뻘:겅 거 머요?

― 밀: 뻘강 개 어디써.

밀: 빠:꾸 나면 밀가루 빠:꾸 나면 빨강 거 나오자나요.

― 그 기우:리라구 하던지, 기울:.

기울?

― 어:, 밀-기울.

그걸루 저:기 누룩-카능 거가요?

― 누룩뚜 하:구.

그걸루?

― 어:.

― 누룩뚜 하:구 그: 기울떡뚜 해: 머꾸.

― 그러구 다: 그러지.

[타작]

그러캐 해서 인재 타:자카자너요?

그: 가을 하자나요?

― 으:.

그러면 인잰 그거뚜 는는 대가 또 다: 다르지요?

― 그럼.

베: 는는 대 보리 는는 대 이렁 개 다:…

― 에: 다르지.

가루 같은 거.

－ 겉에 건 왕겨라고 하고 그래 두 번째 건 고운겨라고 하고.

－ 쓿으면서 나오는 건 고운겨라고 하지.

－ 두 벌을 찧어낸 찧어서.

밀은 그거 뻘건 거 뭐요?

－ 밀 뻘건 게 어디 있어.

밀 빻고 나면 밀가루 빻고 나면 뻘건 거 나오잖아요.

－ 그 기울이라고 하든가, 기울.

기울?

－ 어, 밀기울.

그걸로 저기 누룩 하는 건가요?

－ 누룩도 하고.

그걸로?

－ 어.

－ 누룩도 하고 그 기울떡도 해 먹고.

－ 그러고 다 그렇지.

[타작]

그렇게 해서 이제 타작하잖아요?

그 가을하잖아요?

－ 응.

그러면 이제 그것도 넣는 데가 또 다 다르지요?

－ 그럼.

벼 넣는 데 보리 넣는 데 이런 게 다…

－ 에 다르지.

어디다가 너요? 그 는는…

- 두지애다 쏘더 여서.

- 싸:, 베 뚜지 에:: 밀: 두지 버리 두지 이 두지애다 다: 여치.

- 게 그저내 옌:나래 두지가 업쓸 때는 창꼬애다 그냥 카:느 마꾸서 거기 따루따루 여 느치.

가 가마쓰애두 느차나요, 그거?

- 가마스애다 연능 건 여: 가주구 거 창고애 느따 쟁이, 쟁이 열: 쑤두 이꾸.

- 아 사슬루100) 열: 쑤두 이구.

- 자래 노먼 사슬루 여쿠, 그래 저:…

사슬루 연능 개 머요?

- 사스리라능 건 홈, 어: 가마스두 웁:구 아무 거뚜 가따 폭: 퍼다가 가따 연능 거 가따 사슬루 연는다.

지푸루 이러:캐 뚱그러캐 여꺼서 하지두 아나써요?

- 어 그거는 섬:.

섬:?

- 으:, 지푸루 여꺼서 서:매다 가따 여쿠, 그러치.

그거는 주로 멀: 너써요, 서:매는?

- 서:매는 그, 그 가징 곡씩 다: 여치, 베 여두 되구, 밀 려두 되구.

- 에: 근 보리 여두 되구 근 아무 기나 다: 여치.

통가리래능 거 이써요?

- 예, 이써요?

어떵 거 어트개 하능 거요?

머: 는능 거요?

- 그거는 이 저기 지그미 지금두 이찌 머, 그 양자내101) 양자내 그: 통가리 해 가주구 거기다가 그냥 막:: 가따 분능 거여.

어디에다가 넣어요? 그 넣는…

- 뒤주에다 쏟아 넣어서.

- 쌀, 벼 뒤주 에 밀 뒤주 보리 뒤주 이 뒤주에다 다 넣지.

- 그래 그전에 옛날에 뒤주가 없을 때는 창고에다 그냥 칸을 막고서 거기 따로따로 넣어 놓지.

가 가마니에도 넣잖아요, 그거?

- 가마니에다 넣는 건 넣어 가지고 거기 창고에 넣었다 쟁여, 쟁여서 넣을 수도 있고.

- 아 사슬로 넣을 수도 있고.

- 잘 해 놓으면 사슬로 넣고, 그래 저…

사슬로 넣는 게 뭐요?

- 사슬이라는 건 홀, 에 가마니도 없고 아무 것도(없이) 가져다 푹 퍼다가 갖다 넣는 걸 갖다 사슬로 넣는다.

짚으로 이렇게 둥그렇게 엮어서 하지는 않았어요?

- 어 그건 섬.

섬.

- 응, 짚으로 엮어서 섬에다 갖다 넣고, 그렇지.

그것은 주로 뭘 넣었어요, 섬에는?

- 섬에는 그, 그 갖은 곡식 다 넣지, 벼 넣어도 되고, 밀 넣어도 되고.

- 에 그건 보리 넣어도 되고 그건 아무 것이나 다 넣지.

통가리라는 것 있어요?

- 예, 있어요.

어떤 것 어떻게 하는 거예요?

뭐 넣는 거요?

- 그것은 이 저기 지금이 지금도 있지 뭐, 그 양잔(粮站＝糧站)에 양잔에 그 통가리 해 가지고 거기에다가 그냥 막 갖다 붓는 거야.

통가리는 멀:루 맨드러요?

 − 통가리는 주로: 에: 깔:때, 깔:때루, 깔:때루 해서 딱: 저루 가주구 쪼
보::타개 작, 자리 저뤄 나가능 거처름 길::개 저루지.

 − 그냥 끄티 웁씨 그저 길개 자:꾸 저뤄 나가면 되거덩, 요마:이 널붕 거.

 − 게 요골 어:: 요짝, 요짝 삼부내 일 까량 두구 삼부내 이 까량 또 올
러가지.

 − 그럼 요기 올러가는 종애다 여다 그러면 요기다 어:: 도러가는 대루
자::꾸 대:지.

 − 게 참대루 올려 대:지.

 − 올려 대먼 뻥:뻥 드러가서 이기 사 상 큰:: 데 상처럼 도러가지 이르
키 똥구라캐.

이르캐 위루 이르캐.

 − 에 에 이르캐.

 − 그르 그개, 그개 멍가 하니까 그저 통가리.

그러면 감자나 고구마 가틍 거는 어트개 보과늘 해요, 겨우래 어디다가.

 − 그른 디다 아:니찌요 감자 고구마:는.

 − 고구마는 이르케: 서:무르 담:꺼나 이르캐 아나지.

 − 자:꾸 만지면 뻬꺼지구 주물러지구 써꾸 한다 마리여.

 − 기래서 그 상처가 가개 되면 근 니런 썽는다 마리여.

 − 그래기 때매 고:애개102) 가서 그 따 다: 캐:서 가따 척 붜 노면 다:지
머, 그대.

어따가 붜:요?

 − 그냥.

겨울 겨우래 얼:자나요?

 − 창꼬애다가 창 창꼬애다가 가따 붜: 노면.

 − 에 저: 저 항국 까튼 대는 아:너러요, 근.

통가리는 뭘로 만들어요?

– 통가리는 주로 에 갈대, 갈대로, 갈대로 해서 딱 결어 가지고 조붓하게 자(리), 자리 결어 나가는 것처럼 길게 겯지.

– 그냥 끝이 없이 그저 길게 자꾸 결어 나가면 되거든, 요만큼 넓은 거.

– 그래 요걸 에 요짝, 요짝 삼분의 일가량 두고 삼분의 이가량 또 올라가지.

– 그럼 요기 올라가는 중에다 여기다 그러면 여기에다 에 돌아가는 대로 자꾸 대지.

– 그래 참대로 올려 대지.

– 올려 대면 빙빙 들어가서 이게 상, 상(처럼) 큰 데 상처럼 돌아가지 이렇게 둥그렇게.

이렇게 위로 이렇게.

– 에 에 이렇게.

– 그렇(게) 그게, 그게 무엇인가 하면 그저 통가리.

그러면 감자나 고구마 같은 것은 어떻게 보관을 해요, 겨울에 어디에다가.

– 그런 데다 안 했지요 감자 고구마는.

– 고구마는 이렇게 섬으로 담거나 이렇게 안 하지.

– 자꾸 만지면 벗겨지고 주물러지고 썩고 한단 말이야.

– 그래서 상처가 나게 되면 그건 이런(이렇게) 썩는단 말이야.

– 그렇기 때문에 고에 가서 그 다, 다 캐서 가져다 척 부어 놓으면 다지 뭐, 그 다음에.

어디에다가 뭐요?

– 그냥.

겨울 겨울에 얼잖아요?

– 창고에다가 창(고) 창고에다가 가져다 부어 놓으면.

– 에 저 저 한국 같은 데는 안 얼어요, 그건.

여기서는 어트개요?

　－ 여기는 어:러요.

　－ 여기서는 우:매다103) 여치.

　－ 거저 이제: 짐치 움 거기다 다: 여치.

고구마두?

　－ 노:배두104) 여쿠 고구마두 여쿠 거기 배:차두 드르가구 거기 무끼
두105) 드르가구 다: 드르가지, 구라내.

그럼 겨울 랄 꺼는 다: 우:매다 는나요?

　－ 우:매다 여요.

　－ 그르자느먼 다: 얼지 머.

　－ 그래두: 그 우매다 여:두 어떵 건 어:러요.

　－ 꼭: 더퍼서 요기다 해: 가주 마:개루 꼬:캐 가주구 꼭: 더퍼 노먼 어
땅이 어러 드르가먼서 요기 성애가 가::뜩 찌지.

　－ 문 여기, 여기 더퍼 논 여기가, 여기가 우:애가 끼능 개 아니라…

우애, 뚜껑.

예 뚜껑 미태.

　－ 에: 뚜껑 미태 여기가 다: 이래.

　－ 그래 가주서 어:러, 어러 드르간다 마리여 자꾸.

　－ 그래서 이걸 동사매 끄:내다 머글라먼, 끄:내다 머글라먼 이 뚜깨를
여기 드르가따 나와서 다시 잘:: 더퍼야지 또.

으응:.

　－ 젤: 아너능 개 머라게 되먼 감짜꿀:: 움: 우애다가 콩태,106) 콩태라능
개 그거 콩을 가스라 그: 탈고걸 하먼 머:가 나오능가 하니까 콩애 콩 그::
꼬투리, 꼬투리나 콩대공애서 거 솜털 가틍 개 이:찌.

　－ 그 솜털 가틍 개 떠러저서 다저징 기 이따 마리여 그.

　－ 저절루 다저지지 머 거서.

여기서는 어떻게 해요?

― 여기는 얼어요.

― 여기서는 움에다 넣지.

― 그저 이제 김치 움 거기에다 다 넣지.

고구마도?

― 순무도 넣고 고구마도 넣고 거기 배추도 들어가고 거기 무도 들어가고 다 들어가지, 굴 안에.

그러면 겨울을 날 것은 다 움에다 넣나요?

― 움에다 넣어요.

― 그러지 않으면 다 얼지 뭐.

― 그래도 그 움에다 넣어도 어떤 것은 얼어요.

― 꼭 덮어서 요기에다 해 가지고 마개로 꼭 해 가지고 꼭 덮어 놓으면에 땅이 얼어 들어가면서 요기 성애가 가득 끼지.

― 문 여기, 여기 덮어 놓은 여기가, 여기가 위에 끼는 게 아니라…

위에 뚜껑.

예 뚜껑 밑에.

― 에 뚜껑 밑에 여기가 다 이래.

― 그래 가지고 얼어, 얼어 들어간단 말이야 자꾸.

― 그래서 이걸 동삼에 꺼내다가 먹으려면, 꺼내다 먹으려면 이 뚜껑을 여기 들어갔다 나와서 다시 잘 덮어야지 또.

으응.

― 제일 안 어는 게 뭐냐 하면 감자굴 움 위에다가 콩태, 콩태라는 게 그거 콩을 추수하(고) 그것을 탈곡을 하면 뭐가 나오느냐 하면 콩에 콩 그 꼬투리, 꼬투리나 콩대에서 그 솜털 같은 게 있지.

― 그 솜털 같은 게 떨어져서 다져진 게 있단 말이야 그.

― 저절로 다져지지 뭐 거기서.

- 아주 떠까루 가틍 개 창 눌리니까 그 다매 다저지지.

- 그 콩태를 가따 감자꾸루애다 착:: 더퍼 노먼 야:너러요.

- 그 다매 여 뷀: 과:동하는[107] 데두 그거 가따 구:래다 여쿠 그거 가따 덥찌.

- 그래 그 야:내 어:: 그: 저: 감자꿀, 짐치움: 야:내 가따 온도기르 거러 노먼 영도 좌우가 돼야지 그저 영도 자우.

- 고래 저 온도개르 딱 거러노쿠 뷀: 가:동하지.

- 게 드르가서 척 보게 되먼 온도가 메또다.

- 그러먼 돼:따 그래 놔두구.

- 그래 좀 춰:서 영하루 내리갈 쩌개는 빨:리 단소글 해야지 보:리가[108] 어러 주끼 때매.

보리요?

- 으: 뷔:리 과:동할 때.

아: 보리두 거기다 과:동해요?

- 에: 움: 파구 과:동하지.

- 그 다매 지:바내다가 아:주 아이 추깨 저런 창꼬 가튼 데다가 마:니 하는 사라먼 저 창꼬 가튼 디다 바:라만점 드러오는 대 어꼬 그 다매 그: 온도럴 보:장할[109] 쑤 인는 이런 조치를 다: 맨드러 노쿠서 그 다애 저 허 허더가내다 하지.

아 보리.[110]

- 과:동하지.

보리는 어:러요 그냥 나두면?

- 어:러 주꾸 업찌 머 하나두.

그거 보매 심짜나요?

- 뷔:리 꿀 뜨는 뷔:리.

버:리:.

- 아주 떡가루 같은 게 착 눌리니까 그 다음에 다져지지.

- 그 콩태를 가져다 감자 굴 위에다 착 덮어 놓으면 안 얼어요.

- 그 다음에 여기 벌 과동(＝월동)하는 데도 그거 가져다 굴에다 넣고 그거 가져다 덮지.

- 그래 그 안에 에 그 저 감자굴, 김치움 안에 갖다 온도계를 걸어 놓으면 영도 좌우가 되어야지 그저 영도 좌우.

- 그래 저 온도계를 딱 걸어 놓고 벌을 과동(＝월동)하지.

- 그래 들어가서 척 보게 되면 온도가 몇 도다.

- 그러면 되었다 그래 놔두고.

- 그래 좀 추워서 영하로 내려갈 적에는 빨리 단속을 해야지 벌이 얼어 죽기 때문에.

보리요?

- 으응 벌이 과동(＝월동)할 때.

아 벌도 거기에다 과동해요?

- 어 움 파고 과동하지.

- 그 다음에 집 안에다가 아주 안 춥게 저런 창고 같은 데에다가 많이 하는 사람은 저 창고 같은 데에다 바람 한 점 들어오는 데 없고 그 다음에 그 온도를 보장할 수 있는 이런 조치를 다 만들어 놓고서 그 다음에 저 허 헛간에다 하지.

아 보리.

- 과동(월동)하지.

보리는 얼어요, 그냥 놔두면?

- 얼어 죽고 없지 뭐 하나도.

그거 봄에 심잖아요?

- 벌 꿀 뜨는 벌.

벌.

- 버:리하구 보:리하구 따:지.

아: 예:.

저는 지금 보:리, 보:리라구 하는 줄 아러써요?

- 으응.

- 헤헤헤헤.

- 다: 따:요 그기.

－ 벌하고 보리하고 다르지.

아, 예.

저는 지금 보리, 보리라고 하는 줄 알았어요?

－ 으응.

－ 헤헤헤헤.

－ 다 달라요 그게.

3.4. 겨우살이

[생활 도구와 난방]

그러먼 저:기.

가스 가:슬하구서요:, 지피나 나무 가틍 걸루 머 맨드러서 까능 거뚜 만들구 머 그 저기 그르뚜 만들구 머 여러 가지 담능 거뚜 만들구 그르자나요.

— 그러지.

그 지피나 머 이렁 걸루 머머 만드러요?

— 멍성 맨들구, 둥구멍 맨들구, 그 다매 저:: 어:: 종다래끼 맨들구, 그 다맨 그대 산태미두 맨들구.

— 그저 맨드능 개 만:치 지푸루 하능 개 도링이두[111] 맨들구.

등어리애 저, 저 미:구 댕기능 거.

— 도링이.

— 어: 도링이두 맨들구.

— 만:치 머 지푸라.

망태.

신:두 맨들지요, 망태, 지푸루.

— 응:?

지푸루 여기 등애 지능 거뚜 만들구.

— 어 망태기두 만들구.

— 산내끼 꽈: 가주구 집씬두 삼:꾸.

예:.

— 메커리두[112] 상:꾸, 머: 마:나얘.

메커리하구 집씨나구는 어트개…

[생활 도구와 난방]

그러면 저기.

추수, 추수하고서요, 짚이나 나무 같은 걸로 뭐 만들어서 까는 것도 만들고 뭐 그 저기 그릇도 만들고 뭐 여러 가지 담는 것도 만들고 그러잖아요.

  ― 그러지.

그 짚이나 뭐 이런 걸로 뭐 뭐 만들어요?

  ― 멍석 만들고, 둥구미 만들고, 그 다음에 저 에 종다래끼 만들고, 그 다음에는 다음에 삼태기도 만들고.

  ― 그저 만드는 게 많지 짚으로 하는 게 도롱이도 만들고.

등허리에 저, 저 메고 다니는 것.

  ― 도롱이.

  ― 어 도롱이도 만들고.

  ― 많지 뭐 짚으로 하(는 게).

망태.

신도 만들지요, 망태, 짚으로.

  ― 응?

짚으로 여기 등에 지는 것도 만들고.

  ― 어 망태기도 만들고.

  ― 새끼 꽈 가지고 짚신도 삼고.

예.

  ― 메커리도 삼고, 뭐 많아요.

메커리하고 짚신하고는 어떻게…

- 항가지지 머.

가틍 거요?

집 둘다 지푸루 하능 거요?

- 여기서는 메커리라 그라구.

- 우리 저: 항구개서는 집씨기라 그라구.

그럼 겨우래: 겨울 되면 불 때야 대자나요?

- 응:.

불 땔라만 멀: 줌비해요?

어떵 거뜰.

- 나:무르 줌비해든지 에:: 석타느 줌비하든지 줌비해야 돼요.

나무는 어떤 나무를 마:니 해요?

- 장, 장정나무르 하:, 해: 노튼지.

- 그 다매 참나무 가틍 거 베:다가 짤라서 뽀개 노턴지 그게 장저기 되지.

예.

- 그 다매 그거 힘:들문 석탄 싸 때구.

장장만 해요?

- 장적뚜 장정만 하지 다렁 거 머: 업서, 그 불시스개두 해서 해 노쿠,
불소시개:.

불소시개는 주로 멀:루 해요?

- 솔라무 이퍼리두 조:쿠 머 싸리나무두 조:쿠 머.

- 그 다매 이짝 저: 쑥때두 조:쿠 머 다: 그릉 걸루.

- 가능 걸루.

솔라무 이퍼리 이르캐 글, 글거서 해: 논능 거 마리애요?

- 에:?

솔라무 이퍼리 이르캐 깔끼루 글긍 거 마리요?

- 아:니여.

- 한가지지 뭐.

같은 거요?

짚 둘 다 짚으로 하는 거요?

- 여기서는 메커리라고 그러고.

- 우리 저 한국에서는 짚신이라고 그러고.

그럼 겨울에 겨울 되면 불 때야 되잖아요?

- 응.

불 때려면 뭘 준비해요?

어떤 것들을.

- 나무를 준비하든지 에 석탄을 준비하든지 준비해야 돼요.

나무는 어떤 나무를 많이 해요?

- 장, 장작나무를 하(든지), 해 놓든지.

- 그 다음에 참나무 같은 거 베다가 잘라서 패 놓든지, 그게 장작이 되지.

예.

- 그 다음에 그거 힘들면 석탄 사 때고.

장작만 해요?

- 장작도 장작만 하지 다른 거 뭐 없어, 그 불쏘시개도 해서 해 놓고,
불쏘시개.

불쏘시개는 주로 뭘로 해요?

- 소나무 이파리도 좋고 뭐 싸리나무도 좋고 뭐.

- 그 다음에 이쪽 저 쑥대도 좋고 뭐 다 그런 걸로.

- 가는 걸로.

소나무 이파리 이렇게 긁, 긁어서 해 놓는 거 말이에요?

- 예?

소나무 이파리 이렇게 갈퀴로 긁은 거 말이에요?

- 아니야.

그럼뇨?

　－ 솔라무 아:치113) 솔라무 아치를 베:다가 노먼 이개 이퍼리가 빨::가캐 마르지.

　－ 게 마릉 거 그거 뚜꺼 하나 뚜꺼꺼서 부수개다나 확::확화화파파팍 부리 부터서 딱 성냥뿔 퍼:지능 거처럼 그르키 나가지.

　－ 그래 그거 가따 불쏘시개 하기두 하구.

　－ 그 다매 여기서는 배껴, 저: 그: 머여…

　－ 짝짜기낭기:, 짝짜기낭그 껍띠기를 갖다가 저: 뻬껴다가 번, 번나무, 번나무 껍띠기를 비끼다가 말리워서 그 다맨 그걸루 불수개해두 대.

그 짝짜기나무가 그 하:야캐 껍띠기…

　－ 에::.

버껴지능 거 그거지요?

　－ 에:.

　－ 잘:: 타요, 기르민데 머 그개.

아 그래요?

　－ 에:.

[야채 보관]

겨우래 머글: 그: 채소나 채나 머 과:일 가틍 거: 그렁 거는 어트개: 보과 늘 해요?

겨우래 머글라먼 인재 찬두 해 머꾸 그래야 대자나요?

　－ 사과는 사과두 다: 과:동씨기능 개 그러캐 씨기지, 온도 노코선 그르 캐 하지.

구:래다?

　－ 으: 사과두 에: 지아시를114) 파구서 지아시래다 가따 과:동 씨겨서 그

그럼요?

- 소나무 가지 소나무 가지를 베어다가 놓으면 이게 이파리가 빨갛게 마르지.

- 그래 마른 거 그거 뚝 꺽(어) 하나 뚝 꺾어서 아궁이에다 확확확확확 확 불이 붙어서 꼭 성냥불 퍼지는 것처럼 그렇게 나가지.

- 그래 그거 가져다 불쏘시개 하기도 하고.

- 그 다음에 여기서는 백양, 저 그 뭐야…

- 자작나무, 자작나무 껍데기를 가져다가 저 벗겨다가 벗, 벗나무, 벗나무 껍데기를 벗겨다가 말려서 그 다음에는 그것으로 불쏘시개해도 돼.

그 자작나무가 그 하얗게 껍데기…

- 예.

벗겨지는 거 그거지요?

- 예.

- 잘 타요, 기름인데 뭐 그게.

아 그래요?

- 예.

[야채 보관]

겨울에 먹을 그 채소나 채나 뭐 과일 같은 거 그런 거는 어떻게 보관을 해요?

겨울에 먹으려면 이제 찬도 해 먹고 그래야 되잖아요?

- 사과는 사과도 다 과동(=월동)시키는 게 그렇게 시키지, 온도(계) 놓고서 그렇게 하지.

굴에다?

- 응, 사과도 에 지하실을 파고서 지하실에다 갖다 과동 시켜서 그 다

다애 배:나 사과 그 다매 저 이런 저: 어:: 이른 저저저 머여 빠나나 무순 다: 그릉 거 그르캐 드르가지.

  - 게서 온도 조저래서 땅 노면 과:동 되능 기지.

  - 얼지만 아:느면 되니까 근.

[조명]

  요새는 저: 전기가 드러와 가주구 부리 발근대 예저내는 전기 안 드러올 때 는 멀:루 마니 켜써요?

  에 어떵 거뜰루.

  그뚜 여러 가지 이찌요?

  - 그거뚜 어: 여러 가지, 인재 처으매는 이 일반 보:통 때 조:이깨 마라 자면 조이깨, 조이깨하구 그 다매 에: 조이깨 베깨, 그 다매 저저 무래다 버무려서 에: 왜: 저: 질쌈 삼:는 삼때 이짜니여.

  예:.

  - 삼때 가따가 등얼 잡찌.

  - 이러키 꼬꼬꼬꼬꼬 이겨서, 이겨서 질개두 아나구 그저 누찌:가개115) 해: 가주구 여기 대애다 이르키 탁:탁 가머쥔:다 마리여.

  - 그러는 그거 한대 서꺼서 이르캐서 딱:: 해서 바썅: 말리우지.

  - 바썅 말리우개 되면 그 다매 여 삼때 꼬쟁이 길:거덩.

  예:.

  - 차: 거 삼때 꼬쟁이가 길:다 마리여.

  예:.

  - 게 거기다가 이제 떡: 해 노:서는 상애다 노쿠 불 달려서 이르키 노치.

  - 노먼 화::나치 머.

  - 그르키 해지.

음에 배나 사과 그 다음에 저 이런 저 어 이런 저저저 뭐야 바나나 무슨
다 그런 거 그렇게 들어가지.

   – 그래서 온도 조절해서 딱 놓으면 과동 되는 거지.

   – 얼지만 않으면 되니까 그건.

[조명]

   요새는 저 전기가 들어와 가지고 불이 밝은데 예전에는 전기 안 들어올 때
는 뭘로 많이 켰어요?

   에 어떤 것들로.

   그것도 여러 가지 있지요?

   – 그것도 어 여러 가지, 이제 처음에는 이 일반 보통 때는 좆겨, 말하자
면 좆겨, 좆겨하고 그 다음에 에 좆겨 벗겨, 그 다음에 저저 물에다가 버
무려서 에 왜 저 길쌈 삶는 삼대 있잖아.

   – 예.

   – 삼대 가져다가 등을 잡지.

   – 이렇게 꼭꼭꼭꼭꼭 이겨서, 이겨서 질지도 않고 그저 눅게 해 가지고
여기 대에다 이렇게 탁탁 감아쥔단 말이야.

   – 그러는 그거 한데 섞어서 이렇게 해서 딱 해서 바싹 말리지.

   – 바싹 말리게 되면 그 다음에 요 삼대 꼬챙이가 길거든.

   예.

   – 차 그 삼대 꼬챙이가 길단 말이야.

   예.

   – 그래 거기에다가 이제 떡 해 놓고서는 상에다 놓고 불 붙여서 이렇게 놓지.

   – 놓으면 환하지 뭐.

   – 그렇게 하지.

- 그 다매…

그 이르미 머요?

- 등.

그냥 등이요?

- 어:.

- 등.

예: .

- 그 다매 저: 그거뚜 업쓰먼 사내 소깽이116) 소깽이애다 코코리럴117) 맨들지.

코코리는 또 어트개 해요?

- 코코리 벼걸 이르키 하는데 벼걸 뚤버따 마리여, 여기.

- 벼걸 뚜꾸, 벼걸 뚜꾸 이러:케 저:: 여기다가 이르키 바치개럴 하나 해
주지.

- 그래구 여기다가 이르키: 그: 연기:: 더깨럴 이르키 해 논다 마리여.

- 그러문 부리 요기서 털 소깽이가 타먼 이 영기는 바까트루 나가지.

- 바가티루 그라문 여기는 지바는 화::나타 마리여, 불 타능 개.

여기를 뚤버서 하능 개 코코리요?

- 어: 코코리여.

- 게 그래: 하능 개 코코리구.

- 그 다매 이짜개 또:, 또 등잠뿔.118)

예.

- 호야.119)

- 호야라능 거 알지?

예.

- 등잠뿔 알:구.

예.

- 서규 키는 등, 등장뿔 그거 알:구 호야 알:구.

-그 다음에…

그 이름이 뭐에요?

-등.

그냥 등이요?

-어.

-등.

예.

-그 다음에 저 그것도 없으면 산에 관솔 관솔로 고콜을 만들지.

고콜은 또 어떻게 해요?

-고콜은 벽을 이렇게 하는데 벽을 뚫었단 말이야, 여기.

-벽을 뚫고, 벽을 뚫고 이렇게 저 여기에다가 이렇게 받침을 하나 해 주지.

-그러고 여기에다가 이렇게 그 연기 덮개를 이렇게 해 놓는단 말이야.

-그러면 불이 요기에서 타(면) 관솔이 타면 이 연기는 바깥으로 나가지.

-바깥으로 그러면 여기는 집 안은 환하단 말이야, 불이 타는 게.

여기를 뚫어서 하는 게 고콜이요?

-어 고콜이야.

-그래 그렇게 하는 게 고콜이고.

-그 다음에 이쪽에 또, 또 등잔불.

예.

-호야.

-호야라는 거 알지?

예.

-등잔불 알고.

예.

-석유로 켜는 등, 등잔불 그거 알고 호야 알고.

호롱 그거 마리지요?

- 호롱.

- 호롱얼 가주서 등잔뿌리라구덜 여기서년 그래서 호롱이라 그라구.

- 호롱얼 등잔뿔루 맨드러서 또 등잔 바치개루 맨드러서 까:마캐 해 노쿠 대공애 이따가 바:럴 여기다 맨드러 노쿠 이 우애다 등자널 올려노치.

- 그라면 등잔뿌래 달려서 이르캐 쪼:개서 긴 등잔뿌리 크개 할라면 크개 하구, 저:깨 할라면 저깨, 심지를 더 올리개 되면 등잔뿌리 크구, 심지:: 자:깨 하면 시: 등잔뿌리 자:꾸.

- 기르믈 절랴개 쓰자면 등잔뿌리 가 자:깨 해서 써야지.

- 게 서규 싸기두 그때는 힘드러쓰니까.

그런데 그 저:기 접시 가틍 거애⋯

- 으:.

무순.

- 콩기르미나 오:소리기르미나 그: 오:소리기르미나 이런 저: 어:: 돼:지 기르미나 그 다매 고:미기르미나 이렁 거 노쿠서 심:지를 해: 노쿠 거: 심: 지애개 부리 저: 어 기리미 다: 무깨꿈 해 노쿠 끄트머리다 불 달려 노치.

- 게 접씨애다 이르키 노개 되면, 접씨 인는 디까지 애서 기르믈 빠:러 들지 여까지 벙개120) 드르가질 안는다 마리여.

- 그래서 그대 그거: 접씨뿌리다 구라지.

그건 접씨뿌리라 그래요.

- 응: 접씨다 놔:씨니.

심지:는 멀루 해요 그럼.

- 심지 소캐루 해요.

소캐?

- 에: 소캐,121) 소캐루 해.

- 소:무루 하지.

호롱 그거 말이지요?

- 호롱.

- 호롱을 가지고 등잔불이라고들 여기에서는 그래서 호롱이라고 그러고

- 호롱을 등잔불로 만들어서 또 등잔 받침으로 만들어서 까맣게 해 놓고 대공에 이따가 발을 여기에다 만들어 놓고 이 위에다 등잔을 올려놓지.

- 그러면 등잔에 (불을)붙여서 이렇게 쪼개서 긴 등잔불을 크게 하려면 크게 하고, 작게 하려면 작게, 심지를 더 올리면 등잔불이 크고, 심지를 작게 하면 시 등잔불이 작고.

- 기름을 절약해서 쓰려면 등잔불을 작게 해서 써야지.

- 그래 석유 사기도 그때는 힘들었으니까.

그런데 그 저기 접시 같은 것에…

- 응.

무슨.

- 콩기름이나 오소리기름이나 그 오소리기름이나 이런 저 에 돼지기름이나 그 다음에 곰기름이나 이런 거 놓고서 심지를 해 놓고 그 심지에서 불이 저 에 기름이 다 묻게끔 해 놓고 끄트머리에다 불을 붙여 놓지.

- 그래 접시에다 이렇게 놓게 되면, 접시 있는 데까지 해서 기름을 빨아들이지 여기까지 번져 들어가질 않는다 말이야.

- 그래서 그 다음에 그걸 접싯불이다 그러지.

그건 접싯불이라 그래요?

- 응, 접시에다 켜놨으니까.

심지는 뭘로 해요 그러면.

- 심지 솜으로 해요.

소캐?

- 에 소캐, 소캐로 해.

- 솜으로 하지.

불 키능 거뚜 여러 가지내요?

― 만:치 머, 처:매 그르캐…

― 그래 이재 발쩌내 가주구 이전 머가 나와니까 까:쓰 그: 까쓰등을[122] 키기루 해찌.

― 가쓰등이라능 건 이런 통애다 다머 노쿠 그 다매 이 우:애서 트러 가주구, 트러 가주구 무럴 뚝뚝 떨구개 되먼 부::어캐 까쓰가 이러나지.

― 그 지:미 여기다 나오개 되먼 여기 에: 뿔꼬딘는 심지애다 요기다 부리 쫑:: 나가지.

― 그래먼 그때 그 불 가주구 키기두 하구.

고건 냄:새 나구 그…

― 냄:새 나넝 거.

― 게 까스지.

― 그래 그거.

그거 저기, 예:저내 일 일봄말루 간대라:…

― 간:드레.[123]

간드래라 그랜나요?

― 에:, 간드레.

― 게: 요 요기서는 까쓰라구 하구.

예에:.

― 까쓰등이라구 하구.

― 그 다매 인재 정:기가 나와서 정기루 키개 돼:찌.

― 게 일으키, 이르키 사러나옹 기지 엔:날부틈 사러나오…

하라부지는 그걸 다:: 적 겨끄성 거내요, 그럼.

― 그 다: 겨껴찌.

저는 저:기 등잔하구 호야하구 이거 전기하구 세: 개 반는대.

― 그거배끼 모빠써요?

불 켜는 것도 여러 가지네요?

－많지 뭐, 처음에 그렇게…

－그래 이제 발전해 가지고 이젠 뭐가 나왔느냐 하면 가스 그 카바이드 등을 켜기도 했지.

－카바이드등이라는 건 이런 통에다 담아 놓고 그 다음에 이 위에서 틀어 가지고, 틀어 가지고 물을 똑똑 떨어뜨리게 되면 부옇게 가스가 일어나지.

－그 김이 여기에서 나오게 되면 여기에 불꽃 있는 심지에다 요기에다 불이 쪽 나가지.

－그러면 그때 그 불을 가지고 켜기도 하고.

그건 냄새 나고 그(렇지요).

－냄새 나는 거.

－그래 가스지.

－그래 그거.

그거 저기, 예전에 일 일본말로 간데라…

－간드레.

간드레라 그랬나요?

－예, 간드레.

－그래 여 여기서는 가스라고 하고.

예에.

－카바이드등이라고 하고.

－그 다음에 이제 전기가 나와서 전기로 켜게 되었지.

－그래 이렇게, 이렇게 살아나온 거지 옛날부터 살아나온 (것이)…

할아버지는 그걸 다 겪 겪으신 거네요, 그럼?

－그 다 겪었지.

저는 저기 등잔하고 호야하고 이거 전기하고 세 개는 봤는데.

－그것밖에 못 봤어요?

예: .

－그라면 그대대 삼때니 뭐 삼때등이니 그 다매 솔갱이니 뭐 이릉 건
다: 모르능구먼.

예: .

－헤헤헤헤헤.

－그래니까..

코쿠리는 아징 모:빠서요.

－코코리 헤헤.

예.

－모:뽈 쑤, 모:뽈 수 이찌요.

마:른 드러반는대 모빠서요.

－게 그 옌:나랜 다: 그르키 사라와서.

－그래 암:만 그래두 코코리 키구 나면 자구 이러나면 코가 쌔카마지지.

－아:들 영기 안: 난다구 해두.

그러캔내요.

－헤헤헤헤헤헤 헤.

－숨: 시구 나는데 거기 두리 여기따 코가 쌔카매지지.

－게 가:래치멀 함 번 탁: 배트먼 시커머쿠.

－그저 그르키 이러나지.

예.

－그러면 그 다음에 삼대니 뭐 삼대등이니 그 다음에 관솔이니 뭐 이런 건 다 모르는구먼.

예.

－헤헤헤헤헤헤.

－그러니까…

고콜은 아직 못 봤어요.

－고콜 헤헤.

예.

－못 볼 수, 봇 볼 수 있지요.

말은 들어봤는데 못 봤어요.

－그래 그 옛날에는 다 그렇게 살아와서.

－그래도 아무리 그래도 고콜 켜고 나면 자고 일어나면 코가 새카매지지.

－다들 연기 안 난다고 해도.

그렇겠네요.

－헤헤헤헤헤헤 헤.

－숨 쉬고 나는데 거기 둘이 여기 있다가 코가 새카매지지.

－그래 가래침을 한 번 탁 뱉으면 시커멓고.

－그저 그렇게 일어나지.

3.5. 물고기 잡기

주로 무슨 고기 자바머거요?

−지금 여기서 다: 저: 잠능 개 버들개,[124] 뚝치[125] 그 다매 저: 어:: 두 망강애 야::리[126] 그 다매 저: 송어 이렁 거 다: 잡찌 머.

−게 여 바다애서 올러오는 송어.

−근데 여기: 바다애께 여기가 송어 열두 근짜리[127] 열스 근짜리 이릉 기 올러오개 되먼 그거 자깨 되면 밈무리 올러오기 때머내 에 등때기가 가으르버서 자꾸 어디가 도:래다 문대기 때매 이:: 비누리 다 뻐꺼징 기 이 써요, 어떵 건.

−그: 그뚜 바다애서 여기루 두망강으루 올러오능 기.

−기래 여기 저녀개 황어[128] 화어르 항까리애 어트개 자번능가 하이까, 보:매 저: 여기루 와서넌 무리 이쓸 쩌개는 보매 여길루 올러 가주구 이 깨끄탄 무래 저버드느라구 골루다 여기루 올러오지.

−올라가절 때 가래치느라구[129] 쎄::개 올러오지.

−한 무리가 올러오능 겝니다.

−한 그저 한 뱅 마리 그저 양뱅 마리 이르키 올러온다 마립니다.

−올러와서는 자자::난 무래서 서루 모멀 비대서 그 다매 보 보먼 고기 잔자:난 무래 가서넌 그거뜨리 그랑개 되먼 무리 보::야치 머.

−무리 홍탕물두 안 나구 보:아튼 마리여.

−그래 고:기애서 란자가 나오지.

−나오지 인재 자기끼리 교배하능 거.

−그게 그르키 보아치.

−그 다맨 그때까리애 한 여자가 빨래하러 일쩡 나가더라.

−아 보니까 고마이가[130] 막: 그저 뗘루 저 이따 마리여.

주로 무슨 고기 잡아먹어요?

 －지금 여기서 다 저 잡는 게 버들치, 뚝치 그 다음에 저 에 두만강에 야리 그 다음에 저 송어 이런 거 다 잡지 뭐.

 －그래 여기 바다에서 올라오는 송어.

 －그런데 여기 바다에 것이 여기가 송어 열두 근짜리 열서 근짜리 이런 게 올라오게 되면 그거 잡으면 민물에 올라오기 때문에 에 등이 가려워서 자꾸 어디에 가서 돌에다 문대기 때문에 에 비늘이 다 벗겨진 것이 있어요, 어떤 건.

 －그 그것도 바다에서 여기로 두만강으로 올라오는 게.

 －그래 여기 저녁에 황어 황어를 한 때에 어떻게 잡았는가 하면, 봄에 저 여기로 와서는 물이 있을 적에는 봄에 여기로 올라와 가지고 이 깨끗한 물에 접어드느라고 골짜기로 여기로 올라오지.

 －오라갈 때 가래치느라고 세게 올라오지.

 －한 무리가 올라오는 겁니다.

 －한 그저 한 백 마리 그저 이백 마리 이렇게 올라온단 말입니다.

 －올라와서는 잔잔한 물에서 서로 몸을 비벼대서 그 다음에 보면 고기가 잔잔한 물에 가서는 그것들이 그렇게 되면 물이 뽀얗지 뭐.

 －물이 흙탕물도 안 나고 뽀얗단 말이야.

 －그래 고기에서 난자가 나오지.

 －나오지 이제 자기들끼리 교배하는 거.

 －그게 그렇게 뽀얗지.

 －그 다음에는 그때쯤에 한 여자가 빨래하러 일찍 나가더라.

 －아 보니까 고마이가 막 그저 떼로 져 있단 말이야.

- 게 무런 네려가지.

- 건디리먼:: 다: 노치 꺼 가꾸 그 다맨 드르가서 여자가 다리럴 떡: 뻘리구 이르키 마거 안저찌, 물리리가넌 데럴 여기서 네리오먼.

- 이르캉 개 여기 드러간 눔 막: 육찌애다가[131] 막: 주서 데딩 게[132] 에 삼뱅 마리: 그저 양뱅 마리 막 이르키 쥐어뻐리찌.[133]

- 그래선 그 다매 육:지 가서는 꼼짱 모탄다 마리여.

- 그래서 자분 일두 이꾸, 여기 이써요, 그저내.

- 그래 지그문 그르키 아눌러와요, 저: 아래.

황어가 머요?

- 마 안스.

황어가 어트개 생겨써요?

- 황어뚜 고마이처름 생겨찌 머.

송어가치?

- 송어가치 생겨찌 머 그기.

- 그릉 기 항 그내, 고건 또:까찌 거저.[134]

- 더 크구 자:깨 불가 차이 안 나개 그저 또::까찌 그냥 고기가.

- 그래 가주서 그런 거 자분 일두 이꾸.

- 그 여기서 자분, 자분대 메 뻔 그래써요.

- 여기 메태 전 한, 한 이심 년 저내 그르키두 해서.

요새는 안 올라와요?

- 업써요.

- 저: 아래다가 두망강 저: 아래다가 그무럴 처나서 올러오지를 모태요.

그:무를 처써요?

- 그무럴 처놔서 모:돌러가개 그무럴 처놔서.

─ 그래 물은 내려가지.

─ 건드리면 다 놓칠 것 같고 그 다음에는 들어가서 여자가 다리를 떡 벌리고 이렇게 막아 앉았지, 물 내려가는 데를 여기에서 내려오면.

─ 이렇게 한 게 여기 들어간 놈을 막 육지에다가 막 주어 던진 게 에 삼백 마리 그저 이백 마리 막 이렇게 집어던졌지.

─ 그래서는 그 다음에 육지에 가서는 꼼짝 못한단 말이야.

─ 그래서 잡은 일도 있고, 여기 있어요, 그전에.

─ 그래 지금은 그렇게 안 올라와요, 저 아래.

황어가 뭐요?

─ 마 안스.

황어가 어떻게 생겼어요?

─ 황어도 고마니처럼 생겼지 뭐.

송어같이?

─ 송어같이 생겼지 뭐 그게.

─ 그런 게 한 근에, 그건 똑같지 그저.

─ 더 크고 작게 불과 차이 안 나게 그저 똑같이 그냥 고기가.

─ 그래 가지고 그런 거 잡은 일도 있고.

─ 그 여기서 잡은, 잡았는데 몇 번 그랬어요.

─ 여기 몇 해 전 한, 한 이십 년 전에 그렇게도 했어.

요사이는 안 올라와요?

─ 없어요.

─ 저 아래에다 두만강 저 아래에다가 그물을 쳐놔서 올라오지를 못해요.

그물을 쳤어요?

─ 그물을 쳐놔서 못 올라가게 그물을 쳐놔서.

3.6. 소 키우기

옌나래 소는 어트개 길러써요?

- 옌나래 소:두 그르캐 길러찌 머, 소: 지그, 지금 기르덛.

- 메기구 그저:.

여기:는 보니까 겨우래 머 소 저:기 집뚜 업구 머 아무 거두 아내주능 거, 들파내 그냥 다니든대?

- 에:.

그저낸 그르캐 아내짜나요?

- 동사매 바태 곡시기 하나두 우끼 때매: 그:: 동사매는 다: 내:노치.

- 동사매.

앙 굴머 주거요, 그럼?

- 누:노구 그럼 머글 꺼 업짜나요?

- 거기 인저 바태서 이 하서[135] 가튼대 이른대 대:서 간 옥씨기짱이[136] 얼마 마나요.

- 그:[137] 바태 옥씨기짱 그거 다: 대궁채 가뚜 업쓰먼 이 대궁두 쏘:러 멍는대 이부루.

- 그 다매 이 저: 옥씨기 이퍼리 다: 따 머꾸.

- 그저 그르카구 살:지 머.

- 그 다매 정, 정 업:쓰먼 무군 풀, 거: 한 해 커따가 거 자기 멍는 푸리 인저 다: 말러쩌 자빠저따 마리여.

- 그렁 거 주서 머꾸.

- 거: 다: 그러치.

- 그런데 동사매, 동사매 소가 인재 배가 고푸 배가푸니 배 고푸니까 메:나리, 메나리: 커서 거 동사매 자빠저서 어릉 거 이릉 거 멍는 소넌 중

옛날에 소는 어떻게 길렀어요?

－옛날에 소도 그렇게 길렀지 뭐, 소 지금, 지금 기르듯.

－먹이고 그저.

여기는 보니까 겨울에 뭐 소 저기 집도 없고 뭐 아무 것도 안 해 주는 거 (같던데), 들판에 그냥 다니던대?

－예.

그전에는 그렇게 안 했잖아요?

－동삼에 밭에 곡식이 하나도 없기 때문에 그 동삼에는 다 내놓지.

－동삼에.

안 굶어 죽어요, 그럼?

－눈 오고 그러면 먹을 것 없잖아요?

－거기 이제 밭에서 이 하서 같은데 이런데 (이런)데서 옥수숫대가 얼마나 많아요.

－그 밭에 옥수숫대 그거 다 대공째 그것도 없으면 이 대공도 쏠아 먹는데 입으로.

－그 다음에 이 저 옥수수 이파리 다 따 먹고.

－그저 그렇게 하고 살지 뭐.

－그 다음에 정, 정 없으면 묵은 풀, 그 한 해 컸다가 그 자기가 먹는 풀이 이제 다 말라서 넘어졌단 말이야.

－그런 거 주워 먹고.

－그 다 그렇지.

－그런데 동삼에, 동삼에 소가 이제 배가 고프(니) 배가 고프니(까) 배가 고프니까 미나리, 미나리가 커서 그 동삼에 넘어져서 언 것 이런 것 먹는

도기 걸려서 죽찌 머.

아 그래요? 메나리 머그먼 주거요?

- 으: 메나리 소가 메나리 그 마:이 머그먼 주거요.
- 그 다매 여기 저: 웍:쌔라구138) 이써.
- 웍:쌔라구 인는대 근 깔:개139) 그거 말릉 거 그거 뜨더 머꾸.
- 거저 그러치.

그저내는 어트개 키워써요?

지배서 다: 저기 여물두 쓸:구 머 이래 가주구 집 지어서 키우지 아나써요?

- 오양까나라능 개 그 그앤 자기 부릴 쏘만 가주구 마:라능 기지.
- 부리넌 소.
- 오양까내다 부리넌 소럴 너:서 잘: 메기야 농사진는다.
- 그걸 기개루 써찌 머 아주 소럴.
- 그르기두 사:라미 모타는 니를 어: 소루 한다 마리여.
- 그래기 때매 잘: 메기야지.
- 잘: 메기기 위애서넌 어: 지펄 작뚜애다 쓸:지.
- 쓰:러 가주구서는 그 다매 가:마애다 여서 삼:지.
- 살물 째 거기 인저 쌀 이르 쌀 이른 뜸물 거 사:라미 바패 머그먼 띨루.
- 꾸정무리라능 걸 바더서 거: 집 쌈, 집 삼:는 데 거기다 가따 부치.
- 부 가주구서 가마애다 막: 지미 나개 끌치.
- 거기 인저 거기다가 사료르 인는 사라먼 사료르 조끔 준다 마리여.
- 옥씨기르 연는다덩가 콩 너 콩얼 연는다덩가 이르캐 살머서 한:대 해선…
- 그 다매 마른 여무럴 한참 메기구 그 베찝 써른: 그 여무르 한참 메기구 그 후애 더 배불르개 하기 위해서 그 다매 이거 퍼다가 가매에서 퍼다가 그저매 마른 여무래개 또 버무리 준다 마리여 막:.
- 그저 이런 깔끼 가틍 거 이렁 거 맨든 철싸, 쇠줄루 맨등 걸루 이러

소는 중독이 되어서 죽지 뭐.

아 그래요? 미나리 먹으면 죽어요?

－응, 미나리 소가 미나리 그(거) 많이 먹으면 죽어요.

－그 다음에 여기 저 억새라고 있어.

－억새라고 있는데 그건 갈대 그거 마른 거 그거 뜯어 먹고.

－그저 그렇지.

그전에는 어떻게 키웠어요?

집에서 다 저기 여물도 썰고 뭐 이래 가지고 집 지어서 키우지 않았어요?

－외양간이라는 게 그 그건 자기 부릴 소만 가지고 말하는 거지.

－부리는 소.

－외양간에다 부리는 소를 넣어서 잘 먹여야 농사짓는다.

－그걸 기계로 썼지 뭐 아주 소를.

－그렇게도 사람이 못하는 일을 에 소로 한단 말이야.

－그렇기 때문에 잘 먹여야지.

－잘 먹이기 위해서는 에 짚을 작두에다 썰지.

－썰어 가지고는 그 다음에 가마에다 넣어서 삶지.

－삶을 때 저기 이제 쌀 이런 쌀 이런 뜨물 그 사람이 밥을 해 먹으면 뜨물.

－구정물이라는 걸 받아서 그 짚 삶, 짚 삶는 데 거기에다 가져다 붓지.

－부어 가지고서 가마에다 막 김이 나게 끓이지.

－거기 이제 거기에다가 사료가 있는 사람은 사료를 조금 준단 말이야.

－옥수수를 넣는다든가 콩을 넣(는) 콩을 넣는다든가 이렇게 삶아서 한데 해서는…

－그 다음에 마른 여물을 한참 먹이고 그 볏짚 썬 그 여물을 한참 먹이고 그 후에 더 배부르게 하기 위해서 그 다음에 이거 퍼다가 가마에서 퍼다가 그 다음에 마른 여물에 또 버무려 준단 말이야 막.

－그저 이런 갈퀴 같은 거 이런 거 만든 철사, 쇠줄로 만든 것으로 이렇

키, 이러키 서꺼서 거기다 타지.

- 잘: 먹찌 머.

- 그 후애 그 후애 이제 소가 보무서 무럴 메기지.

무리요?

- 으:, 무럴 또 메긴다 마리여.

- 게 무럴 마:이 메기면 그 다매 배가 버떡 이러나지.

- 그 다매 끌:구 나가서 부려 먹찌.

- 그 소: 그르캐 미기여.

- 그래 소 하나 메길라면 소애 종이 돼야 되 된다능 기지.

- 소 하나 미기면 소개 종이 돼야 된다능 기지.

- 게 거기 시발 다: 해줘야지.

- 머길 꺼 다: 메기구 똥두 마:구까내[140] 똥두 다:: 처내구 깨끄타개 해줘야 그 다매 저…

- 야:내주개 되면 이 똥쩐- 누버따 이러나면 이 터러구애 똥이 무더서 이제 나가따 오면 또 똥이 무더.

- 그 다매 인재 오양두[141] 안 치내구 이라면 또 나가따 오양애 오줌 싸서 지절지저:라개[142] 이르캐 되면 나가따 오면 또 거기 멍 머꾸서 저녁 머꾸 고다나니까 또 거기 잔다 마리여.

- 자만 야:중애 인재 자꾸 무꾸 무꾸 하면 인재 터러구애 이망큼 무찌머 이러캐, 이망:쿰.

- 그럼 그걸 또 따: 조야지.

- 게 어이 때 따능가.

- 또 보매 가 인재 털버시하면[143] 그개 다: 이재 터라구 다: 떠러진다 마리여.

- 에:, 털버시하면.

- 헤헤 그르키 댕깅 거여 그기.

게, 이렇게 섞어서 거기에다 타지.

-잘 먹지 뭐.

-그 후에 그 후에 이제 소를 보면서 물을 먹이지.

물이요?

-응, 물을 또 먹인단 마리야.

-그래 물을 많이 먹이면 그 다음에 배가 불뚝 일어나지.

-그 다음에 끌고 나가서 부려 먹지.

-그 소는 그렇게 먹여.

-그래 소 하나 먹이려면 소의 종이 되어야 된, 된다는 거지.

-소 하나 먹이면 소한테 종이 되어야 된다는 거지.

-그래 거기 수발 다 해 줘야지.

-먹일 것 다 먹이고 똥도 외양간에 똥도 다 쳐내고 깨끗하게 해줘야 그 다음에 저…

-안해주게 되면 이 똥짓 누웠다가 일어나면 이 털에 똥이 묻어서 이제 나갔다 오면 또 똥이 묻어.

-그 다음에 이제 오양도 안 쳐내고 이러면 또 나갔다 외양에 오줌을 싸서 질척질척하게 이렇게 되면 나갔다 오면 또 거기에서 먹(고), 먹고서 저녁 먹고 고단하니까 또 거기에 잔단 말이야.

-(잠)자면 나중에 이제 자꾸 묻고 묻고 하면 이제 털에 이만큼 묻지 뭐 이렇게, 이만큼.

-그러면 그걸 또 떼어 줘야지.

-그래 어느 때 떼는가(하면).

-또 봄에 가서 이제 털갈이하면 그게 다 이제 털이 다 떨어진단 말이야.

-예, 털갈이하면.

-헤헤 그렇게 되는 거야 그게.

- 그래서 깨끄타개 해:주구 소가 사리 찌구 더: 조:치.

소얘두 머 여러 가지가 피료하내요 그럼?

- 아:이 여러 가지 피료하지요, 소 하나 메기자면.

- 벌써: 내가 생가개 소 하나 메기자면 동삼 메길 쭘비럴 해:여 되구 춥찌 앙캐 거:둘만한 소마걸[144] 지어야 대구 그 다매 소: 또 초럴[145] 싱기야 된다 마리여.

- 미끄러운 대 댕길 쑤 웂따 마리여.

- 쇠처르[146] 또 가서 싱겨여 대.

- 쇠철 함 번 싱기는대 여기서 지그먼 한 삼시번씨개요, 함 번 싱기는데.

- 함 번 싱기면 쇠철 함 번 싱기면 한 삼시버닌데 이기 기끈 써야 한 달 쓰거든.

그거바깨 모써요?

- 예.

- 자:꾸 거러댕기니까 다:슬지[147] 머 이개.

- 이 쇠철 꼭찌가 다:슬지.

- 그러먼 또 미끄러지지, 다:스러먼.

- 게 꼭찌는 여기 나와떵 개 다: 다스러먼 쇠철판만 이따 마리여.

- 쇠철, 쇠철 철판만 이써 가주구 디디먼 쭉:쭝 나가지.

- 그래 미끄러저 부려 머 이 히:멀 써두 미끄러저 히:멀 쓰지 모탄다 마리여.

- 그래길래 그 그거 자꾸 한 달망큼 가려야지.

그거뚜 해야 대구 또 머 밥 쭈능 거뚜 해야 대구.

- 그러.

밥 쭈는 거 그거 머라 그래요?

- 구수:.

구수?

- 그래서 깨끗하게 해주고 소가 살이 찌고 더 좋지.

소에도 뭐 여러 가지가 필요하네요, 그럼?

- 아이 여러 가지가 필요하지요, 소 하나 먹이려면.

- 벌써 내 생각에 소를 하나 먹이려면 동삼에 먹일 준비를 해야 되고, 춥지 않게 거둘만한 외양간을 지어야 되고 그 다음에 소 또 철을 신겨야 된단 말이야.

- 미끄러운 데 다닐 수가 없단 말이야.

- 쇠철을 또 가서 신겨야 돼.

- 쇠철 한 번 신기는데 여기서 지금은 한 삼십 원씩 해요, 한 번 신기는데.

- 한 번 신기면 쇠철 한 번 신기면 한 삼십 원인데 이게 기껏 써야 한 달 쓰거든.

그것밖에 못 써요?

- 예.

- 자꾸 걸어다니니까 닳지 뭐 이게.

- 이 쇠철 꼭지가 닳지.

- 그러면 또 미끌어지지, 닳으면.

- 게 꼭지는 여기 나왔던 게 다 닳으면 쇠철판만 있단 말이야.

- 쇠철, 쇠철 철판만 있어 가지고 디디면 쭉쭉 (미끄러져)나가지.

- 그래 미끄러져서 부려 먹(기) 이 힘을 써도 미끄러져서 힘을 쓰지 못한단 말이야.

- 그러기에 그 그걸 자꾸 한 달만큼 갈아야지.

그것도 해야 되고 또 뭐 밥 주는 것도 해야 되고.

- 그럼.

밥 주는 거 그건 뭐라고 해요?

- 구유.

구유?

- 응:, 쇠:구수.

- 쇠:구수.

그래구 또 머 코두 끼구 머 여기두 이르캐 무꾸 머 다: 해야 대자나요?

- 다: 해야지 손지리 손질- 마:니 가지 머.

- 자꾸 와 손지래 줘야지.

그렁 건 머요, 여기 얼, 머리애 하능 거.

- 게 요로캐 와서 요거 요기 요로키 낑: 거 가따 코꾼두리라구 하구.

- 에:.

코꾼두리.

- 어: 코꾼두리애서 요기서 인저 매: 가주구 요 뿔따구까지 너머가능 걸 정방노리라구[148) 하구.

정방노리.

- 정방노리 그 뚜래[149) 도래럴[150) 다러 가주구 이: 저: 머여 꼬삐가 창창 갱기 가주구 끄너지지 앙:캐 하느라구 여기다 도래럴 다러찌.

- 게 꼬삐가 이르캐 도러가면 도래가 이르키 도러간다 마리여.

- 그래이까 꼬삐가 견디지.

- 게 이개 움쓰먼 이러키 뱅:뱅 트러따 또 이러키 트러저따 하먼 꼬삐 가 견디지 모타지.

- 인차 판나지,[151) 끄너지구.

- 다:새루[152) 끄러 항 가달 항 가달 끄너저꺼나 두 가달 끄너저꺼나 자 꾸 이러캐 된다 마리여.

- 그래서 이 도:래를 여기다 가따 이르캐 도래 돌리능 거 여기 도래 대 능 기 이르키 돼:써두, 돼:써두 이건 이르키 돼:써두 요기 와서 또 꼬삐 다 능 이마:낭 개 또 고락찌 이찌.

- 게 요기다 고락찌럴 달지.

- 그라면 여기 인저: 이마:낭 개 이씨니까 여기 이마:낭 개 이꾸 여기

-응, 쇠구유.

-쇠구유.

그리고 또 뭐 코도 꿰고 뭐 여기도 이렇게 묶고 뭐 다 해야 되잖아요?

-다 해야지 손질을 손질 많이 가지 뭐.

-자꾸 와서 손질해 줘야지.

그런 건 뭐요, 여기 얼(굴), 머리에 하는 거.

-그래 요로케 와서 요거 요기 요렇게 꿴 것 갖다 코뚜레라고 하고.

-이.

코뚜레.

-어, 코뚜레에서 요기에서 이제 매 가지고 요 뿔까지 넘어가는 걸 정
방노리라고 하고.

정방노리.

-정방노리에 그 도래 도래를 달아 가지고 이 저 뭐야 고삐가 챙챙 감
겨 가지고 끊어지지 않게 하느라고 여기에다 도래를 달았지.

-그래 고삐가 이렇게 돌아가면 도래가 이렇게 돌아간단 말이야.

-그러니까 고삐가 견디지.

-그래 이게 없으면 이렇게 뱅뱅 틀었다 또 이렇게 틀어졌다 하면 고삐
가 견디지 못하지.

-금방 망가지지, 끊어지고.

-다새로 끊어 한 가닥, 한 가닥 끊어졌거나 두 가닥 끊어졌거나 자꾸
이렇게 된단 말이야.

-그래서 이 도래를 여기에다 갖다 이렇게 도래 돌리는 거 여기 도래
대는 게 이렇게 되었어도, 되었어도 이건 이렇게 되었어도 요기에 와서 또
고삐 다는 이만한 게 또 고리가 있지.

-그래 요기에다가 고리를 달지.

-그러면 여기 이제 이만한 게 있으니까 여기 이만한 게 있고 여기 저

저: 머여 저 게 여기는 이 끄트머리는 저:: 나사 뭉치 가틍 개 이끼 때매 고래가 빠지지 안치.

– 게 그르키 하능 기여.

그러면 요거만 냉겨 노만 여푸루 다: 베껴지지 아나요?

– 굴:래153) 씨우능 건 또 .따:지요.

– 암 삐겨저요.

– 자 이: 뿌래다 가따 뿔갱기를 가머주거덩.

– 그래잉까 이 꼬삐가 이 뿔 너머루 너머오지 모타지 이짜그루.

아아:.

그개 그기 굴래요, 굴래 씨우능 거요?

– 아: 굴:래 씨우능 기 아니라 게 굴래가 아니라 자파뿌래다가154) 이르캐 끄늘 매 준다 마림니다.

– 뿔 어가늘, 이기 뿌리면 여기다 이르키 매 주지.

– 고삐는 이리 너머 가꺼덩.

– 그래잉까 곤두뿌리나155) 자파뿌리나 아무 기나 여기 저 뿔갱기를 가 머 주지.

– 그래서 뿔갱기156) 미트루 꼬삐가 나간, 저: 정방노리가157) 나가지.

– 게 정방노리는 보:통 이: 하나루 하게 되먼 이: 사리 자꾸 패인다 마 리여.

– 그래서 정방노리는 세: 지158) 널비 피대159) 가틍 기나 그: 도러가는 피대 가틍 기나 그저: 어: 피대가 웁쓰문 삼 농끄늘 꽈: 가주구 이르키 세: 지 널비루 저루 저루 저루지.

– 그래 가주구 이르캐 하구.

– 거저 이르치.

굴:래는 그럼 다릉 거내요?

– 굴:래는 또 다르지요.

뭐야 저 그래 여기는 이 끄트머리는 저 나사 뭉치 같은 게 있기 때문에 고리가 빠지지 않지.

　―그래 그렇게 하는 거야.

그러면 요것만 남겨 놓으면 옆으로 다 벗겨지지 않아요?

　―굴레 씌우는 건 또 다르지요.

　―안 벗겨져요.

　―자 이 뿔에다 갖다 뿔감기를 감아주거든.

　―그러니까 이 고삐가 이 뿔 너머로 넘어오지 못하지 이쪽으로.

아아.

그게 그게 굴레요, 굴레 씌우는 거에요?

　―아 굴레 씌우는 게 아니라 그 굴레가 아니라 자파뿔에다가 이렇게 끈을 매 준단 말입니다.

　―뿔 어간을, 이게 뿔이면 여기에다 이렇게 매 주지.

　―고삐는 이리 넘어갔거든.

　―그러니까 곤두뿔이나 잡화뿔이나 아무 거나 여기 저 뿔감기를 감아주지.

　―그래서 뿔감기 밑으로 고삐가 나갔, 저 정방노리가 나가지.

　―그래 정방노리는 보통 이 하나로 하게 되면 이 살이 자꾸 팬단 말이야.

　―그래서 정방노리는 세 지(指) 너비 피대 같은 것이나 그 돌아가는 피대 같은 것이나 그저 에 피대가 없으면 삼 노끈을 꽈 가지고 이렇게 세 지 너비로 겯 겯 겯지.

　―그래 가지고 이렇게 하고.

　―그저 이렇지.

굴레는 그럼 다른 거네요?

　―굴레는 또 다르지요.

- 굴:래는 이: 주둥아리가 쇠 주둥아리가 이러캐 이쓰면 이르키 턱 씨우지.
- 이러키, 이분 여기꾸 그 다매 이르키 떡 씨우지.
- 씨워 가주 굴:래는 굴:랜 어트가능가 하니까 이: 귀미트루 하난 나가 구 그 다매 이 아픈 놔:두구 어: 귀미트루 이르키 하나 나가서 모가지애다 다러매지.
- 그래서 그: 꼬삐는 어따 매:능가 하니까 이 굴: 굴래 씨운 요기다가 꼬삐를 매지 요기다가.
- 그래서 그 다매 이 주딩이럴 자버댕기면 따라오개끔.
- 굴래는 코 앙 낑 걸, 앙 낑 거 송아지를 하는 그르 그 그릉 걸 굴래 씨운다구 하지.

아:.
- 말도, 말도 쪼ㄲ마씰 때는 다: 굴래 씨, 마른 커두 굴래 씨우지.
- 그래기 다: 굴래 씨우능 기지.

아: 그래잉까.

코꾼드리 아:낭 거:…
- 에:.

굴래 씨워서…
- 에:.

다룰, 다루능 거내요?
- 에:, 그러치요 머.

으응:.
- 흐헤헤.

나는 코꾼드리두 하고 굴래두 씨우구 그래는 주 아런는대요.

그개 다릉 거내요.
- 다르지 머, 다: 다르지 머.

소 키울 때 머 나매 집 소: 가따 키우-기두 하구 그르자나요.

－굴레는 이 주둥아리가 소 주둥아리가 이렇게 있으면 이렇게 턱 씌우지.

－이렇게, 입은 여기 있고 그 다음에 이렇게 떡 씌우지.

－씌워 가지고 굴레는, 굴레는 어떻게 하느냐 하면 이 귀밑으로 하나는 나가고 그 다음에 이 앞은 놔두고 에 귀밑으로 이렇게 하나 나가서 모가지에다 달아매지.

－그래서 그 고삐는 어디에다 매느냐 하면 이 굴 굴레 씌운 요기에다가 고삐를 매지 요기에다가.

－그래서 그 다음에 이 주둥이를 잡아당기면 따라오게끔.

－굴레는 코 안 꿴 것을, 안 꿴 것을 송아지를 하는 그런 그 그런 것을 굴레 씌운다고 하지.

아아.

－말도, 말도 조그만할 때는 다 굴레 씌(우고), 마른 커도 굴레 씌우지.

－그렇게 다 굴레 씌우는 거지.

아 그러니까.

코뚜레 안 한 거…

－예.

굴레 씌워서…

－예.

다룰, 다루는 거네요?

－예, 그렇지요 뭐.

으응.

－흐헤헤.

나는 코뚜레도 하고 굴레도 씌우고 그러는 줄 알았는데요.

그게 다른 거네요.

－다르지 뭐, 다 다르지 뭐.

소 키울 때 뭐 남의 집 소 가져다 키우기도 하고 그러잖아요?

- 그래:.

그러면 또 어떤 조꺼느루 키우구 머 그렁 거 이짜나요.

- 너:,160) 그냥 주, 친척떨 가내는 그냥 주지 머.

- 주구서 너 이거 가주구 농사져 머거라, 그래지.

- 그 이듬해 그날 그 해 또 샤:나161) 새끼 나커덩.

- 새끼 나면 그 다매 또: 키워서 그 다매 또 단대 주구.

- 이리 이르키 하지 머.

- 그래 그렁 거를 어:: 야:중애는 인저 머가 나완능가 하니까 변쏘,162) 뻰쏘라능 개 나와찌.

변쏘요?

- 어:, 변쏘.

- 일려널 부리개 되면 부려서 니가 농사지라개 되면 갸:으래 가서 얼마 달라.

- 소가 노동 까부치를 얼마 달라. 이런 변쏘라능 개 이찌.

- 기래서 그대 그렁 거 또 노쿠.

소 사주구 남, 나만태 소 사주구 기, 길르라구두 하자나요?

- 에:.

- 그거: 그거뚜 사주구 길르라구 하능 거뚜, 너 이거 키워서 이 다매 니가 부려 머거라. 일으키:, 이르키 주넝 거뚜 이꾸.

- 그 다맨 부릴 마난 소럴 싸서 주면 벼:늘 로코.

- 일려내 번: 도니 소가 얼마고 바까리 항 개 얼마고 다: 이래서 일런 부려뜬 그 노동까치를 얼마망큼 달라.

- 소가 노 소가 노동한 노동까치를 얼마마이 달라, 이기 변:쏘지.

근대 송아지를 사 줘서: 키워 가주구 또 송아지 나자나요?

- 에:.

그러면 그거 나눠 가꾸 그러지는 아나요?

- 아내요.

- 그럼.

그러면 또 어떤 조건으로 키우고 뭐 그런 것 있잖아요.

- 너, 그냥 주(지), 친척들 간에는 그냥 주지 뭐.

- 주고서 너 이거 가지고 농사지어 먹어라, 그러지.

- 그 이듬해 그날 그 해에 또 하나 새끼 낳거든.

- 새끼 낳으면 그 다음에 또 키워서 그 다음에 또 다른데 주고.

- 이리 이렇게 하지 뭐.

- 그래 그런 것을 에 나중에는 이제 뭐가 나왔느냐 하면 변소, 변소라는 게 나왔지.

변소요? 변리

- 어, 변소.

- 일년을 부리면 부려서 네가 농사지으면 가을에 가서 얼마 달라.

- 소의 노동 값어치를 얼마 달라. 이런 변소라는 게 있지.

- 그래서 그 다음에 그런 거 또 놓고.

소 사주고 남, 남한테 소 사주고 기(르), 기르라고도 하잖아요?

- 예.

- 그거 그것도 사주고 기르라고 하는 것도, 너 이거 키워서 이 다음에 네가 부려 먹어라. 이렇게, 이렇게 주는 것도 있고.

- 그 다음에는 부릴 만한 소를 사서 주면 변을 놓고.

- 일 년에 번 돈이 소가 얼마고 밭갈이 한 게 얼마고 다 이렇게 해서 일 년 부렸던 그 노동 가치를 얼마만큼 달라.

- 소가 노(동) 소가 노동한 노동 가치를 얼마만큼 달라, 이게 변소지.

그런데 송아지를 사 줘서 키워 가지고 또 송아지 낳잖아요?

- 예.

그러면 그거 나눠 가지고 그러지는 않아요?

- 안 해요.

-건 쥐애니 가찌.

-송아지 준, 소럴 준 사람개 가찌.

송아지는?

-게쌔 송아지 준 사라무개 가찌.

-송아지를 준 사람.

그래잉까 송아지를 사 줘서 키우고, 그럼 키우자나요, 사 주먼?

그럼 그걸 키우먼 그 소는 주인 주고 그 소가 난 송아지는 내가 가꼬 키운 사라미 가꼬,

-응:.

그러능 거뚜 이짜나요?

-응:, 그쌔 그르키두 하구.

그건 이르미 머요, 그러캐 하능 거?

-그르캐, 근, 근 약쏙 하기 달려찌 머.

-이르미 머 별개 이써?

-너: 이 따매 키워서 송아지 나먼 날 달라.

-이러카구 그 다매 중 개지 뭐.

아니먼 머 키우, 사 주구 키워서 팔먼 고: 두리 나눠 갇끼두 하구 그러지요?

-에:, 팔, 팔먼 그쌔 그러지.

-반재기163) 반재기라능 개 또 이찌 머.

반재기가 머요?

-반재기 노나, 노나 간는다는 반재기.

그건 어티개 하능 거요?

-마:냑쌔 배권짜리먼: 오시뷘씽 노나 간능 거지 머, 서루.

그럼 맨: 처매 도:는 누가 대구.

-처:매는 이짜개:-서 대:지 머.

-거 소 준 사라매개 대지.

- 그건 주인이 갖지.

- 송아지를 준, 소를 준 사람이 갖지.

송아지는?

- 글쎄 송아지 준 사람이 갖지.

- 송아지를 준 사람.

그러니까 송아지를 사 줘서 키우고, 그러면 키우잖아요, 사 주면?

그러면 그걸 키우면 그 소는 주인 주고 그 소가 난 송아지는 내가 갖고 키운 사람이 갖고,

- 응.

그러는 것도 있잖아요?

- 응 글쎄 그렇게도 하고.

그건 이름이 뭐요, 그렇게 하는 거?

- 그렇게, 그건, 그건 약속하기에 달렸지 뭐.

- 이름이 뭐 별개 있어?

- 너 이 다음에 키워서 송아지 낳으면 나를 달라.

- 이렇게 하고 그 다음에 준 것이지 뭐.

아니면 키워, 사 주고 키워서 팔면 그 둘이 나눠 갖기도 하고 그러지요?

- 예, 팔, 팔면 글쎄 그러지.

- 반재기 반재기라는 게 또 있지 뭐.

반재기가 뭐요?

- 반재기는 나눠, 나눠 갖는다는 반재기.

그건 어떻게 하는 거요?

- 만약에 백 원짜리면 오십 원씩 나눠 갖는 거지 뭐, 서로.

그럼 맨 처음에 돈은 누가 대고.

- 처음에는 이쪽에서 대지 뭐.

- 그 소 준 사람이 대지.

그럼 본전…

─ 저 사라문 도:는 옵:써서 소를 하나 모: 싼다.

─ 그래잉깨 여기서 싸: 줘:찌.

─ 싸 줘, 주닝까 인재 그 소가 커꺼덩, 크면서 노동하면서 커꺼덩.

─ 게 큰 다매 도널 더 바깨 돼:땀 마리여.

─ 그라먼 그 절반, 절반 노너야지.

아 그러먼 사 줄 때 송아지 깝쓸 제하고…

─ 그:럼.

제하구 나머지 가꾸…

─ 나:머지 가꾸 절반, 절반 나눠야지.

예에:.

그렁 개 그개 반재기요?

─ 반재기.

소 부릴 때 머 또 하는 소리두 이찌요?

이리 가라 저리 가라 머…

─ 어:, 이러! 하구 워:! 하구 하능 개 이꾸.

─ 게 항구개서는 지금 저저저저저저저 하구 어: 이짜그루 가서두 이
짜그루 저저저저 하구.

어느 쪼그루 가요, 그럼?

─ 왼:쪼그루 갈 때 저저저저 하구 오른쪼그루 갈 때 이 어어: 꼬삐를 자
버댕기구.

머라구 안 해요?

─ 머라구 안 해, 그때는.

─ 왼쪼그루 갈 때만 꼬삐를 축축축추 치면서 저짜그루 가라 그라지.

─ 저저저저 하지.

─ 게 오른쪼개 꼬뿌이가 이끼 때무내 쌍꼬삐는164) 매지 아내꺼덩.

그럼 본전…

- 저 사람은 돈은 없어서 소를 하나 못 산다.

- 그러니까 여기(이쪽)에서 사 줬지.

- 사서 줘, 주니까 이제 그 소가 컸거든, 크면서 노동하면서 컸거든.

- 그래 큰 다음에 돈을 더 받게 되었단 말이야.

- 그러면 그 절반, 절반 나눠야지.

아 그러면 사 줄 때 송아지 값을 제하고…

- 그럼.

제하고 나머지 갖고…

- 나머지 가지고 절반, 절반 나눠야지.

예에.

그런 게 그게 반재기요?

- 반재기.

소 부릴 때 뭐 또 하는 소리도 있지요?

이리 가라 저리 가라 뭐…

- 어, 이러! 하고 워! 하고 하는 게 있고.

- 그래 한국에서는 지금 저저저저저저저저 하고 에 이쪽으로 가서도 이쪽
으로 저저저저 하고.

어느 족으로 가요, 그럼?

- 왼쪽으로 갈 때 저저저저 하고 오른쪽으로 갈 때 이 에에 고삐를 잡
아당기고.

뭐라고 안 해요?

- 뭐라고 안 해, 그때는.

- 왼쪽으로 갈 때만 고삐를 툭툭툭툭 치면서 저쪽으로 가라고 그러지.

- 저저저저 하지.

- 그래 오른쪽에 고삐가 있기 때문에 쌍고삐는 매지 않았거든.

－그래이까 오른쪼그루 갈 쩨는 꼬삐를 자부댕기면 대가리가 이짜그루 도라스지.

아푸로 갈 때는:…

－어:, 저저저저 하구.

아푸로 갈 때.

－아패, '이러:!' 하구.

서 서:면.

－'워:!' 하구.

뒤로 오라구 하능 건.

－에, '써:'165) 하구.

써:.

－어:.

아 그개 다: 달르내요?

－다르지 머 그개 다: 부려 멍능 기.

소 길드릴 때는 어트개…

－소 길드릴 때 그냥 그러캐 길드리지 머.

－끌:구 댕기머.

－길드릴 때 낭, 첨: 메운 소를 에:: 발구애다가166) 낭글 쪼꿈 단다 마리여, 개보깨.

－그래서 끄슬 만하개167) 해지.

－그래 저기다 멍지애다 발구 멍지다 소 송아지럴 메워 가주구 그 다매는 이걸 아패서 끌지 처:매.

－그래다 하:: 끌구 댕기면 이개 이르키 하능가보다구 그 발구애 척척 드러슨다 마리여.

－드러서서 멍지만 들면 그저 여 척 드러가:지.

－그 다맨 이기 인재 끝끼 시자가면 자꾸 끄스, 끄스 하면 난:청 낭그

- 그러니까 오른쪽으로 갈 때는 고삐를 잡아당기면 머리가 이쪽으로 돌아서지.

앞으로 갈 때는…

- 어, 저저저저 하고.

앞으로 갈 때.

- 앞에, '이러!' 하고.

서 서면.

- '워!' 하고.

뒤로 오라고 하는 건.

- 에 '써!' 하고.

써.

- 응.

아 그게 다 다르네요?

- 다르지 뭐 그게 다 부려 먹는 게.

소 길들일 때는 어떻게…

- 소 길들일 때 그냥 그렇게 길들이지 뭐.

- 끌고 다니면서.

- 길들일 때 나무, 처음 메운 소를 에 발구에다가 나무를 조금 싣는단 말이야, 가볍게.

- 그래서 끌 만하게 하지.

- 그래 저기에다 멍에에다 발구 멍에에다 송아지를 메워 가지고 그 다음에는 이걸 앞에서 끌지 처음에는.

- 그러다가 많이 끌고 다니면 이게 이렇게 하는가보다고 그 발구에 척척 들어선단 말이야.

- 들어서서 멍에만 들면 그저 여기 척 들어가지.

- 그 다음에는 이게 이제 끌기 시작하면 자꾸 끌, 끌고 하면 나중에는

쪼꿈 더 달구 더 달구 하지.

－그러 요개 인재 소가 히미 나서 자꾸: 송아지가 히미 나서 자꾸 끄시구 댕기지.

－그: 후:애 이제 발구가 원만하다 할 쩌개 후:워리라릉168) 걸 씨우지. 예?

－후:거리.

후거리는 머요 또?

－에:: 네릴마개 네리가면 그: 다야차 가틍 기 먼저 갈라구 압빠키 막 구부러 나가자나.

예: .

－그러면 소가 그걸 받찌.169)

－반는데 똥빠지르 해:서 이르캐 가주구 술기다가 턱 매: 논는다 마리여.

－그러면 소가 안 네리가거따구 이르카개 되면 똥빠지애 걸려서 술긴 몬 내려가지.

－기래 그르키 하능 개 에: 지멀 반넌다, 술기를 반는다, 이르개지.

－어떵 건 사:내 가서 가파른 대 가따가 낭그 다러가주구서는 낭기 니리 민다 마리여.

－여기는 누:니 이끼 때미 영 미끼럽찌.

－게서 인제 이개 제가 히무루 받따가 받찌 모탈 쩡도개 되면 소가 뻭:틀지.

－이르키 되, 이르키 된 까파란데다가 네리가다가 모 빠드면 이르키 틀면 들 네리간다 마리여.

잘모타면 소 치어 주깬내요.

－주깅 거뚜 이써요, 어: 소가 주이.

－이: 가다가 바뿌면 이르키 턱: 치 친다 마리여, 소가.

소가 지가 그래요?

나무를 조금 더 싣고 더 싣고 하지.

ー그럼 요게 이제 소가 힘이 나서 자꾸 송아지가 힘이 나서 자꾸 끌고 다니지.

ー그 후에 이제 발구가 원만하다 할 적에 후걸이라는 걸 씌우지.

예?

ー후걸이.

후걸이는 뭐요 또?

ー에 내리막에 내려가면 그 타이어차 같은 게 먼저 가려고 앞바퀴가 막 굴러 나가잖아.

예.

ー그러면 소가 그걸 받지.

ー받는데 똥받이를 해서 이렇게 해 가지고 수레에다가 턱 매어 놓는단 말이야.

ー그러면 소가 안 내려가겠다고 이렇게 하게 되면 똥받이에 걸려서 수레는 못 내려가지.

ー그래 그렇게 하는 게 에 짐을 받는다, 수레를 받는다, 이렇게 하지.

ー어떤 건 산에 가서 가파른 데 갔다가 나무를 달아가지고 나무를 내려민단 말이야.

ー여기는 눈이 있기 때문에 아주 미끄럽지.

ー그래서 이제 이게 제가 힘으로 받다가 받지 못할 정도가 되면 소가 삑 틀지.

ー이렇게 되, 이렇게 된 가파른데다가 내려가다가 못 받으면 이렇게 틀면 덜 내려간단 말이야.

잘못하면 소가 치어 죽겠네요.

ー죽인 것도 있어요, 어 소가 죽어.

ー이 가다가 힘들면 이렇게 턱 치, 친단 말이야, 소가.

소가 자기가 그래요?

-어: 제가 틀지.

-그라면 이개 이르키 네려가니까 이 꼬추 네리가면 미끄러우미 히미 더 쎄지.

-가:로 터기 이르키 나가다 삐뚜로 스개 되면 그 다맨 좀 들: 밀지.

그러캔내요.

-에: 그러면 이 들 밀다가 밀리개 이르키 할라다가 발기가 훌떡 번저 진다 마리여.

-여기는 너푸구 여기는 나꺼덩.

-게 발구는 이르캐 생겨찌.

-게 이:거는 발구 소 등얼 치구 아래채는 이 발 다리를 친다 마리여.

-그럼 소가 이르키 너머가지.

-게 너머가서 이: 너머가면 이: 낭기 끌:구 네리온대 치어서 주글 쑤두 이꾸.

그르캐써요.

-에: 게 소: 주긍 거:, 그래 발구다리하다 소 주긍 개 만:치.

-그래서 이: 네릴마걸 바들 쩌개는 뒤:따리애 사람 안능 거처름 거저 요로키 딱 띠디구서넌 엉치 땅이 대:구서는 이: 끄:늘 다 히:::멀 주지 소가 압따리 이르키 하구.

-압따리, 압따리 배까티루 나가지 뒤따리가.

-게 이르카구 히:멀 주지.

-게 안 네리갈라구 자꾸 삐드덩거리구 이르개 히:멀 쓰지.

-이거뚜 바꾸 이르치.

-게: 엉치까지 다: 다깨끔 이르캐 해 가주구 네리가능 개 이찌.

-게 뒤따리는 이개 이땀 마리여.

예:.

-이게.

－어 제가 틀지.

－그러면 이게 이렇게 내려가니까 이 똑바로 내려가면 미끄러운 힘이 더 세지.

－가로 턱이 이렇게 나가다가 삐뚜로 서게 되면 그 다음에는 좀 덜 밀지.

그렇겠네요.

－에 그러면 이 덜 밀다가 밀리게 이렇게 하려다가 발구가 훌떡 뒤집힌단 말이야.

－여기는 높고 여기는 낮거든.

－그래 발구는 이렇게 생겼지.

－그래 이것은 발구가 소 등을 치고 아래채는 이 발 다리를 친단 말이야.

－그러면 소가 이렇게 넘어가지.

－그래 넘어가서 이 넘어가면 이 나무 끌고 내려오는데 치어서 죽을 수도 있고.

그렇겠어요.

－예, 그래 소가 죽은 거, 그래 발구다리하다가 소 죽은 게 많지.

－그래서 이 내리막을 받을 적에는 뒷다리에 사람 앉는 것처럼 그저 요렇게 딱 디디고는 엉덩이를 땅에 대고는 이 끈에 다 힘을 주지 소가 앞다리를 이렇게 하고.

－앞다리는, 앞다리는 바깥으로 나가지 뒷다리가.

－그래 이렇게 하고 힘을 주지.

－그래 안 내려가려고 자꾸 버둥거리고 이렇게 힘을 쓰지.

－이것도 받고 이렇지.

－그래 엉덩이까지 다 닿게끔 이렇게 해 가지고 내려가는 게 있지.

－그래 뒷다리는 이게 있단 말이야.

예.

－이게.

- 게 이러캐 뒤따리애서 디디구 이러키, 이르키 빠저가 나가능 개 이찌.

으응.

소두 영니하내요.

- 아이구: 소: 길 잘: 디리노먼 사람 승:170) 히미 허:라지 머.

- 머 맥뜰 꺼뚜 우꾸 잘하지요.

- 그 다맨 낭구토막 이런 상 두래보더171) 더 큰 거 자기가 한짱 머리를 들지 모타자내요.

- 들지 모태 여기다 발구애다 여기다 턱 시러야 되갠데 들 쑤가 업따 마리여.

- 게 이걸 지리때 여쿠서는 이 낭글 쪼끔 든다 마리여, 끄트머릴.

- 드러 가주구 여기다 가따 소럴 돌려 대구서는 이르카구 두 소누루 어깨애다 메구서넌 기어::우 들지, 한짱 머리럴.

- 게 들기 쉽:깨 하기 위해서는 여기다 중가내다가 나 낭그 하나 미러 연는다 마리여.

- 그라먼 거기서 떠 가주구서 낭구 미러여쿠 떠 가주구 낭구 미러여쿠 하먼 낭기 인재 함: 파내서 이:러키 돼지, 낭기.

- 그래 이 함 파내 인능 건, 여기가 공가니 생기기 때매.

예.

- 여기서 들먼 좀 허라다 마리여 이러캐.

- 이럴 쩌개, 이럴 쩌개 지리때 여쿠서는 이 낭그 끄트머리를 요:마이 드러쓸 쩌개는 여기다 소르 가따 노쿠, 여기 소 이찌 지금 인재.

- 소 발구채는 여기 이꾸.

- 발구 도마애다가 도매애다가 이 낭그 시러야 되갠데 게:우 들기만 해는데 이걸 여기 가따 지버열 쑤가 업따 마리여.

- 그라문 여기 가따 떵 노쿠서는 '써:!' 하게 되먼 소가 두 발자걸 쪽: 드르간다 마리여.

- 그래 이렇게 뒷다리를 디디고 이렇게, 이렇게 빠져나가는 게 있지.

으응.

소도 영리하네요.

- 아이고 소 길 잘 들여놓으면 사람 영 힘이 덜 들지 뭐.

- 뭐 맥이 들 것도 없고 잘하지요.

- 그 다음에는 나무토막 이런 상 둘레보다 더 큰 거 자기가 한쪽 머리를 들지 못하잖아요.

- 들지 못해서 여기에다 발구에다 여기에다 턱 실어야 되겠는데 들 수가 없단 말이야.

- 그래 이걸 지렛대를 넣고는 이 나무를 조금 든단 말이야, 끄트머리를.

- 들어 가지고 여기에다 갖다 소를 돌려 대고는 이렇게 하고, 두 손으로 어깨에다 메고는 겨우 들지, 한쪽 머리를.

- 그래 들기 쉽게 하기 위해서는 여기에다 중간에다가 나(무) 나무 하나를 밀어 넣는단 말이야.

- 그러면 거기서 떠 가지고 나무를 밀어 넣고 떠 가지고 나무를 밀어 넣고 하면 나무가 이제 한 판에서 이렇게 돼지, 나무가.

- 그래 이 한 판에 있는 것은, 여기가 공간이 생기기 때문에.

예.

- 여기에서 들면 좀 쉽단 말이야 이렇게.

- 이럴 적에, 이럴 적에 지렛대 넣고는 이 나무 끄트머리를 요만큼 들었을 적에는 여기에다 소를 갖다 놓고, 여기 소 있지 지금 이제.

- 소 발구채는 여기에 있고.

- 발구 도마에다가 도마에다가 이 나무를 실어야 되겠는데 겨우 들기만 하는데 이걸 여기 가져다 집어넣을 수가 없단 말이야.

- 그러면 여기다 갖다 떡 놓고는 '써!' 하면 소가 두 발작을 쫙 들어간단 말이야.

- 뒤:루 물춤한다[172] 마리여.

- 그래 물추라먼 또 드러지 드르가지.

- 이게 너머 드르가먼:: 소 응치애 다꺼꾸 이게 좀 야치 물리먼 인차 빠:지개꾸 소가 달리먼 인차 빠:지거꾸 할 때 그때 쪼끔 더 서서 '이러!' 하게 되먼 쪼꼼 나가지.

- 그다믄 소: 자라능 건 고로캐 땅 내리노먼 그래 드르가지. 그래 바로 동지구 바루 동지구서는 가싱기루[173] 딱 빡찌.

가싱기는 또 머요?

- 쇠때 이렁 거 가주 댕겨 이렁 거, 뾰::쪼강 거 그래 이렁 거 가주 댕기여.

- 게 바:럴 다: 동지구서 그 낭기애다 탁: 박찌.

- 바그먼 이개 언트기 돼 가주구 빠:지지 모타지 낭기.

- 게 가싱기 바거 가주구 댕기지.

그: 저기 동진대: 바거나서 그 동징 개 암 빠지개.

- 암 빠지지.

- 거기 걸려서…

그개 가싱기요?

- 가싱기.

또 그런 그: 그 소리두 또 첨: 드런내요.

- 에 헤헤헤. 아이구 그 참.

- 이 삼판 해먹짜먼 그거뚜 힘:드러요.

- 자간 똥씨무루다 그거 하자먼 힘:드러요.

- 게 소 말: 잘 든능 건 사:라미 썩:: 허라지 머.

- 영: 허라지.

소:두 털 새까래 따라서 이르미 달라요?

- 다르지.

― 뒤로 무르춤한단 말이야.

― 그래 무르춤하라면 또 들어가지, 들어가지.

― 이게 너무 들어가면 소 엉덩이에 닿겠고 이게 좀 얕게 물리면 금방 빠지겠고 소가 달리면 금방 빠지겠고 할 때 그때 조금 더 서서 '이러!' 하면 조금 (앞으로) 나가지.

― 그 다음에는 소 잘하는 건 고렇게 딱 내려놓으면 그렇게 들어가지. 그러면 바로 동여매고 바로 동여매고는 꺾쇠로 딱 박지.

가싱기는 또 뭐요?

― 쉬 이런 거 가지고 다녀 이런 거, 뾰쪽한 거 그래서 이런 거 가지고 다녀.

― 그래서 바를 다 동여매고서 그 나무에다 탁 박지.

― 박으면 이게 언덕이 되어 가지고 빠지지 못하지 나무가.

― 그래 꺾쇠를 박아 가지고 다니지.

그 저기 동여맨데 박놔서 그 동여맨 게 안 빠지게.

― 안 빠지지.

― 거기 걸려서…

그게 가싱기요?

― 꺾쇠.

또 그런 그 그 소리도 또 처음 들었네요.

― 에 헤헤헤. 아이고 그 참.

― 이 산판 해먹으려면 그것도 힘들어요.

― 좌우간 똥 힘으로 그거 하려면 힘들어요.

― 그래 소가 말을 잘 듣는 건 사람이 썩 수월하지 뭐.

― 아주 수월하지.

소도 털 색깔에 따라서 이름이 달라요?

― 다르지.

어떤 어떤…

　　- 까만소, 누렁소 누:런 누:러면 누:런소, 까만소 새카만 소가 이꺼던.

거기 또 하:얀 점 박킹 거뚜 이짜너요.

　　- 하야다 점배기. 점배기 소.

그거 얼룩…

　　- 얼룩쏘.

얼룩쏘라구두 해요?

　　- 어:, 얼룩쏘.

얼룩쏘 어디애 노랑 누렁 거애 하얀 점 배킹 거요?

　　- 에 에 꺼문 디다 하:얀 점 배깅 게 얼룩쏘지.

　　- 게 누:런 데다가 하:얀 점 배깅 건 업써요.

　　- 소가, 소가 점애 조매 업써.

그렁 거뚜 이떤대요?

보통 누:러차너요, 소가?

　　- 어:, 하:얀 저미 배깅 거.

그런대 하양 거 머리애두 이꾸 머 배애두 이꾸 머 그렁 거 이떤대요.

　　- 어: 어 그렁 게 에:: 이써, 이써.

　　- 그렁 거뚜 이써.

그건 머라 그래요?

　　- 게 점 저 얼룩쏘지 머.

그거뚜 얼룩쏘구.

　　- 으:.

뿔, 뿔 이름두 여러 가지라면서요?

　　- 내 그쌔 아 먼저 마라지 아내써, 그거 다:?

　　- 자파뿔리꾸174) 곤두뿔리꾸175)…

그거 잘 이해가 잘 앙 가요.

어떤 어떤…

― 까만소, 누렁소 누런 누러면 누런소, 까만소 새까만 소가 있거든.

거기 또 하얀 점 박힌 것도 있잖아요?

― 하얀 점박이. 점박이 소.

그거 얼룩…

― 얼룩소.

얼룩소라고도 해요?

― 응, 얼룩소.

얼룩소 어디에 노랑 누런 거에 하얀 점 박힌 거요?

― 에 에 꺼먼 데다 하얀 점 박힌 게 얼룩소지.

― 그래 누런 데다가 하얀 점 박힌 건 없어요.

― 소가, 소가 점이 거의 없어.

그런 것도 있던데요?

보통 누렇잖아요, 소가?

― 어, 하얀 점이 박힌 거.

그런데 하얀 것 머리에도 있고 뭐 배에도 있고 뭐 그런 거 있던데요.

― 어 어 그런 게 에 있어, 있어.

― 그런 것도 있어.

그건 뭐라고 해요?

― 그래서 점 저 얼룩소지 뭐.

그것도 얼룩소고.

― 응.

뿔, 뿔 이름도 여러 가지라면서요?

― 내 글쎄 아, 먼저 말하지 않았어, 그거 다?

― 자파뿔 있고, 곤두뿔 있고…

그거 잘 이해가 잘 안 가요.

- 그 다매 저: 이꾸…

곤두뿌라구 자파뽈 차이가.

- 곤두뿌른 뿌래 이러키, 이러키 돼서 이르키 됭 개 곤두뿌리구:.

요로캐, 요로캐 됭 거요?

- 으:, 그기 곤두뿌리구.

머리가 요로캐 대 이쓰면: 소 머리가 요로, 요로캐 댕 거지요.

- 이기 곤두뿌리구.

예, 한 사시보도 정도?

- 자파뿌른 이르키 낭 개 곤두뿌리구.176)

어트개 낭 거요?

- 이르키: 꼬꼬지 이르키 낭 개.

- 이거 이: 뿔과, 이 뿔과 평이 되개, 대가리서 이르캐.

여푸루 이르캐?

- 에:.

일짜루 이르캐.

- 에:, 일:짜루 이르키 낭 개 자파뿌리구.

자파뿌리구 또.

- 그 다매 그: 저: 곤 곤두뿌리구.

또 이르캐 똥:그러캐 댕 거.

- 그건 물래뿌리구.177)

- 둥:그러캐 댕 건 물래뿌리구.

- 에:.

- 그 다매 또 어: 재:장구178) 쌀처름 이러:키 나오다가 이러:캐서 이르키 꾸부러징 기 또 이따 마리여.

똥:그러캐 이러캐 뭉칭 거.

- 어: 그개 재:장구뿌리구.179)

- 그 다음에 저 있고…

곤두뿔하고 자파뿔 차이가.

- 곤두뿔은 뿔이 이렇게, 이렇게 되어서 이렇게 된 것이 곤두뿔이고.

요렇게, 요렇게 된 거요?

- 응, 그게 곤두뿔이고.

머리가 요렇게 되어 있으면 소 머리가 요롷(게), 요렇게 된 거지요.

- 이게 곤두뿔이고.

예, 한 사십오도 정도?

- 잡화뿔은 이렇게 난 게 곤두뿔이고.

어떻게 난 거요?

- 이렇게 꼿꼿이 이렇게 난 게.

- 이거 이 뿔과, 이 뿔과 수평이 되게, 머리에서 이렇게.

옆으로 이렇게?

- 예.

일자로 이렇게.

- 예, 일자로 이렇게 난 게 자파뿔이고.

자파뿔이고 또.

- 그 다음에 그 저 곤 곤두뿔이고.

또 이렇게 동그랗게 된 거.

- 그건 물레뿔이고.

- 둥그렇게 된 건 물레뿔이고.

- 예.

- 그 다음에 또 에 자전거 살처럼 이렇게 나오다가 이렇게 해서 이렇게 구부러진 게 또 있단 말이야.

둥구렇게 이렇게 뭉친 거.

- 어, 그게 재장구뿔이고.

- 재:장구뿔.

재장구뿔?

- 어:, 허허.

- 그 이기 그르키 갈러저짜이여, 요 먼저 다: 얘기해짜너 그게.

요러캐 하늘 땅 가리키능 거뚜 이따면서요?

- 천지뿔.180)

아: 그건 천지뿌리요?

- 어 허, 천지뿔.

저버내 그거- 모:뜨러써요.

- 왜: 다: 핸는데 그거.

천지뿌른 모뜨러써요.

- 다: 해:써 그거.

- 한 짜기 올러가구 한 짜기 네리 처지구.

예.

- 그 이름 생각 안 나신다 그랬어요.

- 에: 천지뿔.

이름 생각 안 나신다구.

- 그개, 그개 천지뿌리라구.

조:은 소는 어떵 개 조은 소요?

조은 소 골를라먼, 소 살 때.

아무나 아무 거, 소 크기만 하먼 조은 건 아니자나요?

- 야:니지오.

- 황소럴 조응 거 고르느냐 암소럴 조응 거 고르느냐 하넌 두: 가지 문
재지.

예.

- 거기서 황소를 로쿠 얘기할 쩌개는 황소를 척 디뎌서 틱: 서 인능 걸

- 재장구뿔.

재장구뿔?

- 응, 허허.

- 그 이게 그렇게 갈라졌잖아, 요 먼저 다 얘기했잖아 그게.

요렇게 하늘 땅 가리키는 것도 있다면서요?

- 천지각.

아, 그건 천지각이요?

- 어 허, 천지각.

저번에 그거 못 들었어요.

- 왜 다 했는데 그거.

천지각은 못 들었어요.

- 다 했어 그거.

- 한 쪽이 올라가고 한 쪽이 내려 처지고.

예.

- 그 이름이 생각 안 나신다 그랬어요.

- 에 천지각.

이름이 생각 안 나신다고.

- 그게, 그게 천지각이라고.

좋은 소는 어떤 게 좋은 소요?

좋은 소 고르려면, 소 살 때.

아무나 아무 거, 소 크기만 하면 좋은 건 아니잖아요?

- 아니지요.

- 황소를 좋은 거 고르느냐 암소를 좋은 거 고르느냐 하는 두 가지 문제지.

예.

- 거기서 황소를 놓고 얘기할 적에는 황소가 척 디뎌서 턱 서 있는 걸

보개 되먼 황소가 아까시미 텅 널붕가 이걸 처음 보구.

- 그 다매 누:널 보지.

- 황소 누널 보지.

- 게 누널 보개 되먼 거 누니 에:: 어:뜽가.

- 뚱고랑가 좀 이러캐 이르키 좀 찔쭘항가.

- 이걸 또 본다 마리여.

어떵 개 조은 소요?

- 에:?

어떵 개 조은 소요, 누니?

- 게 누니 뚱:고랑 개 조은 소지.

- 그래 그: 그르캐 하구.

- 그 다매 거르멀 걸려 보지.

- 거르멀 볼리먼[181] 압따리: 디딘 자리애 뒤따리가 쪼꼼 어:: 십쎈치
나 시보쎈치나 압띠르 아피 내:디딩능 거.

- 뒤따리가 압따리 디뎌떤 자리럴 뒤따리-가 또 내딛는다 마리여.

- 반 자욱 꺼름하능 거넌 암:만 빨리 간다구 해두 더디지 굼띠구.

- 그 다매 이: 점 아푸루 내디딩능 건 거르미 빠르지.

- 게서 이거: 다 걸려 보구.

- 그대애 발퉁이 어트개 생견능가, 무순 발퉁인가? 이거 보지.

발퉁이요?

- 어: 소 발퉁 이르키…

발퉁?

- 으: 발퉁.

- 그래서 소 발퉁이 짜개가 이르키 인는데 요가 뚱그라차여.

예.

- 겐데 이거슬 제대루 생견는가 모:쌩견능가 이거 보지.

보면 황소가 앞가슴이 턱 넓은가 이걸 처음 보고.

- 그 다음에 눈을 보지.

- 황소 눈을 보지.

- 그래 눈을 보면 그 눈이 에 어떤가.

- 동그란가 좀 이렇게, 이렇게 좀 길쭉한가.

- 이걸 또 본단 말이야.

어떤 게 좋은 소요?

- 예?

어떤 게 좋은 소요, 눈이?

- 그래 눈이 동그란 게 좋은 소지.

- 그래 그 그렇게 하고.

- 그 다음에 걸음을 걸려 보지.

- 걸음을 걸리면 앞다리 디딘 자리에 뒷다리가 조금 에 십 센티미터나 십오 센티미터나 앞으로 앞에 내디디는 거.

- 뒷다리가 앞다리 디뎠던 자리를 뒷다리가 또 내딛는단 말이야.

- 반 자국 걸음하는 건 아무리 빨리 간다고 해도 더디지 굼뜨고.

- 그 다음에 이 좀 앞으로 내디디는 건 걸음이 빠르지.

- 그래서 이거 다 걸려 보고.

- 그 다음에 굽통이 어떻게 생겼는가, 무슨 굽통인가? 이걸 보지.

굽통이요?

- 어, 소 굽통 이렇게…

굽통?

- 응, 굽통.

- 그래서 소 굽통이 짜개가 이렇게 있는데 요기가 동그랗잖아.

예.

- 그런데 이것이 제대로 생겼는지 못생겼는지 이것을 보지.

- 아푸루 에:: 그:무리 발토빙가 그 다매 에 동구런 발토빙가.

무슨 발토비요, 거:머리?

- 그:머리 발토빙가.

예.

- 게 그:무리 발토븐 이게 조끔 나와찌.

길쭈카개?

- 으:, 찔쭈가개.

- 게 이거 보구.

- 그 다매 여기서 그 발토비, 발토비 하:나 여그 와서 두: 개가 인능 개 이찌.

- 뒤에 소: 보면 이찌요?

뒤꾸배? 예.

- 예.

- 소 보면 두 개 굽통이 여기 나와 인능 개 이찌요.

- 그래 그개 에: 이 이러키 디딜라구 이러키 떼쓸 쩌개 여기가 단능가 안 단능가 이거 보지.

- 발토비 여 뒤에 단능가 안 단능가.

아아: 이러캐 굽 아빠를 압빨 이러캐 거를 때.

- 그럴 때 이러캘 때 에 그게 여개 단능가 안 단능가.

뒤, 뒤에 이르캐 두 개 나온 짤븐, 짤븡 거 단는지.

그러먼 그개 어떵 개 조은 소요?

- 게 다찌 아나얘지.

- 다찌 아나야지.

- 그래 그르키 보구.

- 그 다매 거:러갈 쩌개 어떤 소는 이러키: 해:서 이러키 디디구 이러키 디디구 이러키 디디구 하는 소가 이찌.

- 앞으로 에 거머리 굽통인가 그 다음에 에 둥그런 굽통인가.

무슨 굽통이요, 거머리?

- 거머리 굽통인가.

예.

- 그래 거머리 굽통은 이게 조금 나왔지.

길쭉하게?

- 응, 길쭉하게.

- 그래 이거 보고.

- 그 다음에 여기에서 그 굽통이, 굽통이 하나 여기 와서 두 개가 있는 게 있지.

- 뒤에 소 보면 있지요?

뒷굽에? 예.

- 예.

- 소를 보면 두 개의 발톱이 여기 나와 있는 게 있지요.

- 그래 그게 에 이렇게 디디려고 이렇게 떼었을 적에 여기가 닿는가 안 닿는가 이걸 보지.

- 굽통이 요기 뒤에 닿는가 안 닿는가.

아아 이렇게 굽 앞발을 앞발 이렇게 걸을 때.

- 그럴 때 이렇게 할 때 에 그게 여기에 닿는가 안 닿는가.

뒤, 뒤에 이렇게 두 개 나온 짧은, 짧은 거 닿는지.

그러면 그게 어떤 게 좋은 소요?

- 그래 닿지 않아야지.

- 닿지 않아야지.

그래 그렇게 보고.

- 그 다음에 걸어갈 적에 어떤 소는 이렇게 해서 이렇게 디디고 이렇게 디디고 이렇게 디디고 하는 소가 있지.

뒤빠리요?

- 에:, 뒤빠리.

여푸루.

- 압따리는 *꼬꼬지* 가는데.

예.

뒤빠리 여푸루 이러캐서…

- 뒤뿌리[182] 여푸루 가능 개지.

- 이르키 고깨 내디디능 기 아니라 여푸루 가능 기여.

- 이근 이슬차개-[183] 소다.

- 이 이스를 툭툭 차구 가는, 가는 소다.

- 이슬차개 소다.

- 이르키 되지.

- 그 다매…

그런 소는 안 조은 거지요?

- 안: 조치.

- 게: 이게 고로: 생기야지.

- 고로 생겨서 아까스미 딱: 뻐러진 황소는 매:그 쓴다 마리여.

- 게서:…

그렁 개 조은 소요?

- 으:, 그렁 개 조은 소지.

- 그러나 압 이르키: 탁: 쪼꾸 황소가 여기가 쪼꾸 그 다매 저: 주딩이가 황소 주딩이가 뻬주가먼 그건 나 모써요.

- 이 널꾸 주딩이가 뭉투가구 대가리가 그저 크:개 생겨야 맥 쓰지.

그기 둥굴쏘라 그래요?

- 게 둥굴소라구[184] 하구두 하구 황소라구두 하구, 그게 그러치.

암:소 조응 거는 어떵 거요?

뒷발이요?

- 예, 뒷발이.

옆으로.

- 앞다리는 꼿꼿이 가는데.

예.

뒷발이 옆으로 이렇게 해서…

- 뒷발이 옆으로 가는 거지.

- 이렇게 곧게 내디디는 게 아니라 옆으로 가는 거야.

- 이건 이슬차개 소다.

- 이 이슬을 툭툭 차고 가는, 가는 소다.

- 이슬차개 소다.

- 이렇게 되지.

- 그 다음에…

그런 안 좋은 거지요?

- 안 좋지.

- 그래 이게 고루 생겨야지.

- 고루 생겨서 앞가슴이 딱 벌어진 황소는 맥(힘)을 쓴단 말이야.

- 그래서…

그런 게 좋은 소요?

- 응, 그런 게 좋은 소지.

- 그러나 앞 이렇게 탁 좁고 황소가 여기가 좁고 그 다음에 저 주둥이
가 황소 주둥이가 뾰족하면 그건 힘 못 써요.

- 이 넓고 주둥이가 뭉툭하고 머리가 그저 크게 생겨야 맥을 쓰지.

그게 둥굴소라 그래요?

- 그래 둥굴소라고 하기도 하고 황소라고도 하고, 그게 그렇지.

암소 좋은 거는 어떤 거요?

- 암:소 조은··· 어 어뜽기 조웅가 하니까, 암소 조웅 건 이 다리 건능 건 항가지구, 그 다매 이짝 저 아까스미 좀 조꾸 엉치가 탁: 퍼진 소래야- 새끼노리두[185] 자:라구 매글 쓴다 마리여.

- 압따리루 맥 쓰능 기 아이지.

- 언제든지 소는 뒤따리루 마:니 맥 쓰지.

- 게서 이르 끌:다가 소가 끌:다가 끌:지 모타자니요.

- 너머 무거워서 끌:지 모타지.

- 이릉 건 압따릴 라추지, 꾸불치.

- 꾸불구 뒤따리루 힘:쓴다 마리여.

- 그라면 이기 나간다 마리여.

- 그래 무루파그루 이르캐 거러가는 소두 이찌.

- 그래구서 올려논 다:으매 그 다매 이러서서 끌:구 내려오지.

- 올르막 올려논 다매.

- 게 다: 가개 하지 머.

- 암소 좋은… 어 어떤 게 좋은가 하면, 암소 좋은 건 이 다리 걷는 것은 한가지고, 그 다음에 이쪽 저 앞가슴이 좀 좁고 엉덩이가 탁 퍼진 소라야 새끼놀이도 잘하고 맥을 쓴단 말이야.

- 앞다리로 맥 쓰는 게 아니지.

- 언제든지 소는 뒷다리로 많이 맥을 쓰지.

- 그래서 이리 끌다가 소가 끌다가 끌지 못 하잖아요?

- 너무 무거워서 끌지 못 하지.

- 이런 건 앞다리를 낮추지, 굽히지.

- 굽히고 뒷다리로 힘쓴단 마리야.

- 그러면 이게 나간단 말이야.

- 그래 무릎으로 이렇게 걸어가는 소도 있지.

- 그러고서 올려놓은 다음에 그 다음에 일어서서 끌고 내려오지.

- 오르막 올려놓은 다음에.

- 그래 다 가게 하지 뭐.

3.7. 소작과 품앗이

예저내 머슴사리두 이찌요?

머슴 살:자나요 나무 지배?

— 머슴 살지.

머슴 살 때두 여러 가지 조:꺼니 이찌요?

— 이찌:.

일려나능 거 머.

— 어: 육 개월 하능 거, 일련 하능 거…

그렁 개 어떤…

— 그거 요 먼저 다: 핸:는대 머.

예.

— 다: 핸는대 머 또 해여.

그, 그 그럴 때에:… 그 과:정이 어트개 되요, 머슴사리 하는 과:정?

— 과정이: 이 사라먼 이: 사람 머슴사리 하능 개 에: 주이네 맘 마춰주기 위해서 죽:뚜룩 일만 하지 머 그저.

— 그저 머꾸 이:라구, 머꾸 이:라구, 머꾸 이:라구 소처름 그저 머꾸 이:라지.

— 게 자기가 일:머릴루 다: 차자서 이:라는대 이:리랑능 게 끄치 업따 마리여.

— 한:: 그저 메:까지 이:를 하는데 사라미 하는 이:른 다: 한다 마리여 그래구.

소작뚜 해짜너요 옌나래?

— 에?

소:작?

예전에 머슴살이도 있지요?

머슴 살잖아요, 남의 집에?

　－ 머슴 살지.

머슴 살 때도 여러 가지 조건이 있지요?

　－ 있지.

일 년 하는 거 뭐.

　－ 어, 육 개월 하는 거, 일 년 하는 거…

그런 게 어떤…

　－ 그거 요 먼저 다 했는데 뭐.

예.

　－ 다 했는데 뭐 또 해.

그, 그 그럴 때, 그 과정이 어떻게 돼요, 머슴살이 하는 과정?

　－ 과정이 이 사람은 이 사람 머슴살이 하는 게 에 주인의 마음을 맞춰 주기 위해서 죽도록 일만 하지 뭐 그저.

　－ 그저 먹고 일하고, 먹고 일하고, 먹고 일하고 소처럼 그저 먹고 일 하지.

　－ 그래 자기가 일머리를 다 찾아서 일하는데 일이라는 게 끝이 없단 말이야.

　－ 한 그저 몇 가지 일을 하는데 사람이 하는 일은 다 한단 말이야 그리고.

소작도 했잖아요, 옛날에?

　－ 예?

소작?

- 소:자기라는 지주 땅 부치능 걸 가따 소:자기라구 하구.

그렁 건 어떤 시그루 하능 거요?

- 소:장, 소:장농.

그건 어떠캐 해써요, 조꺼니?

- 조거니야 지주가 지주한태 땅을 좀 달:라.

예.

- 이라먼 벌써 달:랄 쩌개는 그: 소장농이라능 글 알:구 달라지.

예.

- 그래서 그 지주가 말:하지.

- 메 찌미나 부치갠나, 멤 마지기 부치갠나, 무러보지.

- 그러먼 지주가[186] 어: 멤 마지기 부치개씀다 하먼 멤 마지기 주지.

- 준 다매 이건 벼:니 이따. 어: 삼칠째냐 그 다매 칠쌈째냐 그 다매에: 이팔째냐.

- 그 다매 사, 사류, 사:류기 사:류그루 하갠나, 이르치.

그러캐 차이가 마니 나개 해요?

- 게 사:류그루 할 쩨넌 유글 지주개 대주구, 어: 마냑쌘 열: 포대가 나따먼 여서 포대를 지주 주구 네: 포대는 내가 가찌.

- 게 사:류기루 하갠나 결정하구 하:능 기지.

삼칠째는요.

- 삼칠째는 일고 푸대를 주구.

- 서 세: 포대는 내가 머꾸.

그럼 머 지주는 일:두 아나구 그냥 거저 다:하개?

- 그러니까 땅 가주 땅 가주구 인는 사람 지주가 그래 뜨더머꾸 산다능 기지.

- 농민 뜨더머꾸 지주넌 농미럴 뜨더머꾸 자본가는 노동자를 뜨더머꾸 산다구 하능 개 아니여?

- 소작이라는 (건) 지주 땅을 부치는 걸 갖다 소작이라고 하고.

그런 건 어떤 식으로 하는 거예요?

- 소작, 소작농.

그건 어떻게 했어요, 조건이?

- 조건이야 지주에게 지주한테 땅을 좀 달라.

예.

- 이러면 벌써 달라고 할 적에는 그 소작농이라는 걸 알고 달라지.

예.

- 그래서 그 지주가 말하지.

- 몇 짐이나 부치겠나, 몇 마지기 부치겠나, 물어보지.

- 그러면 지주한테 어 몇 마지기 부치겠습니다 하면 몇 마지기 주지.

- 준 다음에 이건 변이 있다. 에 삼칠제냐 그 다음에 칠삼제냐 그 다음에 에 이팔제냐.

- 그 다음에 사, 사륙, 사륙이 사륙으로 하겠나, 이렇지.

그렇게 차이가 많이 나게 해요?

- 그래 사륙으로 할 때는 육을 지주에게 주고, 에 만약에 열 포대가 났다면 여섯 포대를 지주 주고 네 포대는 내가 갖지.

- 그래 사륙으로 하겠나 결정하고 하는 거지.

삼칠제는요.

- 삼칠제는 일곱 포대를 주고.

- 세, 세 포대는 내가 먹고.

그럼 뭐 지주는 일도 안 하고 그냥 거저 다하게?

- 그러니까 땅 가지고 땅 가지고 있는 사람 지주가 그렇게 뜯어먹고 산다는 거지.

- 농민 뜯어먹고 지주는 농민을 뜯어먹고 자본가는 노동자를 뜯어먹고 산다고 하는 게 아니야?

- 에헤:.

푸마시는 어떠:, 어떵 걸 푸마시 해써요, 주로 어떤 닐 할 때?

- 푸마시라능 건 내가 저 짐 닐 가서 해 주구 저지비 저지비 싸라물래가 데루가는….

- 마:냑쌔 네:럴 드러서 탈고걸 하갠데 혼자는 모타거덩.

예.

- 그라면 푸마시할 쩌개 저 집 식꾸더라구 우리 집 식꾸하구 하패서 푸마시하능 개 바꿔 쓰능 거. 먼저 해 주구 느깨 하구.

- 게 그 바꿔 쓰능 걸 푸마시다, 개 이르키 하:지.

어떤 일: 할 때 푸마시 주로 해요?

- 탈곡뚜 하구…

*** 마:니 이짜나요?

- 탈곡할 때두 그러쿠 김:맬 때두 그러쿠.

- 게 농사: 내가 혼자서 바까리하는데 씨 놀: 싸라미 업따 마리여.

- 아 고 하 참 절믄 사람 거: 종자 잘: 로터라.

- 그라구 우리 집 와 할랄만 종자 나조.

- 내 거: 가서 할랄 바까러 주깨.

- 거저 이르치. 그기 푸마:시지 그저.

그러잉까 또까튼 일만 하능 기 아니라 종자 나 주면 바까러 줄 쑤두 이꾸.

- 응:.

하이튼 하루 이르키 바꿔서 해 주능 거지요?

- 에: 바꿔 하능 거 그거 가따 우리 지비 꺼 하구 그 지꺼 가서 해: 주구 하능 개 푸마시지.

그게 머 저: 지붕 일 때나 반 맬 때나 또 머: 저기 보리, 보리 갈: 때나 머 이럴 때 다: 할 쑤 인나요?

- 다:: 할 쑤 이써요.

― 에헤.

품앗이는 어떤, 어떤 걸 품앗이 했어요, 주로 어떤 일을 할 때?

― 품앗이라는 건 내가 저 집에 일을 가서 해 주고 저 집의 저 집의 사람을 내가 데려가는….

― 만약에 예를 들어서 탈곡을 하려는데 혼자는 못하거든.

예.

― 그러면 품앗이할 적에 저 집 식구들하고 우리 집 식구하고 합해서 품앗이하는 게 바꿔 쓰는 거. 먼저 해 주고 늦게 하고.

― 그래 그렇게 바꿔 쓰는 걸 품앗이다, 그래 이렇게 하지.

어떤 일을 할 때 품앗이를 주로 해요?

― 탈곡도 하고…

*** 많이 있잖아요?

― 탈곡할 때도 그렇고 김맬 때도 그렇고.

― 그래 농사 내가 혼자서 밭갈이하는데 씨 놓을 사람이 없단 말이야.

― 아 그 하 참 젊은 사람 그 종자 잘 놓더라.

― 그리고 우리 집에 와서 하루만 종자 놔줘.

― 내가 거기 가서 하루 밭 갈아 줄게.

― 그저 이렇지. 그게 품앗이지 그저.

그러니까 똑같은 일만 하는 게 아니라 종자 뿌려 주면 밭을 갈아줄 수도 있고.

― 응.

하여튼 하루 이렇게 바꿔서 해 주는 거지요?

― 예, 바꿔 하는 거 그거 갖다 우리 집에 거 하고 그 집 거 가서 해 주고 하는 게 품앗이지.

그게 뭐 저 지붕 일 때나 밭 맬 때나 또 뭐 저기 보리, 보리 갈 때나 뭐 이럴 때 다 할 수 있나요?

― 다 할 수 있어요.

- 바꿔 할 쑤 이써.

- 그래두 하루: 이틀 느즈 늗찌.

- 그 다맨 사을 라을 이르키 느즐 쑤 업써요, 그건 푸마시는.

- 아무 날 하는대 낼: 모래 당신내 꺼 하구 에: 거저 내:른 우리지꺼
하자.

- 이르캐 해서 다 품마시 와따 가따 하지.

아아:.

곡씨근 대개 가튼, 가튼 시기애 시무니까.

- 그럼.

으응.

- 망종 종내187) 곡씩 시무면 다: 멍는다는 겐데.

일꾼 어더서 일: 시키자나요, 하루 노부더서?

그럼 그 사라만태 간식뚜 주구 밥뚜 주구 그래지요?

- 그럼.

- 해이지 머.

주로 언재 멀: 줘요?

- 새복빰 머꾸 나가 이라개 되먼 으: 오:전 새:차멀 주구 오:후 새:참
주구 그래 증심 머꾸 오후 새:참 주구 그대 저녕 머꾸 그래 오지.

- 오늘 고상해써, 보내구 그저 그러치.

옌나래는 순:저니 다 몸 모무루 하ㅡ 하구 사릉 거내요, 그러니까.

- 그러캐 소처름 만:날 머꾸 이:래야지 머, 옌:나래는.

- 그래 만:날 머꾸 일배, 일배끼 모르지 머.

- 저녀개 드러오먼 또 무슨 저녀개 할: 릴 이꾸.

- 새보기면 새보개 할: 릴 이꾸.

- 그 잠, 잠만 깨: 잡 밤 머꾸 잠만 깨:나먼 그 이:리 만:치 머.

- 바꿔 할 수 있어.

- 그래도 하루 이틀 늦어 늦지.

- 그 다음에는 사흘 나흘 이렇게 늦을 수는 없어요, 그건 품앗이는.

- 아무 날 하는데 내일 모레 당신네 거 하고 에 그저 내일은 우리집 거 하자.

- 이렇게 해서 다 품앗이 왔다 갔다 하지.

아아.

곡식은 대개 같은, 같은 시기에 심으니까.

- 그럼.

아아.

- 망종 전에 곡식 심으면 다 먹는다는 건데.

일꾼 얻어서 일을 시키잖아요, 하루 놉 얻어서?

그럼 그 사람한테 간식도 주고 밥도 주고 그러지요?

- 그럼.

- 해야지 뭐.

주로 언제 뭘 줘요?

- 새벽밥 먹고 나가 일하게 되면 에 오전 새참을 주고 오후 새참 주고 그래 점심 먹고 오후 새참 주고 그 다음에 저녁 먹고 그러고 오지.

- 오늘 고생했어, 보내고 그저 그렇지.

옛날에는 순전히 다 몸 몸으로 하고 산 거네요, 그러니까.

- 그렇게 소처럼 만날 먹고 일해야지 뭐, 옛날에는.

- 그래 만날 먹고 일밖(에), 일밖에 모르지 뭐.

- 저녁에 들어오면 또 무슨 저녁에 할 일 있고.

- 새벽이면 새벽에 할 일 있고.

- 그 잠, 잠만 깨(면) 잠 밥 먹고 잠만 깨나면 그저 일이 많지 뭐.

3.8. 범 만난 이야기

 그 때 저기 저 범: 만낭 거는 어트가다가 만나셔써요?

 ― 버섣빧 싸이. 버섣빧 싸이라능 게 참나무, 참나무 이렁 거 막: 사내다 비어 제치지.

 ― 고시노꾸[188] 가주 가서 이렁 이렁 자부댕기면서 그 비어 제치지. 제치서 그누미 한 삼 년 대면 써그먼서 그 무얼[189] 이개 나온다 마리여. 그래서 무얼 딸라구 그걸 하러 가때찌. 게 그걸 하러 간는데.

 혼자 가셔써요?

 ― 메치, 다서시 가찌 머. 다서시 가치 가찌, 다서시.

 ― 게 하시기하구 경미니하구 남시기하구 이짝 저: 곰시기하구 그 다매 우녕이, 박우녕이하구 이르키 다서시 가찌.

 ― 다서시 간는데 거기서 인재 에: 하시기라는 사라미 여기 주창부라구[190] 이써서, 여기 오지그를 꾼는대 여기. 근대 하시기가 사냥얼 조아한다 마리여.

 ― 그래서 그 다매 그, 그 사람 총이 인는데 그 사람 총으 싸따 그란다 마리여. 쌍 게 아니라 어: 외:상으루 가주와따 마리여, 그매걸 치지 앙쿠. 그랜대 그 다맨 나뿌구 그러대, 즘심 머꼬 그날 낭구 비:구 즘심 멍는데, '형님!' '에 어째?' '이거 쭘 함 발 쏴: 보시오. 지리 고등가 앙 고등가 쏴 보시오.'

 ― 게 낭구 꼭때기 여기다가 도:럴 하나 올려노쿠, 그 다매 저:기 가서 즘슴 먹떤 자리 가서 저 안저서 저녀가주 이르카구 딱 쏘니까 도리 똑 떠러진다 마리여.

 ― 게: 어 지리 곧따. 싸라! 거저 이르캐.

 ― 아 그 사람 그라구 나서 인제 저녁때까지 다: 이 다: 하구서는 인제

그 때 저기 저 범 만난 것은 어떻게 하다가 만나셨어요?

- 버섯밭 사이. 버섯밭 사이라는 게 참나무, 참나무 이런 것 막 산에다 베어 젖히지.

- 고시노꾸 가지고 가서 이렁 이렁 잡아당기면서 그 베어 젖히지. 젖혀서 그놈이 한 삼 년 되면 썩으면서 그 석이 이게 나온단 말이야. 그래서 석이 따려고 그걸 하거 갔었지. 그래 그걸 하러 갔는데.

혼자 가셨어요?

- 몇이, 다섯이 갔지 뭐. 다섯이 같이 갔지, 다섯이.

- 그래 하식이하고 경민이하고 남식이하고 이쪽 저 곰식이하고 그 다음에 운영이, 박운영이하고 이렇게 다섯이 갔지.

- 다섯이 갔는데 거기에서 이제 에 하식이라는 사람이 여기 주창부라고 있었어, 여기 오지그릇 굽는데 여기. 그런데 하식이가 사냥을 좋아한단 말이야.

- 그래서 그 다음에 그, 그 사람은 총이 있는데 그 사람 총을 샀다 그런단 말이야. 산 게 아니라 어 외상으로 가져왔단 말이야, 금액을 치지 않고. 그런데 그 다음에 나보고 그러데, 점심 먹고 그날 나무 베고 점심 먹는데, '형님!' '에 어째?' '이거 한 발 쏴보시오. 길이 곧은가 안 곧은가 쏴보시오.'

- 그래 나무 꼭대기에 여기에다가 돌을 하나 올려놓고, 그 다음에 저기 가서 점심 먹던 자리에 가서 저 앉아서 겨눠가지고 이렇게 하고 딱 쏘니까 돌이 똑 떨어진단 말이야.

- 그래 어 길이 곧다. 사라! 그저 이렇게.

- 아 그 사람 그러고 나서 이제 저녁때까지 다 이 다 하고는 이제 해

해가 거이 너머가는대 가자:! 그래 가는대 하시기 총 가저씨니까 하시기
하구 남식, 저 남시기하구는 이 가다가 이 노루하나 자버가주 가거따구
그 다매 이짝 꼴루 드르가구, 이짝 꼴루 네리오지, 가능골루.[191]

- 게 인제 경민씨하구 박우녕이하구는 이 마상골,[192] 마상골 저: 꼭때
기다가 저 머여 돼:지 코르[193] 놘는대 걸련능가 보구 가개따구 그리 두:
리 가구, 이짜그루 두:리 가구 혼자 인제 나는 마상골루 네려오지.

- 네려오는대 아 그 다맨 이:: 홀치망태애다[194] 도:끼 톱 변또,[195] 변
또 아내다 간변또럴[196] 여끼 때메 비어서 다: 머꾸 비어씨니까 거를 쩡마
다 떨끄덕 떨끄덕 한다 마리여. 거: 변또 아내 변또가.

- 그래서 그 다매는 거:러 내려오는대 한:참 내려와써 거이, 그래두
한, 한 심니 거이 내려와써. 내려완는대 아 그 다맨 어쩐지 머리끄시 꼬꼬
지 올러간다 마리여. 게 서서 이러:키 도러보니까 아:무 거뚜 기처기[197]
업찌 머. '에이 그럼 가자.' 그라구서 네려와찌.

- 네려오는데 어드루 네리와야 되능가 거기서부텀 인제 사내서 네려
와가주구서는 그:: 일번애덜 때 온성으루 동발[198] 탕광 동발해 나가느라
구 자동찰 거기 드르가때써. 게 자동차 끼리 떡 인는데 이 저: 오래 되니
까 동발두 모타구 인제 오래 되니까 사태가 무너저서 기리 뚝 끄너저서
이 고라다니가 떡 돼따 마리여.

- 여기는 천상 고라다니가 이르키 패여서 고라다니 떡 돼씨니 이르니
까 여긴 네리가따가 여기 올러와야 된다 마리여. 그래서 또 길루 올러가
야 된다 마리여.

- 게 여기 네리가따가 여기 올러오는대 올라서 여기서 선 여기서 제
일 토장이라구[199] 자동차 돌기두 하구, 그 다매 자동차 짐 시끼두 하고
거기서 그러는덴데, 거기럴 지내서 여기 네리올라구 하니까 머리끄시 꼬
꼬지 올러간다 마리여.

- 아이 어째 두 번채다 바써. 어째 이렁가? 저이 도라보니까 아무 거

가 거의 넘어가는데 가자! 그래 가는데 하식이가 총을 가졌으니까 하식이하고 남식, 저 남식하고는 이 가다가 이 노루하나 잡아가지고 가겠다고 그 다음에 이쪽 골로 들어가고, 이쪽 골로 내려오지, 가는골로.

- 그래 이제 경민 씨하고 박운영이하고는 이 마상골, 마상골 저 꼭대기에다가 저 뭐야 돼지 올가미를 놨는데 걸렸는가 보고 가겠다고 그리 둘이 가고, 이쪽으로 둘이 가고 혼자 이제 나는 마상골로 내려왔지.

- 내려오는데 아 그 다음에는 이 홀치망태에다가 도끼 톱 도시락, 도시락 안에다 반찬도시락을 넣었기 때문에 비어서 다 먹고 비었으니까 걸을 적마다 떨거덕 떨거덕 한단 말이야. 그 도시락 안에 도시락이.

- 그래서 그 다음에는 걸어 내려오는데 한참 내려왔어 거의, 그래도 한, 한 십리 거의 내려왔어. 내려왔는데 아 그 다음에는 어쩐지 머리끝이 꼿꼿이 올라간단 말이야. 그래 서서 이렇게 돌아보니까 아무 것도 기척이 없지 뭐. '에이 그럼 가자.' 그러고서 내려왔지.

- 내려오는데 어디로 내려와야 되는가하면 거기서부터는 이제 산에서 내려와서는 그 일본사람들 때 온성으로 동발 탄광 동발해서 나가느라고 자동차가 거기에 들어갔었어. 그래서 자동차 길이 떡 있는데 이 저 오래 되니까 동발도 못하고 이제 오래 되니까 사태가 무너져서 길이 뚝 끊어져서 이 고랑이 떡 되었던 말이야.

- 여기는 천상 고랑이 이렇게 패여서 고랑이 떡 되었으니 이러니까 여기는 내려갔다가 여기로 올라와야 된단 말이야. 그래서 또 길로 올라가야 된단 말이야.

- 그래 여기 내려갔다가 여기로 올라오는데 올라와서 여기에서 선 여기에서 제 일 토장이라고 자동차가 돌기도 하고, 그 다음에 자동차에 짐을 싣기도 하고 거기서 그러는 데인데, 거기를 지나서 여기로 내려오려고 하니까 머리끝이 꼿꼿이 올라간단 말이야.

- 아이 어째 두 번째다 벌써. 어째 이런가? 저 돌아보니까 아무 것도

뚜 업따 마리여.

― 게 인재 그 다매, 그 다매 인제 이 언터기 언터기 이르키 돼:찌. 여 기는 사느 깍, 투투지루르200) 미러서 사니 까퍼러캐 되구, 여기는 여기는 이르키 기리 되구, 여기는 인저 까껴쓰니까 여기는 언터기 되따 마리여, 크게.

― 기린데 여기를 지나올라구 인저 턱 이른데 자동차 끼래 여기 지나올 라구 그라는데 아이 요기서 퐁 떠서 요러카구 딱 처다본다 마리여, 요러 캐. 거리가 한 그러니까 거리가 한 여기 대문 인는 디보더 가깝지. 쪼꿈 가깝찌. 여 옥시기짱201) 인는 조기만 하지 버:미.202)

― 게 거기 턱 떠서 거기다 타가구 이르캐 떡 디디구선 이르키 처다본 다 마리여.

― 게 저네 '엑!' 해지더니 말두 아이 나간다 마리여. 소리두 안 나가지 숨:두 모쒀게찌. 말두 안 나간다 마리아.

― 게 시어미 이릉 게 그 버:미 딱 처구, 처다본다 마리여.

― 아 그 다매는 고기 수머따가 내 가능 걸 압찔러서 수머따가 고기 딱 따나와따 마리여.

― 아 그 다맨 헤 해더니 뭐 말:두 안 나가지. 에이 씨 한참 이씨니까 수미 도러스구 정시니 나대.

― 버:매 물려가두 정신만 차리면 된다드라구. 이 생가기 뼈 드러가서 그 다매는 도:끼럴 여기서 빼가주구, 빨라니까 떨그덕 떨그덕 벤또가 떨 그덕 떨그덕 하니 이게 홀치망태니까 벌리야 빠지지, 암 빠지지.

― 게 이르카구 이쓰니까 처다보구만 이써.

― 그래 안 되개따구 한짝 어깨를 쭉 빼가주구서 힉 돌려가주구서는 도 끼르 뽀바찌. 게 도끼르 뽀서 마주 줜 다매는 마:미 줌 가라안때. 그래가 주 너 저버들면203) 나두 찡는다.

― 그래서 그 다매는 그 마미 딱 드러가서 이쓰니까 그래두 앙 가.

없단 말이야.

- 그래 이제 그 다음에, 그 다음에 이제 이 언덕이 언덕이 이렇게 되었지. 여기는 산을 깎(아), 불도저로 밀어서 산이 가파르게 되고, 여기는 여기는 이렇게 길이 되고, 여기는 이제 깎았으니까 여기는 언덕이 되었단 말이야, 크게.

- 그런데 여기를 지나오려고 이제 턱 이런데 자동차 길을 여기 지나오려고 그러는데 아이 교기서 퐁 뛰어서 요렇게 하고 딱 쳐다본단 말이야, 요렇게. 거리가 한 그러니까 거리가 한 여기부터 대문 있는 데보다 가깝지. 조금 가깝지. 여기 옥수숫대 있는 조기만큼 하지 범이.

- 그래 거기 턱 뛰어서 거기에다 탁 하고 이렇게 떡 디디고는 이렇게 쳐다본단 말이야.

- 그래 전에 '엑!' 해지더니 말도 안 나간단 말이야. 소리도 안 나가지 숨도 못 쉬겠지. 말도 안 나간단 말이야.

- 그래 수염이 이런 게 그 범이 딱 쳐다보고, 쳐다본단 말이야.

- 아, 그 다음에는 고기 숨었다가 내가 가는 것을 앞질러서 숨었다가 고기로 딱 뛰어나왔단 말이야.

- 아, 그 다음에는, 하더니 뭐 말도 안 나가지. 에이 씨 한참 있으니까 숨이 돌아서고 정신이 나더라고.

- 범에 물려가도 정신만 차리면 된다더라고. 이 생각이 들어가서 그 다음에는 도끼를 여기에서 빼가지고, 빼려니까 덜거덕 덜거덕 도시락이 덜거덕 덜거덕 하니 이게 홀치망태니까 벌려야지 빠지지, 안 빠지지.

- 그래 이렇게 하고 있으니까 쳐다보고만 있어.

- 그래 안 되겠다고 한쪽 어깨를 쭉 빼가지고 휙 돌려가지고는 도끼를 뽑았지. 그래 도끼를 뽑아서 마주 쥔 다음에는 마음이 좀 가라앉더라고. 그래가지고 너 달려들면 나도 찍는다.

- 그래서 그 다음에는 그 마음이 딱 들어가서 있으니까 그래도 안 가.

- 고기서 십 뿐 내지 이시 뿐 똥안 그르카구 이써지.

- 그런데 그 다매는 요게 만마내 저버들 꺼 가튼데 안 저버든다 마리여 그래두.

- 그래서 그 다맨 인재 도:끼르 이짝 어깨루 탕 넹겨서 이르키 걸:구 담배싸미를204) 탁 끄내가주, 그 때 마: 피울 때여 이르캐.

예.

- 그래서 그 다매 이러캐 해가주선 여기다 탁 걸구서는 이르카구서는 이거는 말:지.

- 게 도:끼는 움쭈마러문 자버친다 하구서는 처다보구서는 그거 처다보구 담:배는 보지 앙쿠 그냥 어디다 논는지두 모르지 머.

- 게서 뚜군뚜구라개205) 하나 마라따 마리여. 마라서 그저 나이타루206) 타캐서 부처찌.

- 부치구 불 보먼 다러난다구 해서 그랜는데 아이 다라난다 마리여. 그냥 그러카구 이찌.

- 아 그 다맨 담배 뿍뿍 빠서 영기를 푹: 푸무면서 해두 안 나간다 마리여.

- 게 인제 담배까지 피우구 도:끼까지 줌비하구 다: 이르카구 이씨니까 마:미 든드:내서 그 다매는 이르카구 이따는 어두버서 모깐다, 나리 어두버지는데 어트가갠나. 그라구서는 그 다맨 한 발짜구 땅 내디디면서 '비키라!' 하구 소리처찌.

- 게 소리치니까 가마나구 이써. 머 꿈쩍뚜 아내. 그 다맨 두 번채마내 그저 펑 끙 뛰면서 그래 소리치니까 그 다맨 퐁 떠서 저런 언터개 그 까끈데 언터개 여기 개처럼 이러::키 안저서 네리다 본다 마리여.

- 거기를 지나가야 댄 저기 올라 안전는데 여기를 지나갈 쑤가 이씨야지. 그래서 그 다매는 여기서 이제 도끼를 딱 두 주머그루 쥐:구서는 여꺼름질하지 이르캐. 그냥 그만 처다보구. 시서니 거기망 가지 다른데 모까.

- 고기서 십 분 내지 이십 분 동안 그렇게 하고 있었지.

- 그런데 그 다음에는 요게 만만해서 달려들 것 같은데 안 달려든단 말이야 그래도.

- 그래서 그 다음에는 이제 도끼를 이쪽 어깨로 탁 넘겨서 이렇게 걸고 담배쌈지를 탁 꺼내가지고, 그 때 말아 피울 때야 이렇게.

예.

- 그래서 그 다음에 이렇게 가가지고는 여기에다 탁 걸고는 이렇게 하고는 이것은 말지.

- 그래 도끼는 움찔하면 잡아친다 하고는 쳐다보고는 그걸 쳐다보고 담배는 보지도 않고 그냥 어디에다 놨는지도 모르지 뭐.

- 그래 둥글둥글하게 하나 말았단 말이야. 말아서 그저 라이터로 탁 해서 (불을) 붙였지.

- 붙이고, 불을 보면 달아난다고 해서 그랬는데 안 달아난단 말이야. 그냥 그렇게 하고 있지.

- 아 그 다음에는 담배를 뻑뻑 빨아서 연기를 푹 품으면서 해도 안 간단 말이야.

- 그래 이제 담배까지 피우고 도끼까지 준비하고 다 이렇게 하고 있으니까 마음이 든든해서 그 다음에는 이렇게 하고 있다가는 어두워서 못 간다, 날이 어두워지는데 어떻게 하겠나. 그리고는 그 다음에는 한 발자국 딱 내디디면서 '비켜라!' 하고 소리쳤지.

- 그래 소리치니까 가만히 있어. 뭐 꿈쩍도 안 해. 그 다음에는 두 번째만에 그저 펑 끙 뛰면서 그래 소리치니까 그 다음엔 퐁 뛰어서 저런 언덕에 그 깎은데 언덕에 여기 개처럼 이렇게 앉아서 내려다본단 말이야.

- 거기를 지나가야 되는데 저기 올라 앉았는데 여기를 지나갈 수가 있어야지. 그래서 그 다음에는 여기서 이제 도끼를 딱 두 주먹으로 쥐고는 옆걸음질하지 이렇게. 그냥 그놈만 쳐다보고. 시선이 거기만 가지 다른

그기 여꺼름 처서 이짜개가 해서 여기서 한 오 메다 간능가 다선매다까
량207) 간능가 핸는대 풍 뛰어내려 핵 또러서찌. 그래니께 떠러진대다 고
대루 또 그냥 이떵구만.

— 하이간 너는 거기서만 이써 난 가개따. 하구서는 그대 거러가지. 거
러가는 싸악: 뒤 도러다 보너라구 아펄 봐야 가지 당채.

— 그래, 그래 그 한참 내려온 다매 보니까 따러오대, 그냥 따러오대.

— 게 따라오던 마, 마상골 어구지까지 거이 따라와찌. 머 다: 따라와
찌. 쿵 쿵 길 나올 때까지 거기 그 어가내 따러온다 마리여.

— 게 따러오더니 마상고래 오른짝 길과 왼:쪽 끼리 이찌. 게 나는 왼:
쪽 끼래서 네려와찌. 네려완대 여기 오더니만 쭈글티리구 안저때. 게 쭈
글티리구 안전는대 그 다매 여기 이리 드러가대.

— 이리 드르가능 거 보구선 너 갈라먼 가거라 난 지부루 가게따꾸 꼬
꼬지 내려와찌. 네려와니까 깡까마지 저녁 야덥씨,208) 야덥씨 너머따 마
리여 고 때.

— 게 그래서 그 다매 지비 와서 보니까 괜차나. 게: 저녀걸 머거찌. 게
저녀걸 머꾸핸데 와서 씨꾸 저: 세수하구 뭐: 발 씨꾸 뭐: 어짜구 보니까
야듭씨 반 내지 아옵씨 거이 된다 마리여.

— 그라구선 저녀걸 머거 잔는데 아치메 이르나니까 몬 니르나개써.

어:.

— 게 몬 니러나갠는데 보니까 우예넌: 공기가 차:서 스끼가 드르가주
구 저저찌. 여긴 온: 모매 그냥 따미 흠:뺑 나찌. 따:매 저저가주구 더운
기가 나가니까 창공기 그르니까 또 모 우티가209) 다 저저따 마리여, 몽땅
아래 우또리가. 그래가주구서 그다 그기 떠긴는대 아치미 몬 니르나개써.

— 거 얼마나 놀랜는지 아이튼 그래서 몬 니르난는데 아 어떤 노이니
그라대. 아:이 그런데서 상시기 좀 이써야 된다구. 우아기래두210) 하나 쭉
버서서 쥐어 쥐뿌려211) 주구 오지 뭐하러 그냥 오능가 하구 그란다 마리

데는 못 가. 그게 옆걸음질 쳐서 이쪽으로 해서 여기에서 한 오 미터 갔는가 오 미터가량 갔는가 했는데 퐁 뛰어내려 휙 돌아섰지. 그러니까 떨어진 데 그대로 또 그냥 있더구먼.

- 하여간 너는 거기서만 있어 난 가겠다. 하고는 그대로 걸어갔지. 걸어가는데 뒤돌아보느라고 앞을 봐야 가지 당최.

- 그래, 그래 그 한참 내려온 다음에 보니까 따라오더라고, 그냥 따라오더라고.

- 그래 따라오던 마, 마상골 어귀까지 거의 따라왔지. 뭐 다 따라왔지. 큰, 큰 길 나올 때까지 거기 그 어간에 따라온단 말이야.

- 그래 따라오더니 마상골에 오른쪽 길과 왼쪽 길이 있지. 그래 나는 왼쪽 길에서 내려왔지. 내려왔는데 여기 오더니만 쭈그리고 앉았대. 그래 쭈그리고 앉았는데 그 다음에 여기 이리 들어가대.

- 이리 들어가는 걸 보고는 너 가려면 가거라 나는 집으로 가겠다고 꼿꼿이 내려왔지.

- 그래 그래서 그 다음에 집에 와서 보니까 괜찮아. 그래 저녁을 먹었지. 그래 저녁을 먹고 했는데 와서 씻고 저 세수하고 뭐 발 씻고 뭐 어쩌고 보니까 여덟시 반 내지 아홉시 거의 되었단 말이야.

- 그러고는 저녁을 먹고 잤는데 아침에 일어나니까 못 일어나겠어.
어.

- 그래 못 일어나겠는데 보니까 위에는 공기가 차서 습기가 들어가고 젖었지. 여기는 온 몸에 그냥 땀이 흠뻑 났지. 땀에 젖어가지고 더운 기가 나가니까 찬 공기 그러니까 또 뭐 옷이 다 젖었단 말이야, 몽땅 아래윗도리가. 그래가지고 그 다음에 그게 떡 있는데 아침이 못 일어나겠어.

- 그 얼마나 놀랐는지 하여튼 그래서 못 일어났는데 아 어떤 노인이 그러대. 아이 그런데서 상식이 좀 있어야 된다고. 웃옷이라도 하나 쭉 벗어서 주어 주어버려 주고 오지 뭐하러 그냥 오는가 하고 그런단 말이야.

여. 그거 왜 뿌려주기는 왜 뿌려주능가 하구. 그저 모자래두 뻐서서 떤저 주구 오지 왜 그래능가 하구.

- 땅 마매 이썬는대 먹찌 모타개 되따는 기지. 그래 너무 도기 도기 쌔니까 저버 모뜨러따는 기지, 버:미.

- 그라구서는 일쭈이를 알치 아내써? 딱 일쭈일.

- 게 일쭈일 아는데 무:당이 와서 그때 무:당이 와서 경얼 일꾸 뭐 그래두 나:찌 안치. 그래서 여그 와서 야그 싸다²¹²⁾ 머꾸 나서찌 머.

- 게 야그 싸다 머꾸 나서가주구 그 담부터는 사내 정 시러해찌, 사내 가기를. 게 시러핸대 '에이 씨 머 무러갈람 무러가지 뭐 저마다 다 무러 가갠냐' 하구 또 댕겨찌 머.

- 게 함 번 이: 하동애 한족 싸라미 말 아패다 세 필 메우구 한 가운데다가 엠:마라²¹³⁾구 말 조:응 거 하나 여기다 감 한 파내다 하나 메운다 마리여. 그: 게 그 마른 엠:마라구 사내 산따리하러²¹⁴⁾ 끌구 안 올러 가지 머, 여기다 그냥 다러매 노치.

- 싸리나무르 하러 아부지하구 두:리 가니까 거 버:미 그 엠:마르 무러 제끼가주구, 무러 제끼가주구 그 다매 주겨서 뜨더머꾸 이따 마리여.

- 아 그 다매 보니까 그: 다:창애다가²¹⁵⁾ 그: 옥씨기 고:투라 귀:태라 넝²¹⁶⁾ 거 여기 뭉처서 이르키 이르키 뭉처 가주구 가매다 떡 뿌처서 쩌내 능 게 이짜너. 그런 귀:태라능 거 거 양털 다창애다 싼는데 양털 따창 얼²¹⁷⁾ 다 찌저노쿠 귀:태가 그저 막 거 사내 술기²¹⁸⁾ 인넌 데 어: 달구지 인넌 데 거기 막 떠러저찌.

- 아, 그래가주구서넌 그 다맨 아, 보니까 소가 쉬:쉬가능개 앙 갈라 그리여. 게 아푸 처다 보니까 떡 그 지경이여.

- 게 그 다매는 아푸 특 처다보니까 발써 토장애²¹⁹⁾ 마르 하나 제껴떠 구면.

- 그래가주서넌 에이 씨 여기 드르가야 또 싸리나무 하기 실타. 다른

그거 왜 뿌려주기는 왜 뿌려주는가 하고. 그거 모자라도 벗어서 던져주고 오지 왜 그러는가 하고.

– 꼭 마음에 있었는데 먹지 못하게 되었다는 거지. 그래 너무 독이 독이 세니까 덤벼들지 못했다는 거지, 범이.

– 그러고는 일주일을 앓지 않았어? 딱 일주일.

– 그래 일주일 앓는데 무당이 와서 그때 무당이 와서 경을 읽고 뭐 그래도 낫지 않지. 그래서 여기 와서 약을 사다 먹고 나았지 뭐.

– 그래 약을 사다 먹고 나아가지고 그 다음부터는 산을 영 싫어했지, 산에 가기를. 그래 싫어했는데 '에이 씨 뭐 물어가려면 물어가지 뭐 저마다 다 물어가겠냐' 하고 또 다녔지 뭐.

– 그래 한 번 이 하동에 한족 사람이 말 앞에다 세 필을 메우고 한가운데다가 옘마라고 말 좋은 거 하나 여기에다 한 판에다 하나 메운단 말이야. 그 그래 그 말은 옘마라고 산에 산다리 하러 끌고 안 올라가지 뭐, 여기에다 그냥 매달아 놓지.

– 싸리나무를 하러 아버지하고 둘이 가니까 그 범이 그 옘마를 물어 젖혀가지고, 물어 젖혀가지고 그 다음에 주겨서 뜯어먹고 있단 말이야.

– 아, 그 다음에 보니까 그 외투에다가 그 옥수수 귀테라 귀테라는 거 여기 뭉쳐서 이렇게 이렇게 뭉쳐 가지고 가마에다 떡 붙여서 쪄내는 게 있잖아. 그런 귀테라는 거 그 양털외투에다 쌌는데 양털 외투를 다 찢어 놓고 귀테가 그저 막 그 산에 수레 있는 데 어 달구지 있는 데 거기 막 떨어졌지.

– 아, 그래가지고는 그 다음엔 아, 보니까 소사 식식하는 게 안 가려 그래. 그래 앞을 쳐다보니까 떡 그 지경이야.

– 그래 그 다음에는 앞을 떡 쳐다보니까 벌써 토장에 말을 하나 (물어) 젖혔더구먼.

– 그래가지고는 에이 씨 여기 들어가야 또 싸리나무 하기 싫다. 다른

데루 가자.

- 그래서 거기서 그 고라내서 나와 가주구 또 다른 드루 가짜너.

- 그런 일두 봐:는대, 하이튼 뭐.

다:창이 뭐요?

- 양털 다창이라구 이게: 다:창이라능 건 한종 마리구, 그 다매 터론.

네.

- 양털 오:바.

예.

- 양털 오:바.

예.

- 오바 이, 이거 오바, 그거 귀:태 얼:지 말라구 거 털 오바애다 싸놔찌.

예.

- 게 이걸 다: 찌저서 그냥 다: 노쿠.

- 그 다매 이짜꺼 보:미 마나때써. 근데 저 머글깨 이씨야 만치, 그뚜 머글깨 업씨니까 다: 다라나구 업써요.

- 군대드리 굴: 파느라구 꽝::꽝 울려찌:. 그 다매 거기 저 남포지라느라구220) 그저 길대끼221) 남포지라느라구 막 그저 그라지. 그라닝까 짐성더리 다: 멀리 가찌 머.

- 그래 저: 어드루 간능가 하닝까 저 양진산, 쏘련 양진산 인는 거기루 다: 가따 마리여.

응.

- 게 놀가지,222) 사시미223) 다: 그 짜그루 모두 가찌. 여기서 꽝꽝 하구로 그래닝까 인제 그 담부터먼 그러키 쌔:지 아내.

- 게 하시기라는 사라문 총, 총 쏴가주구 그 다맨 사냥하러 댕기면서 코럴224) 놔:찌 뭐. 이래 쇠 쇠줄 코. 그 놀가지나 걸리라구 그저 쇠줄 코럴 노쿠 그거 보구먼서 사냥 댕기지.

데로 가자.

　─ 그래서 거기서 그 골 안에서 나와 가지고 또 다른 데로 갔잖아.

　─ 그런 일도 봤는데, 하여튼 뭐.

다창이 뭐에요?

　─ 양털 다창이라고 이게 다창이라는 것은 한어이고, 그 다음에 털옷.

네.

　─ 양털 외투.

예.

　─ 양털 외투.

예.

　─ 외투 이, 이거 외투, 그거 궈테 얼지 마라고 그 털외투에다 싸놓았지.

예.

　─ 그래 이것을 다 찢어서 그냥 다 놓고.

　─ 그 다음에 이쪽에 범이 많았었어. 그런데 저 먹을 게 있어야 많지, 그것도 먹을 게 없으니까 다 달아나고 없어요.

　─ 군대들이 굴 파느라고 꽝꽝 울렸지. 그 다음에 거기 저 남포질 하느라고 그저 길닦이 남포질 하느라고 막 그저 그러지. 그러니까 짐승들이 다 멀리 갔지 뭐.

　─ 그래서 저 어디로 갔느냐 하면 저 양진산, 소련 양진산 있는 거기로 다 갔단 말이야.

응.

　─ 그래 노루, 사슴 다 그쪽으로 모두 갔지. 여기서 꽝꽝 하고 그러니까 이제 그 다음부터는 그렇게 세지(많지) 않아.

　─ 그래 하식이라는 사람은 총, 총을 쏴가지고 그 다음엔 사냥하러 다니면서 올가미를 놨지 뭐. 이렇게 쇠 쇠줄 올가미. 그 노루나 걸리라고 그저 쇠줄 올가미를 놓고 그거 보면서 사냥 다니지.

- 아 그런데 항 고대 가니까 아이 자기 자분 노루 저: 코예 걸린 놀가지를 버:미 안저 멍는다 마리여. 그 다맨 하시기가 쩍: 처다보구 이따가는 버:미 턱 온데, '짜 이누마 너만 머갰나 나두 줌 먹짜' 이르가군 드르가서 그 빼서따 마리여.

으: .

- 빼서가주구선 요 홀치망태예다 너:가주 그르니까 먹떵 기니까 항 그 저, 어: 삼부내:: 이: 까량은 나머찌 머. 게 그거 홀치망태예다 여쿠서는 그 다매 지부루 와찌.

- 오는데 그: 하시기 모:르게 그냥:: 따러와따 마리여 지부루, 지비까지. 따러 따러와가주구서는 이제 하시기가 개:르 메기그덩.

- 게 쥐이니 오니까 개:가 조타구 꽁지를 흔들민서 나와꺼등.

- 나오니까 아나나 달러, 어:느새 완는지 버:미 툭 튀가주 가뻐리따 마리여. 툭 텨서 물구서 등어리 탁 치더니더만 등어리다 어꾸서는 내따 뛴다 마리여.

- 게 거때 보지 그 다맨 또 모뽀지 머. 그라구서넌 그냥 개하구 놀가지하구 바꿔따네 흐흐허허허 해해.

그래두 사람이 그거 메구 오는대 버:미.

- 안: 저버들지.

예.

- 무서워하지, 저두 무서워하지.

아: .

- 샤:람두 무서워하구, 샤:라미 범:두 무서워하구. 그 서루까라 그러치.

요새는 여기가 산 기퍼서 그르치요, 나무두 망쿠?

- 만:치 그저내 아이 아:르 똥 누러 대, 문바깨 내:노치 모:탠는데, 무러 가는 바라매.

- 승냉이225) 이찌, 그 다매 저: 버:미찌 슬기226) 이찌 뭐: 짐성이 바미

― 아, 그런데 한 곳에 가니까 아이 자기가 잡은 노루, 저 올가미에 걸린 노루를 범이 앉아서 먹는단 말이야. 그 다음엔 하식이가 떡 쳐다보고 있다가는 범이 턱 온데, '자 이놈아 너만 먹느냐 나도 좀 먹자' 이렇게 하고는 들어가서 그걸 빼앗았단 말이야.

응.

― 빼앗아가지고는 요 홀치망태에다 넣어가지고 그러니까 먹던 거니까 한 그 저, 어 삼분의 이가량은 남았지 뭐. 그래 그것을 홀치망태에다 넣고는 그 다음에 집으로 왔지.

― 오는데 그 하식이 모르게 그냥 따라왔단 말이야 집으로, 집에까지. 따라 따라와가지고는 이제 하식이가 개를 키우거든.

― 그래 주인이 오니까 개가 좋다고 꼬리를 흔들면서 나왔거든.

― 나오니까 아니나 달라, 어느새 왔는지 범이 툭 튀어가지고 가버렸단 말이야. 툭 튀어서 물고 등허리 탁 치더니만 등허리에다 없고는 냅다 뛴단 말이야.

― 그래 그때 보지 그 다음에는 또 못 보지 뭐. 그러고는 그냥 개하고 노루하고 바꿨다네. 흐흐허허허 해해.

그래도 사람이 그거 메고 오는데 범이.

― 안 덤벼들지.

예.

― 무서워하지, 저도 무서워하지.

아.

― 사람도 무서워하고, 사람이 범도 무서워하고. 그 서로가 그렇지.

요새는 여기가 산이 깊어서 그렇지요, 나무도 많고?

― 많지 그전에 아이 아이를 똥 누러 대, 문밖에 내놓지 못했는데, 물어가는 바람에.

― 승냥이 있지, 그 다음에 저 범이 있지, 삵이 있지 뭐. 짐승이 밤이면

머 활뚱이 영 쩨:서. 그 다매 아:르 똥 누러 내:노치 모, 석뚜에서 하나 물
려 보내찌 아내써.

애: 를료?

− 어:, 아:르 세: 살 머긍 거.

어트가다가요?

− 그: 남자는 다 해 저녀개 또: 회: 가따 마리여. 그래닝까 여자하구
아:하구 두:리 지베 인는데 아:가 '똥 마룹따' 구라니까 저 무느 열구서는
그 다매 요기 안자 뉘:라.

− 그래서 지비 아내 싸:먼 쿠린내 나니까 그저 거기 안저 뉘:라 그라
구서, 아 그러니까 아:가 내:노쿠서 무늘 닫찌 마러야지.

− 내:노쿠 똥누라 하노쿠 무널 다더따 마리여.

− 게 다단는데 그 때는 증:기가 업써서 다: 저 초뿔, 초뿔 아니먼 등잔
뿔, 등잔뿌라니먼 이 쩌 소깽이불,227) 그저 그거: 불 때지 머.

− 아, 그런데, 그런데 그 다매는 아:를 다 뉜:냐 하구 보니까, 아:가 업
따 마리여. 찍쏘리두 모타게 그저 물구 가뻐려써.

− 그래 또 아주머이가 회: 하는데 와서 아:: 똥 누러 내보낸는데 아:가
업따구 자꾸 이래서 보고한다 마리여.

− 그래 거기 회: 해떤 사라미 왁: 쓰러서 이 저 머 소깽이부를 내다 그
다매 에: 그 다매 베:찌부루 무꺼 가주구 시:: 쩌 기름칠 해가주구, 불 달
려가주구 소깨방맹이228) 부를 해가주구서 그 다맨 갱벼니구 어디구 다:
차즈니 바메 어디가 차저, 모: 차찌.

− 게 그 이튼날 또 차즈러 댕기찌. 또 차즈러 댕기니까 버드나무 미태
대가리만 나머떤데 머. 그래, 다: 머꾸 대가 대가리만 딱딱 끄너 머거써,
아이.

− 고냉이두 쥐 자브먼 끄너 먹짜너?

에.

활동이 아주 심해서. 그 다음에 아이를 똥 누이러 내놓지 못, 석두에서 하나 물려 보내지 않았어.

아이를요?

— 어, 아이를 세 살 먹은 거.

어떻게 하다가요?

— 그 남자는 다 해 저녁에 또 회의에 갔단 말이야. 그러니까 여자하고 아이하고 둘이 집에 있는데 아이가 '똥 마렵다' 그러니까 저 문을 열고는 그 다음에 요기 앉아 눠라.

— 그래서 집에 안에 싸면 쿠린내가 나니까 그저 거기 앉아 눠라 그러고서, 아 그러니까 아이를 내놓고서 문을 닫지 말아야지.

— 내놓고 똥 누라고 해놓고 문을 닫았단 말이야.

— 그래 닫았는데 그 때는 전기가 없어서 저 촛불, 촛불 아니면 등잔불, 등잔불 아니면 이 저 관솔불, 그저 그거 불 때지 뭐.

— 아, 그런데, 그런데 그 다음에는 아이를 다 눴느냐 하고 보니까 아이가 없단 말이야. 찍 소리도 못하게 그저 물고 가버렸어.

— 그래서 또 아주머니가 회의 하는데 와서 아이 똥 누러 내보냈는데 아이가 없다고 자꾸 이래서 보고한단 말이야.

— 그래서 거기 회의 했던 사람이 한꺼번에 왁 모여서 이저 뭐 관솔불을 내고, 그 다음에 에 그 다음에 볏짚으로 묶어가지고 시 저 기름칠을 해가지고, 불을 붙여가지고 솜방망이 불을 해가지고 그 다음에 강변이고 어디고 다 찾으니 밤에 어디 가서 찾아, 못 찾지.

— 그래 이튿날 또 찾으러 다녔지, 또 찾으러 다니니까 버드나무 밑에 머리만 남았던데 뭐. 그렇게 다 먹고 머리 머리만 딱딱 끊어 먹었어, 아이.

— 고양이도 쥐 잡으면 끊어 먹잖아?

예.

- 이거 시기루 딱딱 끄녀 머거써.

그 때는 그럼 여기 동내에 마:니 내려완내요, 버:미.

- 마:이 내려오, 사시미두 내려오구 놀가지두 내려오구. 어째 내려오능가 하게되면 놀가지두 똘겨서[229] 내리오지. 사시미두 여선 마링가 자번는데 부라개,[230] 부라개 드러옹 거.

범: 범:한태?

- 어: 범:한테 똘겨서.

- 엔:나랜 그래써. 게 거기.

짐승드른 안 자버가써요?

- 짐승두 돼:지구 뭐구 망 무러가찌 뭐.

- 돼:지르 싸다 키워서 가추그 해서 돈뻐리 줌 할라구 하다가 새끼 나문 다: 무러가구.

- 그래 우리 아부지가 돼:지구래다 새끼를 난는데 돼:지구레느 잘: 메겨서 새끼를 난는데 여, 열함 마린지 열뚜 마린지 나:써. 난:는데 고게 인제 포동포동하게 요마:니 돼:따 마리여.

- 돼:지 새끼 전 머거서 인제 포동포동하게 구:끼가 요마:낭 게 인제 요러케 돼:찌.

- 아 하루 쩌녀개 보니까 돼:지가 꿀꿀꿀꿀꿀꿀꾸구 한다 마리여.

- 그 왜 이러능가 하구 나가 보니까 하나 물구 다라나써 발써, 승냥이가.

- 그래 그 다매 에이 이누무새끼 잠는다구. 우리 아부지가 또 산내끼를[231] 꿔:가주구[232] 새끼를 산내끼를 꿔:가주구서는 망:으 떠써, 이르캐. 망:으 떠가주구 돼:지구레 떡 더퍼찌. 더퍼가주구 이누무새끼 여기 빠:지게 대문 걸리기만 하문 잠는다. 돼:지가 꾸꾸거리면 나간다. 하구선 딱 그래는데 그 때 아부지가 쪽찌게[233] 지게작때기, 쪽찌게 작때기 그걸 인제 줌비럴 해 노쿠는 또 이따가 아: 그 다매는 아니나 달러 밤 여란시쭘 되니까 돼:지가 꾸꾸꾸꾸꾸 하면서 그라대.

- 이거 식으로 딱딱 끊어 먹었어.

그 때는 그럼 여기 동네에 많이 내려왔네요, 범이.

- 많이 내려오지, 사슴도 내려오고 노루도 내려오고. 왜 내려오는가 하면 노루도 쫓겨서 내려오지. 사슴도 여섯 마린가 잡았는데 마을에, 마을에 들어온 거.

범, 범한테?

- 어, 범한테 쫓겨서.

- 옛날에는 그랬어. 그래 거기.

짐승들은 안 잡아갔어요?

- 짐승도 돼지고 뭐고 막 물어갔지 뭐.

- 돼지를 사다가 키워서 가축을 해서 돈벌이 좀 하려고 하다가 새끼 낳으면 다 물어가고.

- 그래서 우리 아버지가 돼지우리에다 새끼를 낳았는데 돼지우리에는 잘 먹여서 새끼를 낳았는데 열, 열한 마리인지 열두 마리인지 낳았어. 낳았는데 고게 이제 포동포동하게 요만하게 되었단 말이야.

- 돼지 새끼가 젖을 먹어서 이제 포동포동하게 굵기가 요만한 게 이제 요렇게 되었지.

- 아, 하루 저녁에 보니까 돼지가 꿀꿀꿀꿀꿀꿀꿀꿀 한단 말이야.

- 그 왜 이러는가 하고 나가 보니까 하나를 물고 달아났어 벌써, 승냥이가.

- 그래 그 다음에 에이 이놈의 새끼 잡는다고. 우리 아버지가 또 새끼를 꽈가지고 새끼를 새끼를 꽈가지고는 망을 떴어, 이렇게. 망을 떠가지고 돼지우리에 떡 덮었지. 덮어가지고 이놈의 새끼 여기 빠지게 되면 걸리기만 하면 잡는다. 돼지가 꿀꿀거리면 나간다. 하고는 딱 그랬는데 그 때 아버지가 쪽지게 지게작대기, 쪽지게 작대기 그걸 이제 준비를 해 놓고는 또 있다가 아, 그 다음에는 아니나 달라 밤 열한 시쯤 되니까 돼지가 꿀꿀꿀꿀꿀 하면서 그러대.

− 와따 와따 칸 때리자께따구, 튀: 나가따 마리여.

− 나가니까 이누미 망에 다리가 쭉 빠저가주구 허궁에서 막 이러지, 뛰지야 모타지.

− 게 다리 두: 다, 네: 다리가 다: 빠저씨니까.

− 에이 잠는다구.

− 작때기루 그저 대가리르 치구 치구 해서 하는데 아 너머 쎄:개 처놔서 망이 끄너저따 마리여. 망이 끄너저가주구선 뚝 떠러저따가 대시 올려바다처 돼지굴 튀: 너머서 다러나찌 머, 그래 모:짜버찌.

− 돼:지 새끼는 안 이저머거찌234) 머.

으음:.

아, 그러캐 하면 되갠내요. 망에 빠지면 바리 안 다니까 모: 또망가개.

− 암만 뛸래야 뛸: 쑤가 이씨야지. 그 망만 철렁철렁하지 한 너머 뛰지 모:탄다 마리여.

− 게 그래서 그르키 자불라 그라다 노처찌 그저. 망이 끄너지는 바라매.

그름 놀가지 가틍 거는 어트개 자버써요, 동내 드러오면?

− 그 저 사:방 뚜드리 자버찌 머. 그 저 이: 사람 인는데 가면 이: 사라미 때리구 저 사람 인는데 가면 저 사라미 때리구. 게 마즈면 매기235) 지내면236) 그저 다라나지두 모타구, 토성이 이찌 더구나. 머 드러오기만 하면 그건.

− 힘이 쎄요, 범:. 우리보더 팔모기 이마인237) 더 굴거.

− 그래가주서는 그:: 자기 무개애 한 배 되능 건 무런 무런 넝, 이런 돼:지구린는데 무러 넹겨.

− 로모저238) 쿵: 거, 로모저라능 게 새끼란 돼:지 새끼 난는 돼지 쿵 거. 두 배 세 배 채 나:두 그르키 큰 돼지를 요기서 돼지구레서 무러서 저 무러넹기 가주 가.

아:.

- 왔다, 왔따 때려잡겠다고, 튀어 나갔단 말이야.
- 나가니까 이놈이 망에 다리가 쭉 빠져가지고 허공에서 막 이러지, 뛰지 못하지.
- 그래 다리 두 다리, 네 다리가 다 빠졌으니까.
- 에이 잡는다고.
- 작대기로 그저 대가리를 치고 치고 해서 하는데, 아 머무 세게 쳐놔서 망이 끊어졌단 말이야. 망이 끊어져가지고는 뚝 떨어졌다가 다시 올려 받쳐서 돼지우리를 튀어 넘어서 달아났지 뭐, 그래서 못 잡았지.
- 돼지새끼는 안 잃어버렸지 뭐.

으음.

아, 그렇게 하면 되겠네요. 망에 빠지면 발이 안 닿으니까 못 도망가게.

- 아무리 뛰려야 뛸 수가 있어야지. 그 망만 철렁철렁하지 한 넘어 뛰지 못한단 말이야.
- 그래 그래서 그렇게 잡으려고 그러다가 놓쳤지 그저. 망이 끊어지는 바람에.

그럼 노루 같은 거는 어떻게 잡았어요, 동네 들어오면?

- 그 저 사방 두르려 잡았지 뭐. 그 저 사람 있는데 가면 이 사람이 때리고 저 사람 있는데 가면 저 사람이 때리고. 그래 맞으면 맥이 다하면 그저 달아나지도 못하고, 토성이 있지 더구나. 뭐 들어오기만 하면 그건.
- 힘이 세요, 범. 우리보다 팔뚝이 이만큼은 더 굵어.
- 그래가지고는 그 자기 무게에 한 배 되는 건 물은 물은, 이런 돼지우리 있는데 물어 넘겨.
- 노모저 큰 것, 노모저라는 게 새끼 낳은 돼지 새끼 낳는 돼지 큰 것. 두 배 세 배째 낳아도 그렇게 큰 돼지를 요기서 돼지우리에서 물어서 저 물어넘겨 가지고 가.

아.

- 게 전 무러 넹겨서는 끄시구 가지. 게 물구 끄시구 간다 마리여. 그러닝께 히미 얼마여.

아 그러면 물구 무른 채루 가능 게 아니라 무러서 넘겨 노쿠.

- 넹겨 노쿠 가지 머. 여기서 무러서 넹겨 노쿠. 그러이까 히미 얼마여.

아유.

- 여기 저 장 노치니라는[239] 사라믄, 장 노치닌 그 노치니 사내서 바배주구 그냥 돼:지 메기구 이써찌, 머. 그 인 그르니께 인부덜 바배주구.

예.

- 게 이르키 하구 이썬는데 그에, 게 이게 남는 바브 다: 뭐라갠나 돼:지나 메기자.

- 그래 돼:지 메겨서 새끼, 새끼 세 배 내서 파런능가 그랜데두 그게 노모즈가[240] 한 모:까두 한 사배끄는 넹기 가, 커::서.

- 그런데 그걸 다: 무러간는데. 돼:지구럴 넹겨서, 무러 넹겨가주구 거 가서 끄너, 끌구 간는데 머.

무서워깨써요.

- 끌:구 가두 멀:리는 모: 끌구 가써, 그래두.

주로 언제, 처른 언제 처래 그래요 주로.

- 처라니?

철.

언, 그르니까 보매 그래요, 겨:우래 마:니 그래요?

- 아아:.. 겨우레 마:니 그라지 머.

겨우래?

- 활뚱이 머글께 업써서.

겨우레:.

- 아:, 고:미 다 드러오구 넨::장 뭐, 벨 야단 다 천는데 머.

곰:두 이써써요?

- 그래 전 물어 넘겨서는 끌어가지. 게 물고 끌어간단 말이야. 그러니까 힘이 얼마야.

아, 그러면 물고 문 채로 가는 게 아니라 물어서 넘겨 놓고.

- 넘겨 놓고 가지 뭐. 여기서 물어서 넘겨 놓고. 그러니까 힘이 얼마야.

어휴.

- 여기 저 장 노인이라는 사람은, 장 노인은 그 노인이 산에서 밥해주고 그냥 돼지 키우고 있었지 뭐. 그 이는 그러니까 인부들 밥해주고.

예.

- 그래 이렇게 하고 있었는데 그게, 그래 이게 남는 밥을 다 뭘 하겠나 돼지나 기르자.

- 그래서 돼지를 길러서 새끼, 새끼 세 배 내서 팔았는가 그런데도 그게 노모저가 한 못 가도 한 사백 근은 넘겨 가, 커서.

- 그런데 그걸 다 물어갔는데. 돼지우리를 넘겨서, 물어 넘겨가지고 거 가서 끌어, 끌고 갔는데 뭐.

무서웠겠어요.

- 끌고 가도 멀리는 못 끌고 갔어, 그래도.

주로 언제, 철은 언제 철에 그래요 주로.

- 철이라니?

철.

언(제), 그러니까 봄에 그래요, 겨울에 많이 그래요?

- 아아, 겨울에 많이 그러지 뭐.

겨울에?

- 활동이 먹을 게 없어서.

겨울에.

- 아, 곰이 다 들어오고 젠장 뭐, 별 야단을 다 쳤는데 뭐.

곰도 있었어요?

- 곰::두 이꾸 뭐 다: 이찌 뭐. 곰:두 뭐 사:배끈 오배끈 짜리가 거저 허양 이써찌 머. 외도투[241] 돼:지가 한 사:배끈 오:배끈 되는데.

- 돼:지 근 쑤하구 소 거 근 쑤 한데 소가 더 크:다 그러지.

- 그널 다러보먼 그널 다러, 돼:지 쿵: 거하구 다러보먼 천지차여. 돼:지가 썩 떠 그니 더 나가.

그래요?

- 예 소 근보다. 황소 조::타구 사리 조:타구 해서 그거 뜨게[242] 대먼 뜨게 대먼 한 그저 기끈 가야 그저, 한 청 근 처노배끈 이르키 나가지만 돼:지는 삼청 근 나가능 게 이써요.

그르캐 커, 그르캔.

- 어. 돼:지가 삼천 근 나가능 게 이써.

- 외도투 돼:지라능 건, 사내 댕기는 외도투 산돼지라능 건 이뻐리 나옹 게 이 송꼬락꺼치 그렁 게 이르키 나오지 이러키.

- 그래가주선 머 저버들구 이걸루 하나 뚝 뜨게[243] 대먼 거저 다:지 머.

외도투라능 게 뭐에요?

- 외도투라능 게 혼자 댕기, 아주 수커시 혼자 댕기는 돼:지.

으음.

- 그건 누구두 몸: 마거 그건. 그래서 그 다매 총이나 이씨먼 마그까 몸: 마거. 대다이 쎈:대 머.

그럼 그렁 거: :예 사람들 다친 사람들두 이깬내요?

- 이써. 띠운[244] 사람두 인넌대. 개:두 띠우구 그거 무러 자불라 구라다가 개:두 띠워가주구 배아리[245] 툭 터저서 그래 이걸루다 그저 이빨루 그저 툭 트먼 그냥 쭉쭉 짜개저서 배:리[246] 짜:서.

언제까지 그런 짐승드리 마:너써요?

- 그래이까:: 삼십팔련도버터 거 가서 삼십팔련 이월딸서 가가주구 어: 사시오년 사심늉년도까지 그르키 마:나써. 사심늉년도까지 그르키 마:나찌.

- 곰도 있고 뭐 다 있지 뭐. 곰도 뭐 사백 근 오백 근 짜리가 그저 흔히 있었지 뭐. 외톨 돼지가 한 사백 근 오백 근 되는데.

- 돼지 근수하고 ㅅ 그 근수 한데 소가 더 크다 그러지.

- 근을 달아보면 근을 달아, 돼지 큰 것과 달아보면 천지차이야. 돼지가 썩 더 근이 더 나가.

그래요?

- 예 소 근보다. 황소 좋다고 살이 좋다고 해서 그걸 뜨게 되면 뜨게 되면 한 그저 기껏해야 그저, 한 천 근 천오백 근 이렇게 나가지만 돼지는 삼천 근 나가는 게 있어요.

그렇게 커, 그렇게.

- 어, 돼지가 삼천 근 나가는 게 있어.

- 외톨 돼지라는 건, 산에 다니는 외톨 산돼지라는 건 이빨이 나온 게 이 손가락같이 그런 게 이렇게 나오지 이렇게.

- 그래가지고는 뭐 덤벼들고 이것으로 하나 뚝 뜨게 되면 그저 다지 뭐.

외톨이라는 게 뭐에요?

- 외톨이라는 게 혼자 다니는, 아주 수컷이 혼자 다니는 돼지.

으음.

- 그건 누구도 못 막아 그건. 그래서 그 다음에 총이나 있으면 막을까 못 막아. 대단히 센데 뭐.

그러면 그런 것에 사람들 다친 사람들도 있겠네요?

- 있어. 뜨인 사람도 있는데. 개도 뜨이고 그거 물어 잡으려다가 개도 뜨여가지고 창자가 툭 터져서 그래 이것으로 그저 이빨로 그저 툭 뜨면 그냥 쭉쭉 찢어져서 창자가 찢어져.

언제까지 그런 짐승들이 많았어요?

- 그러니까 삼십팔 년부터 거기 가서 삼십팔 년 이월 달에 가가지고 어 사십오 년 사십육 년도까지 그렇게 많았어. 사십육 년도까지 그렇게 많았지.

거이 한 심년 정도 됀내요. 해방, 해방 될 때까지?

– 어:. 사심늉년도까지 그러게.

– 대단한데 머. 다: 얘기해하자면 머.

그 뒤애는 그럼 왜 갑짜기 그르캐 업써저써요?

– 갑짜기 군대 드루와서 쏘련과 그래가주구, 비빠대247) 해가구 그 다매 쏘려내서 비빠더 오구, 그 다매 전쟁 준비하느라구 굴: 파구 폭팔하구 막 이라는 바라매 업써저찌.

아아: 그래서 업써저꾸나.

– 그래 그러니까 인제 잔 짐승드리 무서워서 다: 다러난다 마리여. 그 래니까 큰 짐성이 인제 다러나지. 게 큰 짐성이 다러나니까 놀가지248) 가 틍 거 사시미249) 가틍 거 다러나니까 버:미 머글 깨 이씨야지. 게 거기 따 러가지 머. 언:제든지: 자기 머글 생화를 차저서 활똥하지 머.

예.

– 그래서 그 허허허.

– 그 그르키 돼:써써요, 으:.

거의 한 십년 되었네요. 해방, 해방 될 때까지.

– 어, 사십육 년도까지 그렇게.

– 대단한데 뭐. 다 얘기하자면 뭐.

– 그 뒤에는 그럼 왜 갑자기 그렇게 없어졌어요?

– 갑자기 군대가 들어와서 소련과 그래가지고, 빚받이 해가고 그 다음에 소련에서 빚받아 오고, 그 다음에 전쟁 준비하느라고 굴 파고 폭파하고 막 이러는 바람에 없어졌지.

아아 그래서 없어졌구나.

– 그래 그러니까 이제 잔 짐승들이 무서워서 다 달아난단 말이야. 그러니까 큰 짐승이 이제 달아나지. 그래 큰 짐승이 달아나니까 노루 같은 것 사슴 같은 것 달아나니까 범이 먹을 게 있어야지. 그래 거기 따라가지 뭐. 언제든지 자기 먹을 생활을 찾아서 활동하지 뭐.

예.

– 그래서 그 허허허.

– 그 그렇게 되었어요, 응.

■ 주석

1) '보:리'는 '벌:(蜂)-이'의 음성형이다. '벌'의 모음이 '오'와 '어'의 중간 정도 소리로 발음된다.

2) '저버드러서'는 중앙어 '덤벼들다'나 '대들다'에 대응하는 이 지역 방언형 '접어들다'의 활용형이다. '접어들다'는 '접어들구, 접어들지, 접어드니깨, 저버들어'와 같이 활용한다. 곽충구(2019)에 의하면 연변지역에서 '접어들다'는 ①다투거나 겨루기 위하여 대들다. ②무엇을 해보겠다고 앞으로 나서다. ③짐승이나 곤충이 사납게 덤벼들다. ④이익을 얻기 위하여 달라붙다. ⑤(주로 ‒ 쟈구 접어들다'의 꼴로 쓰여) 어떤 동작이 급하게 이루어짐을 나타낸다. 등의 뜻으로 쓰인다. 예문에서는 ①의 의미로 쓰였다.

3) '노왕'은 '늙은 왕'이라는 뜻으로 먼저 있던 여왕벌을 뜻한다.

4) 일벌들이 여왕벌을 따라 나가는 것을 분봉한다고 하고 분봉한 벌을 모아 잡아다가 새 벌통에 넣는 것을 '벌 받는다'고 한다.

5) '소처'는 중앙어 '소초(巢礎)'에 대응하는 말로 꿀벌이 집을 짓는 데 기초가 되는 황랍(黃蠟)이나 그것에 파라핀을 섞어 만든 밑자리를 말한다. 이 밑자리 위에 벌들이 집을 짓고 꿀을 날라다 넣거나 새끼를 친다.

6) '도독씨래'는 '도독찌래'로 발음해야 할 것을 잘못 말한 것이다. '도독찌래'는 중앙어 '도둑질해'에 대응하는 이 지역 방언형 '도독질해'의 음성형이다.

7) '메즈망 군사'는 '몇 십만 군사'를 뜻하는 이 지역 방언형 '메씀망 군사'라고 발음해야 할 것을 잘못 발음한 것이다.

8) '뿔군다'는 중앙어 '불리다'에 대응하는 이 지역 방언형 '뿔구다'의 활용형이다. '뿔구다'는 '뿔다'에 사동접사 '-구'가 결합된 말이다. '뿔다'는 '분량이나 수효가 많아지다'의 뜻으로 쓰이는 중앙어 '붇다'에 대응하는 이 지역 방언형이다. 따라서 '뿔구다'는 '분량이나 수효가 많아지게 하다'의 뜻으로 쓰이고 '뿔구구, 뿔구지, 뿔궈, 뿔군다'와 같이 활용한다. 어간에 사동접사 '-구'가 결합되어 사동사로 쓰이는 말로 '살구다', '떨구다' 등이 있다. '살구다'는 '생명을 지니고 있다'는 뜻으로 쓰이는 중앙어 '살다'에서 파생된 말이다. 따라서 '살구다'는 '죽어가는 생명을 살아나게 하다'의 뜻으로 쓰이고 '살구구, 살구지, 살구니깨, 살궈서, 살궜다'와 같이 활용한다. '떨구다'는 '떨다'의 어간에 사동파생접미사 '-구-'가 결합된 형태로서 중앙어 '떨어뜨리다'에 대응하는 이 지역 방언형이다. '떨구다'가 이 지역에서는 '떨구구, 떨구지, 떨궈, 떨구니깨, 떨군다'와 같이 활용한다.

9) '설버서'는 '원통하고 슬프다'의 뜻으로 쓰이는 이 지역 방언형 '섧다'의 활용형이다. '섧다'는 '섭구[섭:꾸], 섭지[섭:찌], 섧어서[설버서], 섧으닝깨[설브닝깨]'와 같이 활용한다.

10) '병사리'는 중앙어 '병'에 대응하는 이 지역 방언형이다. 기름을 짜서 병에 넣었다면 '병사리에 기름을 짜서 엱:다'고 한다. 맥주 다섯 병을 마셨다면 '피주(啤酒[píjiǔ]) 다 섯 병사리 마였다'고 한다.

11) '볼:'은 '볼'과 '벌'의 중간 정도의 발음이다.

12) '쓴다'는 '뜬다'로 말해야 할 것을 잘못 말한 것이다.

13) '과동(過冬)'은 겨울을 나는 것을 뜻하는 말이다. '월동'과 같은 의미로 쓰인다. 이 지역에서는 '겨울을 지낸다'는 뜻인 '과동'을 주로 쓴다.

14) '동삼(冬三)'은 겨울 석 달을 가리키는 말이다. '삼동(三冬)'이라고도 한다. 이 지역에 서는 '동삼'이라는 말을 주로 쓴다.

15) '가대기'는 주로 산간 지역에서 밭을 가는 데 쓰는 농기구의 하나다. 보습 날 위에 볏은 없으나 보습 뒤에 분살이 달려 있는 농기구다. 이 지역에서는 '가대기'가 논을 가는 데 쓰이기도 하고 밭을 가는 데 쓰이기도 하는 농기구다.

16) '달구지'는 소나 말이 끄는 짐수레로 바퀴가 두 개인 운반 기구를 가리키는 말이다.

17) '술기'는 중앙어 '수레'에 대응하는 이 지역 방언형이다. '수레'는 바퀴를 달아서 굴러 가게 만들어 사람이 타거나 짐을 싣는 기구를 가리키는 말이다. 바퀴는 네 개로 앞의 두 개는 작고 뒤의 두 개는 큰 것이 특징이다.

18) '메우다'는 말이나 소의 목에 멍에를 얹어서 맨다는 뜻으로 쓰는 말이다. 소나 말을 이용하여 일을 할 수 있도록 하는 행위를 가리키는 말이다.

19) '흑빠비'는 '흙밥이'의 음성형이다. '흙밥'은 가래나 괭이 또는 호미 따위로 한 번에 떠 올리는 흙을 가리키기도 하고 쟁기나 극젱이로 논밭을 갈 때 보습에 갈려서 넘 어가는 흙을 가리키는 말로도 쓰인다. 여기에서는 가대기로 밭을 갈 때 보습에 의 해 흙이 갈려 넘어가는 흙을 가리키는 후자의 의미로 쓰였다.

20) '자오걸 처서'는 '자옥얼 처서'의 음성형이다. '자옥'은 중앙어 '자국'에 해당하는 이 지역 방언형이다. 이때의 '자국'은 밭을 갈아 생긴 이랑의 두둑에 씨앗을 뿌리거나 심기 위해 농기구나 손발 또는 도구로 일정한 간격이나 모양으로 흔적을 만드는 것 을 가리키는 말이다. 이렇게 씨앗을 뿌리거나 심을 때 쓰이는 '자옥'과 언어 관계를 이루는 용언으로는 '치다'가 주로 쓰인다. 이 지역에서는 '자옥' 외에 '자욱'도 같은 뜻으로 쓰인다.

21) '놀리다'는 '움직이다'의 뜻으로 쓰이는 말이다. '손을 놀리다'와 같은 구성으로 쓰인다.

22) '떨구지'는 중앙어 '떨어뜨리다'에 대응하는 이 지역 방언형 '떨구다'의 활용형이다. '떨구다'는 '떨구구, 떨구지, 떨구니께, 떨귀, 떨군다'와 같이 활용한다. 용언 어간에 사동접미사 '-구-'가 결합되어 이루어진 말로 '떨구다' 외에 '살구다, 쫄구다, 뿔구다' 등이 쓰인다. '살구다, 쫄구다, 뿔구다'는 각각 중앙어 '살리다, 졸이다/줄이다, 불리 다'에 대응한다.

23) '호끄'는 땅을 파헤쳐 고르거나 두엄, 풀 무덤 따위를 쳐내는 데 쓰는 갈퀴 모양의 농기구인 '쇠스랑'에 대응하는 이 지역 방언형이다. 쇠로 서너 개의 ㄱ자 모양의 발을 만들고 자루를 박아 만든다. '호끄'는 양식을 먹을 때 고기나 생선, 과일 따위를 찍어 먹거나 얹어 먹는 식탁 용구를 가리키는 영어 fork에서 유래한 이 지역 방언형이다. 여기에서는 곡식의 씨앗을 심을 때 쓰는 쇠스랑을 가리킨다. 이 방언에서 포크 모양의 농기구는 '차제'라고 한다. '차제'는 한어 '叉戟'를 음차한 차용어다.

24) '짐'은 넓이를 가리키는 단위를 가리키는 이 지역 방언형이다. '짐'은 논밭의 넓이를 나타내는 단위로 세금을 계산할 때 썼다고 한다. 1짐은 1뭇의 열 배고 1동의 10분의 1인데 그 넓이는 시대에 따라 달랐다고 한다. 1뭇은 곡식 10줌으로 씨앗을 뿌릴 수 있는 넓이를 말한다. 제보자는 길이가 100m이고 폭이 10m인 넓이를 한 짐이라고 하고, 한 짐의 1/100을 한 푼이라고 한다.

25) '파끼'는 중앙어 '팥'에 대응하는 이 지역 방언형 '팟기' 또는 '팥기'의 음성형이다.

26) '홀치'는 중앙어 '극젱이'와 비슷한 농기구를 가리키는 이 지역 방언형이다. '홀치'는 땅을 갈거나 김을 매기 전후에 흙을 좌우로 헤쳐 덮는데 쓰인다. 이렇게 하는 것을 '홀치질'이라고 한다. '홀치'를 이용하여 김매기를 대신하기도 한다. 쟁기와 비슷하고 가대기보다 작으나 이 지역에서는 가대기와 구별하지 않고 쓰는 것으로 보인다. 모양은 술이 곧게 내려가고 보습 끝이 무디게 생겼다. 소 한 마리로 끌어 갈아 놓은 논밭에 골을 타거나, 흙이 얕은 논밭을 가는 데도 쓴다. 이 지역에서는 곡식의 씨를 뿌린 다음 소가 끄는 홀치로 흙을 좌우로 갈라 덮는데 쓰기도 한다. 충청도에서는 씨앗을 뿌리기 위해 갈아놓은 논밭에 극젱이로 골을 타거나 흙이 얕은 논밭을 가는 데 쓰기도 하지만 이랑과 이랑 사이의 고랑에 난 풀을 갈아엎을 때도 사용한다. 두만강 유역의 대부분 지역에서는 이런 용도의 농기구를 '후치'라고 한다.

27) '번지는'은 '번지다'의 활용형이다. 여기에서는 '번지다'가 가대기로 논밭을 갈 때 보습 위로 흙밥이 넘어가는 것을 뜻하는 말로 쓰였다. '흙이 넘어가다' 또는 '흙이 뒤집히다'의 뜻으로 쓰이는 것이다. 이 외에도 이 지역에서는 '번지다'가 '손바닥을 뒤집다'나 '자동차가 뒤집히다', '주머니를 뒤집다'와 같은 의미로도 쓰인다.

28) '몰루'의 '몰'은 모음을 '몰'과 '멀'의 중간 소리로 발음된다.

29) '따:처'는 타이어 바퀴를 달아 만든 수레를 가리키는 말로 한어에서 차용한 것이다. 한어 '따처(大車[dàchē])'는 본래 대형 짐차를 가리키는 말인데 여기에서는 타이어 바퀴를 달아 짐을 많이 실을 수 있도록 만든 수레를 가리키는 말로 쓰였다. 짐을 많이 싣는다는 의미의 공통성에 유추하여 짐을 많이 실을 수 있는 수레를 '따:처'라고 한 것으로 보인다.

30) '차제'는 삼지창이라고도 하는 농업용 큰 포크를 뜻하는 한어 '叉戟'를 음차한 차용어다.

31) '바'는 본래 삼이나 칡 따위로 세 가닥을 지어 굵다랗게 드린 줄을 가리키는 말이다.

이 방언에서는 굵지 않은 줄도 바라고 한다.

32) '얼겡체'는 중앙어의 '어레미'에 대응하는 이 지역 방언형이다. 체 가운데 바닥의 구멍이 큰 체를 중앙어에서 '어레미'라고 하는데 충청도 방언으로는 '얼기미' 또는 '얼게미'라고 한다. '어레미'보다는 구멍이 조금 작고 보통체보다 구멍이 조금 더 큰 체는 '도두미'라고 하고 구멍이 아주 작고 올이 가는 체는 '곤:체'라고 한다. '도두미'는 중앙어 '도드미'에 대응되고 '곤:체'는 중앙어의 '고운체'에 대응된다. '도두미'와 '곤:체'의 중간 정도의 체는 '중체'라고 한다.

33) '마:대(麻袋)'는 굵고 거친 삼실로 짠 커다란 자루를 가리키는 말이나 이 지역에서는 헝겊으로 만든 큰 자루도 '마대'라고 한다.

34) '결보개'는 '결복하다'의 활용형 '결복해'의 이 지역 방언 음성형이다. '결복하다(結卜-)'는 짐짝을 묶는 것을 뜻하는데 여기에서는 타작한 콩을 넣은 자루를 묶는다는 뜻으로 쓰였다.

35) '내띠리구'는 중앙어 '내뜨리다'의 이 지역 방언형 '내띠리다'의 활용형이다. '내띠리다'는 '물건을 들어 힘껏 던지다'의 뜻으로 쓰이지만 여기에서는 '내놓다' 정도의 뜻으로 쓰였다.

36) '한전농사'는 한자어 '한전(旱田)'과 '농사(農事)'가 결합된 말로 '밭농사'를 뜻한다. '한전(旱田)'은 '밭'을 뜻하는 이 지역 방언형이다. '한전'에 대립하는 이 지역 방언형으로 '수전(水田)'이 있다. '수전(水田)'은 '논'을 뜻한다. '수전농사(水田農事)'는 '논농사' 즉 '벼농사'를 뜻한다.

37) '다야'는 '타이어'의 일본어식 발음이다.

38) '상도루깨'는 '상도리깨'의 이 지역 방언형이다. '상도리깨'는 도리깨질하는 사람들 가운데 가장 잘하는 사람으로 도리깨질 할 때 도리깨질을 이끌어가는 사람을 가리키는 말이다. '상도리깨'가 도리깨질할 부분을 먼저 치고 나가기도 하고 낟알이 덜 떨어진 북데기를 뒤집으면서 나머지 도리깨꾼들이 따라오도록 하는 역할을 한다.

39) '아시벌'은 같은 일을 여러 차례 거듭하여야 할 때 맨 처음 대강 하여 낸 차례를 일컫는 이 지역 방언형이다. 중앙어의 '애벌'에 대응한다. '아시벌'은 '아시+벌'로 분석할 수 있다. ≪표준국어대사전≫에서는 '아시'가 '애벌'의 뜻으로 쓰인다고 설명하고 있다. 그러나 '벌'이 같은 일을 거듭해서 할 때에 거듭되는 일의 하나하나를 세는 단위를 나타내는 말이라는 점에서 보면 '아시벌'은 '벌'의 의미가 중복된 것이라는 것을 알 수 있다. 따라서 '아시벌'은 '처음' 또는 '첫 번째'의 뜻으로 쓰이는 '아시'에 같은 일을 거듭해서 할 때에 거듭되는 일의 하나하나를 세는 단위인 '벌'이 결합된 말이다. '아시벌'과 같은 뜻으로 쓰이는 '애벌'은 '아시벌>아이벌>애벌'의 변화를 거친 것으로 보인다. '애벌'을 충청도에서는 '초벌'이라고도 한다. '애벌' 다음에 거듭하는 일을 나타내는 말을 '두벌' 또는 '이듬'이라고도 하고 '재벌'이라고도 한다. '두벌'은 같은 일을 거듭해서 할 때에 거듭되는 일의 두 번째에 해당한다는 뜻이다.

40) '번저'는 이 지역 방언형 '번지다'의 활용형이다. '번지다'는 '번지구, 번지지, 번지면, 번져([번저])'와 같이 활용한다. 이 지역에서 방언형 '번저'의 의미는 매우 다양하게 쓰인다. 먼저, 주머니나 자루의 안과 겉이 뒤바뀌게 뒤집는다는 뜻으로 쓰인다. '주먼지를 번저 봐라'와 같이 쓰인다. 납작한 물건의 윗부분과 아랫부분이 바뀌게 한다는 뜻으로도 '번지다'가 쓰인다. 이때는 '손바닥을 번졌다'와 같이 쓰인다. 이와는 조금 다른 의미로 자동차가 사고가 나서 차가 옆으로 넘어지는 경우에도 '차가 번저졌다'와 같이 쓰인다.

41) '바뻐서'는 '바쁘다'의 활용형이다. 이 지역에서는 '바쁘다'가 주로 '어렵다'나 '힘들다', '나쁘다'의 뜻으로 쓰이는 것이 보통이다. 예컨대, '이 문제는 너무 어려워서 풀기가 바쁘다, 할 일이 너무 많아서 기간 내에 하기가 바쁘다, 이 땅은 경사가 심해서 농사짓기에 바쁘다' 등과 같이 쓰인다.

42) '풍구'는 곡물에 섞인 쭉정이, 겨, 먼지 따위를 날려서 제거하는 농기구다. 한쪽에 큰 바람구멍이 있고, 큰 북 모양의 통 내부에 있는 여러 개의 넓은 깃이 달린 바퀴를 돌려서 낟알과 잡물을 가려낼 때 쓰인다.

43) '가대기'는 밭을 가는 농기구의 하나로 보습 날 위에 볏이 없고 보습 뒤에 이랑을 넓혀 주며 흙을 갈아주는 부품이 달려 있다. 예문에서는 보리씨를 뿌리고 흙을 덮는데 가대기를 사용하기도 하고 논밭을 가는데도 사용한다고 설명하였다.

44) '양창질'은 '양창+질'로 분석할 수 있다. '-질'이 도구를 나타내는 일부 명사 뒤에 붙어 '그 도구를 가지고 하는 일'의 뜻을 더하는 접미사라는 점에서 보면 '양창'은 도구를 나타내는 명사라는 것을 알 수 있다. '양창'은 장판과 같이 넓적하고 유연한 것을 사람의 겨드랑이와 옆구리에 끼고 좌우로 흔들면 바람이 나는데 이 바람을 이용하여 곡식을 위에서 아래로 떨어뜨리면서 쭉정이, 겨, 먼지 따위를 날려서 제거하는 데 쓰는 도구를 가리키는 말이다. 이 양창을 좌우로 흔들면서 곡식에 섞인 쭉정이나 검불, 먼지 등을 날려 보내는 일을 '양창질'이라고 한다. 충청북도에서는 풍구로 곡식에 섞인 쭉정이나 검불, 먼지 등의 티끌을 날려 보내는 것도 양창질이라고 한다.

45) '마사징 거'는 '마사진 거'의 음성형이다. '마사진'은 이 지역 방언형 '마사지다'의 활용형이다. '마사지다'는 이 지역에서 '망가지다', '부서지다', '고장나다' 등의 뜻으로 쓰인다. 예문에서는 보리이삭의 수염이 부서진 것이라는 뜻으로 쓰였다. '고장나다'의 뜻으로는 '시계가 마사져서 못 쓴다'와 같이 쓰이고 '망가지다'의 뜻으로는 '인형을 떨어뜨렸더니 다 마사저서 내벼렸다'와 같이 쓰인다.

46) '끌'은 중앙어의 '그루터기'에 대응하는 이 지역 방언형이다. '콩 끌, 나무 끌, 보리 끌' 등과 같이 쓰인다.

47) '다북때'는 '다북대'의 음성형이다. '다북대'는 '다북+대'로 분석할 수 있다. '다북'은 쑥의 한 종류인 '다북쑥'의 준말이고 '대'는 쑥의 줄기를 뜻하는 '쑥대'를 가리킨다. 즉 '다북대'는 다북쑥의 줄기를 뜻한다. 씨를 뿌릴 때 씨가 고루 파종되도록 쑥을 베어 말린 다음 바가지(드베)의 끝부분에 꽂은 쑥대를 '다북대'라고 한다. 제보자가 말

한 '종자를 뿌릴 때 쓰는 바가지'는 '드베'를 말하는 것으로 보인다. '드베'는 박을 쪼개지 않고 꼭지 근처에 구멍을 뚫어 속을 파낸 박통 속에 조, 기장, 수수, 피 등 열매가 작은 씨앗을 뿌릴 때 씨앗을 넣고 두드려서 씨가 통 밖으로 나오도록 만든 기구로 손잡이, 씨를 넣는 박 통, 씨가 흘러 나가는 긴 대, 씨가 땅바닥에 고루 떨어지도록 쑥 따위로 엮어 붙인 다부지의 네 부분으로 되어 있다. 씨 통을 드베채로 두드리면 씨가 나온다.(곽충구, ≪두만강 유역의 조선어 방언 사전≫에서 인용). 제보자는 '드베'라는 명칭을 모르고 '드베'의 구조와 사용법을 알고 있어 이것을 이용한 파종법을 설명한 것으로 보인다. 제보자는 조를 파종할 쓰는 기구인 '드베'를 '조이 종자 통'이라고 하였다.

48) '잘그'는 '자루'을 뜻하는 이 지역 방언형이다. '잘그'는 곡식이나 가루 따위를 담는 자루를 뜻하는 '袋'의 뜻으로 쓰이기도 하고 연장이나 기구 따위의 손잡이를 뜻하는 '柄'의 의미로 쓰이는데 예문에서는 후자의 의미로 쓰였다. '잘그'는 단독형으로도 쓰이고 목적격형으로도 쓰인다. 이것이 모음으로 시작하는 조사 앞에서는 '잘기(잙+이), 잘개(잙+에), 잘그~잘걸(잙+을)' 등에서와 같이 '잙'으로 쓰인다.

49) '고랑을 탄다'는 말은 고랑에 난 조를 솎아내기 위해 말 잔등에 올라타듯이 밭고랑을 가운데 두고 쪼그려 앉는 것을 말한다.

50) '두진 널비'는 '두 지 너비'를 뜻하는 이 지역 방언형이다. '두 지(指)'는 두 손가락, 즉 손가락 두 개의 너비를 뜻한다. '널비'는 길고 평평하고 넓은 물체의 가로 폭을 가리키는 '너비'를 뜻하는 말로 여기에서는 손가락 두 개의 폭을 가리키는 말로 쓰였다. 이 지역에서는 '너비'와 '넓이'를 구별하지 않고 쓴다.

51) '쥐어뿌리지'는 중앙어 '내버리다'에 대응하는 이 지역 방언형 '쥐어뿌리다'의 활용형이다. '쥐어뿌리다'는 '쥐어뿌리구, 쥐어뿌리지, 쥐어뿌려, 쥐어뿌렸다'와 같이 활용한다. 이 지역 방언형으로 '쥐어뿌리다' 외에 '제뿌리다'도 쓰인다.

52) '널비지'는 '넓이+지'로 분석할 수 있다. '넓이'는 중앙어 '너비'에 대응하는 이 지역 방언형이다. 중앙어에서는 면적을 가리킬 때는 '넓이'라고 하고 긴 사물의 폭을 가리킬 때는 '너비'라고 하는데 이 지역에서는 '넓이'가 중앙어의 '넓이'와 '너비'의 의미를 포괄하고 있다.

53) '다 머거따 하능 기여'는 중앙어 '다 먹었다고 하는 거야'에 대응하는 이 지역 방언 표현이다. 여기에서 '다 먹었다'는 말은 앞에서 설명한 내용대로 하면 농사를 거의 다 지은 것과 마찬가지여서 수확해서 먹는 일만 남았다는 뜻으로 쓴 것이다.

54) '쪼골띠리구'는 중앙어 '쪼그리다'에 대응하는 이 지역 방언형 '쪼골띠리다'의 활용형이다. '쪼골띠리다'는 '쪼그려 앉다'의 뜻으로 쓰이는 말이다.

55) '할랄'은 '할날'의 음성형이다. '할날'은 중앙어 '하루'에 대응하는 이 지역 방언형이다. '할날-이, 할날-언, 할날-에, 할날-만'과 같이 쓰인다.

56) '사막 바다'는 '삼학 받아'의 음성형으로 보인다. '사막'의 기저형이 무엇인지는 알

수 없다. 문맥으로 보면 '삼학 받다'는 중앙어 '꽃가루받이하다'의 의미로 쓰였다는 것을 알 수 있다.

57) '조이찌벌'은 조나 피 따위의 낟알을 떨어낸 짚을 뜻하는 중앙어 '조짚'에 대응하는 이 지역 방언형 '조잇집'에 목적격 조사 '-얼'이 붙은 '조잇집얼'의 음성형이다. '조이'는 중앙어 '조'에 대응하는 이 지역 방언형이고, '집'은 중앙어 '짚'에 대응하는 이 지역 방언형이다.

58) '참대'는 볏과의 여러해살이풀로 '왕대(王-)'라고도 한다. 높이는 20미터 정도로 대나무 가운데 가장 굵으며, 긴 타원형의 피침 모양의 잎이 작은 가지 끝에 3~5개씩 달린다. 죽순은 식용 또는 약용하고 줄기는 세공재(細工材)로 쓴다. 예문에서는 이 대나무로 조 이삭을 자르는 칼을 만든다는 것을 설명하고 있다.

59) '뻬찌번'은 '뻿집언'의 음성형으로 '뻿집+언'으로 분석할 수 있다. 형태상으로 보면 '뻿집'은 중앙어 '볏짚'에 대응하는 말인데 여기에서는 '조잇집언([조이찌번])'이라고 발음해야 할 것을 잘못 말한 것으로 보인다.

60) '성매똘'은 '석매+돌'로 분석할 수 있다. '석매'는 돌로 만든 매라는 뜻인데 '석매똘'은 여기에 '돌'이 결합한 합성어 '석맷돌'의 음성형이다. '석매'는 '맷돌'의 뜻으로 쓰이는 '석마(石磨)'에서 유래한 것이다. '석맷돌'에 대응하는 중앙어는 '연자방아' 또는 '연자매'다. 둥글고 넓적한 돌판 위에 그보다 작고 둥근 돌을 세로로 세워서 이를 말이나 소 따위로 하여금 끌어 돌리게 하여 곡식을 찧는 '매'의 하나다.

61) '차재'는 삼지창이라고도 하는 농기구로 농업용 큰 포크를 뜻한다. 한어 '叉戟'를 음차한 차용어다.

62) '엉그라케'는 '엉그랗다'의 활용형이다. '엉그랗다'는 꽉 짜이지 아니하여 어울리는 맛이 없고 빈틈이 있다는 뜻이다. 이삭의 알이 빠져 껍데기만 남아서 엉성한 모양을 나타내는 말이다.

63) '양창질'은 '양창+질'로 분석된다. '-질'은 ((도구를 나타내는 일부 명사 뒤에 붙어)) '그 도구를 가지고 하는 일'의 뜻을 더하는 접미사다. 따라서 '양창'은 도구의 이름이다. 고정된 형태가 없고 바람을 일으킬 수 있는 것은 무엇이든 사용하는데 보통은 키(箕)나 바람을 일으킬 수 있는 넓적한 물건을 사용한다. 이 양창으로 바람을 일으켜 곡식에 섞인 티끌을 날려 보내는 일을 '양창질'이라고 한다. 충청도에서는 풍구로 곡식에 섞인 쭉정이나 검불, 먼지 등의 티끌을 날려 보내는 것도 양창질이라고 한다.

64) '아니야'는 '안 히야' 또는 '안 햐'의 음성형이다. 충청도 방언에서 종결형어미가 모음 '애'로 끝날 때 '이야'나 '야'로 실현되는 것이 이 지역 방언에도 유지된 것으로 보인다. 즉 '하다'의 활용형 '해'가 '히야/햐'로 실현되는데 'ㅎ'이 유성음 사이에서 탈락하여 '안 히야'가 '아니야'로 실현된 것이다. 예) 그렇게 해 → 그릏게 히야/햐, 장작을 패 → 장작을 피야/퍄 등.

65) '아치럴'은 '아치+럴'로 분석할 수 있다. '아치'는 중앙어 '가지'에 대응하는 이 지역 방언형이다.

66) '산냥'은 '생산량(生産量)'의 준말인 '산량(産量)'의 음성형이다. 여기에서의 '산냥'은 수확량을 뜻하는 말로 쓰였다.

67) '양수'는 중국의 길림성 도문시에 속하는 하위 행정구역 단위인 '양수진'을 뜻한다.

68) '하동'은 양수진의 강 동쪽을 가리키는 말이다.

69) '하서'는 양수진의 강 서쪽을 가리키는 말이다.

70) '거기'는 정암촌을 가리킨다.

71) '여기'는 양수진을 가리킨다.

72) '꼬량'은 중앙어 '고량(高粱)'에 대응하는 이 지역 방언형이다. 본래 '고량'은 수수를 뜻하는 한어 '高粱([gāo·liang])'에서 유래한 말이다. '꼬량'은 '高粱([gāo·liang])'을 우리말 한자음으로 차용한 것이다.

73) '널비'는 '넓이'의 음성형이다. 여기에서는 중앙어와 달리 면적을 뜻하는 '넓이'가 아니고 긴 사물의 폭을 뜻하는 '너비'의 뜻으로 쓰였다.

74) '꼬량'은 수수를 뜻하는 한어 '高粱([gāo·liang])'을 한국 한자음으로 차용한 것이다.

75) '모가지'는 '목'의 비속어인데 여기에서는 수수의 이삭이 달린 아래쪽의 줄기를 나타내는 '홰기'를 가리키는 말로 쓰였다. 이삭을 머리에 비유하고 홰기를 목(모가지)에 비유하고 수숫대는 몸통에 비유한 결과로 보인다. 이삭이 익어 무거워지면 이삭이 구부러지는데 이것을 머리에 비유하여 '머리를 숙인다' 또는 '고개를 숙인다'고 한다.

76) '내틀르먼'은 중앙어 '내두르다'에 대응하는 이 지역 방언형 '내틀르다'의 활용형이다. '내틀르다'는 내틀르구, 내틀르지, 내틀르먼, 내틀러, 내틀러서'와 같이 활용한다. 예문에서의 '내틀르다'는 윗옷을 손에 잡고 이리저리 휘휘 내젓는다는 뜻으로 쓰였다. 예문에서는 윗옷을 불 위에서 이리저리 휘휘 내저어 바람을 일으켜 재나 먼지가 날아가게 하는 것을 '내틀른다'고 한다.

77) '췔'은 한어 '串([chuàn])'을 음차한 것이다. '串'의 한국 한자음은 '곶'인데 중국에서는 조선족들이 이것을 '꿸'이라고 한다. 우리말로는 '꼬챙이'로 쓰고 다른 말로 '꼬치'라고도 한다. 음식을 말할 때는 '꽂이'라고 한다.

78) '모꾸머근'은 '목구먹은'의 음성형이다. '목구먹'은 중앙어 '목구멍'의 이 지역 방언형이다. 충청도에서는 '목구멍'을 '목구먹' 외에 '목구녕' 또는 '목구럭'이라고도 한다.

79) '오린다'는 '오리다'의 활용형이다. 칼이나 가위로 종이 따위를 베어내는 것을 오린다고 하는데 여기에서는 칼로 감자를 감자 눈을 따라 가르는 것을 이르는 말로 쓰인다. 감자를 심기 위해 감자 눈을 중심으로 감자를 가르는 것을 '오린다'고 하고 그렇게 한 것을 '감자씨'라고 하는 점이 특이하다. 눈에 따라 오린 감자를 심으면 눈에서 감자 싹이 나오고 싹이 자라면서 오린 감자는 썩고 뿌리를 내리는데 뿌리 끝에

감자가 달리게 된다. 충청도 방언에서 감자를 심는 것을 '감자 놓는다'고 한다. 감자를 심기 위하여 준비한 감자는 '씨감자'라고 한다.

80) '감자 가리'는 '감자 갈이'의 음성형인데 여기에서는 '감자 심기'의 의미로 쓰였다.

81) '아시벌'은 중앙어의 '애벌'에 대응하는 이 지역 방언형이다. 충청도 방언에서는 '아시벌'을 '아이' 또는 '아시'라고도 하고 '초벌'이라고도 한다. '애벌'은 같은 일을 여러 차례 거듭하여야 할 때에 맨 처음에 대강 하는 일을 가리키는 말이다. 같은 일을 여러 차례 거듭하여야 할 때 두 번째 하는 것을 이 지역에서는 '두벌'이라고 한다. 충청도 방언에서는 '두벌' 외에 '재벌' 또는 '이듬'이라고도 한다. '아시벌, 애벌, '아시, 아이, 초벌'이나 '두벌, 재벌, 이듬'은 빨래를 하거나 김을 매거나 논밭을 갈 때 등 같은 일을 거듭하는 상황에서 쓴다.

82) '부끼'는 식물의 뿌리를 싸고 있는 흙을 가리키는 중앙어 '북'에 대응하는 이 지역 방언형이다. '부끼'는 '부끼 주다'와 같이 '주다'와 연어 관계에 있다. '부끼 주다'는 식물의 뿌리에 흙을 추가로 더 덮어주는 것을 가리키는 말이다.

83) '가라뻔지다'는 '갈아 뻔지다'의 음성형이다. '갈아 뻔지다'는 중앙어 '갈아엎다' 정도에 대응하는 말로 쓰이는 이 지역 방언형이다. '땅을 갈아서 흙을 뒤집어엎다'의 뜻으로 쓰인다. 이 지역 방언에서 '번지다'는 '뒤집다, 엎다, 넘어지다' 등의 뜻으로 쓰인다. 따라서 '갈아 뻔지다'는 '갈아서 뒤집어엎는다'는 뜻으로 쓰인 것이다. 감자 밑을 갈아서 뒤집어엎으면 감자가 땅 속에서 위로 나와 감자를 캐게 되는 것이다.

84) '주:기만'은 '줏:기맨주:끼맨'이라고 해야 할 것을 잘못 말한 것이다.

85) '자기절루'는 '저절로' 또는 '스스로'의 뜻으로 쓰이는 이 지역 방언형이다.

86) '당귀'는 '액체 속에 넣다'의 뜻으로 쓰이는 중앙어 '담그다'에 대응하는 이 지역 방언형 '담구다'의 활용형이다. '담구다'는 '담구구([당구구]), 담구지([당구지]), 담귀([당귀])'와 같이 활용한다.

87) '모사리'는 중앙어 '사름'에 대응하는 이 지역 방언형 '모살이'의 음성형이다. 본래 '모살이'는 모를 옮겨 심은 지 4~5일쯤 지나서 모가 새 뿌리를 내려 파랗게 생기를 띠는 일이나 그런 상태를 나타내는 말이다. 여기에서의 '모'는 '고구마 모'를 뜻하는 말로 쓰였다. 여기에서는 '모살이'가 고구마 싹(고구마 모)을 심고 며칠이 지나 뿌리를 내려 생기가 나는 일을 나타내는 뜻으로 쓰였다. '모'는 주로 벼농사에서 옮겨심기 위해 가꾼 어린 벼를 가리키는 말이지만 이 지역에서는 옮겨 기위해 기른 어린 싹을 통틀어 일컫는 말로 쓰인다. 충청도에서도 이런 뜻으로 '모'가 '고추모, 들깨모' 등에서와 같이 주로 합성어에서 쓰인다. 그런데 화자가 이미 어떤 종류의 식물인지 알고 있을 때는 '모를 사왔다'와 같이 '모'라고만 하기도 한다.

88) '허:라지'는 일 따위가 힘이 들지 아니하고 수월하다는 뜻으로 쓰이는 '헐하다'의 활용형이다. '헐하다'는 '헐하구, 헐하지, 헐하니깨, 헐해서'와 같이 활용한다. 이 지역에서는 '헐하다'가 '수월하다' 외에 '값이 싸다'의 의미로도 쓰인다.

89) '그러가'는 '들어가(드러개)'라고 발음해야 할 것을 잘못 발음한 것으로 보인다.

90) '성매똘'은 '석맷돌'의 음성형이다. '성매똘'은 '석매+돌'로 분석할 수 있다. '석매'는 '돌로 만든 매'라는 뜻인데 '석매똘'은 여기에 '돌'이 결합한 합성어 '석맷돌'의 음성 형이다. '석매'는 '맷돌'의 뜻으로 쓰이는 '석마(石磨)'에서 유래한 것으로 보인다. '석 맷돌'에 대응하는 중앙어는 '연자방아' 또는 '연자매'다. 둥글고 넓적한 커다란 돌판 위에 그보다 작고 둥근 돌을 세로로 세워서 이를 말이나 소 따위로 하여금 끌어 돌 리게 하여 곡식을 찧는 '매'의 하나다.

91) '말리워야지'는 중앙어 '마르다'의 사동사 '말리다'에 대응하는 이 지역 방언형 '말리 우다'의 활용형이다. '말리우다'는 '말리우구, 말리우지, 말리워야지, 말리워서' 등과 같이 활용한다.

92) '쓴다'는 '쓿다'의 활용형이다. '쓿다'는 거친 벼, 보리, 조, 수수 따위의 곡식을 찧어 속꺼풀을 벗기고 깨끗하게 하는 것을 말한다.

93) '따부찌머'는 '따지머'의 잘못으로 보인다. '따지머'는 '따지 뭐'의 음성형이다. '따 지'는 중앙어 '다르다'에 대응하는 이 지역 방언형 '따다'의 활용형이다. '따다'는 '따구, 따지, 따니까, 따서, 따다'와 같이 활용한다. 중앙어에서는 '따다'의 관형사형 '딴'이 문법화되어 관형사로만 쓰이는데 비해 이 지역에서는 형용사로 쓰이는 점이 다르다.

94) '솔바쩨'는 '솔밭재'의 음성형이다. '솔밭재'는 정암촌 아랫마을 가는 길에 있는 작은 고개를 가리키는 말이다.

95) '내와때써'는 '내왔땠어'의 음성형이다. '내왔땠어'는 '내오+았+땠+어'로 분석할 수 있다. '내오-'는 '기관, 조직체, 부서, 시설물, 정책 같은 것을 별도로 새로 조직하거 나 꾸려 놓다'의 의미로 쓰이는 '내오다'의 어간이다. '-았-'은 과거시제 선어말어미 이고 '-땠-'은 과거의 경험을 나타내는 선어말어미, '-어'는 어말어미다. 여기에서의 '내오다'는 시설물을 '설치하다'의 뜻으로 쓰였다. 따라서 '내왔땠어'는 물레방아를 설치했었는데 지금은 없다는 뜻으로 쓰인 것이다.

96) '심보'는 중심축을 이루는 쇠로 된 봉을 가리키는 말이다.

97) '발디디개'는 디딜방아의 발로 디디는 부분을 가리키는 말이다. 디딜방아의 한 쪽 끝은 굵은 통나무에 공이를 박고 다른 쪽 끝은 두 갈래가 되어 발로 밟게 되어 있 는데 이 발로 밟게 되어 있는 부분을 이 지역에서 '발디디개'라고 한다.

98) '맥'은 기운이나 힘을 뜻하는 말이다. 이 지역에서는 '힘'이나 '기운' 대신 '맥'이라는 말을 주로 사용한다. 흔히 '맥이 없다, 맥이 있어야지'와 같은 구조로 쓰인다.

99) '때껴'는 중앙어 '닦여'에 대응하는 이 지역 방언형 '딲이다'의 활용형이다. '딲이다'는 중앙어 '닦다'에 대응하는 이 지역 방언형 '딲다'의 사동형이다. '딲이다'는 보리쌀 따 위와 같이 '곡식의 거친 속껍질을 문질러 벗겨내다' 정도의 뜻으로 쓰이는 말이다.

100) '사슬'은 자루나 가마니 따위를 이용하지 않고 알곡 그대로를 뜻하는 말이다. 예문

에서와 같이 '사슬로 엻는다'고 하면 탈곡한 곡식을 포장하거나 어디에 넣지 않고 '낟알 하나하나를 그대로 넣는다'는 뜻이다.

101) '양잔'은 곡식을 수거하는 곳, 그런 사무를 담당하는 곳을 뜻하는 한어 '粮站'을 음차한 것이다. '粮站'은 '糧站'과 같은 말이다.

102) '고애개'는 '고에'라고 해야 할 것을 잘못 말한 것으로 보인다. '고'는 창고를 뜻한다.

103) '우:매다'는 '움+애다'로 분석할 수 있다. 중앙어에서 '움'은 땅을 파고 위에 거적 따위를 얹어 비바람이나 추위를 막아 겨울에 화초나 채소를 넣어 두는 곳을 가리키는 데 여기에서는 땅을 더 깊이 파서 땅굴처럼 만든다는 점이 다르다. 이 지역은 겨울에 매우 춥기 때문에 한국에서와 같이 땅을 얕게 파고 위에 거적 따위로 덮으면 얼기 때문에 마당이나 텃밭에 4~5m 깊이로 파고 사다리를 놓아 드나들 수 있게 만든다. 여기에 김치나 감자, 고구마, 배추, 무, 과일 따위를 넣어 두고 수시로 꺼내 먹는다.

104) '노배'는 뿌리가 통통하며 물이 많고 주로 흰색을 띠는 무의 하나라고 한다. '노배'는 중앙어 '무'에 대응하는 이 지역 방언형이다. 이 지역에서는 이름만 차용하여 '무'를 '노배'라고도 하고 '무끼'라고도 한다. 본래 '노배'는 한어 '蘿卜[luobo]'를 차용한 말인데 보통은 [nobɜ]라고 발음한다. '노배'는 한족들이 이전부터 재배해온 무로 위 부분이 파랗고 땅 위로 많이 나와 있는 무의 한 품종이라고 한다. 그러나 이 지역에서는 재래종 무와 한족들이 심어 온 무도 모두 '노배'라고 하기도 한다.

105) '무끼'는 중앙어 '무'에 대응하는 이 지역 방언형이다.

106) '콩태'는 콩 타작을 할 때 알갱이가 빠진 콩꼬투리와 콩대에서 떨어진 솜털 같은 것이 섞인 것을 이르는 이 지역 방언이다.

107) '과:동(過冬)'은 겨울을 나는 것을 뜻하는 '월동(越冬)'과 같은 의미로 쓰이는 말이다.

108) '보:리'는 '벌'을 뜻하는 이 지역 방언형이다. '보:리'는 '벌:'의 변이음 '볼:'에 접미사 '-이'가 붙어 파생된 명사다. '보:리'는 '벌:이'의 변이음이다. 이 지역에서는 '벌(蜂)'의 뜻으로 '보:리' 외에 '버:리', '붜:리' 등의 변이형이 쓰인다.

109) '온도를 보장 한다'는 말은 '일정한 온도를 유지 한다'는 뜻이다.

110) 제보자가 '벌(蜂)'을 '보리'라고 발음하여 '보리(麥)'로 잘못 이해하고 한 말인데 제보자는 '보리'를 '벌'로 이해하고 대화를 이어나가고 있는 것이다.

111) '도링이'는 짚이나 띠 따위를 엮어 허리나 어깨에 걸쳐 두르는 비옷을 뜻하는 중앙어 '도롱이'의 이 지역 방언형이다. 예전에 주로 농촌에서 일할 때 비가 오면 사용하던 것으로 안쪽은 엮고 겉은 줄거리로 드리워 끝이 너덜너덜하게 만든다.

112) '메커리'는 삼이나 노끈으로 짚신처럼 삼은 신을 가리키는 중앙어 '미투리'에 대응하는 이 지역 방언형이다. 이 지역에서는 짚신과 미투리를 구별하지 않고 '짚신'이나 '집시기'라고도 하고 '메커리'라고도 한다. '집시기'는 '짚신'을 뜻하는 '짚세기'

가 변한 말이다. '집씨기'는 '짚세기>집세기>집시기'의 과정을 거친 것으로 이해
된다. 이 지역에서는 '집시기'보다는 '메커리'라는 말을 더 자주 쓴다.

113) '아치'는 중앙어 '가지'에 대응하는 이 지역 방언형이다. 본줄기에서 벋은 나뭇가지
나 식물의 가지를 다 '아치'라고 한다.

114) '지아실'은 '지하실'의 음성형이다. 이 지역에서는 '움' 또는 '굴'이라고 쓰는 것이 보
통이다.

115) '눅찌가개'는 이 지역 방언형 '눅직하다'의 활용형 '눅직하게'의 음성형이다. '눅직하
다'는 '반죽 따위가 생각보다 무르거나 물렁하다'의 뜻으로 쓰이는 방언형이다. '눅
직하다'는 '눅다'의 어간에 '-직하다'가 붙어서 이루어진 말이다. 중앙어에서 '눅다'
는 '반죽 따위가 무르다'의 뜻으로 쓰인다.

116) '소깽이'는 송진이 많이 엉긴 소나무의 옹이나 가지를 뜻하는 중앙어 '관솔'에 대응
하는 이 지역 방언형이다. 예전에는 이것을 이용하여 등불 대신 사용하였다. 벽에
구멍을 뚫고 관솔에 불을 붙여 그을음이 밖으로 나가게 하여 등불 대신 이용하였
는데 이런 시설을 이 지역에서는 '코코리'라고 한다. '코코리'에 대응하는 중앙어는
'고콜'이다.

117) '코코리'는 예전에 관솔불을 올려놓기 위하여 벽에 구멍을 뚫어 불을 밝히게 만든
시설을 뜻하는 중앙어 '고콜'에 대응하는 이 지역 방언형이다.

118) '등잠뿔'은 '등잔불'의 음성형이다. 여기에서의 '등잔불'은 중앙어의 '등잔'에 대응하
는 뜻으로 쓰였다. 등잔은 본래 기름을 담아 등불을 켜는 데 쓰는 그릇을 가리키
는 말이나 여기에서는 석유를 넣어 불을 밝히는 '호롱'의 뜻으로 쓰였다.

119) '호야'는 석유를 넣은 그릇의 심지에 불을 붙이고 유리로 만든 등피를 끼운 등을
뜻하는 중앙어 '남포등'에 대응하는 말이다. 본래 '호야'는 남포등에서 '유리로 만든
등피'만을 뜻하는 말인데 이것의 의미가 확장되어 남포등을 뜻하는 말로 쓰인 것
이다. '남포등'은 '남포+등'으로 분석되는데 이때의 '남포'는 영어의 램프(lamp)에서
유래한 것이다.

120) '벙개'는 액체가 묻어서 차차 넓게 젖어 퍼지다의 뜻으로 쓰이는 중앙어 '번지다'에
대응하는 이 지역 방언형 '번기다'의 활용형이다. '벙개'는 '번기어'의 축약형이다.
'번기다'는 '번기구, 번기지, 번기어/번개, 벙겼다'와 같이 활용한다.

121) '소캐'는 '솜'에 대응하는 이 지역 방언형이다. '솜'과 '소캐'는 같은 뜻으로 쓰이는
말이다.

122) 여기에서의 '까쓰등'은 탄화칼슘과 물을 섞어 아세틸렌을 발생시켜, 이것을 태워
광원(光源)으로 쓰는 등을 가리킨다. '까쓰등'은 카바이드를 이용하여 불을 밝히는
조명 기구를 뜻하는 중앙어 '카바이드등'에 대응하는 이 지역 방언형이다. 중앙어
에서의 '가스등'은 석탄 가스를 도관(導管)에 흐르게 하여 불을 켜는 등을 뜻한다.
가스등을 '가스램프' 또는 '와사등'이라고도 한다.

123) '간드레'는 본래 광산의 갱(坑) 안에서 불을 켜 들고 다니는 카바이드등을 이르는 말이다. 이것을 개량한 것이 '간드레', 즉 '가스등'이다. '간드레'는 영어의 'candle'에서 유래한 말이다.

124) '버들개'는 잉엇과의 민물고기로 몸의 길이는 8~15cm이고 방추 모양이고 등쪽이 어두운 갈색이며 배는 흰색에 가깝고 옆구리에는 연한 푸른색의 넓적한 무늬가 가로 둘려 있다. 피라미와 비슷하나 입에 수염이 없고 비늘이 비교적 크다. 수컷은 산란기가 되면 붉은 빛을 띤다.(곽충구, 《두만강 유역의 조선어 방언사전》에서 인용.)

125) '뚝치'는 농엇과에 속하는 민물고기로 쏘가리와 비슷하나 작고 몸빛은 갈색 바탕에 붉은 가로줄이 있다. 흔히 인근의 육진 지역에서는 '뚝지, 뚝재, 뚝지제' 등으로 쓰이는 것으로 '껵제기'라고도 한다.(곽충구, 《두만강 유역의 조선어 방언사전》에서 인용.)

126) '야리'는 잉엇과에 속하는, 두만강에서만 서식하는 여름철 민물고기로 몸이 길쭉하고 입이 작으며 배는 은빛이다. 비늘이 큰 편이고 길이는 큰 것이 30cm 남짓하고 무게는 1kg정도 된다.(곽충구, 《두만강 유역의 조선어 방언사전》에서 인용.)

127) '근'은 무게의 단위로 이 지역에서의 한 근은 500g을 가리킨다. 중국에서는 고기나 곡식, 과일 등을 팔 때 저울로 무게를 달아서 파는데 무게의 기본 단위가 근(斤)이다. 오늘날 우리나라에서는 저울로 무게를 달아서 팔 때 미터법을 쓴다. 그런데 중국에서는 척관법(尺貫法)을 쓴다. 우리나라에서도 예전에는 척관법을 썼는데 '근'은 무게의 단위로 고기나 일반 한약재의 무게를 잴 때는 600그램을 기준으로 하고, 과일이나 채소, 곡식 따위의 무게를 잴 때는 한 관의 10분의 1인 375그램에 해당하는데 보통 400그램으로 친다. 냥은 귀금속이나 귀한 한약재 따위의 무게를 잴 때 쓴다. 귀금속의 무게를 잴 때는 한 냥이 한 돈(3.75g)의 열 배(37.5g)이고, 한약재의 무게를 잴 때도 한 근(600g)의 16분의 1(37.5g)에 해당한다. '돈'은 무게의 단위로 귀금속이나 귀한 한약재 따위의 무게를 잴 때 쓴다. 한 돈은 한 냥의 10분의 1이고 한 푼의 열 배로 3.75g에 해당한다. 예전에는 엽전을 세던 단위로도 '돈'이 쓰였다. 한 돈은 한 냥의 10분의 1이고 한 푼의 열 배다. '푼'은 사물을 세는 단위인데 엽전을 세던 단위로 쓰일 때의 한 푼은 돈 한 닢을 이른다. 비율을 나타내는 단위로도 쓰이는데 이때의 1푼은 전체 수량의 100분의 1이고, 1할의 10분의 1이다. '푼'이 길이의 단위로 쓰일 때의 한 푼은 한 치의 10분의 1로 약 0.33cm에 해당한다. '푼'이 무게의 단위로 쓰일 때는 귀금속이나 한약재 따위의 무게를 잴 때 쓴다. 이때의 한 푼은 한 돈의 10분의 1로 약 0.375g에 해당한다.

128) '황어'는 물고기 종류의 하나인데 실물을 확인하지 못해 어떤 물고기인지는 알 수 없으나 제보자의 설명에 의하면 송어와 비슷한 모양의 물고기로 보인다. 참고로, 곽충구, 《두만강 유역의 조선어 방언사전》에는 '황어'는 없고 '화이'와 '화에'가 표제어로 올라 있는데 '황어'가 '화에'를 가리키는 것이 아닌가 한다. '화에'는 잉

엇과의 민물고기로 몸의 길이는 10~45cm치고 방추형이며 등은 검푸른 빛깔이고 옆구리 배는 흰 빛깔이다. 번식기에는 배에 폭넓은 붉은색 때가 나타나고 각 지느러미도 붉어지며 머리와 등에 작은 돌기가 다수 나타난다. 바다와 강이 만나는 곳에 많이 사는데 두만강에서 서식한다. 흔히 한 근 정도의 무게가 나가지만 두서너 근짜리도 있다고 한다.

129) '가래치느라구'는 '가래치다'의 활용형이다. '가래치다'는 물고기가 헤엄칠 때 꼬리 지느러미를 힘차게 흔드는 것을 가리키는 말이다. 특히 물고기가 물을 거슬러 상류로 올라갈 때 꼬리지느러미를 힘차게 흔드는데 이것을 '가래친다'고 한다. '가래치다'는 '가래치구, 가래치지, 가래치면, 가래치느라구, 가래처서'와 같이 활용한다.

130) '고마이'는 물고기의 한 종류인데 실물을 보지 못해 어떻게 생긴 물고기인지 알 수 없다. 설명 내용과 문맥으로 볼 때 '송어'를 가리키는 것으로 보인다. 참고로 곽충구의 ≪두만강 유역의 조선어 방언사전≫에는 '고마에'가 있다. '고마에'는 '고도에'라고도 하는데 "고등엇과의 바닷물고기로 몸은 기름지고 통통하며 등에 녹색을 띤 검은색 물결무늬가 있고 배는 은백색이다."라고 설명하였다. 제보자가 바다에서 민물로 올라온 물고기라고 하는 점으로 볼 때 이름을 잘못 알고 있는 것이 아닌가 한다.

131) '육지'는 여기에서 물 밖을 뜻하는 말로 쓰였다. 흐르는 물에서 물 밖인 땅을 육지라고 말한 것이다.

132) '데딩 게'는 '데딘 게'의 음성형이다. '데딘'은 중앙어 '던지다'에 대응하는 이 지역 방언형 '데디다'의 활용형이다. '데디다'는 '데디구, 데디지, 데딘, 데디니까, 데뎌'와 같이 활용한다. 이 지역에서 '데디다'는 예에서와 같이 '던지다'의 뜻으로도 쓰이고 '버리다'의 뜻으로도 쓰인다.

133) '쥐어뻐리쩌'는 중앙어 '집어던지다' 정도에 대응하는 이 지역 방언형 '쥐어뻐리다'의 활용형이다. '쥐어뻐리다'는 '쥐어뻐리구, 쥐어뻐리지, 쥐어뻐려'와 같이 활용한다. '쥐어뻐리다' 외에 이 지역에서 '줴뻐리다'도 쓰인다. '쥐어뻐리다'는 '집어던지다'의 뜻 외에 '내버리다'의 뜻으로도 쓰인다.

134) '거저'의 첫음절 '거'의 모음 '어'는 '어'와 '으'의 중간 정도 소리다.

135) '하서'는 양수진의 넓은 들 가운데를 흐르는 강 서쪽 지역을 가리키는 지명이다.

136) '옥씨기짱'은 '옥시기짱'의 음성형이다. '옥시기짱'은 '옥시기+짱'으로 분석할 수 있다. '옥시기'는 중앙어 '옥수수'에 대응하는 이 지역 방언형이다. '짱'은 초본 식물의 줄기를 뜻하는 중앙어 '대'에 대응하는 이 지역 방언형이다.

137) '그'의 모음은 '으'와 '어'의 중간 정도로 발음된다.

138) '웍쌔'는 중앙어 '억새'에 대응하는 이 지역 방언형 '웍새'의 음성형이다.

139) '깔개'는 중앙어 '갈대'에 대응하는 이 지역 방언형 '깔대'를 잘못 발음한 것이다. '깔대'는 [깔때]로 발음된다.

140) '마구까내'는 중앙어 '마구간에'에 대응하는 이 지역 방언 음성형이다. 말을 기르는 곳이 '마구간'인데 예문에서의 '마구깐'은 '외양간'의 뜻으로 쓰였다. '외양간'이라고 해야 하는데 이 지역에서는 '마굿간'과 '외양간'을 구별하지 않고 사용하기 때문에 '외양간'을 '마굿간'이라고 말한 것으로 보인다.

141) 예문에서의 '오양'은 외양간에 깔아준 짚이나 소의 똥오줌이 섞인 것을 가리키는 말로 쓰였다. 이것을 밖으로 내어 썩히면 두엄이 된다. 두엄은 식물이 잘 자라도록 땅을 기름지게 하기 위하여 논밭에 뿌려준다. 그런데 중앙어에서는 '외양'이 '마소를 기르는 일'이나 '마소를 기르는 곳'을 뜻하는 말로 쓰인다는 점에서 이 지역 방언과 의미 차이가 있다. 충청도 방언에서 '마소를 기르는 곳'은 '오양간'이라고 하고, 그 '오양간'에 깔아준 짚이나 소의 똥오줌이 섞인 것은 '오양'이라고 한다.

142) '지절지저라개'는 '지절지절하다'의 활용형 '지절지절하개'의 음성형이다. '지절지절하다'는 물기가 매우 많아 몹시 차지고 진 느낌을 뜻하는 중앙어 '질척질척하다'에 대응하는 이 지역 방언형이다.

143) '털버시'는 '털벗이'의 음성형이다. '털벗이'는 '털+벗이'로 분석할 수 있다. '벗이'는 '벗다'의 어간 '벗-'에 접미사 '-이'가 붙어서 이루어진 명사다. '털벗이'는 짐승이나 새의 묵은 털이 빠지고 새 털이 나는 것을 뜻하는 중앙어 '털갈이'에 대응하는 이 지역 방언형이다. 형태상으로 보면 '털벗이'는 털을 벗는다는 뜻, 즉 털이 빠진다는 뜻에 초점이 있는데 비해 '털갈이'는 털이 빠지고 새 털이 나서 털을 간다는 뜻으로 쓰인다는 점에서 의미의 초점에 차이가 있지만 의미상으로는 '털벗이'가 '털갈이'와 같은 뜻으로 쓰였다.

144) '소마걸'은 '소막얼'의 음성형이다. '소막얼'은 '소막+얼(목적격 조사)'로 분석되고 '소막'은 다시 '소+막'으로 분석된다. '막'은 중앙어에서 겨우 비바람을 막을 정도로 임시로 지은 집을 가리키는 말이지만 여기에서는 소를 기르기 위해 칸을 막아 비바람을 막을 수 있도록 지은 건축물을 뜻하는 말로 쓰였다. 따라서 '소막'은 소를 기르기 위해 지은 집을 가리키는 '외양간'의 뜻으로 쓰였다.

145) '초럴'은 '처럴'이라고 발음해야 할 것을 잘못 발음한 것으로 보인다. '처럴'은 '철+얼'로 분석되는데 '철'은 '쇠'를 뜻하고 '-얼'은 목적격 조사다. 여기에서의 '철'은 쇠굽에 박는 쇠붙이를 말한다.

146) '쇠처르'는 '쇠철+으'로 분석된다. '-으'는 중앙어 목적격 조사 '-을'에 대응하는 이 지역 방언형이다. '쇠철'은 소나 말의 발굽에 박는 대가리가 크고 넓으며 길이가 짧은 쇠못을 가리키는 중앙어 '징'을 뜻하는 말이다. 바로 앞의 '철'도 같은 뜻으로 쓰였다.

147) '다슬지'는 중앙어의 '닳다'에 대응하는 이 지역 방언형 '다슬다'의 활용형이다. '다슬다'는 '다슬지, 다슬구, 다스러면/다서러면, 다스렀다/다서렀다'와 같이 활용한다. '다슬다'의 이형태로 '다설다'가 사용된다. '다설다'는 '다설지, 다설구, 다서러면, 다서렀다'와 같이 활용한다.

148) '정방노리'는 코뚜레에서 머리 한 복판을 가로질러 두 뿔 사이로 넘겨 고삐에 연결시키는 넓적한 끈을 말한다. 주로 5~6cm 정도 되는 가죽 띠로 만든다. 고삐를 좌우로 넘길 때 정방노리가 뿔 밖으로 벗어지지 않도록 두 뿔 사이를 감은 뿔감기 밑으로 지나가게 한다.

149) '뚜래'는 '도래'라고 해야 할 것을 잘못 말한 것으로 보인다.

150) '도래'는 소나 염소 따위의 고삐가 자유롭게 돌아가도록 굴레 또는 목사리와 고삐 사이에 단 쇠나 나무로 된 고리 비슷한 물건을 가리킨다. 소 고삐에 다는 도래는 흔히 쇠로 만드는데 양쪽으로 동그랗게 고리가 있고 이 두 고리를 연결하는 가운데 부분이 돌아갈 수 있도록 되어있다. '도래'는 고삐가 한쪽으로 계속 감기면 끊어질 수 있기 때문에 고삐가 꼬이지 않게 하기 위해 고삐와 굴레나 고삐와 목사리가 연결되도록 단다.

151) '판나지'는 '끝장이 나다', '망가지다', '헤지다' 등의 의미로 쓰이는 이 지역 방언형 '판나다'의 활용형이다. '판나다'는 '①옷이나 천 따위가 낡아 구멍이 나거나 닳거나 찢어지거나 끊어지거나 하여 못 쓰게 되다 ②물건이 못 쓰게 되거나 부서지다 ③ 건물이 낡거나 하여 무너지다' 등의 의미로 쓰이는 이 지역 방언이다. 예문에서는 '판나다'가 고삐가 망가지다는 의미로 쓰였다.

152) '다새'가 무슨 뜻인지 알 수 없다.

153) '굴레'는 말이나 소 따위를 다루거나 부리기 위하여 주둥이 윗부분과 귀밑으로 씌워서 머리와 목에서 고삐에 걸쳐 얽어매는 줄을 말한다. 코를 뚫지 않은 송아지나 말을 다루기 위해 씌운다.

154) '자퍄뿔'은 뿔이 소 머리를 중심으로 좌우로 일(一)자 모양으로 뻗은 것을 가리킨다. 방언에 따라 이런 뿔을 '비녀뿔'이라고 하기도 한다. 비녀를 낀 것처럼 일(一)자 모양이라고 하여 붙여진 이름이다. 한편, 충청도 방언에서 '곤두뿔'은 소의 뿔 모양이 머리 위로 약 45도 각도로 뻗어 있는 것을 가리킨다. 방언에 따라 이런 뿔을 '곤디뿔'이라고 하기도 한다. 이 외에 뿔이 한쪽은 하늘을 향하고 다른 한쪽은 아래를 향한 것은 '천지각(天地角)' 또는 '천지뿔'이라고 한다. '재장구뿔'은 뿔 모양이 자전거 바퀴의 살처럼 둥그렇게 생긴 뿔을 가리킨다. 즉 뿔이 나와서 끝 부분이 주먹을 쥔 것처럼 둥그렇게 뭉친 것을 '재장구뿔'이라고 한다. '물래뿔'은 뿔 모양이 물레같이 둥글게 생긴 것을 가리킨다. 그리고 뿔이 초승달 모양으로 양쪽으로 둥그렇게 위로 뻗은 것은 '우각뿔' 또는 '우격뿔'이라고 한다.

155) '곤두뿔'은 소의 뿔 모양이 머리 위로 약 45도 각도로 뻗어 있는 것을 가리킨다. 방언에 따라 이런 뿔을 '곤디뿔'이라고 하기도 한다.

156) '뿔갱기'는 '뿔감기'가 움라우트와 역행동화로 연구개음화가 실현된 이 지역 방언형이다. '뿔감기'는 '뿔+감기'로 분석할 수 있다. '뿔감기'는 코뚜레에 맨 줄(이 방언에서는 '정방노리'라고 함)이 벗겨지지 않도록 뿔을 감아 놓은 끈을 가리킨다. 코뚜

레에 맨 정방노리를 소의 머리 위로 넘겨 도래의 한쪽 고리에 매고 도래의 다른 쪽 고리에 고삐를 매게 되어 있는데 이 때 정방노리가 소의 뿔 사이에서 벗겨지지 않도록 하는 기능을 하는 것이 '뿔감기'다.

157) '정방노리'는 코뚜레에서 머리 한 복판을 가로질러 두 뿔 사이로 넘겨 고삐에 연결시키는 넓적한 끈을 말한다. 주로 5~6cm 정도 되는 가죽 띠로 만든다. 고삐를 좌우로 넘길 때 정방노리가 뿔 밖으로 벗어지지 않도록 두 뿔 사이를 감은 뿔감기 밑으로 지나가게 한다.

158) '세: 지(指)'는 세 개의 손가락을 뜻한다. 즉 세 개의 손가락을 붙여 폈을 때의 너비를 '세 지 널비'라고 한 것이다. 여기에서의 '널비'는 면적의 의미로 쓰이지 않고 폭을 나타내는 '너비'의 의미로 쓰였다.

159) '피대(皮帶)'는 본래 두 개의 쇠바퀴에 걸어 동력을 전하는 띠 모양의 물건으로 영어의 '벨트(belt)'에 대응하는 말이다.

160) '너'는 '어'나 '에'라고 해야 할 것을 잘못 말한 것이다.

161) '사나'는 '하나'라고 발음해야 할 것을 잘못 말한 것이다.

162) '변쏘'는 '邊-소'로 일 년 동안 농사를 지어 가을에 수확한 다음에 일정한 돈을 지불하기로 약정하고 남에게 빌려 주거나 남에게 빌리는 소를 뜻하는 말이다.

163) '반재기'는 처음에 송아지를 사 주고 그 송아지를 길러서 큰 소가 되면 그 소를 팔게 되는데 소를 팔면 송아지 값을 제하고 남은 돈을 송아지를 사 준 사람과 소를 키운 사람이 반씩 나누어 가지는 것을 가리키는 말이다.

164) '쌍꼬삐'는 '쌍고삐'의 이 지역 방언형이다. '쌍꼬삐'는 '쌍+꼬삐'로 분석할 수 있다. '쌍'은 일부 명사 앞에 붙어 '두 짝으로 이루어짐'의 뜻을 나타내는 말이고 '꼬삐'는 말이나 소를 몰거나 부리려고 재갈이나 코뚜레, 굴레에 잡아매는 줄을 나타내는 중앙어 '고삐'에 대응하는 이 지역 방언형이다. 예문에서의 '쌍꼬삐'는 소를 몰거나 부리기 위해 코뚜레에 두 줄을 잡아매서 소의 양옆으로 한 줄씩 늘어뜨린 고삐를 뜻하는 말이다.

165) 이 지역에서 소를 부릴 때, 처음에 소를 앞으로 출발시키기 위해 하는 소리는 '이러!'이고 가는 소를 멈추게 할 때는 '워!'한다. 그리고 왼쪽으로 돌아가게 할 때는 고삐를 흔들어 소 오른쪽 옆구리를 툭툭툭툭 치면서 '저저저저!'하고 오른쪽으로 돌아가게 할 때는 고삐를 잡아당긴다. 고삐가 소의 정수리를 넘어 오른쪽으로 매어 있기 때문에 고삐를 잡아당기면 소가 오른쪽으로 끌려오게 되어 있다. 그리고 소를 멈춘 다음에 뒤로 물러나게 할 때는 '써!'하고 외치면서 고삐를 살짝살짝 잡아당긴다. 충청도에서는 오른쪽으로 돌아가게 할 때는 고삐를 잡아당기면서 '일러루!' 또는 '일러로!' 한다.

166) '발구'는 주로 산간 지방 따위의 길이 험한 지역에서 마소에 메워 물건을 실어 나르는 큰 썰매를 말하는데 이 지역에서도 겨울에 '발구'를 많이 이용한다. 이 지역

에서는 '발구' 외에 '발기', '발구다리', '발기다리'도 쓰인다. '발구'가 나무로 된 긴 채를 양쪽으로 하나씩 늘여놓고 가로로 고정하는 나무를 매어 만들기 때문에 양쪽의 긴 채를 두 다리에 빗대 '발구다리' 또는 '발기다리'라고 한다. '발구다리'나 '발기다리'는 '발구'의 중심이 되는 긴 채를 뜻하는 말이지만 이것이 이 지역에서는 '발구'의 뜻으로도 쓰인다. 본래는 '발구'나 '발기'가 상위어이고 '발구다리'나 '발기다리'는 하위어이지만 이 지역에서는 예문에서 보듯이 하위어가 상위어의 의미로도 쓰인다.

167) '끄슬 만하개'에서 '끄슬'은 중앙어 '끌다'의 이 지역 방언형 '끄스다'의 관형사형이고 '만하개'는 동사의 관형사형 어미 '-ㄹ' 뒤에 쓰여, 앞말이 뜻하는 동작이나 일이 어지간히 가능함을 나타내는 '만하다'의 활용형 '만하개'에 대응하는 말이다. '끄스다'는 '끄스구/끄시구, 끄스지, 끄스니까, 끄서다가'와 같이 활용한다.

168) '후:워리'는 '후걸이'를 잘못 말한 것이다. 겨울에 소가 발구를 끌 적에 발구가 미끄러지지 않도록 한 일종의 제동장치 역할을 하는 것을 말한다.

169) '소가 그걸 받는다'는 말은 내리막에서 수레에 물건이 실려 있으면 그 무게 때문에 수레가 아래로 밀려 내려가려는 힘이 생기는데 그 힘을 소가 받는다는 말이다. 즉 그 무게를 소가 버틴다는 뜻이다. 아래로 쏠리는 짐의 무게를 소가 덜 받게 하기 위해 소와 수레 사이에 '똥받이'를 매단다. 그러면 힘이 똥받이를 밀고 이것이 수레를 제어하여 내려가는 힘을 약화시키게 된다. 이렇게 하는 것을 '짐을 받는다'거나 '수레를 받는다'고 한다.

170) '승'은 '영'이라고 해야 할 것을 잘못 말한 것이다.

171) '상 두래'는 '상 둘레'을 뜻하는 이 지역 방언형이다. 예문의 '상 두래'는 제보자와 대화할 때 제보자 앞에 놓여 있던 둥근 상의 둘레를 가리키면서 한 말이다.

172) '물춤한다'는 '뜻밖의 사실에 놀라 뒤로 물러서려는 듯이 하여 행동을 갑자기 멈추고 주춤하다'의 뜻으로 쓰이는 중앙어 '무르춤하다'에 대응시킬 수 있는 이 지역 방언형이다. 중앙어에서는 '행동을 멈추다'의 뜻인데 비해 이 지역에서는 '뒤로 물러서다'의 뜻으로 쓰인다는 점에서 차이가 있다.

173) '가싱기'는 양쪽 끝을 꺾어 꼬부려서 주로 'ㄷ' 자 모양으로 만든 쇠토막을 뜻하는 중앙어 '꺾쇠'에 대응하는 말이다. 두 개의 물체를 겹쳐 대어 서로 벌어지지 않게 하기 위해 두 물체에 박아 놓는 데 쓰거나 통나무 따위를 묶은 바가 벗겨지지 않도록 바를 꺽쇠 안쪽으로 박아 놓는 데 쓴다.

174) '자파뿔'은 뿔이 소 머리를 중심으로 좌우로 일(一)자 모양으로 뻗은 것을 가리킨다. 방언에 따라 이런 뿔을 '비녀뿔'이라고 하기도 한다. 비녀를 긴 것처럼 일(一)자 모양이라고 하여 붙여진 이름이다. 한편, 충청도 방언에서 '곤두뿔'은 소의 뿔 모양이 머리 위로 약 45도 각도로 뻗어 있는 것을 가리킨다. 방언에 따라 이런 뿔을 '곤디뿔'이라고 하기도 한다. 이 외에 뿔이 한쪽은 하늘을 향하고 다른 한쪽은 아

래를 향한 것은 '천지각(天地角)' 또는 '천지뿔'이라고 한다. '재장구뿔'은 뿔 모양이 자전거 바퀴의 살처럼 둥그렇게 생긴 뿔을 가리킨다. 즉 뿔이 나와서 끝 부분이 주먹을 쥔 것처럼 둥그렇게 뭉친 것을 '재장구뿔'이라고 한다. '물래뿔'은 뿔 모양이 물레같이 둥글게 생긴 것을 가리킨다. 그리고 초승달 모양의 뿔이 양쪽으로 둥그렇게 위로 뻗은 것은 '우각뿔' 또는 '우걱뿔'이라고 한다.

175) '곤두뿔'은 소의 뿔 모양이 머리 위로 약 45도 각도로 뻗어 있는 것을 가리킨다. 방언에 따라 이런 뿔을 '곤디뿔'이라고 하기도 한다.

176) '곤두뿌링구'는 '자파뿔이구'라고 해야 할 것을 잘못 말한 것이다.

177) '물래뿔'은 뿔 모양이 물레같이 둥글게 생긴 것을 가리킨다. 충청도 방언에서는 '우각뿔' 또는 '우걱뿔'이라고도 한다.

178) '재장구'는 '자전거'에 대응하는 이 지역 방언형이다.

179) '재장구뿔'은 뿔 모양이 자전거 바퀴의 살처럼 끝이 둥그렇게 생긴 뿔을 가리킨다. 즉 뿔이 나와서 끝 부분이 주먹을 쥔 것처럼 둥그렇게 뭉친 것을 '재장구뿔'이라고 한다.

180) '천지뿔'은 뿔이 하나는 위(하늘)을 향하고 다른 하나는 아래(땅)을 향해 나 있는 것을 가리킨다. 즉 하늘과 땅을 가리키는 뿔이라는 뜻에서 온 말이다. '천지뿔'을 '천지각(天地角)'이라고도 한다.

181) '볼리먼'은 '걸리먼'이라고 해야 할 것을 잘못 말한 것이다.

182) '뒤뿌리'는 '뒤빠리'라고 발음해야 할 것을 잘못 발음한 것이다. '뒤빠리'는 '뒷발이'의 음성형이다.

183) '이슬차개'는 소가 걸을 때 앞다리는 똑바로 걷는데 뒷다리는 바깥쪽으로 차면서 가는 소를 가리킨다. 소를 분류할 때 걸음걸이를 보고 소의 이름을 붙이기도 하고 소의 털 색깔에 따라 이름을 붙이기도 하고, 소의 뿔 모양에 따라 이름을 붙이기도 한다. 예문의 '이슬차개'는 소의 걸음걸이에 따라 붙여진 이름인데 소가 풀잎에 맺힌 이슬을 차듯이 뒷다리를 옆으로 차면서 걷는 소를 가리킨다.

184) '둥굴소'는 앞가슴이 딱 벌어지고 입이 뭉툭하고 머리가 크게 생긴 황소(수소)를 가리킨다. 황소 가운데서도 힘을 쓰게 잘 생긴 소를 이 지역 방언에서 '둥굴소'라고 하기도 하고 황소를 가리키기도 한다. '둥굴소' 외에 '둥글소'라고도 한다.

185) '새끼놀이'는 '새끼 낳는 일'이라는 뜻으로 쓰이는 이 지역 방언형이다.

186) '지주'는 '소작농이라고 해야 할 것을 잘못 말한 것이다.

187) '종내'는 '전에'라고 해야 할 것을 잘못 말한 것이다.

188) '고시노꾸'는 일종의 톱을 나타내는 일본어의 잔재로 보인다. 일본어로 '톱'은 '노코기리' 또는 '노코(꾸)'라고 하고 '고시(腰)'는 허리를 뜻하므로 여기에서의 '고시노꾸'는 큰 마루를 자르거나 켤 대 허리에 줄을 감고 두 사람이 마주보고 톱질할

때 사용하는 톱을 가리키는 말로 쓰인 것으로 보인다.

189) '무얼'은 '木耳'의 중국어 발음이다. 즉 목이버섯을 가리킨다.

190) '주창부'는 도문시 양수진의 지명 가운데 하나다.

191) '가능골'은 '가는골'의 음성형이다. '가는골'은 양수진 정암촌에서 왕청현으로 가는 산의 골짜기 가운데 하나다.

192) '마상골'은 양수진 정암촌에서 왕청현 방향의 산에 있는 골짜기 가운데 하나로 정 암촌 쪽으로 뻗어 있다.

193) '코'는 육진방언에서 '①그물이나 올가미에 낸 고 ②직물에서 올과 올이 만든 눈의 매듭'의 뜻으로 쓰이는 말인데 여기에서는 '올가미'의 의미로 쓰였다. 따라서 '돼지 코'는 '돼지 올가미'를 뜻한다.

194) '홀치망태'는 새끼나 삼끈, 노끈 등으로 얽어서 큰 주머니처럼 만들어 물건을 넣고 양쪽 어깨에 메고 나를 수 있도록 만든 것으로 끈을 잡아당기면 입구가 조여지도 록 되어 있다.

195) '변또'는 영어에서 도시락을 뜻하는 'bento'의 일본어식 발음이다. '변또' 외에 '벤또' 도 쓰인다.

196) '간변또'는 '간+변또'로 분석된다. '간'은 반찬을 뜻한다. 따라서 '간변또'는 반찬을 넣는 도시락이라고 할 수 있다.

197) '기척'은 '누군가가 있는 줄을 알 수 있게 하는 소리나 기색'을 뜻하는 말이다.

198) '동발'은 본래 '광산이나 탄광, 토목 공사를 위하여 땅속에 뚫어 놓은 길이 무너지 지 않도록 받치는 기둥'을 뜻하는 말'이다. 여기에서는 탄광으로 들어가기 위해 동발을 세워놓은 곳을 뜻하는 말로 이해된다.

199) '토장'은 흙이 평평하고 넓은 장소를 뜻한다. 한어 '土場'을 우리말 한자음으로 음차 한 것으로 보인다.

200) '투투지'는 불도저(bulldozer)의 중국어 '堆土机[duītǔjī]'를 음차한 것이다.

201) '옥시기짱'은 '옥시깃장'의 음성형이다. '옥시깃장'은 중앙어 '옥수숫대'에 대응하는 이 지역 방언형이다. '옥시깃장'은 '옥시기+장'으로 분석되는데 '옥시기'는 원 충북 방언형이고 '장'은 육진방언 '댱'의 구개음화형이다. 육진방언에서는 '옥싯댱' 또는 '옥싯장'이 쓰인다.(곽충구, 《두만강 유역의 조선어 방언 사전》 2019, 참조.)

202) '범'은 '호랑이'의 다른 이름이다.

203) '접어들다'는 육진방언에서 '①다투거나 겨루기 위하여 대들다. ②짐승이나 곤충이 사납게 덤벼들다'의 뜻으로 쓰이는 말인데 여기에서는 ②의 의미로 쓰였다. 중앙어 의 '덤벼들다' 정도의 뜻으로 쓰인 것이라고 할 수 있다.

204) '담배싸미'는 중앙어 '담배쌈지'에 대응하는 방언형이다. '담배쌈지'는 담배나 부시

등을 담기 위하여 종이나 헝겊, 가죽 따위로 만든 주머니를 가리킨다.

205) '뚜군뚜구라개'는 '뚱굴뚱굴하게'를 잘못 말한 것으로 보인다. 중앙어의 '둥글둥굴하게'에 해당하는 방언형이다.

206) '나이타'는 '라이터(light)'에 유래한 말이다. 주로 담배를 피울 때 사용하는 것으로 라이터돌을 이용하여 불을 붙이는 데 쓰는 작은 점화 기구를 말한다.

207) '다선메다'는 '다섯메다'의 음성형이다. '다섯메다'는 '다섯+메다'로 분석된다. '다섯'은 '5'이고 '메다'는 미터법에 따른 길이의 기본 단위를 나타내는 말인 '미터(meter)'에서 차용한 외래어 방언형이다.

208) '야덥씨'는 '야덟 시'의 음성형이다. '야덟[야덥]'은 15세기 국어에서 여덟[八]을 뜻하는 '오덟'에서 변한 말이다. 이 지역에서 '야덟' 외에도 '야듧'이 흔히 쓰인다. '야듧'이 단독으로 쓰이면 '야듭'이나 '야들'로 발음되나 모음으로 시작되는 조사가 오면 '야들베, 야들비지'와 같이 발음된다. '야들'은 '여덟([八])'을 뜻하는 '야듧'의 곡용형이다. '야듧'은 고어 '오듧'에 소급하는 말로 '야듧 개[야들 깨], 야듧 사람[야들 싸람], 야듧이지[야들비지], 야듧에[야들베]' 등과 같이 곡용한다.

209) '우티'는 '옷'의 함경도 방언형이다.

210) '우아기'는 '윗옷'을 가리킨다.

211) '쥐뿌려'는 '쥐뿌리다'의 활용형이다. '쥐뿌리다'는 '쥐다'와 '버리다'가 합성된 '쥐어버리다'의 방언형으로 쓰이는 말로 이해된다. 지린성 옌지나 투먼 지역에서 '쥐뿌리다' 외에 '제뿌리다, 줴뿌리다' 등의 형태로도 쓰인다.

212) '싸다'는 '사다[買]'의 이 지역 방언형이다.

213) '옘마'는 말을 이용하여 일을 할 때 여러 마리 말 가운데 가장 좋은 말을 뜻한다.

214) '산따리'는 '산다리'의 음성형이다. '산다리'는 산에서 베어낸 나무를 발구에 실어서 산기슭이나 평지까지 내리는 일을 뜻한다. 흔히 소를 발구에 메워 나무를 실어 내리지만 말을 이용하기도 한다.

215) '다창'은 추위나 눈비를 막기 위하여 양복 위에 덧입는 긴 겉옷을 뜻하는 우리말 '외투'에 해당하는 중국어 '大氅[dàchǎng]'을 차용한 말이다. 이 지역에서는 양털로 만든 외투를 '양털다창'이라고 한다.

216) '고투', '궈태'는 옥수수 가루를 반죽한 것을 조금씩 떼어 뭉친 것을 가마솥 안쪽에 붙여 익힌 한족 음식의 하나다. 흔히 옥수수 가루에 콩가루를 섞어 반죽한다고 한다. '궈태'는 한어 '鍋貼[kuōté]에서 차용한 말이다.

217) '따창'은 중국어 '다창(大氅[dàchǎng])에서 차용한 말의 변이음이다. 우리말 '외투'에 대응하는 말이다.

218) '술기'는 중앙어 '수레'의 이 지역 방언형이다. 소나 말이 끄는 짐수레를 이르는데 '달구지'라고도 한다. 이 방언에서 '술기'와 '달구지'를 구별하지 못한다. 도문 지역

에서는 바퀴가 네 개인 것을 '술기'라고 하고 바퀴가 두 개인 것을 '달구지'라고 하여 구별하기도 한다.

219) '토장'은 흙이 평평하고 넓은 장소를 뜻한다. 한어 '土場'을 우리말 한자음으로 음차한 것으로 보인다.

220) '남포질'은 '남포+질'로 분석된다. '남포'는 도화선 장치를 하여 폭발시킬 수 있게 만든 다이너마이트를 가리킨다. '남포질'은 다이너마이트로 폭발하는 일을 의미한다.

221) '길대끼'는 '길닦이'의 움라우트형이다. '길닦이'는 길을 닦는 일을 뜻한다.

222) '놀가지'는 '노루'의 이 지역 방언형이다. '놀가지' 외에 '노루'도 쓰인다.

223) '사시미'는 '사슴'의 이 지역 방언형이다.

224) '코'는 이 지역 방언에서 '올가미'의 뜻으로 쓰였다.

225) '승냉이'는 '승냥이'의 움라우트형이다. '승냥이'는 갯과에 속한 포유동물의 하나로 이리와 비슷하나 더 작고 꼬리가 길다. 몸빛은 붉은 회갈색, 황갈색, 붉은 갈색 등이다. 성질이 사납고 주야로 활동하면서 초식(草食) 동물을 잡아먹는다. 인도, 몽골, 티베트, 중국 등지에 분포한다.

226) '슬기'는 '삵'의 이 지역 방언형이다.

227) '소깽이불'은 '소깽이+불'로 분석된다. '소깽이'는 '관솔'의 이 지역 방언형이다.

228) '소캐방맹이'는 '소캐+방맹이'로 분석된다. '소캐'는 '솜'의 방언형이고, '방맹이'는 '방망이'의 움라우트형이다.

229) '똘기다'는 '어떤 곳에서 떠나도록 내몰다'의 뜻으로 쓰이는 이 지역 방언이다. 중앙어 '쫓기다'에 대응하는 말이다. '똘기다' 외에 '똘기우다'도 쓰인다.

230) '부락(部落)'은 시골에 여러 집이 모여 이룬 마을의 뜻으로 쓰이는 말이다.

231) '산내끼'는 중앙어 '새끼'의 이 지역 방언형이다. 제보자의 출신지인 충북 청원 방언에서도 '산내끼'가 쓰인다. 원충북 방언을 유지하고 있는 것이다.

232) '꿔가주구'는 중앙어 '꽈가지고'에 대응하는 이 지역 방언형이다.

233) '쪽지게'는 본래 젖 장수나 등짐장수 등이 쓰는 작은 지게를 가리키는데 여기에서는 사람이 등에 지고 그 위에 짐을 실어 나르도록 만든 한국 특유의 운반 기구인 '지게'의 뜻으로 쓰였다.

234) '이저머거찌'는 '잊어먹었지'의 음성형이다. '잊어먹다'는 이 방언에서 두 가지의 의미로 쓰인다. 하나는 '기억하지 못하거나 기억해 내지 못하다'의 뜻으로 쓰이는 '잊다'에 대응하는 것이고, 다른 하나는 '의식이나 감정 따위가 아주 사라지다'의 뜻으로 쓰이는 '잃어버리다'에 대응하는 것이다. 여기에서는 후자의 의미로 쓰였다.

235) '맥'은 '기운이나 힘'을 뜻하는 말이다. 흔히 '맥이 없다'의 꼴로 쓰인다.

236) '지내먼'은 '진해먼'의 음성형이다. '진해다'는 '진하다(盡-)'의 방언형으로 '다하다'의

뜻으로 쓰였다.

237) '이마인'은 '이+마이+ㄴ'으로 분석된다. '마이'는 중앙어 '만큼'에 대응하는 이 지역 방언형이고 'ㄴ'은 조사 '은'에 대응하는 것이다.

238) '로모저'는 한어 '老母猪[lǎomǔzhū]'를 차용한 말로 새끼를 낳은 큰 암돼지를 뜻한다.

239) '노친'은 나이 많은 여자 노인을 대접하여 이르는 말이다.

240) '노모즈'는 '노모저(老母猪[lǎomǔzhū])'의 변이형이다.

241) '외도투'는 혼자 다니는 산돼지 수컷 큰 것을 이르는 말이다.

242) '뜨다'는 '무게를 달기 위해 들어 올리다'의 뜻으로 쓰이는 말이다.

243) '뜨다'는 '머리로 들이 받으며 들어 올려 공격하다'의 뜻으로 쓰이는 말이다.

244) '띠운'은 '띄우다'의 활용형이다. '띄우다'는 위의 주석 '뜨다'의 피동형으로 '머리에 들이 받히다' 또는 '머리에 들이 받혀 위로 들리다'의 뜻으로 쓰인다.

245) '배알'은 중앙어 '창자'에 대응하는 이 지역 방언형이다. 이 방언에서 '배알' 외에 '밸'도 쓰인다.

246) '밸'은 중앙어 '창자'에 대응하는 이 지역 방언형이다. 이 방언에서 '밸' 외에 '배알'도 쓰인다.

247) '비빠대'는 중앙어 '빚받이'에 대응하는 이 지역 방언형 '빚바대'의 음성형이다. '빚받이'는 남에게 빚으로 주었던 돈을 받아들임을 뜻하는 말인데 여기에서는 소련이 중국에 빚으로 준 돈을 받아들이는 것을 말한다.

248) '놀가지'는 '노루'의 이 지역 방언형이다.

249) '사시미'는 '사슴'의 이 지역 방언형이다.

04 의생활

4.1. 목화와 삼 재배

그 오뚜 다: 지배서 해: 이버짜너요, 옌:나래는?

— 옌나래는 오뚜 다: 오뚜 다: 해 임녕 건 앙까내드리 하능 기구.

사: 임능 기 아니구 다: 지배서 해짜너요?

— 어: 앙까내드리 다: 하능 기구.

짜:구 이러캐.

— 이재 베트를 놔:서 베트를 짜:구 그 다매 저: 머여 난 다매 야:중애는 어: 광:모기 나온 담부터 광:목 싸다가 해: 이꾸.

— 게 광:목 싸다 바지조고리 해: 이꾸 그저 그러치.

여기서두 모콰 시머써요?

— 모: 씨머요.

— 안 돼요, 여기.

여긴 안 돼요?

— 안:대 근본 안 대요.

— 저: 남방애 가서 모콰씨 싸다가 저: 부락 뒤애다가 거기다 한 때기르 딱 시먼는대 아:이 돼요.

— 그냥 망우래기 이러:키 게서 이게: 소캐가¹⁾ 이러키 피지 모:타구 이 꼬부런 채루 이대루 서리 마꾸 서리 마꾸는 안 돼요.

여르미 짤버서 그렁가부다.

— 으:, 아이, 아이돼요.

— 그 내 아 그래 모콰, 대:추, 감:, 밤: 이기 다: 안 돼요.

— 별지설 다해서 살굴라 그래는데두 안: 돼요.

— 여기 저:: 동삼 내 하우스애다 하우스를 쏠료루²⁾ 가따 탁: 더퍼서 잘: 과동시켜 놔두 그 이듬해 보매만 여:러 노면 발싸 안: 되능, 아: 다: 주건는대.

그 옷도 다 집에서 해 입었잖아요, 옛날에는?

－ 옛날에는 옷도 다 옷도 다 해 입는 건 안식구들이 하는 거고.

사 입는 게 아니고 다 집에서 했잖아요?

－ 응, 안식구들이 다 하는 거고.

(옷감)짜고 이렇게.

－ 이제 베틀을 놔서 베틀로 짜고 그 다음에 저 뭐야 난 다음에 나중에
는 에 광목이 나온 다음부터 광목을 사다가 해 입고.

－ 그래 광목 사다가 바지저고리 해 입고 그저 그렇지.

여기에서도 목화 심었어요?

－ 못 심어요.

－ 안 돼요, 여기.

여기는 안 돼요?

－ 안 돼 근본(적으로) 안 돼요.

－ 저 남방에 가서 목화씨 사다가 저 부락 뒤에다가 거기에다가 한 떼
기를 딱 심었는데 안 돼요.

－ 그냥 봉오리 이렇게 그래서 이게 솜이 이렇게 피지 못하고 이 꼬부
라진 채로 이대로 서리 맞고 서리 맞고는 안 돼요.

여름이 짧아서 그런가보다.

－ 응, 안, 안돼요.

－ 그 내 아 그래 목화, 대추, 감, 밤 이게 다 안 돼요.

－ 별짓을 다해서 살리려 그랬는데도 안 돼요.

－ 여기 저 동삼 내내 하우스에다 하우스를 비닐로 갖다 딱 덮어서 잘
과동시켜 놔도 그 이듬해 봄에 열어 놓으면 벌써 안 되는, 아 다 죽었는데.

하우스 핸:는대두?

– 응.

– 안 돼:.

그래잉까 여러나:서 주긍 개 아니라 이미 주거 이써요?

– 주거 이찌요, 그.

– 동사매 주거 이찌요.

그럼 머 여기서는 모콴 아내구 사믄요?

– 사:믄 돼:요.

– 사믄 어트개 되능가 하니까 무근: 씨를 삼씨를 가따 뿌려 놔두먼 그
이드매 다: 나요, 사믄.

무근 씨두요?

– 으:, 무근 씨두.

그건 어트개: 재배해요, 사믄?

그래서 어트개 재 심끼만 하면 대능 기 아니라 그거뚜 다:: 손질해 가주구
욘깜 짤 때까지 할라먼 그 절차가 한참 대자나요?

– 예.

– 그거: 할라먼 저: 처:매 삼씨럴 건: 바티다가, 그거 바티 거러야 돼요.

– 영 바치 조:아야지.

– 땅심도두 조쿠.

– 그런데 이런 디다 가따가 족:: 뿌리지.

– 뿌리먼 삼때가 이르키 클: 게 아니여.

– 내:비러 놔두먼 그저 꼬::고지 그저 한: 질 넹게 큰다 마리여.

– 그라문 다: 돼서 가스래 이재 서리가 오개 되먼 이퍼리가 떨어지지.

– 떠러지먼 그 사멀 베:요.

– 나스루 이재 짝:: 베지 나스루.

– 베 가주구서넌 다발다발 묵찌 머 이러캐.

하우스 했는데도?

― 응.

― 안 돼.

그러니까 열어놔서 죽은 게 아니라 이미 죽어 있어요?

― 죽어 있지요, 그.

― 동삼에 죽어 있지요.

그러면 뭐 여기서는 목화는 안 하고 삼은요?

― 삼은 돼요.

― 삼은 어떻게 되느냐 하면 묵은 씨를 삼씨를 갖다 뿌려 놔두면 그 이듬해 다 나요, 삼은.

묵은 씨도요?

― 응, 묵은 씨도.

그건 어떻게 재배해요, 삼은?

그래서 어떻게 재(배) 심기만 하면 되는 게 아니라 그것도 다 손질해 가지고 옷감 짤 때까지 하려면 그 절차가 한참 되잖아요?

― 예.

― 그거 하려면 저 처음에 삼씨를 그건 밭에다가, 그건 밭이 기름져야 돼요

― 아주 밭이 좋아야지.

― 땅심도 좋고.

― 그런데 이런 데다 갖다가 족 뿌리지.

― 뿌리면 삼대가 이렇게 클 게 아니야.

― 내버려 놔두면 그저 꼿꼿이 그저 한 길 넘게 큰단 말이야.

― 그러면 다 되어서 가을에 이제 서리가 오면 이파리가 떨어지지.

― 떨어지면 그 삼을 베요.

― 낫으로 이제 족 베지 낫으로.

― 베 가지고는 다발다발 묶지 뭐 이렇게.

- 이러캐 다발다발 묵찌 머.

- 무꺼 가주구서는 무꺼 가주구서는 그 다매 그:: 머여 이 저 갱벼니냐: 어디 가서 무래 가따 그냥:: 당궈서 하는 사람두 이꾸.

- 당궈서 하개 되먼: 그:: 삼때:: 이 꺼푸리 우애 또 거뭉 개 이따 마리여.

- 그: 우애…

예 **거껍띠기**.

- 건, 거껍띠기.

- 그개 안 떠러지지, 무래.

- 이기 속:때애서부터 뻐꺼지기는 잘: 뻐꺼지는데 착 갈러 가주구 더 쪽:: 가개 착: 뜰구서 쫑:: 나가개 되면 삼때 삼태대루 껍띠기 껍띠기대루 쫑 나오지, 무래다 뿔궈.

- 오래::두룩 뿔궈따가 이르캐 노먼.

- 근대 이 우애 껍띠가 암: 뻐서진다 마리여.

- 그래 인재 이글: 방버벌 채춰아기 위애서 이재 어트가능가 하개 되먼 무래다 당구지 앙코 그 다매 인재 구딩이를 파지.

- 구딩이를 파 가주구서 그 다매는 야: 거기다가 도::를 그냥 요망크만 도:럴, 도:럴 그저 까뜩 채우지.

구댕이 미태다?

- 구딩이, 구딩이 미티다.

- 에: 판: 미티다.

예.

- 채우지.

- 게 인재 이개 얼마만치 드르가야 얼마만치 파야 우리 저 사물 다: 여기다 열: 쑤 이깬능가.

- 이르캐 해서 구딩이럴 파지.

- 게 구딩이를 파구 그 다매 흘걸 거기다 두어.

‒ 이렇게 다발다발 묶지 뭐.

‒ 묶어 가지고는 묶어 가지고는 그 다음에 그 뭐야 이 저 강변이나 어디 가서 물에 갖다 그냥 담가서 하는 사람도 있고.

‒ 담가서 하면 그 삼대 이 껍질이 위에 또 검은 게 있단 말이야.

‒ 그 위에…

예, 겉껍데기.

‒ 겉, 겉껍데기.

‒ 그게 안 떨어지지 물에.

‒ 이게 속대에서부터 벗겨지기는 잘 벗겨지는데 착 갈라 가지고 더 쭉 가게 착 들고서 쭉 나가면 삼대는 삼대대로 껍질은 껍질대로 족 나오지, 물에다 불려서.

‒ 오래도록 불렸다가 이렇게 놓으면.

‒ 그러데 이 위의 껍질이 안 벗겨진단 말이야.

‒ 그래 이제 이걸 방법을 채취하기 위해서 이제 어떻게 하느냐 하면 물에다 담그지 않고 그 다음에 이제 구덩이를 파지.

‒ 구덩이를 파 가지고 그 다음에는 아 거기에다가 돌을 그냥 요만한 돌을, 돌을 그저 가득 채우지.

구덩이 밑에다?

‒ 구덩이, 구덩이 밑에다.

‒ 에 (땅을) 판 밑에다.

예.

‒ 채우지.

‒ 그래 이제 이게 얼마만큼 들어가야 얼마만큼 파야 우리 저 삼을 다 여기에다 넣을 수 있겠는가.

‒ 이렇게 해서 구덩이를 파지.

‒ 그래 구덩이를 파고 그 다음에 흙을 거기에다 두어.

- 흘걸 요르캐 쪽:: 피어요.

- 피구서는 그 다매 삼때를 올려노치.

- 에: 저: 삼때를 올려논능 게 아이라, 그 다매 그: 도:린는 디다가 부럴 자::꾸 놔.

- 그라머 이 돌:메~이가 다러따 마리여.

- 다라쓰먼 흘그루 덥찌.

- 더꾸서 그대 삼때를 쪽: 가따 논는다 마리여.

- 노쿠서는 그 다맨 그: 삼때를 다: 더퍼.

- 그저 쏠료랑 무순: 어:: 무시로랑3) 가틍 거 이릉 거 가따 더퍼 덥찌.

무시?

- 무시로.

무시로가 머요?

- 무시로 이, 이 언재 얘기하지 아내:써?

- 그 가마스처름4) 짜능 개 이개 끄태 하지 앙쿠 너:스라개5) 이르키 맨드능 거.

아: 그거: 예 예.

- 그게 무시로.

- 그걸 가따 더꾸서는 그 다맨 삼때르 이재 더꾸서는 그 다매 거기다

- 무럴 주지.

- 무럴 콱: 주게 되면 그 돌: 다러뜽 개 치::치하지 그 미태서.

- 그럼 지:미 올러올 깨 아니여.

- 그 지:매 올러올 때 이글 무시로를 더꾸 흘그루 덥찌.

- 흘글 더퍼서 놔:두구 그냥 우애다 무를 언치면 지:미 그저 확:: 쓰리서 삼때가 물렁물렁하개 되지, 삼때 그: 껍띠기가.

잉능 거내요 그래니까.

- 에:.

- 흙을 요렇게 족 펴요.
- 펴고는 그 다음에 삼대를 올려놓지.
- 에 저 삼대를 올려놓는 게 아니라, 그 다음에 그거 돌 있는 데에다가 불을 자꾸 피워.
- 그러면 이 돌맹이가 달았단 말이야.
- 달았으면 흙으로 덮지.
- 덮고서 그 다음에 삼대를 족 갖다 놓는단 말이야.
- 놓고는 그 다음에는 그 삼대를 다 덮어.
- 그저 비닐이랑 무슨 에 무시로 같은 것 이런 것 갖다 덮어 덮지.

무시?

- 무시로.

무시로가 뭐요?

- 무시로 이, 이 언제 얘기하지 않았어?
- 그 가마니처럼 짜는 게 이게 끝에 (마무리)하지 않고 너슬하게 이렇게 만든 거.

아 그거 예 예.

- 그게 무시로.
- 그걸 갖다 덮고는 그 다음에는 삼대를 이제 덮고는 그 다음에 거기에다 물을 주지.
- 물을 콱 주면 그 돌 달았던 게 칙칙(소리)하지 그 밑에서.
- 그럼 김이 올라올 게 아니야.
- 그 김이 올라올 때 이걸 무시로를 덮고 흙으로 덮지.
- 흙을 덮어서 놓아두고 그냥 위에다가 물을 얹히면 김이 그저 확 서려서 삼대가 물렁물렁하게 되지, 삼대 그 껍데기가.

익는 거네요, 그러니까?

- 예.

- 그 물렁물렁하지 뜨거깨 해, 해서 타먼 안 되거덩.

- 그래서 인재 그: 쩌 가주구 마람 쩌 내능 기지 그게.

- 쩌 내 가주구선 껍띠기를 홀 비끼개 되면 그 다매 쪽:쪽 다: 뻐꺼지지.

- 게 뻐꺼저 가주구 삼때 껍띠기가 그 다매 암 뻐서저슬 때 그대 그:거 인차 뜨거웅 걸 그저 이르캐서 송꼬라그루 따구 이르키 자부댕기면 그저 껍띠기구 시커멍 기 다: 뻐꺼지지.

- 그래 새탸:야 쩡도루 흐루:마개 돼지.

- 게 이걸 가따가서 인재 쪽::쪽 짜개지.

- 쪽:쪽 짜개 가주구서는 삼태 그: 껍띠기 쪽:쪽 짜개서 이른 함지다 가따 쪽::쪽 담:쩌 머.

- 담:때6) 그 다맨 언재던지 삼때 쪽 해서 다 그 끄드머리는 삼때 그 빈: 자리 거기는 삼때앤 함지 안: 배까드루 요로캐 똥 나오개 하지.

- 게 야:중애 인재 쓸 쩌개 그 삼때 하나 지버 지:버서 그 다애 쪽::쪽 짜개지.

- 게 짜개 가주구 그개 삼베질쌈 한다능 기.

짜갠 다:매는 어트개 해요?

- 짜갠 다:매는 그쌔: 그: 짝…

질 질쌈, 짜갠 다:맨 인재 질쌈하능 거요?

- 짜갠 다매 시:를 꽈:야지 인재 그 다매.

어트개 해요?

- 이르키 비비지, 이서 대:서 자꾸 비비지 머:.

- 이서 대:서.

짜갱 거 짜갱 거를…

- 쪼:개 짜갱 거 아주 가늘개 짜개지 아내:써?

네.

- 그걸 가따 무루파개다 노쿠 이르 이르캐선 썩: 비비개 되면 그 다매

― 그 물렁물렁해야지 뜨겁게 해, 해서 타면 안 되거든.

― 그래서 이제 그 쪄 가지고 말하자면 쪄 내는 거지 그게.

― 쪄 내 가지고는 껍데기를 훌훌 벗기면 그 다음에 족족 다 벗겨지지.

― 그래 벗겨져 가지고 삼대 껍데기가 그 다음에 안 벗겨졌을 때 그 다음에 그걸 바로 뜨거운 걸 그저 이렇게 해서 손가락으로 따고 이렇게 잡아당기면 그저 껍데기고 시커먼 게 다 벗겨지지.

― 그래 새하얄 정도로 흐물흐물하게 돼지.

― 그래 이걸 가져다가 이제 쪽쪽 짜개지.

― 쪽쪽 짜개 가지고는 삼대 그 껍데기를 쪽쪽 짜개서 이런 함지에다 갖다 족족 담지 뭐.

― 삼대 그 다음에 어제든지 삼대 쪽 해서 다 그 끄트머리는 삼대 그 빈자리 거기는 삼대 함지 안 바깥으로 요렇게 쪽 나오게 하지.

― 그래 나중에 이제 쓸 적에 그 삼대 하나 집어 집어서 그 다음에 쪽쪽 짜개지.

― 그래 짜개 가지고 그게 삼베길쌈 한다는 게.

짜갠 다음에는 어떻게 해요?

― 짜갠 다음에는 글쎄 그 짜개…

길 길쌈, 짜갠 다음에는 이제 길쌈하는 거예요?

― 짜갠 다음에 실을 꽈야지 이제 그 다음에.

어떻게 해요?

― 이렇게 비비지. 이어 대서 자꾸 비비지 뭐.

― 이어 대서.

짜갠 것 짜갠 것을…

― 좁게 짜갠 거 아주 가늘게 짜개지 않았어?

예.

― 그걸 갖다 무릎에다 놓고 이러 이렇게 해서 썩 비비게 되면 그 다음

고거 이서지지.

　- 그라먼 이서징 거 자꾸 빼:내구 또 하나 가따 요기다 이서대구 또 이
래구 또 이래서 함지다 자꾸 담:찌.

　- 게 다문 다:매 야:중애 풀 이재 그걸 푸럴 메긴다 마리여.

　- 푸럴 메기면 이스매디가 푸르 무더서 딱 되게 대지.

　- 그때 다시 이재 풀치래 가주서 다시 이재 또 이르캐 하지.

푸른 어티개 메겨요?

　- 몽:땅 하지.

그냥 풀 쒀서…

　- 풀 쒀서 인재 거기다 버무리지 머.

버, 버 버무리요?

　- 야:.

　- 풀 쒀서 버무리기두 하구 그 다매 이걸 거냥 말뚜글 지 바꾸 돌려서
마가 해:서 거러노쿠 솔:루다 이르키 주기두 하구.

　- 게 이르캐 가주구 이걸 다시 꼬:능 게 이게 시::리 대지.

　- 게 시:리 돼: 가주구 이걸 가따가서 어: 질싸멀 하지, 그 실:루.

　- 게 이거 베트레다 짤: 쑤두 이꾸, 거: 자기애서 발루 디디구 디디구,
그다 이르키 디디구 여기다 걸:구선 바디 노쿠선 자기가 이르키 부그 빼구
서넌 자기가 이르키:두 하:구.

　- 그걸 가따가 쪼꼬마캐 해 가주구 그래 널비가 인재 요마:나지.

　- 게 고거 거 요러키두 하구.

　- 게 베트레다 하능 건 이르키 널깨두 하지.

개 그개 두: 가지가 이써요?

베트래 하능 거뚜 이꾸 또 쪼끄마캐 하능 거뚜 이꾸 그래요?

　- 쪼꼬마캐 자기 가빤, 가빤 가틍 거 짤라먼 그 소느루 이래 쪼꼬마캐
짜지.

에 고게 이어지지.

  ─ 그러면 이어진 것을 자꾸 빼내고 또 하나 갖다 요기다 이어대고 또 이렇게 하고 또 이렇게 해서 함지에다 자꾸 담지.

  ─ 그래 담은 다음에 나중에 풀 이제 그걸 풀을 먹인단 말이야.

  ─ 풀을 먹이면 이음매가 풀이 묻어서 딱 되게 되지.

  ─ 그때 다시 이제 풀칠을 해 가지고 다시 이제 또 이렇게 하지.

풀을 어떻게 먹여요?

  ─ 몽땅 하지.

그냥 풀 쒀서…

  ─ 풀 쒀서 이제 거기에다 버무리지 뭐.

버, 버 버무려요?

  ─ 예.

  ─ 풀 쒀서 버무리기도 하고 그 다음에 이걸 그냥 말뚝을 죄다 박고 돌려서 막고서 걸어놓고 솔로 이렇게 해주기도 하고.

  ─ 그래 이렇게 해 가지고 이걸 다시 꼬는 게 이게 실이 되지.

  ─ 그래 실이 돼 가지고 이걸 가져다가 에 길쌈을 하지, 그 실로.

  ─ 그래 이거 베틀에다 짤 수도 있고, 그 자기에서 발로 디디고 디디고, 그 다음에 이렇게 디디고 여기에다 걸고는 바디 놓고서 자기가 이렇게 북을 빼고는 자기가 이렇게도 하고.

  ─ 그걸 가져다가 조그맣게 해 가지고 그래 너비가 이제 요만하지.

  ─ 그래 그거 그 요렇게도 하고.

  ─ 그래 베틀에다 하는 건 이렇게 넓게도 하지.

그래 그게 두 가지가 있어요?

베틀에 하는 것도 있고 또 조그맣게 하는 것도 있고 그래요?

  ─ 조그맣게 자기 갑반, 갑반 같은 거 짜려면 그 손으로 이래 조그맣게 짜지.

― 그: 그르치.

그거 기리:, 이르캐 저 다: 짜서 감:짜나요?

마라노치요?

― 감찌 머 ****

기리는 어트개 재요?

― 기:리는 자기 할 만치 해야지 뭐.

그거 그 기리 잴 때 머 얼마다 얼마다 이르캐는 안 해요?

― 한 필 짜따.

한 필, 함 피리먼 어느 정도 대요?

― 숭::, 이 수무 자가 함 피리던지 고개.

― 수무 자가 함 필.

그: 팔 때는 어트개 파러요, 다 그거 팔 때.

― 필루 팔거나 자:루 팔거나 그러치.

옌나래 그거 비싸깬내요, 그러먼?

― 그거뚜 삼베 한:, 한 피리: 비싸지:, 옌:나래.

그 아까 저기 모콰:는: 여기서는 안 핸는대 그저내는 하능 거 바:써요?

― 바:써.

그건 어트개 해요 모콰는, 어트개 시머요?

― 모카씨: 모카를 뜨더다가 모카씨:럴 빼:내여지.

예.

― 모카씨럴…

멀:루 빼요?

― 기개루 빼:내지 다:.

그 이르미…

― 기개가 업쓸 때는 활루 빼내지 머.

― 활루 탁:탁 여기다 대서는 모콰애다 대구 탁:탁 치개 되먼 이 나와따

- 그 그렇지.

그거 길이, 이렇게 저 다 짜서 감잖아요?

말아놓지요?

- 감지 뭐….

길이는 어떻게 재요?

- 길이는 자기 할 만큼 해야지 뭐.

그거 그 길이 잴 때 뭐 얼마다 얼마다 이렇게는 안 해요?

- 한 필 짰다.

한 필, 한 필이면 어느 정도 돼요?

- 스(무), 이 스무 자가 한 필이든지 고게.

- 스무 자가 한 필.

그거 팔 때는 어떻게 팔아요, 다 그거 팔 때.

- 필로 팔거나 자로 팔거나 그렇지.

옛날에 그거 비쌌겠네요, 그러면?

- 그것도 삼베 한, 한 필이 비싸지, 옛날에.

그 아까 저기 목화는 여기서는 안 했는데 그전에는 하는 거 봤어요?

- 봤어.

그건 어떻게 해요 목화는, 어떻게 심어요?

- 목화씨 목화를 뜯어다가 목화씨를 빼내야지.

예.

- 목화씨를…

뭘로 빼요?

- 기계로 빼지 다.

그 이름이…

- 기계가 없을 때는 활로 빼내지 뭐.

- 활로 탁탁 여기에다 대서는 목화에다 대고 탁탁 치게 되면 나왔다가

떠러지먼서 팽: 하자내요?

　- 고 시 고: 기가내 모카는 모카대루 씨넌 떠러지지.

　- 게 그때 그래 가주구 씨:를 빼:지.

이르키 돌리는 거뚜 이찌 아나써요?

　- 돌리능 거뚜 이찌요.

모카 이러:캐 지버느먼 씨 빼지능 거.

　- 으:, 이써요. 거뚜 이써요.

그거는 머요?

　- 그 모카씨 빼:는 기개라 구라든지 머 그때 어: 그르캐 불러찌.

　- 그래 가주서 그대: 소:먼 솜:대루 씨넌 씨대루 떠러지지.

그거는 그 모콰 심능 거는 어렵찌 안나요?

　- 그뚜 항가지요.

　- 바까리해서 모카씨럴 심능 건.

　- 남방애서 하능 개 그개지.

그거 덜 니긍 거는 따 머그먼 달구 그래자나요?

　- 그러치.

　- 요만: 요마:내쓸 때, 요마:내쓸 때.

예.

　- 고때 머그먼 달착찌그:나지.

그 머:라 그래요?

그 이르미.

　- 모카쏭이라 구라지.

그 멍능 거?

　- 몽: 모콰 열매.

　- 모콰 열매.

그거 나두먼 하:야캐 대능 거지요?

떨어지면서 팽 하잖아요?

- 고 시(기) 고 기간에 목화는 목화대로 씨는 떨어지지.

- 그래 그때 그래 가지고 씨를 빼지.

이렇게 돌리는 것도 있지 않았어요?

- 돌리는 것도 있지요.

목화 이렇게 집어넣으면 씨가 빠지는 것.

- 응, 있어요. 그것도 있어요.

그거는 뭐요?

- 그 목화씨 빼는 기계라고 하든지 뭐 그때 에 그렇게 불렀지.

- 그래 가지고서 그 다음에 솜은 솜대로 씨는 씨대로 떨어지지.

그건 그 목화 심는 것은 어렵지 않나요?

- 그것도 한가지요.

- 밭갈이해서 목화씨를 심는 건.

- 남방에서 하는 게 그거지.

그거 덜 익은 것은 따 먹으면 달고 그렇잖아요?

- 그렇지.

- 요만 요만했을 때, 요만했을 때.

예.

- 고때 먹으면 달착지근하지.

그걸 뭐라 그래요?

그 이름이.

- 목화송이라 그러지.

그 먹는 것?

- 목 목화 열매.

- 목화 열매.

그거 놔두면 하얗게 되는 거지요?

— 그럼, 커가 커문서 또 하:야캐 돼:서 그래 이 퍼:지지.

으:.

— 모 빠써요, 항:구개서 마:니 인는 걸?

아내요.

— 항:구개서 마:니 하는대…

안: 해요.

— 더우 더운 지대 마:니 나는대 머.

항구개서 그거 안 해요.

— 우리: 그때: 이쓸 때 엄청 시머땐는대.

구경두 모태요 요새.

— 열:, 열싸리지 내 열 쌀 쩌개 거기 엄:청 시먼넌대.

요새 구경두 모태요.

— 으:.

— 지금 아:이 심는 모냥이여.

저:기 저:, 저:기 남방애 돈황 인는대 가니까 거기 마:니 하대요.

— 저 중국?

예.

— 아:이구 중궁 마:니 해요.

거기는 머 다: 모카 바시든대, 하:야캐.

거뚜 실: 빼 가주구 머 옫깜 짜능 거자나요.

— 어: 그래 거기서 나오능 개 광:모기지.

그기 광:모기요?

— 에: 거기서 나오능 개 광:모기여 소캐-라능 개.

- 그럼, 커가(면서) 크면서 또 하얗게 돼서 그래 이(게) 퍼지지.

아아.

- 못 봤어요, 한국에서 많이 있는 걸?

안 해요.

- 한국에서 많이 하는데…

안 해요.

- 더운, 더운 지대에 많이 나는데 뭐.

한국에서 그거 안 해요.

- 우리 그때 있을 때 엄청나게 심었었는데.

구경도 못해요 요사이.

- 열, 열 살이지 내가 열 살 적에 거기 엄청나게 심었는데.

요사이 구경도 못해요.

- 응.

- 지금 안 심는 모양이야.

저기 저, 저기 남방에 돈황 있는데 가니까 거기 많이 하데요.

- 저 중국?

예.

- 아이고 중국은 많이 해요.

거기는 뭐 다 목화밭이던데, 하얗게.

그것도 실 빼 가지고 뭐 옷감 짜는 거잖아요.

- 어, 그래 거기에서 나오는 게 광목이지.

그게 광목이요?

- 예, 거기에서 나오는 게 광목이야 솜이라는 게.

4.2. 누에치기

누애:애서 나오능 건 머요?

— 비다니지 머.

그건 비다니구?

— 으:.

— 누애서 나오능 건 비다니구.

그럼 미영? 미영하구 무명 무명하구는 어트개 달라요? 명주?

— 명주.

— 명주하구: 저: 머여, 명주하구 이짝 그:…

무명.

— 소:마군 저: 무명하구는 따:지.[7]

어트개 달라요?

— 무명이라는 거슨 이짝 저: 솜: 가주구 짱 거 가따 무명이래두 할 쑤
이꾸.

— 이제 머이라 그래뜽가?

명주.

— 명주는 명주는 그건 저: 머여 비:단 등록 소그루: 비단 등로그루 항
기지, 명주넌.

— 그저: 여기: 삼파내[8] 누애삼파내서 그냥 어: 사:라미 까:마구 까:치럴
지켜 가면서 거:: 가중누애라구[9] 이써요.

— 그: 그거 실: 뽀버서 항 거시 명주.

그거 사내 사능 거요?

— 으:, 사내 살지.

— 지비서 운 머: 어: 뽕나무 이퍼리 따다 키우거나 머 이릉 거 아니구

누에에서 나오는 건 뭐요?

― 비단이지 뭐.

그건 비단이고?

― 응.

― 누에에서 나오는 건 비단이고.

그럼 미영? 미영하고 무명 무명하고는 어떻게 달라요? 명주?

― 명주.

― 명주하고 저 뭐야, 명주하고 이쪽 그…

무명.

― 솜하고는 저 무명하고는 다르지.

어떻게 달라요?

― 무명이라는 것은 이쪽 저 솜 가지고 짠 걸 갖다 무명이라고 할 수 있고.

― 금방 뭐라 그랬던가?

명주.

― 명주는 명주는 그건 저 뭐야 비단 등속으로 비단 등속으로 한 거지, 명주는.

― 그저 여기 산판에 누에 산판에서 그냥 에 사람이 까마귀 까치를 지켜 가면서 그 가죽누에라고 있어요.

― 그 그거 실 뽑아서 한 것이 명주.

그거 산에 사는 거요?

― 응, 산에 살지.

― 집에서 원 뭐 에 뽕나무 이파리 따다가 키우거나 뭐 이런 게 아니고

그냥 거기서: 나능 개.

　새까른 어때요?

　－ 새까른 이: 시::건 이 저:: 머:처름 생견능가 하니까 누애벌거지처름 생겨찌 머, 또까트지 머.

　－ 근데 새까리 따:다 마리여.

　－ 이건 해꽝얼10) 그냥:: 보구 크기 때무내 참나무: 가중나무11) 이퍼리 이거 머꾸 하능 기지.

　－ 그래 그저 새애기12) 쩌개 그거 해때찌13) 머 여기선.

　－ 그래 그거 하구, 하구서 그 다:맨 나와찌.

　－ 나오구 야코나다 나니까14) 그냥 모타구 마라찌.

　그러면 그 뽕:나무 메, 하구 메기능 거하구 다릉 거내요?

　－ 다르지요 머.

　－ 메기는 방법뚜 따르구…

　뽕, 뽕, 뽕 메기능 거하구.

　－ 메기는 방법뚜 따르구 바스 다: 따르지.

　－ 그저 짐성만 짐, 저: 그 버러지15) 무러가는 짐성만 지키먼 다: 되능 기지.

　－ 게 참나무: 아 애송참나무가16) 마::는 디 가따 아 그 야:를 가따 거기 다 쓰러 주지.

　－ 그라먼 그 참나무 이퍼리 갈가머꾸 큰다 마리여.

　－ 커서 머글 끼 업쓰면 이짜기 이짱 낭구루두17) 가구 저짱 낭구루두 가구 게서 다: 커 가주구 그 다매 하지.

　－ 거기서 나오능 걸루 명주두 짜구 마:대 마:대라구 저:: 어: 포대, 그진 함 포대 두 포대 하능 거 포대 포대두 짤 쑤 이꾸.

　－ 그래 다: 짜지.

　포대는 머:, 머하는 대 쓰능 거요?

그냥 거기서 나는 게.

색깔은 어때요?

― 색깔은 이 식은 이 저 뭐처럼 생겼느냐 하면 누에벌레처럼 생겼지 뭐, 똑같지 뭐.

― 그런데 색깔이 다르단 말이야.

― 이건 햇볕을 그냥 보고 크기 때문에 참나무 가죽나무 이파리 이거 먹고 하는 거지.

― 그래 그저 처녀 적에 그것을 했었지 뭐 여기에서는.

― 그래 그거 하고, 하고서 그 다음엔 나왔지.

― 나오고 약혼하게 되니까 그냥 못하고 말았지.

그러면 그 뽕나무 먹(이), 하고 먹이는 거하고 다른 거네요?

― 다르지요 뭐.

― 먹이는 방법도 다르고…

뽕, 뽕, 뽕 먹이는 것과.

― 먹이는 방법도 다르고 벌써 다 다르지.

― 그저 짐승만 짐(승), 저 그 벌레 물어가는 짐승만 지키면 다 되는 거지.

― 그래 참나무 어린 참나무가 많은 데 갖다 그 알을 가져다 거기에다 쓸어 주지.

― 그러면 그 참나무 이파리 갉아먹고 큰단 말이야.

― 커서 먹을 게 없으면 이쪽에 이쪽 나무로도 가고 저쪽 나무로도 가고 그래서 다 커 가지고 그 다음에 하지.

― 거기에서 나오는 걸로 명주도 짜고 마대 마대라고 저 에 포대, 그건 한 포대 두 포대 하는 거 포대도 짤 수 있고.

― 그래 다 짜지.

포대는 뭐, 뭐하는 데 쓰는 거요?

– 응:?

포대는 머: 하는대 쓰능 거요?

– 곡씩 담:는데 쓰지 머 포대.

아 그걸루다가?

그거 고:그비자나요?

– 고그비써찌 머.

– 비싸지 머 그뚜.

지배서 키우능 거는 머…

– 누애.

그거는 어트개 해요?

– 그거는: 지비서 키워, 뽕나무: 뜨더다 키우지 머.

고: 과정 줌 함 번 얘기해줘 보세요.

– 처:맨: 처:매 어쩬능가 누, 누이 아:를 에: 심:문지다 이르키 싸:서 심
문지다 싸서 저: 나비[18] 웬: 처매 에: 그: 과동시킨 나비가 이찌, 나비.

– 그래 보매 온도가 되게 되면 이게 살라널 해여지.

– 그래 살…

지배서 다: 하능 거요?

– 에: 지비서 살라늘, 누애아:를 뽐는다 마리여.

– 거기다가 ** 절루 뽑찌 머.

– 게 인재 게: 그: 누애 뻔디기가 이재 커서: 나비가 되지.

– 나비가 돼 가주구 나비애서 아:를 나면 번디기가[19] 되지.

– 거기 인저 버러지가 되지.

– 게 버러지르 인저 고시 종:: 쓰러[20] 노먼 그걸 가따가 뽕나무 이퍼리
다 가따 노나[21] 논는다 마리여.

– 노나 노면 이 뽕나무 이피를 글거머꾸 이개 크지.

– 게 이글 해선 너무 만:타 마리여.

─ 응?

포대는 뭐하는 데 쓰는 거요?

─ 곡식 담는데 쓰지 뭐 포대.

아 그것으로다가?

그거 고급이잖아요?

─ 고급이었지 뭐.

─ 비싸지 뭐 그것도.

집에서 키우는 거는 뭐…

─ 누에.

그거는 어떻게 해요?

─ 그거는 집에서 키워, 뽕나무(뽕잎) 뜯어다 키우지 뭐.

고 과정 좀 한 번 얘기해줘 보세요.

─ 처음에는 처음에 어떻게 했는가 (하면) 누(에), 누에 알을 에 신문지에다 이렇게 싸서 신문지에다 싸서 저 나방 맨 처음에 에 그 과동시킨 나방이 있지, 나방.

─ 그래 봄에 (적당한) 온도가 되면 이게 산란을 해야지.

─ 그래 산란…

집에서 다 하는 거예요?

─ 예, 집에서 산란을, 누에알을 뽑는단 말이야.

─ 거기에다가 ** 저절로 뽑지 뭐.

─ 그래 이제 그 누에 번데기가 이제 커서 나방이 되지.

─ 나비가 돼 가지고 나비에서 알을 낳으면 번데기가 되지.

─ 거기 이제 벌레가 되지.

─ 그래 벌레를 이제 고기 족 슬어 놓으면 그걸 가져다 뽕나무 이파리에다 가져다 나누어 놓는단 말이야.

─ 나누어 놓으면 이 뽕나무 잎을 갉아먹고 이게 크지.

─ 그래 이걸 해서는 너무 많단 말이야.

- 마:느면 저까치루²²⁾ 또 고거 지버다 저짜기두 가따 노쿠 요짜기다 가따 노쿠 옹겨 노치.
- 옹겨 노면 그개 또 이짜개서 머꾸 이짜개 농 건 야:중애 인재 머글 깨 업씨면 요만:치 커꺼덩, 그러문 뽕나무가 머글 깨 업씨면 뽕나무 이퍼리 머글 깨 업씨면 자:꾸 이래 도러댕기지.
- 그러면 뽕나무 이퍼리 싸다가²³⁾ 또 훌:: 줘서 논 그: 누애 우애다 다 가따 저서 논는다 마리여.
- 그람 이게 또 글거머거 가면서 다: 가구, 버러지가 우:루 올러오지.
- 게 우:루 올러오구서 또 한 잠, 인저 다: 큰 다:매 한 잠 잔다 구라지.
- 자문 이개 하:나두 암 머거 그때는.

잘 때.

- 응:, 잘 때는 하나두 아이 먹찌.
- 게 깨:, 깨:서 멍는다 쏘리 나개 되면 또 요기서 어:: 저:짜개 가 이써두 여기 안저써두 글거멍는 소리가 확:: 디끼지²⁴⁾ 쏴::하구 드끼지.
- 그기 하:두 여러 개가 머그니까.
- 그 다맨 인재 그거 떼:다가 자꾸: 벙겨²⁵⁾ 노치 인저.
- 요기애 한 쌍자 조기애 한 쌍자.
- 이러:키 떵때를²⁶⁾ 매구선 거기다 가따 이재 갈러노치 자꾸.
- 그럼 마:너질 깨 아니여.

예:.

- 게 인재 더 클쑤룩 더 클쑤룩 더 마:너지지.
- 그래 이래 함 방애 꽉: 찬다 마리여.
- 그라면 그 꽐리워니 다: 가따 해.
- 에 두: 잠 잔다.
- 두 잠 잘 때는 또 먹찌 안치.
- 가만:나구²⁷⁾ 자지.

- 많으면 젓가락으로 또 고거 집어다가 저쪽에도 가져다 놓고 요쪽에다 가져다 놓고 옮겨 놓지.
- 옮겨 놓으면 그게 또 이쪽에서 먹고 이쪽에 놓은 건 나중에 이제 먹을 게 없으면 요만큼 컸거든, 그러면 뽕나무가 먹을 게 없으면 뽕나무 이파리 먹을 게 없으면 자꾸 이렇게 돌아다니지.
- 그러면 뽕나무 이파리를 사다가 또 훌훌 주어서 놓은 그 누에 위에다 다 갖다 저어 놓는단 말이야.
- 그러면 이게 또 갉아먹어 가면서 다 가고, 벌레가 위로 올라오지.
- 그래 위로 올라오고서 또 한 잠, 이제 다 큰 다음에 한 잠 잔다고 그러지.
- 자면 이게 하나도 안 먹어 그때는.

잘 때.

- 응, 잘 때는 하나도 안 먹지.
- 그래 깨, 깨서 먹는다는 소리가 나면 또 요기서 에 저쪽에 가 있어도 여기 앉아 있어도 갉아먹는 소리가 확 들리지 쏴 하고 들리지.
- 그게 하도 여러 개(마리)가 먹으니까.
- 그 다음에는 이제 그거 떼다가 자꾸 번져 놓지 이제.
- 요기에 한 상자 조기에 한 상자.
- 이렇게 시렁을 매고는 거기에다 갖다 이제 갈라놓지 자꾸.
- 그럼 많아질 게 아니야.

예.

- 그래 이제 더 클수록 더 클수록 더 많아지지.
- 그래 이렇게 한 방에 꽉 찬단 말이야.
- 그러면 그 관리원이 다 갖다가 해.
- 에 두 잠 잔다.
- 두 잠 잘 때는 또 먹지 않지.
- 가만히 자지.

- 게 석짜미 자구 나야 그 다매 지벌 지끼 시작하지.[28]

- 게 지불 인재 저절루 시:럴 뽀버서 이재 다: 지벌 지쿠 자기는, 자기
는 그 아내 드르가서…

어디다 지불 저요?

- 그 지바내.

그래잉까 지 밤 머꾸 그래든 거기다가 지불 저요?

뽕 주구 그런데, 이르캐 상자애다가…

- 상자애다가 난:는대 뽕 이퍼리 난:는대…

거기다가 저요?

- 그럼 다: 머꾸 석: 짬 자꺼덩, 인재 거기서.

- 그 다맨 석: 짬 잔 다매넌 그, 그 인저 나와서 자기 머꾸서는 이저:
함 번 더 머꾸서는 인재: 더: 암 먹찌 머.

예.

그래구 어디다가 지불 저요?

- 어디다 지벌 지구:, 뽕나무 이퍼리애다 이재 지벌 지찌.

- 지벌 진는대 시:럴 뽀버서 똥그라캐 이러캐 엄지송꼬랑만:치 요로캐
크개 지벌 지키 이누미 이만: 기 돼:쓸 때는 그걸 머라구 하능가 하니까
꼬추라[29] 구라지.

- 꼬추라 구래 가주서 여기서 인재 시:리 따라서 지벌 진 다매 이: 버
러지가 이 아내 드러가 이찌.

- 지바:내 이: 지바:내 드르가 이찌.

- 드르가 이써 가주구선 그누미 인저 그냥: 요러카구 이따 마리여.

- 그글 살머서 시:럴 뽀버내가 되면 나무리 다: 뽀꼬 나문 그 다매 여
기 버러지만 떠러지지.

- 그게 번디기라 구라지.

으::.

− 그래 석 잠을 자고 나야 그 다음에 집을 짓기 시작하지.

− 그래 집을 이제 저절로 실을 뽑고 이제 다 집을 짓고 자기는, 자기는 그 안에 들어가서…

어디다 집을 지어요?

− 그 집 안에.

그러니까 자기가 밥 먹고 그러던 거기에다 집을 지어요?

뽕 주고 그런데, 이렇게 상자에다가…

− 상자에다가 넜는데 뽕 이파리 넜는데…

거기에다가 지어요?

− 그럼 다 먹고 석 잠 잤거든, 이제 거기서.

그 다음에는 석 잠 잔 다음에는 그, 그 이제 나와서 자기가 먹고는 이제 한 번 더 먹고는 이제 더 안 먹지 뭐.

예.

그러고 어디에다가 집을 지어요?

− 어디에다 집을 짓고(짓느냐 하면), 뽕나무 이파리에다 이제 집을 짓지.

− 집을 짓는데 실을 뽑아서 동그랗게 이렇게 엄지손가락만큼 요렇게 크게 집을 짓고 이놈이 이만(큼), 그 되었을 때는 그것을 무엇이라고 하느냐 하면 고치라 그러지.

− 고치라 그래 가지고 여기서 이제 실을 따라서 집을 지은 다음에 이 벌레가 이 안에 들어가 있지.

− 집 안에 이 집 안에 들어가 있지.

− 들어가 있어 가지고는 그놈이 이제 그냥 요렇게 하고 있단 말이야.

− 그걸 삶아서 실을 뽑아내게 되면 나머지 다 뽑고 나면 그 다음에는 여기에 벌레만 떨어지지.

− 그걸 번데기라 그러지.

아아.

─ 번디기.

예:.

─ **** 멍는 번더지.

멍능 거자나요?

─ 에, 그거뚜 먹찌.

─ 게 멍는 번, 번디기.

─ 그래 가주서 그 시:럴 다: 뽀부면 다: 뽀부면 그 저 무래다 당궈 노쿠 끌러…

─ 무래다 당궈 노쿠 그 시:럴 항: 가다를30) 뽑능 개 아니라 여:러 가다를 해 가주구선 이뉘미 이:, 이누미 지비 도러가구 이누미 지비 도러가구 이라먼서 그: 순서대루 족:: 뽑버 시럴 나오지.

─ 그 실:루다가 비다느 짜능 기지.

그 실: 뽀부먼 길:꺼 아니요?

─ 길:지 아이구.

그럼 어트개요?

그냥 자버당겨요?

─ 그냥 자버당기다 기개루 감:찌 아이여?

─ 이 물래 가틍 거 이렁 거 감:찌 아이여?

─ 물래, 물래 저:: 방아 줄처럼.

─ 그대 그 가:무닝까 거기다 인재 그눔 나가서 거기서 가서 인재 다시 푸러 가주구 그 다매 비단 짜지.

아: 그개 비다니요, 그러캐 항 개?

─ 에:.

─ 그개 비다니여.

아까 저:기 참나무애,

─ 참나무애::…

－ 번데기.

예.

－ **** 먹는 번데기.

먹는 거잖아요?

－ 예, 그것도 먹지.

－ 그래 먹는 번, 번데기.

－ 그래 가지고서 그 실을 다 뽑으면 다 뽑으면 그 저 물에다 담가 놓고 끌러…

－ 물에다 담가 놓고 그 실을 한 가닥을 뽑는 게 아니라 여러 가닥을 해 가지고는 이놈이 이, 이놈의 집이 돌아가고 이놈의 집이 돌아가고 이러면 서 순서대로 족 뽑아 실이 나오지.

－ 그 실로 비단을 짜는 거지.

그 실을 뽑으면 길 거 아니에요?

－ 길지 않고.

그럼 어떻게 해요?

그냥 잡아당겨요?

－ 그냥 잡아당겨다가 기계로 감지 않아?

－ 이 물레 같은 거 이런 걸로 감지 않아?

－ 물레, 물레 저 방아 줄처럼.

－ 그 다음에 그 감으니까 거기에다 이제 그놈이 나가서 거기에 가서 이제 다시 풀어 가지고 그 다음에 비단 짜지.

아 그게 비단이요, 그렇게 한 게?

－ 예.

－ 그게 비단이야.

아까 저 참나무에,

－ 참나무에…

항 거뚜.

– 그건 비단 등소개 모:뜨러 가지.

어떵 개 더 조응 거요?

– 이게: 이기 뽕나무 메겨서 지비서 가:뭉 개 더 조응 개지.

아 그개 더 조응 거요?

– 에:.

그럼 팔 때두 그개 더 비싸요?

– 더 비싸지 확씨리 더 비싸지.

– 팔구 쌀 때두 더 비싸지.

– 고만해요. 아홉씨 다: 돼써.

한 것도.

- 그건 비단 등속에 못 들어가지.

어떤 게 더 좋은 거요?

- 이게, 이게 뽕나무 먹여서 집에서 감은 게 더 좋은 거지.

아 그게 더 좋은 거예요?

- 예.

그럼 팔 때도 그게 더 비싸요?

- 더 비싸지 확실히 더 비싸지.

- 팔고 살 때도 더 비싸지.

- 고만해요. 아홉 시 다 되었어.

■주석

1) '소캐'는 '솜' 또는 '하얗게 핀 목화'를 뜻하는 이 지역 방언형이다. 충청도 방언에서 '소캐'는 목화에서 씨를 뺀 '솜'을 가리키는 말로 쓰이는 것이 보통이다.

2) '쏠료'는 한어 '塑料(sùliào)'를 음차한 말이다. '쏠료'는 이 지역에서 비닐 수지나 비닐 섬유를 이용하여 만든 제품의 원료를 통틀어 이르는 '비닐'이나 열이나 압력으로 소성 변형을 시켜 성형할 수 있는 고분자 화합물을 이르는 '플라스틱'을 통틀어 이르는 말로 쓰인다. 천연수지와 합성수지가 있는데, 보통 합성수지를 이른다. 이 지역에서는 주로 비닐류의 제품을 이른다. 따라서 '쏠료주먼지'라고 하면 '비닐 봉투'를 뜻하는 말로 쓰인다.

3) '무시로'는 '짚을 두툼하게 엮거나, 새끼로 날을 하여 짚으로 치거나 엮어서 자리처럼 만든 물건으로 허드레로 자리처럼 쓰기도 하고, 한데에 쌓은 물건을 덮기도 하는 중앙어 '거적'에 대응하는 이 지역 방언형이다. 가마니처럼 치거나 엮어서 만들지만 접어서 자루처럼 만들지 않고 거적처럼 죽 펴서 넓적하게 이용한다.

4) '가마스'는 중앙어 '가마니'에 대응하는 이 지역 방언형이다.

5) '너스라개'는 '너슬하다'의 활용형이다. '너슬하다'는 가마니나 거적의 끝을 매끄럽게 마무리하지 않아 가지런하지 않고 엉성한 상태를 가리키는 말이다.

6) '담때'는 '삼때'라고 발음해야 할 것을 잘못 말한 것이다. '삼때'는 옷감을 짜는 삼의 대를 뜻하는 '삼대'의 음성형이다.

7) '따지'는 '따다'의 활용형이다. '따다'는 중앙어 '다르다'에 대응하는 이 지역 방언형이다. '따다'는 '따구, 따지, 따니까, 따서, 따다'와 같이 활용한다. 중앙어에서 '딴 사람'의 '딴'은 '따다'의 관형사형이 문법화하여 관형사로 굳어진 것이다. 그러나 이 지역에서는 '따다'가 형용사로 쓰인다.

8) '삼판'은 '산판'의 음성형이다. '산판(山坂)'은 주로 나무를 찍어내는 일판의 뜻으로 쓰이는 것이 보통이나 여기에서는 '산의 일정한 범위의 지역'을 뜻하는 말로 쓰였다. 따라서 예문의 '누에산판'은 누에를 기르는 산의 일정한 지역을 가리킨다. 보통은 누에를 집에서 기른다. 집에서 기르는 누에는 '집누에'라고 하고 예문에서와 같이 산에서 나뭇잎을 먹여 기르는 누에를 중앙어에서 '산누에'라고 한다. 산누에는 고치 색깔이 연두색이다. 이것으로 짠 옷감을 이 지역에서는 명주라고 한다. 이렇게 산에서 기르는 누에를 '가죽누에'라고도 한다. '가죽누에'는 집누에와 모양이 비슷하게 생겼으나 집누에보다 몸이 더 크고 무게는 네 배 정도이며, 보통 한 해에 두 번 발생하나 세 번 발생할 때도 있다. 상수리나무, 참나무, 떡갈나무 따위의 잎을 먹고 넉 잠을 잔 후에 엷은 갈색의 고치를 짓고 그 속에서 번데기가 된다.

9) '가죽누애'는 '가죽누에'의 음성형으로 중앙어의 '산누에'에 대응하는 말이다.

10) '해광'은 '햇광'의 음성형이다. '햇광'은 '해+광(光)'으로 분석할 수 있어 보인다. 즉 이 지역에서 '햇광'은 '햇볕'을 뜻한다.

11) '가중나무'는 '가죽나무'의 음성형이다. '가죽나무'는 소태나뭇과의 낙엽 활엽 교목으로 높이는 27미터 정도며, 잎은 깃 모양이다. 여름에 연두색 꽃이 원추(圓錐) 꽃차례로 피고 열매는 시과(翅果)로 9월에 익는다. 봄에 나는 새순은 데쳐서 나물로 먹기도 한다. 뿌리 껍질은 약용하고 재목은 정원수, 가로수로 재배한다. 중국이 원산지로 한국, 중국, 몽골 등지에 분포한다. ≪표준국어대사전≫ 참조.

12) '새애기'는 중앙어 '처녀', '아가씨', '새색시', '며느리'의 뜻으로 쓰이는 이 지역 방언형이다. 이 지역에서 '처녀'나 '아가씨'의 뜻으로 쓰일 때는 나이가 어린 10대 초반부터 20대나 30대까지의 여성에게도 쓰인다. 결혼하지 않은 젊은 여성의 뜻으로도 쓰이고 결혼한 지 얼마 되지 않은 젊은 여성의 뜻으로도 쓰인다. ≪두만강 유역의 조선어 방언 사전≫(곽충구)에 의하면 '새애기'는 ①시집가지 않은 여자아이를 이르는 말 ②시집갈 나이의 여자를 이르는 말 ③시집가는 여자 또는 갓 시집온 색시 ④손아래 시누이를 이르는 말 등으로 쓰인다.

13) '해때찌'는 '했댔지'의 음성형이다. '했댔지'는 '해-+-ㅆ-+-댔-+-지'로 분석할 수 있다. '해-'는 '하다'의 활용 어간이고 '-ㅆ-'은 모음으로 끝나는 어간에 붙는 과거 시제를 나타내는 선어말어미이고 '-댔-'은 과거시제 선어말어미 뒤에 붙어 이야기하는 시점에서 볼 때 이미 경험한 과거의 사건이나 행위가 현재와 단절되어 있는 과거의 사건을 나타내는 선어말어미다. '-지'는 어말어미다. '-었댔-'은 끝 음절의 모음이 'ㅏ, ㅗ'가 아닌 용언의 어간에 붙는 어미로 중앙어의 '-었었-'에 대응한다.

14) '야코나다 나니까'는 중앙어 '약혼하다 보니까' 또는 '약혼하게 되니까' 또는 '약혼하니까' 정도에 대응하는 이 지역 방언형이다. '-다 나니까'에서 '나니까'는 보조 동사 '나다'에 기원하는 형태로 보인다. '나니까'를 보조 동사로 보면 '약혼하다 보니까'나 '약혼하게 되니까' 정도의 뜻이 되고 '-다 나니까'를 하나의 어미로 보아 '-다나니까'로 보면 '약혼하니까' 정도의 뜻이 된다. '나니까'를 보조 동사로 볼 것인지 어미의 일부로 볼 것인지 좀 더 면밀한 검토가 필요하지만 항상 선행하는 용언에 붙는 어미 '-다'와 함께 쓰이고 '나니까' 이외의 형태로 나타나지 않는다는 점에서 '-다나니까'를 하나의 어미로 문법화 되었다고 보아도 무리가 없어 보인다.

15) '버러지'는 중앙어 '벌레'에 대응하는 이 지역 방언형이다. 여기에서는 '버러지'가 '산누에'를 뜻하는 말로 쓰였다.

16) '애송참나무'는 '어린 참나무'를 뜻한다. 어린 참나무의 잎이 큰 참나무의 잎보다 연하기 때문에 산누에를 기를 때 먹잇감으로 좋다고 한다. 여기에서는 '애송'이 '어리다'의 의미로 쓰였지만 본래는 '어린 소나무'를 뜻하는 말에서 의미가 전이된 것으로 보인다. '애송', '애솔'과 같이 '애-'가 '어리다'의 뜻을 지닌 접두사로 쓰이는 말이므로 '애참나무'라고 해야 할 것인데 '애송' 전체를 '어리다'의 뜻을 지닌 접두사

로 보아 '애송참나무'라고 한 것으로 보인다.

17) '낭구'는 중앙어 '나무'에 대응하는 이 지역 방언형이다. 국어사 자료에서 '나무'가 소급하는 최초의 형태는 15세기의 '낢~나모'인데, 단순 모음 앞에서는 '낢'으로 실현되고 그 이외의 환경에서는 '나모'로 실현되었다. 이러한 교체는 20세기 문헌에도 나타나는데, 모음 앞에서 '낢'으로 실현되지 않는 예는 19세기부터 나타난다. 16세기에 나타나는 '나무'는 모음 체계의 재정립 과정에서 '나모'의 제2음절 모음 'ㅗ'가 'ㅜ'로 바뀐 것인데, 이러한 변화는 15세기 말부터 나타나기 시작하였다. '나무'가 소급하는 형태들은 19세기에 제2음절이 'ㅜ'로 굳어졌다(2007 한민족 언어 정보화 통합 검색 프로그램 참조). '낭구'는 15세기 국어 '낢'에 명사 파생접미사 '-우'가 붙어 파생된 '남구'가 역행동화한 것으로 보인다. 이에 대하여는 좀 더 면밀한 검토가 필요하다.

18) 여기에서의 '나비'는 '나방'을 가리킨다. 제보자는 '나비'와 '나방'을 구별하지 않고 사용하였다.

19) '번디기'는 '버러지'라고 해야 할 것을 잘못 말한 것이다. 여기에서의 '버러지'는 누에를 뜻한다.

20) '쓰러'는 중앙어 '슬다'에 대응하는 이 지역 방언형 '쓸다'의 활용형이다. '쓸다'는 벌레나 물고기 따위가 알을 깔기어 놓는다는 뜻으로 쓰이는 말로 '쓸다, 쓸고, 쓸지, 쓸어'와 같이 활용한다.

21) '노나'는 여러 몫으로 갈라 나누다의 뜻으로 쓰이는 중앙어 '노느다'에 대응하는 이 지역 방언형 '논다'의 활용형이다. '논다'는 '논대[논때], 논귀[농뀌], 논지[논찌], 논아(서)'와 같이 활용한다.

22) '저까치'는 중앙어 '젓가락'에 대응하는 이 지역 방언형이다.

23) '싸다가'는 중앙어 '사다(買)'에 대응하는 이 지역 방언형 '싸다'의 활용형이다. '싸다'는 '싸다, 싸구, 싸지, 싸서, 싸다가'와 같이 활용한다. 중앙어의 '(값이)싸다'에 대응하는 이 지역 방언형은 '헐하다'다.

24) '디끼지'는 중앙어 '들리다'에 대응하는 이 지역 방언형 '듣기다'의 활용형이다. '듣기다'는 '듣기다, 듣기구, 듣기지, 듣겨'와 같이 활용하고 '딛기다'는 '딛기다, 딛기구, 딛기지, 딛겨'와 같이 활용한다. '딛기다, 딛기구, 딛기지, 딛겨'는 각각 '듣기다, 듣기구, 듣기지, 듣겨'의 움라우트형이다.

25) '벙겨'는 중앙어 '번지다'에 대응하는 이 지역 방언형 '번기다'의 활용형 '번겨'의 음성형이다. 이 지역 방언형 '번기다'가 중앙어에서 '차차 넓게 퍼지다'의 의미의 자동사로도 쓰이고, 예문에서와 같이 타동사 '넓게 퍼뜨리다'의 의미로도 쓰인다. '번기다'가 자동사로 쓰일 때는 중앙어 '번지다'에 대응한다.

26) '떵때'는 지름이 10cm 이상 되는 굵고 기다란 나무를 말한다. '떵때'가 이 지역에서는 '시렁'의 의미로도 쓰인다. 예문에서와 같이 '떵때 맨다'고 할 때는 '떵때'가 굵

고 기다란 나무를 뜻하지만 매어놓은 '떵때'를 가리킬 때는 중앙어 '시렁'의 의미로 쓰이기도 한다.

27) '가만:나구'는 '가만하구'의 음성형이다. '가만하구'는 움직이지 않고 가만히의 뜻으로 쓰이는 말이다. '가만하구'는 '가만하다'의 활용형이 문법화하여 부사로 굳어진 것으로 보인다. '가만하지' 대신 '가만하구 있지'로만 쓰이고 '가만해'는 관찰되지 않는다.

28) '석 잠'은 '넉 잠'을 잘못 말한 것이다. 누에는 넉 잠을 자고 나야 실을 뽑아 고치를 짓는다.

29) '꼬추'는 '고치' 즉 '누에고치'를 말한다.

30) '가다를'은 중앙어 '가닥'에 대응하는 이 지역 방언형 '가달'에 목적격 조사 '-을'이 붙은 '가달을'의 음성형이다.

05 전설과 설화

지성이면 감천 508

5.1. 지성이면 감천

- 저 흐니 쓰는 마르 그 저: 사라미 지성이면 감처니다.
- 이른 마르 쓴다 마리여.
- 기개 어디서 나온 마링가 하니까, 이르키: 압찌배는 저: 지성이가 살:구 뒤찌베는 감처니가 사러꺼덩.
- 근디 그 두리 사이애 영:: 동무가 아주 치::난 동무가 되따 마리여.
- 그래 이 뒤찌베 사는 지성이가 에: 압찌베 사는 감처니가 뒤찌베 사는 에:: 지성이뽀고 지성내 지부럴 잘: 놀러 땡기지.
- 그래 가주구서넌 지성이가 메커리럴[1] 삼:넌다 마리여, 이 메커리.
- 나리 네: 개 아니여.
- 메커리는 삼짜먼 집씨널 삼자먼 나리 산내끼루[2] 꽈:서 네: 개라 마리여.
- 게 다:, 다:해: 가주구 총으 다: 맨드러 놔꺼등, 시 저: 신총.
- 그개 신, 신초 요러캐 올러옹 개 그 신총이거덩.
- 신총얼 다: 맨드러 노쿠 거 다매 인재, 여기 어가내는 요마니 뜨지.
- 뜨지 신 어가내.
- 게 요그 여끌 때 요기 야:가 감처니가 지스 지성이가 삼:넝 걸 보구서넌 여 나르 두: 개르 똑 끄너 놔:따 마리여.
- 똑 끄너이까 영: 다 해난 누무거 날: 끄너 놔씨이 지성이가 싱경지르 날:깨 아니여.
- 그 다매 지성이가 머라구 핸능가 하이까 이리 너 이거 끄너쓰면 이서 가주구 또 하지.
- 다시 꽈: 가주구 하지.
- 그래 또 다시 꽈: 가주구 해:따 마리여.

- 저 흔히 쓰는 말로 그 저 사람이 지성이면 감천이다.
- 이런 말을 쓴단 말이야.
- 그게 어디에서 나온 말이냐 하면, 이렇게 앞집에는 저 지성이가 살고 뒷집에는 감천이가 살았거든.
- 그런데 그 둘 사이에 아주 동무가 아주 친한 동무가 되었단 말이야.
- 그래 이 뒷집에 사는 지성이가 에 앞집에 사는 감천이가 뒷집에 사는 에 지성이에게 지성이네 집에를 잘 놀러 다녔지.
- 그래 가지고는 지성이가 짚신을 삼는단 말이야, 이 짚신.
- 날이 네 개 아니야.
- 짚신은 삼으려면 짚신을 삼으려면 날을 새끼로 꽈서 네 개란 말이야.
- 그래 다, 다해 가지고 신총을 다 만들어 놨거든, 신 저 신총을.
- 그게 신, 신총 요렇게 올라온 게 그게 신총이거든.
- 신총을 다 만들어 놓고 그 다음에 이제, 여기 어간에는 요만큼 뜨지.
- 뜨지 신 어간에.
- 그래 요거 엮을 때 요기 얘가 감천이가 지성, 지성이가 (신)삼는 것을 보고는 여기 날을 두 개를 똑 끊어 놨단 말이야.
- 똑 끊으니까 아주 다 해 논 놈의 것을 날을 끊어 놨으니 지성이가 신경질이 날게 아니야.
- 그 다음에 지성이가 뭐라고 했는가 하면 일이 너 이것 끊었으면 이어 가지고 또 하지.
- 다시 (새끼를)꽈 가지고 하지.
- 그래서 또 다시 (새끼를)꽈 가지고 했단 말이야.

- 그래이까 그:: 감처니가 지성이 마:물 떠보능 기라 마리여.

- 기래서 그 다매 그 그나른 그르캐 지내구, 그 이튼나른 그 이튼날 오늘 놀러가자 해 노쿠는 그 집씬 사머 새: 집씬, 새: 집씨늘 어가늘 나르 뚝 끄너놔쓰니 꺼껴서 시늘 쑤가 이씨야지.

- 게잉까 인재 자기는 싱:꾸 감처이는 싱:꾸 지성이는 시늘 깨 업땀 마리여.

- 야 내 거 싱꾸 가라, 이러키두 실타 그라거덩.

- 그래서 그 다맨 다시 에:: 한 뒤: 시간 사머 가주구서 집씨늘 사머 싱꾸서 놀러가따 마리여.

- 놀러 가서는 가치 놀다, 놀다 얘기르 하구 이르카구 놀다 지베 드루 와찌.

- 게: 한, 한:: 그러잉까 한 일려늘 지성이루 가한태 왜 이르캐 핸능가 하게 되먼 감처니 어머니가 알런다 마리여.

- 아르니 만날 지성이가 무나니 무나노구 그저 어머이 좀 어떠니 하구서 무나노구 이래두 머 난는가?

- 아이 나치.

- 오래두룩 알치.

- 거 어머이가 알쿠 이씨니까 정말 영:: 감처이는 소:기 아푸구 어디 야걸 쓸래 맘대루 약걸 쓰겐능가.

- 그른대 어느 무당한테 무러보니까 그: 무르바 저멀 처찌.

- 저멀 치니까 이 야기 인는데 인는데 느가 가서 구해올 거 가찌 안타, 니가 가서.

- 그래니까 알:지두 모타는 사내 그냥 가서 그를 구해올 쑤 구해올 쑤가 옵쑬 티니 그래다 머글깨 업씨 아::무 거뚜 머글깨 엄는데.

- 지성이뽀구 그래찌.

- 그러면 우리 혼자 모까먼 두:리 가서 우리 어머니 야걸 좀 구해 보

- 그러니까 그 감천이가 지성이 마음을 떠보는 거란 말이야.
- 그래서 그 다음에 그 그날은 그렇게 지내고, 그 이튿날은 그 이튿날 오늘 놀러가자고 해 놓고는 그 짚신 삼은 새 짚신, 새 짚신의 어간의 날을 뚝 끊어놨으니 꺾여서 신을 수가 있어야지.
- 그러니까 이제 자기는 신고 감천이는 신구 지성이는 신을 게 없단 말이야.
- 야 내 것 신고 가라, 이렇게 해도 싫다 그러거든.
- 그래서 그 다음에는 다시 에 한 두어 시간 삼아 가지고서 짚신을 삼아 신고서 놀러갔단 말이야.
- 놀러 가서는 같이 놀다가, 놀다가 얘기를 하고 이렇게 하고 놀다가 집에 들어왔지.
- 그래 한, 한 그러니까 한 일 년을 지성이를 개한테 왜 이렇게 했느냐 하면 감천이 어머니가 앓는단 말이야.
- 앓으니까 만날 지성이가 문안, 문안 오고 그저 어머니 좀 어떠니 하고 문안오고 이래도 뭐 낫는가?
- 안 낫지.
- 오래도록 앓지.
- 그래 어머니가 앓고 있으니까 정말 아주 감천이는 속이 아프고 어떻게 약을 쓰려 해도 마음대로 약을 쓰겠는가.
- 그런데 어느 무당한테 물어보니까, 그 물어봐 점을 쳤지.
- 점을 치니까 이 약이 있는데 있는데 너희가 가서 구해올 것 같지 않다, 네가 가서.
- 그러니까 알지도 못하는 산에 그냥 가서 그걸 구해올 수 구해올 수가 없을 테니 그러다 먹을 게 없이 아무 것도 먹을 게 없는데.
- 지성이보고 그랬지.
- 그러면 우리 혼자 못 가면 둘이 가서 우리 어머니 약을 좀 구해 보

갠능가?

- 게 야걸 구해, 야걸 구해는대 사누루 무조건 댕기머 야걸 구하니 야걸 구할 쑤가 이씨야지.

- 게 산꼭때기애 올러서서 저: 근너 싸널 처다보니까 그 고라내 샘치무리 네리오거덩.

- 샘치무리 내리오넌데 샘치물, 하 고: 끝 샘치물 내리오는 그 물 라오는 궁개3) 여파래 아 머 빠 빤짜:빤짜간다 마리여.

- 게 인재 이러서서 척 보먼 아 빤짝:빤짜가지.

- 게 거기럴 처다보면서 그 다맨 두:리 가찌.

- 가니까 아무 거뚜 업땀 마리여.

- 진짜 가니까 아무 거뚜 업따 마리여.

- 그래 또 지부루 와찌.

- 게 이튼날 꾸메 머라구 한능가 하니까 그 이튼날 거 가서 꾸메 저 꾸메 오기럴 돌멩이 하나럴 지버 오너라.

- 그래 거기 보니까 샘치물 여파래 돌멩이 이써요.

- 그 돌멩이를 지꾸, 진짜 그개 돌멩이루 보여써두 돌멩이가 아니라 마리여.

- 그게 떡 저 가주구선 주먼지다 역 저:, 저: 자루에다가 여쿠서는4) 그 저 꽁꽁 싸서 그 다매는 지부루 와따 마리여.

- 와서 그걸 어트가능가 하, 그걸 어: 살머서, 살머서 그 다매 그 무를 메기니까 그대 어머이가 나:꺼덩.

- 그래서 일런 내지 삼녀늘 그르카구 댕겨서 요행 야걸 구해 가주서넌 저, 저 어머이가 나서따 마리여.

- 그래구선 '너 뭐 무순 야걸 가주 와껄래 나는 나서따' 어머가 말하기를 이래…

- 그래 그 다매는 거기서 마:라지.

겠는가?

— 그래 약을 구해, 약을 구하는데 산으로 무조건 다니면서 약을 구하니 약을 구할 수가 있어야지.

— 그래 산꼭대기에 올라서서 저 건너 산을 쳐다보니까 그 골 안에 샘물이 내려오거든.

— 샘물이 내려오는데 샘물, 아 고 끝 샘물 내려오는 그 물 나오는 구멍 옆에 아 뭐가 반, 반짝반짝한단 말이야.

— 그래 이제 일어서서 척 보면 아 반짝반짝하지.

— 그래 거기를 쳐다보면서 그 다음에는 둘이 갔지.

— 가니까 아무 것도 없단 말이야.

— 진짜 가니까 아무 것도 없단 말이야.

— 그래서 또 집으로 왔지.

— 그래 이튿날 꿈에 뭐라고 했느냐 하면 그 이튿날 거기 가서 꿈에 저 꿈에 오기를 돌멩이 하나를 집어 오너라.

— 그래서 거기 보니까 샘물 옆에 돌멩이가 있어요.

— 그 돌멩이를 집고, 진짜 그게 돌멩이로 보였어도 돌멩이가 아니란 말이야.

— 그걸 딱 쥐어 가지고는 주머니에다 넣(고) 저, 저 자루에다 넣고는 그저 꽁꽁 싸서 그 다음에는 집으로 왔단 말이야.

— 와서 그걸 어떻게 했느냐 하(면), 그걸 에 삶아서, 삶아서 그 다음에 그 물을 먹이니까 바로 어머니가 나았거든.

— 그래서 일 년 내지 삼 년을 그렇게 하고 다녀서 요행이 약을 구해 가지고는 저, 저 어머니가 나았단 말이야.

— 그러고는 '너 뭐 무슨 약을 가지고 왔기에 나는 나았다' 어머니가 말하기를 이래…

— 그래서 그 다음에는 거기에서 말했지.

- 지성이하구 가치 가서 이러캐 다 해:따.

　- 어: 니가 참 효자다.

　- 이래 가주구서넌 그 다매 그 마:리 어트개 퍼전능가 하면, 에:: 효자
답깨 항 그시 에: 지성끋 하개 되면 성과가 이따.

　- 이 뜨설 리용해서 지성이면 감처니다.

　- 이 마리 나옹 거심니다.

예:.

　- 이게.

　- 이게 그게 거기서버터 나옹 거여.

- 지성이하고 같이 가서 이렇게 다 했다.

- 어 네가 참 효자다.

- 이래 가지고는 그 다음에 그 말이 어떻게 퍼졌느냐 하면, 에 효자답게 한 것이 에 지성껏 하게 되면 성과가 있다.

- 이 뜻을 이용해서 지성이면 감천이다.

- 이 말이 나온 것입니다.

예.

- 이게.

- 이게 그게 거기에서부터 나온 거야.

■ 주석

1) '메커리'는 본래 '미투리'를 나타내는 함경도 방언인데 여기에서는 '짚신'의 뜻으로 쓰였다. '미투리'는 삼이나 노 따위로 짚신처럼 삼은 신인데 흔히 날을 여섯 개로 한다. 예문에서의 '메커리'는 날이 네 개인 신으로 '짚신'을 뜻하는 말로 쓰였다.

2) '산내끼'는 중앙어 '새끼'에 대응하는 이 지역 방언이다. 충청도에서는 '산내끼' 외에 '산내끼'의 변이형으로 '사내끼, 사나끈, 산나끈' 등이 쓰인다.

3) '궁개'는 중앙어 '구멍'에 대응하는 이 지역 방언형이다. 중앙어 '구멍'은 15세기 국어 '구무~굼'에 소급한다. '궁개'는 '굼'에 조사 '-에'가 결합한 '굼에'의 음성형이 어휘화한 것이라고 할 수 있다. '굼'이 '굼-이, 굼-을, 굼-에'와 같이 모음으로 시작되는 조사가 오면 각각 '굼기([궁기]), 굼글([궁글]), 굼게([궁게])'와 같이 곡용하는데 이것이 이 지역 방언에 잔재형으로 남아 있는 것이다. 15세기에는 모음으로 시작하는 조사 앞에서는 '굼', 자음으로 시작하는 조사와 휴지 앞에서는 '구무'가 '구멍'이라는 뜻으로 사용되었다. 16세기에는 '구무'와 함께 '구모'가 나타나기도 했다. 위와 같은 출현 환경은 '두렷호 구무룰 밍글고(<1632가례해,7,30b>)'에와 같이 17세기에 무너지기 시작했다. 17세기에 '구무~굼'이 쓰였고 18세기에는 '구무~구모~굼'이 쓰였다. 19세기에는 '굼기~굼긔~구무~굼'이 '구멍'과 함께 사용되었다.

   국어사 자료에서 '구멍'이 소급하는 최초의 형태는 17세기에 '구멍'으로 나타난다. 이 단어는 '구무'에 '작음'을 뜻하는 파생 접사 '-엉'이 결합하여 만들어진 말인데 이 '구멍'이라는 어형이 일반적으로 사용된 것은 20세기에 들어와서의 일이다.(2007 한민족 언어 정보화 통합 검색프로그램 참조)

4) '여쿠서는'은 '옇구서는'의 음성형이다. '옇구'는 중앙어 '넣다'에 대응하는 이 지역 방언형 '옇다'의 활용형이다. '옇다'는 '옇다, 옇구, 옇지, 여서, 였다'와 같이 활용한다.

■ 참고문헌

곽충구(2019), ≪두만강 유역의 조선어 방언 사전≫, 서울: 태학사.

국립국어원 편(1999), ≪표준국어대사전≫, 서울: 두산동아.

권태환 편저(2008), ≪중국 조선족 사회의 변화: 1990년 이후를 중심으로≫, 서울: 서울 대학교출판부.

금성출판사 편(1996), ≪국어대사전≫, 서울: 금성출판사.

김동원(2018), ≪청풍명월 사투리 만세≫, 도서출판 역락.

문화관광부·국립국어원(2007), 21세기 세종계획 한민족 언어 정보화 통합 검색프로그 램, 문화관광부·국립국어원.

민충환(2001), ≪이문구 소설어 사전≫, 고려대학교 민족문화연구원.

박경래(1998), <중부방언>, ≪문법 연구와 자료≫(이익섭 선생 회갑 기념 논총), 서울: 태학사.

박경래(2002), <중국 연변 조선족들의 모국어 사용 실태>, ≪사회언어학≫ 제10권1호, 한국사회언어학회.

박경래(2003), <중국 연변 정암촌 방언의 상대경어법>, ≪이중언어학≫제23호, 이중언 어학회.

박경래(2003), <충청북도 방언의 연구와 특징>, ≪한국어학≫21, 한국어학회.

박경래(2005), <충북 출신 연변 조선족 언어 집단의 경어법 혼합 양상에 대한 사회언어 학적 고찰>, ≪사회언어학≫ 제13권 제1호, 53-81. 한국사회언어학회.

박경래(2007), ≪충북 제천 지역의 언어와 생활≫, 국립국어원 지역어구술자료 총서 3 -1, 서울: 태학사.

박경래(2009), ≪충북 청원 지역의 언어와 생활≫, 국립국어원 지역어구술자료 총서 3 -2, 서울: 태학사.

박경래(2010), ≪문학 속의 충청 방언≫, 서울: 글누림.

박경래(2011), ≪충북 충주 지역의 언어와 생활≫, 국립국어원 지역어구술자료 총서 3 -3, 서울: 태학사.

박경래(2012), <국어사전과 방언의 수용>-≪표준국어대사전≫을 중심으로-, ≪방언학≫ 제16호, 한국방언학회.

박경래(2016), ≪충북 옥천 지역의 언어와 생활≫, 서울: 도서출판 역락.

박경래(2017), ≪충북 보은 지역의 언어와 생활≫, 서울: 도서출판 역락.

박경래(2019), ≪충북 영동 지역의 언어와 생활≫, 서울: 도서출판 역락.

사회과학원 언어연구소(1973, 1989), ≪조선문화어사전≫, 사회과학출판사, 도서출판 아
　　　리랑.

사회과학원 언어연구소(1992), ≪조선말대사전≫, 평양종합인쇄공장, 서울: 동광출판사.

연변 조선족 자치주 개황 집필소조(1984), ≪연변 조선족 자치주 개황≫, 민족출판사・
　　　연변인민출판사.

왕한석(1996), <언어생활>, ≪중국 길림성 한인동포의 생활문화≫, 149-189. 국립민속
　　　박물관.

이기문(2005), ≪신정판 국어사개설≫, 서울: 태학사.

이익섭(2006), ≪방언학≫, 서울: 민음사.

이희승(1961/1981), ≪국어대사전≫, 서울: 민중서림.

이희승・안병희・한재영(2010), ≪증보 한글 맞춤법 강의≫, 서울: 신구문화사.

중국조선어실태조사보고 집필소조(1993), ≪중국 조선어 실태 조사 보고≫, 민족출판사
　　　・요녕민족출판사.

한국민속사전 편찬위원회(1994), ≪한국민속대사전≫, 서울: 한국사전연구사.

한국정신문화연구원(1991), ≪한국민족문화대백과사전≫, 한국정신문화연구원.

한국학회 편(1957/1992), ≪우리말큰사전≫, 서울: 한글학회.

한상복・권태환(1993), ≪중국 연변의 조선족: 사회의 구조와 변화≫, 서울: 서울대학교
　　　출판부.

홍윤표(2009), ≪살아있는 우리말의 역사≫, 서울: 태학사.

https://opendict.korean.go.kr/dictionary/ ≪우리말샘≫, 국립국어원.

https://stdict.korean.go.kr/main/main.do≪표준국어대사전≫, 국립국어원.

■ 찾아보기

• • • ➖

• • • 바

쓸지 280

새애기 116
아궁이
부숙(부수개다나) 350
아니(＝안)
아:이 222
아이 48, 100, 104, 122, 216
아들
아덜 166, 212
아리랑
아리랑 60
아바이＋(남의 아버지. 아버지뻘 되는
사람)
아버이 208
아버지
아부지 48, 62, 70, 96, 116, 188
아이(＝애)
아: 124, 172
아이어미
아이미 162, 172
아주
영:: 508
아주머니
아주머니(아주머내드리) 214
아주머이 164, 224
아즈마이 228
아즈머니(아즈머내들) 214

아지마이 102
아직
아적 182
아처랗다＋＋(거리가 아주 멀어 아득
하다)
아처라캐 46
아치랗다＋＋(거리가 아주 멀어 아득
하다)
아치랗게 46
악어
악어 44
안배(按排)
암패 118
안배하다(按排-)
안패해 228
암패하넌 120
암패한다 116
암페해서 106, 194
안식구
안까내(앙까내드리) 470
않다
아이여 42
앓다
알런다 510
알치 510
알쿠 510
압록강
압록강(암노깡) 114
애송참나무＋＋(어린참나무)
애송참나무 490

544 중국 이주 한민족의 언어와 생활(1)

저자 소개

박 경 래

충북 괴산 출생
충북대학교 사범대학 국어교육과 졸업
서울대학교 대학원 국어국문학과 석사
서울대학교 대학원 국어국문학과 박사
세명대학교 미디어문화학부 한국어문학과 교수
지역어조사추진위원
한국방언학회장

〈주요 저서〉

『방언사전』(공저)
『디지털시대의 글쓰기』
『충북 제천 지역의 언어와 생활』
『충북 청원 지역의 언어와 생활』
『충북 충주 지역의 언어와 생활』
『충북 영동 지역의 언어와 생활』
『충북 보은 지역의 언어와 생활』
『충북 옥천 지역의 언어와 생활』
『문학 속의 충청 방언』
『사회언어학: 언어와 사회, 그리고 문화』(공저)
「충주방언의 음운에 대한 사회언어학적 연구」
「청원방언의 경어법에 대한 사회언어학적 연구」
「중국 연변 정암촌 방언의 상대경어법」
「국어사전과 방언의 수용」 외 다수

중국 이주 한민족의 언어와 생활(1) - 중국 길림성 도문시 양수진 정암촌

초판 인쇄 2021년 12월 17일
초판 발행 2021년 12월 27일

지 은 이 박경래
펴 낸 이 이대현
펴 낸 곳 도서출판 역락

주   소 서울시 서초구 동광로 46길 6-6 문창빌딩 2층
등   록 1999년 4월 19일 제303-2002-000014호
전   화 02-3409-2058, 2060
팩   스 02-3409-2059
홈페이지 www.youkrackbooks.com
이 메 일 youkrack@hanmail.net

ISBN 979-11-6742-237-8 94710
      979-11-5686-694-7 (세트)